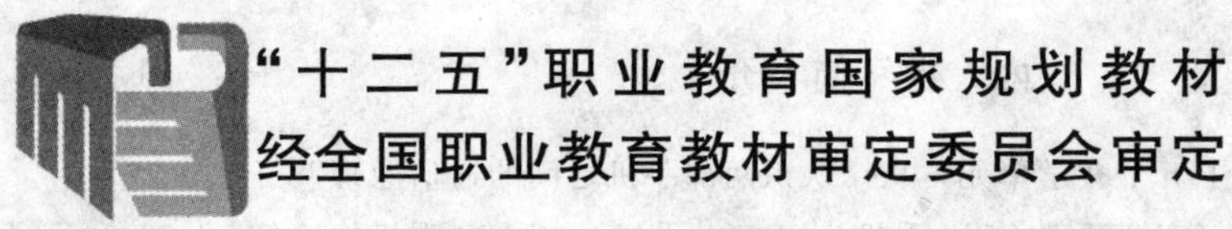

"十二五"职业教育国家规划教材
经全国职业教育教材审定委员会审定

全国高职高专通信类专业规划教材

移动通信技术及工程应用

（第二版）

孙社文　编著

科学出版社
北京

内 容 简 介

全书共设计了五个教学单元，从“认识两部手机之间的通信原理”开始，分别引入如何实现两部GSM手机、CDMA手机、3G/4G手机的通信等学习任务。全书以任务为导向，紧密联系移动通信工程实际，由浅入深，由简单到复杂，讲述移动通信技术的知识点和关键技术。读者通过各个任务的学习，能够掌握移动通信必需的基础知识、移动通信组网及接续原理、移动通信硬件设备安装流程、软件配置等移动通信工程技能。

本书可作为高职高专院校电子信息大类相关专业的教学用书，也可供从事移动通信网络建设、运营管理、业务经营和服务等人员阅读。

图书在版编目（CIP）数据

移动通信技术及工程应用/孙社文编著. —2版. —北京：科学出版社，2015

（“十二五”职业教育国家规划教材·全国高职高专通信类专业规划教材）

ISBN 978-7-03-044786-9

Ⅰ.①移… Ⅱ.①孙… Ⅲ.①移动通信-通信技术-高等职业教育-教材 Ⅳ.①TN929.5

中国版本图书馆CIP数据核字（2015）第123697号

责任编辑：孙露露/责任校对：王万红

责任印制：吕春珉/封面设计：东方人华平面设计部

科学出版社 出版

北京东黄城根北街16号

邮政编码：100717

http://www.sciencep.com

北京中科印刷有限公司 印刷

科学出版社发行 各地新华书店经销

*

2010年7月第 一 版 开本：787×1092 1/16

2015年6月第 二 版 印张：19

2022年2月第五次印刷 字数：458 000

定价：53.00元

（如有印装质量问题，我社负责调换〈中科〉）

销售部电话：010-62134988 编辑部电话：010-62135763-2010

前　言

移动通信技术已成为当代通信领域内发展潜力最大、市场前景最广的热点技术。纵观移动通信技术的发展历程，从 20 世纪 70 年代兴起的第一代（1G）模拟技术，到 90 年代开发出的第二代（2G）数字技术至今，全球移动通信 3G 技术尚未完全普及，4G 又汹涌而来，5G 技术也正在试验之中。

我国移动通信产业经过二十多年的发展，目前逐渐形成了 2G、3G、4G 并存的局面。3G、4G 移动通信系统已经在国内得到部署和实施。2015 年 2 月，我国正式发布了 5G 概念白皮书，5G 技术也正在从前期研究阶段进入到标准的制定阶段。

移动通信产业的迅猛发展，对技术人才的需求数量是巨大的，同时，对从业人员的专业技能要求也在不断提升。在移动通信的产业价值链上，从移动通信网络设备提供商、芯片生产商到移动通信运营商、OSS 系统开发商、增值业务提供商和内容提供商、终端提供商、工程和优化服务提供商等，都存在不同层次的技术人才需求。能够掌握较全面的移动通信基础知识及基本技能是对绝大多数专业技术人才的共性要求。但是，由于移动通信技术变革非常快，技术体制繁多，各种制式并存；移动通信系统“大而散”，“看不见，摸不全”，知识较抽象难懂，涉及的相关知识多等，这些自身存在的特点，给移动通信课程教材的编写工作带来很大的难度，面临着极大的挑战。

本书定位为通信类相关专业的公共平台课程配套教材。它是作者多年教学实践经验的积累，是作者对高等职业教育“工学结合”理念在教材编写方面的尝试，饱含了作者对移动通信技术及工程应用的解读和阐释。书中共设计了五个教学单元，每一个教学单元都有所侧重，具有明确的学习目标。

单元 1：认识两部手机之间的通信原理。重点是移动通信技术基础的学习，以“手机”为教学载体，通过本单元中各个任务的学习，掌握移动通信必需的基础知识。

单元 2：实现两部 GSM 手机之间的通信。重点是移动通信组网及接续原理的学习，可以选择真实的 GSM 设备或实验设备及相关仿真软件等实施教学。

单元 3：实现两部 CDMA 手机之间的通信。重点是扩频通信技术的学习，可以选择真实的 CDMA 设备或实验设备及相关仿真软件等实施教学。

单元 4：实现两部 3G 手机之间的通信。在对三种制式比较分析的基础上，以 WCDMA 及 TD-SCDMA 两种典型制式为例，突出 3G 移动通信设备及工程的学习。教学载体可以选择 3G 移动通信网络设备或实验设备及相关仿真软件等实施教学。

单元 5：第四代移动通信（4G）技术简介。继 3G 技术之后，以 LTE 为标志的 4G 技术方兴未艾，是当前通信业的新兴产物，为此本单元侧重介绍 LTE 网络和 4G 技术及其应用等基本知识。教学载体可以选择参观实际的 4G 网络设备或利用相关仿真软件等实施教学。

本书的编写特色主要体现在以下几个方面：

1）从移动通信工程中提炼出主要学习任务，以任务为导向，在完成任务的过程中学习和掌握相关的知识和技能，从而使原来抽象难懂的理论知识具体化、目的化。全书语言通俗易懂、结构条理清晰、形式图文并茂。

2）基于移动通信工程项目实施过程的“全过程、大情境”。内容设置由浅入深，由简单到复杂，紧密联系工程实际，具有很强的实用性。

3）整体结构设计考虑了项目教学的教学载体及其主要环节，相应地设计了“任务描述”、“任务目标”、“相关知识”、“计划与实施建议”、“检查与评价点”等条目。

本书在编写过程中，借鉴了公开发表的行业标准、出版著作和网上资料的有关内容和数据。另外，深圳讯方通信技术有限公司戴毅总经理、马劲松工程师整理并提供了许多移动通信设备及工程方面的技术资料，在此对他们表示崇高的敬意和由衷的感谢。

全书由孙社文教授编著，朱贺新老师协助编写了部分内容。北京金戈大通通信技术有限公司高级工程师李弈等参与了本书总体框架设计方案的论证，杨传军高级工程师对全书内容进行了详细审校；还有我的家人，在本书编写过程中给予我默默的支持与协助，在此对他（她）们所付出的辛苦深表谢意。

虽然作者力求使本书内容有所创新，所有突破，但是由于水平有限，书中疏漏之处在所难免，欢迎广大读者提出宝贵意见和建议。

目录

单元 1

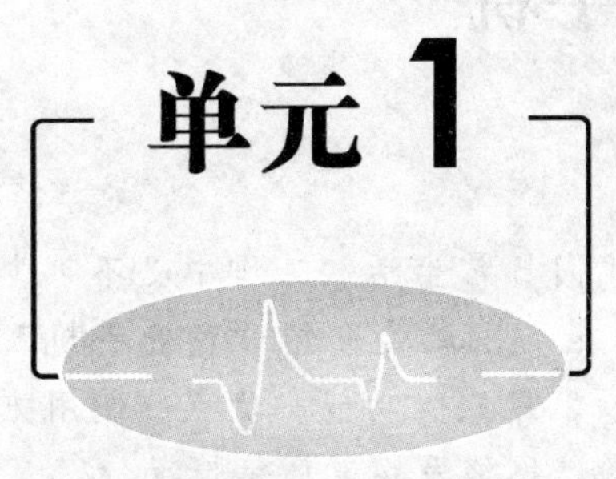

认识两部手机之间的通信原理

➲ 单元说明

本单元以手机的发展史为线索展开，通过了解移动通信网络类型、体系结构、设备组成、工作原理，揭示移动通信网络技术内涵。通过探究两部手机的通信工程和原理，学习和掌握有关传输方式、频率资源分配与利用、无线信号传播特点、语音编码和多址技术的知识和原理。

本单元以实现某一具体任务为中心，可采用制作海报、分组讨论等灵活生动的方式，充分调动学生的积极性、主动性，增强师生交互，使学习效果得以强化。本单元分为五个具体任务，分别对“频率资源是非常宝贵而有限的”、“影响移动通信频谱资源利用率的因素及提高利用率的解决方案”、“影响移动通信系统通信质量的因素及如何改善”等论题展开专题讨论。

➲ 学习目标

↘ 相关知识

基础知识：

- 移动通信的产业价值链
- 手机的功能及其演进历程
- 频率资源及其管理
- 影响无线通信质量的因素及改善措施

拓展知识：

- 移动通信网络频谱资源使用情况
- 手机结构与原理
- 多址技术和语音编码技术

↘ 相关技能

基本操作技能：

- 通过网络查询、收集所需资料的技能
- 总结归纳、画图讲解技术文档的技能

拓展技能与技巧：

- 通信工程师的行为规范和基本工作礼仪
- 对常用测试仪器熟练使用的技能
- 与技术人员沟通获得相关信息的技能

任务 1.1　介绍我的手机

任务描述

手机是移动通信网络中最常见的终端设备，已经成为我们日常生活和工作中必不可少的通信工具。本任务主要内容是要求学生制作一个宣传海报，主题是介绍“我的手机”。海报中要说明“我的手机”是第几代、什么制式、品牌型号、款式、功能、优点、使用方法、手机卡、所属终端提供商及其基本情况、所属的移动通信网络及运营商等情况。

任务目标

本任务是希望学生从认识手机开始来逐步认识移动通信网络。通过完成对自己手机的介绍过程，使学生能够了解：移动通信的产业价值链、手机终端的发展历程、手机的结构和工作原理；通过手机的演变过程了解移动通信技术的发展历程；通过对手机的型号、功能及使用方法等的描述，拓展学生对终端设备提供商以及整个移动通信产业链的认知；通过对手机制式、网络类型、SIM/USIM 卡等的相关情况的介绍拓展学生对移动通信网络和运营商情况的了解。

相关知识

内　容	获取方式
1. 国内外有哪些知名的通信设备制造商？	•上图书馆查阅资料 •上网收集信息 •到运营商服务网点询问相关工作人员
2. 市场上的品牌手机有哪些？有哪些新功能？	
3. 目前我国有哪些移动通信运营商？	
4. 手机的基本结构是怎样的？包含哪些部件？	
5. 手机 SIM 卡与移动通信网络有关系吗？具体的情况如何？	
6. 何为 4G 移动通信？它与 1G、2G 和 3G 有何不同？	

1.1.1 国内移动通信的产业价值链

手机是移动通信网络中最常见的用户终端设备。移动用户是移动通信行业产业价值链的一环。了解移动通信产业的价值链，不仅可以清晰地看出移动通信技术及其应用面，而且对于每个人选择自己在移动通信行业中的职业定位也是非常有帮助的。

从图 1-1-1 中，大家可以看到在一个移动通信行业整体的产业链中，每一个环节都扮演着不同的角色，且每一个环节都包含相关的公司和企业。

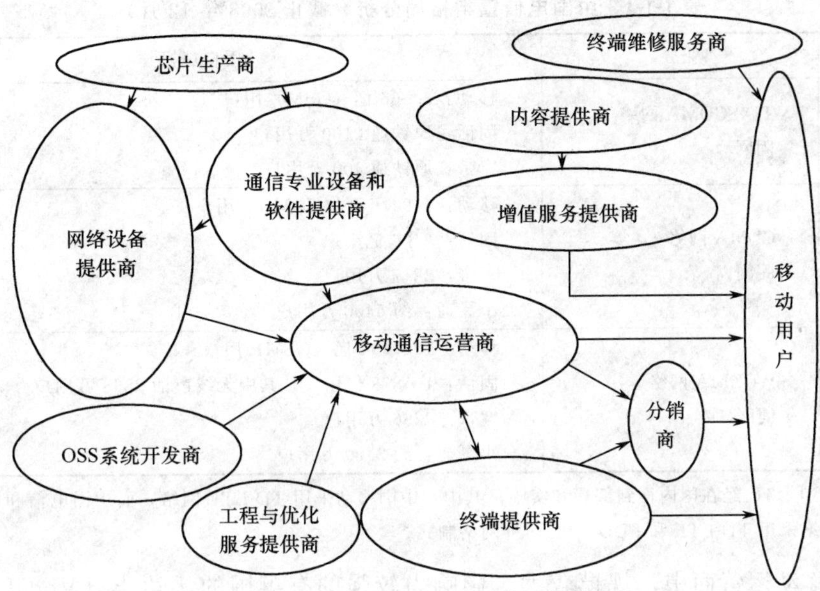

图 1-1-1 移动通信产业价值链

1. 移动通信运营商

运营商是产业价值链的核心。2009 年，工业和信息化部推出了电信“五合三”重组方案（见图 1-1-2），使国内电信格局发生了重大变化。在此之前，国内电信运营商只有六家，分别是中国移动、中国电信、中国网通、中国联通、中国铁通和中国卫通。其中，拥有移动通信网络运营的只有四家运营商：中国移动（GSM 网络）、中国联通（GSM 和 CDMA 网络）、中国电信（小灵通网络）和中国网通（小灵通网络）。除此之外，国内还有一些分散的冠以大灵通、无线市话等名号的 SCDMA、CDMA 450 网络，以及天翼通等 WLAN 接入网络，但这些都不是全国性的移动通信网。

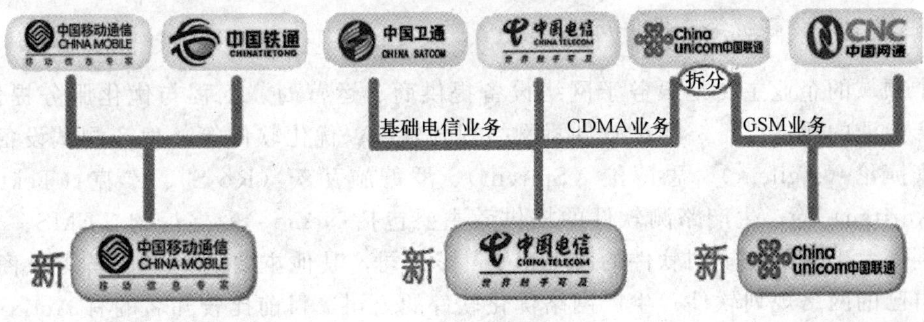

图 1-1-2 电信重组格局

2009 年电信重组之后，新的电信运营商的业务及用户规模分布如表 1-1-1 所示。

表 1-1-1　中国电信重组格局分析（截止 2008 年 12 月）

运营商	业务	用户规模
新移动	TD-SCDMA 网络 固网	移动：3.866 亿（GSM）用户 固话：原铁通 2100 万用户 宽带：原铁通 400 万用户
新电信	CDMA 网络 固网	移动：4192.6 万（CDMA）用户 固话：2.26 亿用户 宽带：3817 万用户 小灵通：约 5400 万用户
新联通	WCDMA 网络 固网	移动：1.20564 亿（GSM）用户 固话：1.1878 亿用户，其中无线市话 2868 万用户 宽带：2266 万用户 小灵通：约 2400 万用户

注：目前 4G 网络已经在国内得到部署和实施。其中，中国移动采用 TD-LTE 网络，而中国电信和中国联通的 4G 业务网络采用 TD-LTE 和 FDD-LTE 两种网络制式。

在国际移动运营商中，规模较大、影响力较强的有英国的沃达丰（Vodafone）、德国的 T-Mobile、美国的 Verizon、日本的 NTT DoCoMo、韩国的 SKT 等。

2. 网络设备提供商

网络设备提供商是指为移动运营商提供通信网络设备的生产商，在这个领域的公司包括诺基亚-西门子、朗讯-阿尔卡特、爱立信、北电网络、摩托罗拉、华为、中兴、大唐电信、鼎桥、普天等，这些公司每年都是吸纳人才的主力。除了基站、核心网这些主设备，生产传输设备的公司如烽火通信等，也都属于网络设备提供商。

3. 终端提供商

终端提供商包括生产手机和数据卡的厂商，他们可以直接面向用户。这个领域的巨头包括诺基亚、摩托罗拉、索爱、三星等，国内一些企业在这个领域的势头也相当强劲。

4. 通信专业设备和软件提供商

这个领域的企业主要是服务于网络设备提供商、运营商、工程与优化服务提供商的，主要生产专业的测试设备、测试软件、网络规划软件、优化软件等。生产测试设备的佼佼者包括安捷伦（Agilent）、思博伦（Spirent）、罗德施瓦茨（R&S）、泰克（Tektronix）、安立（Anritsu）等；生产路测软件的提供商主要包括 Nemo、爱立信的 TEMS、安捷伦、珠海鼎利等；生产网络规划软件的有 Aircom 等公司，其他主要的网络设备提供商一般也都推出自己的网络规划软件；生产网络优化软件的公司，目前比较知名的有 Actix 等。

5. 芯片生产商

芯片生产商为各网络设备提供商和专业设备提供商生产芯片，这个领域比较著名的厂商有高通公司等。

6. OSS系统开发商

OSS全称Operational Support System，意为业务运营支撑系统。各大电信运营商都建设有自己的OSS系统，例如中国移动的BOSS系统、中国联通的综合营账系统、中国电信的97工程等。

OSS系统是做什么的呢？以中国移动为例，中国移动提出的BOSS系统规范将OSS系统的建设划分为七个子系统，即联机采集、计费、网间结算、业务、综合账务、客服和系统管理。

OSS系统开发商的角色就是给电信运营商开发这些软件系统，他们实际上从事的工作与系统集成商和软件开发商有些接近。这些厂家对员工的素质要求更接近于软件企业，但同时也要求员工能够对移动通信有所了解。业内比较知名的公司包括亚信（Asianinfo）、神州数码、直真节点、亿阳信通、创智、联创等，IBM、微软、CA、惠普等著名软件公司也从事OSS系统的开发。

7. 工程与优化服务提供商

这个领域可以分成工程服务和网络优化服务，但是部分公司往往同时从事这两者的工作。

工程服务包括基站和机房的建设、室内分布系统建设等，一般的工程公司都和运营商保持密切的合作关系。

网络优化服务是一块很大的市场。在国外，运营商的网络维护、优化和管理往往是外包的；但国内运营商因为重视网络质量，所以经常更愿意由自己来负责。网络设备提供商一般都提供优化服务，例如摩托罗拉的MotoVip服务以及其他公司的优化服务等。

网络优化服务的另外一个市场是直放站、塔顶放大器、干线放大器、泄漏电缆等无线辅助设备的生产、销售和工程。

8. 分销商

分销商销售的是手机、SIM卡等最终面向用户的东西，此环节属于销售渠道。

9. 增值服务提供商和内容提供商

随着移动通信业务的发展，各种增值服务逐步走上舞台。在这个产业链上，增值服务提供商（Service Provider，SP）扮演的角色是面向运营商和用户，建设服务平台，为用户提供内容；而内容提供商（Content Provider，CP）扮演的角色是为SP制作内容。中国移动、中国联通、中国电信也都推出了各自的运营模式，也就是我们现在看到的移动梦网、互联星空等。

国内知名的SP公司大多是从网络公司转型而来的，例如“门户三巨头”新浪、搜狐和网易，以及TOM等，其他知名的SP公司包括中国移动的卓望国际、空中网等。有专业人士预测，随着增值业务市场规模的不断扩大，也许下一代的通信企业巨头就会在SP中产生。

1.1.2 手机的发展历程

1. 移动通信的概念

移动通信就是指通信的双方，至少有一方是在移动（或暂时静止）中进行信息交换的。其中，包括移动台（汽车、火车、飞机、船舰等移动体上）与固定台之间通信，移动台与移动台之间通信。移动通信包含了以下含义：

1）至少有一方能移动。

2）一种有线和无线相结合的通信方式。

3）区域内可随时随地进行。

4）为全球个人通信（5W 通信）打下基础。

5）移动通信可以是双向的，也可以是单向的。

> **小贴士**
>
> 全球个人通信（5W）指的是无论任何人（Whoever），在任何时候（Whenever），在任何地方（Wherever），与另一个人（Whoever），进行任何类型（Whatever）的通信。

移动通信终端设备通常有手机、车载台、移动 PC 等。手机是最常见且数量最多的移动通信终端设备。

2. 手机的变迁

近 20 年来，移动通信技术的发展非常迅速，已从第一代模拟移动通信系统过渡到第二代数字移动通信系统，第三代全球综合移动通信系统已经面世。图 1-1-3 中所示是 20 多年来国内手机市场上所能看到的几种典型手机的外形。仅从手机的变迁已经能够体现出移动通信技术的发展过程。

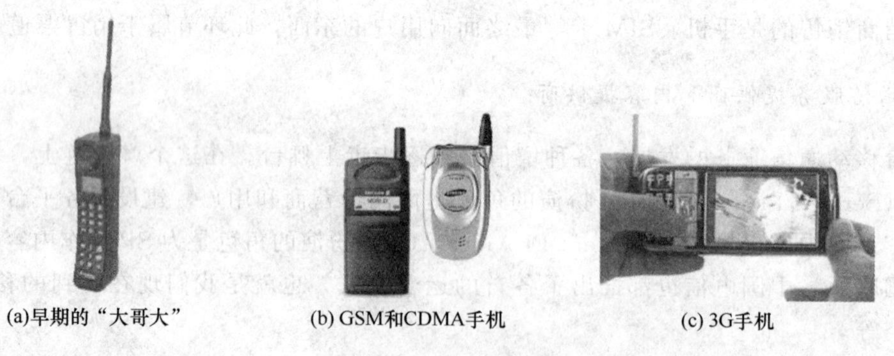

图 1-1-3　手机的变迁

移动通信系统从20世纪40年代发展至今，根据其发展历程和发展方向，可以划分为以下四个阶段。

（1）第一代（1G）——模拟蜂窝通信系统

第一代移动电话系统采用了蜂窝组网技术。蜂窝概念由贝尔实验室提出，20世纪70年代在世界许多地方得到研究。当第一个试运行网络在芝加哥开通时，美国第一个蜂窝系统AMPS（高级移动电话业务）在1979年成为现实。现在存在于世界各地比较实用的、容量较大的系统主要有北美的AMPS、北欧的NMT-450/900和英国的TACS（全接入通信系统），其工作频带都在450MHz和900MHz附近，载频间隔在30kHz以下。我国采用的是TACS制式，分为A系统（摩托罗拉网）和B系统（爱立信网）。

鉴于移动通信用户位置不固定的特点，一个移动通信系统不仅要满足区内、越区及越局自动转接信道的功能，还应具有处理漫游用户呼叫（包括主被叫）的功能。因此，移动通信系统不仅希望有一个与公众网之间开放的标准接口，还需要一个开放的开发接口。由于移动通信是基于固定电话网的，因此各个模拟通信移动网的构成方式有很大差异，所以总的容量受到很大的限制。

鉴于模拟移动通信的局限性，它有着下列致命的弱点：各系统间没有公共接口；无法与固定网迅速向数字化推进相适应，数字承载业务很难开展；频率利用率低，无法适应大容量的要求；安全性差，易于被窃听，易做“假机”。这些致命的弱点将妨碍其进一步发展，因此模拟蜂窝移动通信技术已被新的数字蜂窝移动通信技术所替代。

（2）第二代（2G）——数字蜂窝移动通信系统

由于TACS等模拟制式存在的各种缺点，20世纪90年代开发出了以数字传输、时分多址和窄带码分多址为主体的移动电话系统，称之为第二代移动电话系统。代表产品分为两类：TDMA系统（时分多址系统）和N-CDMA系统（窄带码分多址系统）。

TDMA系列中比较成熟和最有代表性的制式有欧洲的全球通移动通信系统GSM、美国的D-AMPS（数字AMPS）和日本的PDC（个人数字蜂窝电话）。

D-AMPS在1989年由美国电子工业协会（EIA）完成技术标准制定工作，1993年正式投入商用。它是在AMPS的基础上改造成的，数模兼容，基站和移动台比较复杂。日本的JDC（现已更名为PDC）技术标准在1990年制定，1993年使用，且只限于本国使用。欧洲邮电管理委员会（CEPT）的移动通信特别小组（SMG）在1988年制定了GSM第一阶段标准phase1，工作频带为900MHz左右，1990年投入商用；同年，应英国要求，工作频带为1800MHz的GSM规范产生。上述三种产品的共同点是数字化，时分多址，话音质量比第一代好，保密性好，可传送数据，能自动漫游等。三种不同制式各有其优点：PDC系统频谱利用率很高；D-AMPS系统容量最大；GSM技术最成熟，而且它技术标准公开，发展规模最大。

N-CDMA（码分多址）系列主要是以高通公司为首研制的基于IS-95的N-CDMA（窄带CDMA）。北美数字蜂窝系统的规范是由美国电信工业协会制定的，1987年开始系统研究，1990年被美国电子工业协会（EIA）接受，由于北美地区已经有统一的AMPS模拟系统，该系统按双模式设计。随后频带扩展到1900MHz，即基于N-CDMA的PCS1900。

（3）第三代（3G）——IMT-2000

随着用户的不断增长和数字通信的发展，第二代移动电话系统逐渐显示出它的不足之处。首先是频带太窄，不能提供如高速数据、慢速图像与电视图像等的各种宽带信息业务；其次是 GSM 虽然号称“全球通”，实际未能实现真正的全球漫游，尤其是在移动电话用户较多的国家如美国、日本均未得到大规模的应用。而随着科学技术和通信业务的发展，需要的将是一个综合现有移动电话系统功能和提供多种服务的综合业务系统，所以国际电信联盟（ITU）要求在 2000 年实现商用化的第三代移动通信系统，即 IMT-2000。

第三代移动通信技术（Third Generation，3G）的理论研究、技术开发和标准制定工作起始于 20 世纪 80 年代中期，ITU 将该系统正式命名为国际移动通信 2000（International Mobile Telecommunications in the year 2000，IMT-2000）。欧洲电信标准协会（European Telecommunications Standards Institute，ETSI）称其为通用移动通信系统（Universal Mobile Telecommunications System，UMTS）。

IMT-2000 具有三大显著特点：无缝全球漫游；高速传输；无缝业务传递。具有代表性的第三代移动通信系统技术，主要存在三个标准：由欧洲和日本提出的 WCDMA；由美国提出的 CDMA 2000；由中国提出的 TD-SCDMA。

移动通信第一代（1G）到第三代（3G）的发展历程如图 1-1-4 所示。从第一代到第二代再到第三代移动通信，是从一种技术进化到下一种新技术，是频谱利用率和系统容量的步步提高。

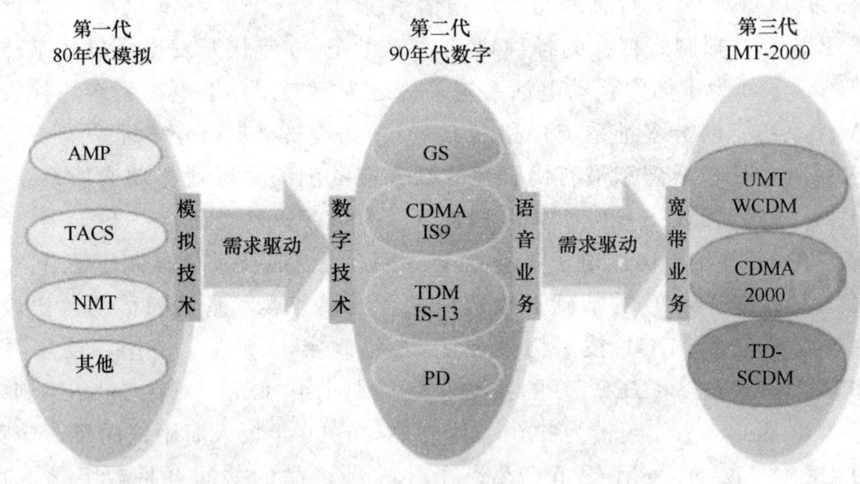

图 1-1-4　蜂窝移动通信发展历程

（4）LTE 及第四代（4G）移动通信

继 3G（第三代移动通信技术）后，以 LTE（Long-Term Evolution，长期演进技术）为标志的 4G（第四代移动通信技术）已在世界范围内蓬勃发展，4G 即是第四代移动电话行动通信标准（4th Generation of Mobile Phone Mobile Communications Standards，缩写为 4G），也是 3G 技术的演进。

LTE 主要实现的目的是提供用户更高的数据速率、更高的小区容量、更低的延迟时间、降低用户以及运营商的成本。与 3G 网络相比，LTE 网络在高数据速率、分组传送、延迟降低、广域覆盖和高移动性等方面更具技术优势，支持的业务更加广泛。

LTE 通常通过软件升级即可将现有 3G 网络升级为 LTE，它并非人们普遍认为的第四代移动通信（4G）技术，而仅是 3G 与 4G 技术之间的一个过渡性技术，也曾经被俗称为 3.9G（B3G 或超 3G 技术）。因此，严格意义上讲，现在谈论最多的两种 4G 技术：LTE 和 WiMax，实际上只能算是准 4G 技术，是 3G 向 4G 演进的必经之路。

3. 移动通信的特点

对于通话的双方，只要有一方处于移动状态，即构成移动通信方式。

移动通信是有线通信的延伸，与有线通信相比具有以下特点。

1）终端用户的移动性：移动通信的主要特点在于用户的移动性，需要随时知道用户当前位置，以完成呼叫、接续等功能；用户在通话时的移动性，还涉及到频道的切换问题等。

2）无线接入方式：移动用户与基站系统之间采用无线接入方式，因此存在以下问题：频率资源的有限性、用户与基站系统之间信号的干扰（频率利用、建筑物的影响、信号的衰减等）、信息（信令、数据、话路等）的安全保护（鉴权、加密）等。

3）漫游功能：移动通信网之间的自动漫游，移动通信网与其他网络的互通（公用电话网、综合业务数字网、数据网、专网、现有移动通信网等），各种业务功能的实现等（电话业务、数据业务、短消息业务、智能业务等）。

1.1.3 手机的功能及其实现

手机的基本功能就是语音通话功能。3G 及 4G 业务的全面铺开，将使人们的工作、学习和生活产生革命性的变化——手机上网、手机网上交易、可视电话、移动商务、移动视频点播、个人手机网站、手机游戏等，这些丰富多彩的应用最终也都是在手机上展现的。手机是如何实现这些功能的？要回答这个问题，首先需要了解手机的软、硬件结构。

1. 手机的基本硬件组成

手机硬件结构如图 1-1-5 所示。组成部件主要有送话器、受话器、键盘、LCD 显示屏、音频逻辑电路、射频电路、天线等。

手机电路基本组成如图 1-1-6 所示。当手机接收信号时，来自基站的信号由天线接收下来，经射频接收电路，由逻辑/音频电路处理后送到听筒。当手机发射信号时，声音信号由话筒进行“声-电”转换后，经逻辑/音频电路、射频发射电路，最后由天线向基站发射。图 1-1-7 所示为某型号 GSM 手机电路原理组成框图。

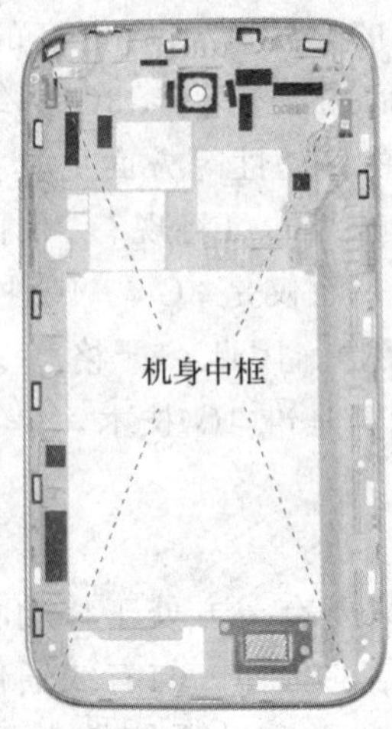

图 1-1-5　手机硬件结构

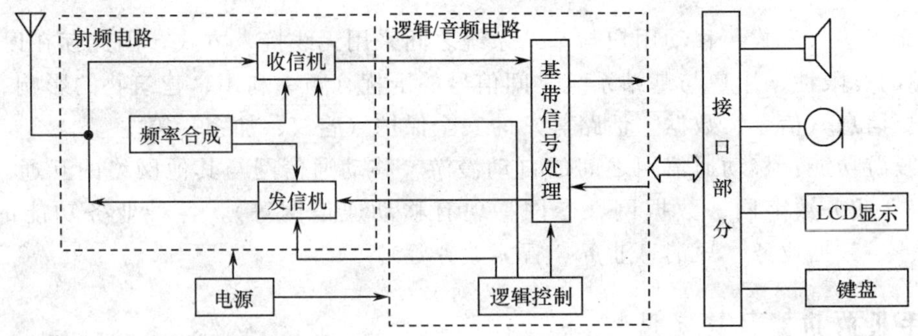

图 1-1-6　手机电路基本组成

2. 手机的软件系统

普通手机相当于一个单片机系统，而智能手机相对普通通信手机而言，就相当于一台多媒体电脑，它具有完整的软件系统——操作系统（OS）和各种功能的应用软件程序，可谓是麻雀虽小，五脏俱全。但智能手机又不同于 PDA（Personal Digital Assistant，个人数码助理）手机，它既具备普通手机小巧的身材，又能胜任智能软件的处理工作。

目前，智能手机操作系统主要有微软公司的 Windows Mobile（WM）、谷歌公司的 Android 系统、苹果公司自己专用的 iPhoneOS 系统等。智能手机有着强大的多媒体功能和操作系统，已成为手机市场的主流，传统功能机所不能实现的应用，在智能手机上就可能“迎刃而解”。

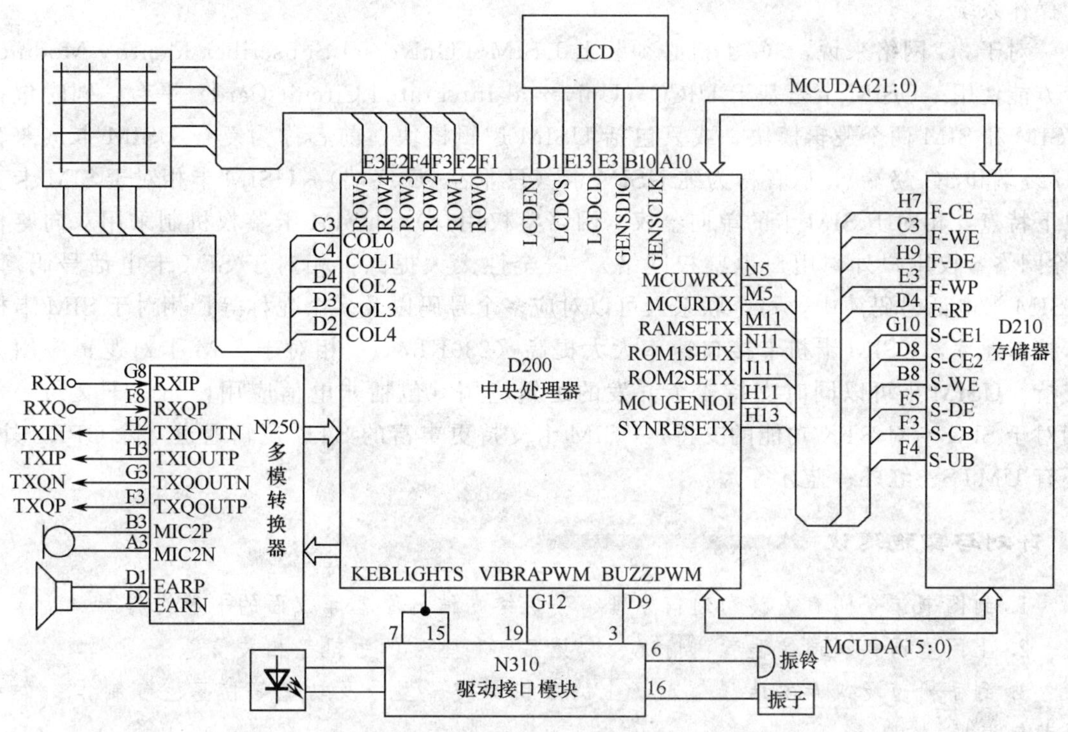

图 1-1-7 某型号 GSM 手机电路原理组成

1.1.4 手机 SIM/USIM 卡

移动电话机与 SIM（Subscriber Identity Module）卡共同构成移动通信终端设备。SIM 卡也称为智能卡、用户身份识别卡。无论是 GSM 系统还是 CDMA 系统，数字移动电话机用户在“入网”时会得到一张 SIM 卡或 UIM 卡（User Identity Module)。SIM 卡外形如图 1-1-8 所示。

图 1-1-8 SIM 卡

GSM 数字移动电话机必须装上此卡方能使用。它在一芯片上存储了数字移动电话客户的信息、加密的密钥等内容，可对 GSM 网络客户身份进行鉴别，并对客户通话时的语音信息进行加密，完全防止了并机和通话被窃听，从而可靠地保障了客户的正常通信。同时，用户通过它完成与系统的连接和信息的交换。

SIM 卡在 GSM 系统中的应用，使卡和手机分离，SIM 卡唯一标识一个客户。一张 SIM 卡可以插入任何一部 GSM 手机中使用，而使用手机所产生的通信费则记录在该 SIM 卡所唯一标识的客户账上。SIM 卡容量有 8KB、16KB、32KB、64KB，其中，64KB 的 SIM 卡，其通讯录和短信的容量都较 32KB 容量的 SIM 卡有所提高。此外，移动运营商计划推出兆级 SIM 卡，其容量可达 2GB，这样还可以备份重要的数据，甚至可以备份手机的操作系统。

对于 3G 网络来说，3G 手机必须装上 USIM（Universal Subscriber Identity Module）卡方能使用。USIM 卡是基于 UICC（Universal Integrated Circuit Card）平台，同时包括 USIM 和 SIM 两个逻辑模块，或只包括 USIM 逻辑模块，前者称为复合 USIM 卡（兼容 2G 终端和 3G 终端），后者称为纯 USIM 卡（只兼容 3G 终端）。USIM 卡相对于 SIM 卡有以下特点：相对于 SIM 卡的单向鉴权（网络鉴权用户），USIM 卡鉴权机制采用双向鉴权（除网络鉴权用户外，用户也鉴权网络），安全性大大提高；相对于 SIM 卡电话号码簿，USIM 卡电话号码簿中，每个联系人可以对应多个号码以及多个昵称等；相对于 SIM 卡机卡接口速率，USIM 卡机卡接口速率大大提高（230Kb/s）；相对于 SIM 卡对逻辑应用的支持，USIM 卡可以同时支持 4 个并发的逻辑应用（包括非电信应用，如电子交易等）；相对于 SIM 卡对 STK 功能的支持，USIM 卡支持更丰富的 STK 逻辑通道（除 GPRS 外，还有 UMTS、红外、蓝牙等）。

计划与实施建议

1. 到图书馆查阅有关移动通信原理、手机终端结构原理等方面的书籍资料。
2. 上网查询移动通信运营商情况、常见品牌和型号的手机等相关信息。
3. 到手机市场或专卖店了解市场上的手机品牌、型号及功能等信息。各制作一个手机营销海报。
4. 到运营商营业网点了解有关该运营商的基本情况信息。
5. 尝试拆解一部手机，详细观察其组成结构，画出组成结构图。

检查与评价点

1. 检查有关移动通信原理、手机结构原理方面的资料准备情况。
2. 检查对市场上常见手机品牌、型号等信息收集情况。
3. 检查有关运营商情况的资料准备情况。
4. 检查对照被拆解的手机和学生画的结构图。
5. 让学生分组展示制作的海报并讲解，讨论并评价每组的成果。

试一试

1. 目前我国的电信运营商有________、________和________。
2. IMT-2000 所包含的三个含义是________、________和________。
3. 手机的基本硬件组成主要有________、________、________、________、________、________、________等部件。
4. 一个移动通信终端设备，至少包括了________与________两个部分。
5. 目前手机操作系统主要有四种：________、________、________和________。
6. 移动通信产业价值链可以大致分为以下几个部分：________、________、________、________、________、________、________、________、________。

7. 全球个人通信（5W）指的是________、________、________、________、________的通信。

任务 1.2 两部手机之间通话功能的实现

任务描述

手机的移动通信功能的实现是基于通信网络的，而该网络是以移动网为核心组成的综合网络。本任务主要内容是要求学生绘制一个移动网络原理图，写出两部手机之间通话的基本步骤和流程。网络原理图是基于移动通信网络的通用结构，可以说明两部手机通话的基本原理和过程。

任务目标

本任务的目标是通过介绍两部手机之间的通话过程，了解移动通信网络原理和结构。完成本任务将能够增强学生对移动通信网络类型、移动通信网络组成结构、两部手机之间通话所经过的大体路由等内容的了解，进而了解其他拓展知识，如“小灵通”与手机有何异同，卫星电话，移动通信网络的 G 网、C 网等。

相关知识

内 容	获取方式
1. 了解常见的移动通信系统有哪些？	• 上图书馆查阅资料 • 上网收集信息 • 到运营商服务网点询问相关工作人员
2. PLMN 与 PSTN 的含义是什么？	
3. 平时谈论的 G 网手机、C 网手机、3G 手机指的是什么？	
4. 什么是卫星电话？卫星电话通话的特点是什么？	
5. 我国无线市话技术及网络应用基本情况。	

1.2.1 常见的移动通信系统

所谓移动通信，指移动体之间或移动体与固定体之间的通信，即通信中至少有一方可以移动。移动通信经历了近一百年的发展，特别是近十年来，其发展速度惊人。移动通信从最初的单电台对讲方式发展到现在的系统和网络方式；从小容量到大容量；从模拟方式到数字方式。而数字移动通信的发展从数字蜂窝移动通信系统发展到 GSM、CDMA 以及 3G、LTE 等通信系统。

广义的移动通信系统，按照其业务及用途来划分，主要有无线寻呼系统，“小灵通”

系统，无绳电话系统，对讲、集群通信系统，公众陆地移动网络（包括模拟移动电话网、GSM 数字移动电话网等），卫星移动通信系统等。

图 1-2-1　某型号卫星电话手机

不同的移动通信系统对于所使用的终端设备的要求是不同的。大家通常所使用的“手机”其实属于蜂窝移动通信系统；通常所使用的对讲机属于对讲、集群通信系统；而卫星移动通信系统所使用的终端设备——卫星电话手机，外观与普通通信手机差别不大（见图 1-2-1），但其通信网络组成与公共陆地移动网络（Public Land Mobile Network，PLMN）相比确有很大的不同，两部手机之间的通信过程更为复杂。本课程将主要针对公共陆地移动网络进行学习。

目前应用最为广泛的无线市话接入形式有个人手持式电话系统（Personal Handy-phone System，PHS）和个人接入系统（Personal Access System，PAS）两种，其中尤以 PHS 最为广泛。我国采用的无线市话技术是在日本 PHS 基础上改进的一种“小灵通”技术，该技术目前已被世界上 20 多个国家试验并采用。PAS 系统是由 UT 斯达康公司利用日本的 PHS 技术，针对我国城市通信实际情况开发的一种无线接入技术，属于微蜂窝无线市话系统。

小贴士

尽管“小灵通”都具有一定意义上的移动性，但它毕竟只是一种基于有线电话的技术，而不是同 GPRS、WCDMA、CDMA 2000 那样的移动通信技术。无线市话“小灵通”的本质是市内固定电话网的有效延伸和补充。

图 1-2-2 所示为采用 PAS 接入形式的“小灵通”系统方案。PAS 系统主要由本地市话网（PSTN）、本地交换机（LE）、局端设备（RT）、空中通信量控制系统（ATC）、无线接入部分、无线电话部分（PS）等几大部分组成。其中，无线接入部分由基站控制器（RPC/CSC）、基站（RP/CS）组成。

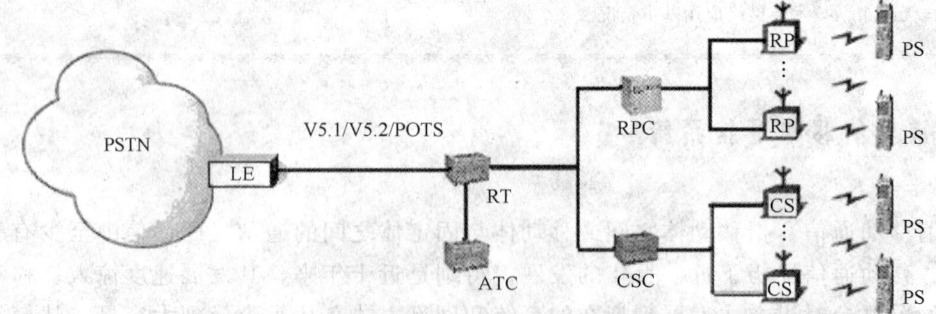

图 1-2-2　采用 PAS 接入形式的“小灵通”系统

1.2.2 公共陆地移动网

公共陆地移动网主要指地面的移动电话通信网络。我国自1987年开始开通移动电话业务以来，移动电话迅猛发展，用户增长迅速，先后出现如下的移动电话通信网。

1. A网和B网

模拟网是我国早期建设的移动电话网。模拟移动电话网形成了A网（摩托罗拉网）和B网（爱立信网）两种系统。由于各地分别建设、时间先后不同，又有爱立信和摩托罗拉两大移动电话系统等原因，出现了互不兼容、不能互通的情况，A网地区使用A网的手机，B网地区使用B网的手机。现在A网和B网早已经停止使用了。

2. G网和D网

20世纪90年代中期，我国开始建设“全球通”（GSM）数字移动电话网，即G网。数字移动电话网具有许多新的业务功能，特别是具有漫游范围最为广泛的特点，因而被称为“全球通”。G网工作于900MHz频段，频带比较窄，随着近年来移动电话用户迅猛增长，许多地区的G网已出现容量不足、达到饱和的状态。为了满足广大用户的需求，随后又建设了D网，即DCS 1800系统的网，它的基本体制和现有的GSM 900系统完全一致，但工作于1800MHz频段，需要用全球通1800的手机。如果使用双频手机，就可以在G网中漫游、自动切换。在许多城市，DCS 1800系统和GSM 900系统同时覆盖一个地区，就称为全球通双频系统，使全球通移动通信系统的容量成倍增长。

3. C网

C网是指CDMA（码分多址）制式的移动电话网，CDMA制式是接通率高、噪声小、发射功率小的新型数字移动电话网，能实现移动电话的各种智能业务。

4. 3G网

3G网，即WCDMA、CDMA 2000和TD-SCDMA等第三代移动通信网络。

5. LTE和4G网络

LTE网络仅是3G与4G技术之间的一个过渡，被俗称为3.9G网络（准4G网络），它分为FDD-LTE（频分双工）和TDD-LTE（时分双工）两种双工模式。FDD-LTE由欧美主导，TDD-LTE则由我国主导，2007年工信部把TDD-LTE命名为TD-LTE。现在的4G网络一般来说就是指LTE网络。

小贴士

公共电话交换网络（Public Switch Telephone Network，PSTN）主要实现固定电话通信业务，而公共陆地移动网络（PLMN）则主要实现移动电话通信业务。PSTN 网与 PLMN 网之间必须设有网络互联的线路，以实现固定电话用户与移动电话用户之间的通信。

1.2.3 移动卫星通信系统

所谓移动卫星通信，是指以通信卫星为中继站，在较大地域及空间范围内实现移动台与固定台、移动台与移动台以及移动台或固定台与公众网用户之间的通信。移动卫星通信是移动通信和卫星通信相结合的产物，兼具卫星通信覆盖面宽和移动通信服务灵活的优点，是实现未来个人移动通信系统和真正的信息高速公路的重要手段之一。

由于不同的移动卫星通信系统所使用的卫星不同，所以能够实现的通信业务及其功能也不同，主要有铱星电话、海事卫星电话、欧星电话、亚星电话、全球星电话等。

1. 铱（Iridium）卫星通信系统

铱系统是由 66 颗低轨卫星组成的全球卫星移动通信系统。66 颗低轨卫星分布在 6 个极地轨道上，另有 6 颗备用星。星上采用先进的数据处理和交换技术，并通过星际链路在卫星间实现数据处理和交换、多波束天线。铱系统最显著的特点就是星际链路和极地轨道。星际链路从理论上保证了可以由一个关口站实现卫星通信接续的全部过程。极地轨道使得铱系统可以在南北两极提供畅通的通信服务。铱系统是唯一可以实现在两极通话的卫星通信系统。铱系统最大的优势是其良好的覆盖性能，可达到全球覆盖，基本上能做到用手机实现任何人（Whoever）在任何时间（Whenever）、任何地方（Wherever），可以用任何方式（Whatever）与任何人（Whomever）进行通信，可为地球上任何位置的用户提供带有密码安全特性的移动电话业务。低轨卫星系统的低时延给铱系统提供良好的通信质量。铱系统可提供电话、传真、数据和寻呼等业务。它的用户终端有双模手机、单模手机、固定站、车载设备和寻呼机。

2. Inmarsat 海事卫星系统

成立于 1979 年的英国国际移动卫星通信公司（Inmarsat，原国际移动卫星组织）是为企业和政府用户提供全球移动卫星通信解决方案的全球领先供应商。Inmarsat 通过全球性业务合作伙伴网络为客户提供有针对性的创新解决方案。Inmarsat 通过由分布在 86 个国家的 260 个合作伙伴组成的全球性业务网络提供服务，这些合作伙伴包括一些全球最大的电信企业，如挪威的 Telenor、北美 Stratos、荷兰 Xantic、法国电信、新加坡电信 Singtel 和日本 KDDI。Inmarsat 可为企业和政府客户提供广泛的语音和数据服务，适用于多个应用领域，包括海事、能源、媒体、救援、政府和安全、采矿、建筑以及航空等领域。

3. 欧洲卫星（Thuraya）卫星电话

欧洲卫星（Thuraya）卫星电话简称欧星电话，是唯一自带GPS的卫星电话。

Thuraya（萨拉亚）卫星系统的网络覆盖包括亚洲、欧洲、北非、中非、南非大部、中东、中亚、南亚等130个国家和地区，涵盖全球1/3区域。欧星卫星终端是全球第一款创造性地整合了卫星、GSM和GPS三种功能，提供语音、短信、数据（上网）、传真、GPS定位五种业务的智能卫星电话。

4. Isatphone海事卫星手机

Isatphone海事卫星（原Aces，亚洲卫星）手机缘于2006年9月4日，Inmarsat与Aces正式签署协议，收购了Aces。Inmarsat公司入主Aces后，将改造Aces的网络体系，并将其融合进Inmarsat网络体系，从而有能力使海事卫星手持机变小。Aces卫星于2000年2月12日由哈萨克斯坦的Baikonur卫星发射基地发射，位于东经123°苏拉威西岛（印度尼西亚中部）上空35 000公里，4500公斤，属地球同步卫星，140个点波束，预计运行12年，可以同时接入11 000路电话，用户总容量可达两百万。Aces系统的地面站负责将Aces卫星网络接入到世界各地的地面网络或将地面网络接入到Aces卫星网络，总部设在印度尼西亚。目前共有三个地面站，分别在印度尼西亚、菲律宾和泰国。Aces系统卫星覆盖1100万平方英里①，从西到东，从巴基斯坦、印度西部到菲律宾、巴布亚新几内亚东，从北到南，从日本、中国北部到印度尼西亚南部。

Inmarsat收购Aces以后，海事卫星手机覆盖情况为：通过运行在Inmarsat四代卫星系统下的手持式终端提供话音服务，是目前体积最小的海事卫星终端，此项业务于2007年覆盖亚洲、非洲大部分区域，2008年实现全球覆盖。

5. 全球星（Globalstar）系统

福特空间公司（即现在的劳拉空间系统公司）在1986年提出为轿车提供移动卫星通信服务的计划，而今这一计划的产物“全球星”系统已发展成跨全球的无线移动和固定电话、数据、短信息、传真通信系统。全球星于1999年第三季度开始逐渐在全球范围内开通业务。全球星业务区域遍布世界120多个国家，这个数字还在不断增长。所以，当我们走出了地面通信网络覆盖区的时候，或者当我们所居住和工作的地区没有任何通信设施的时候，全球星业务将把我们与外界连接起来。

全球星通过其遍布全球的合作伙伴和空间卫星网络将用户与各地的有线和蜂窝通信业务系统连接起来，并向有不同通信需求的用户提供全球漫游、蜂窝网络覆盖区以外的业务以及边远地区的固定终端通信业务。

全球星系统图如图1-2-3所示，系统要求所有呼叫，包括国际呼叫，都将通过各国或各地区关口站接入当地业务提供商的现有地面网络（PSTN/PLMN），所有呼叫都通过地

① 1英里＝1.60931公里。

面公网或移动网来完成。

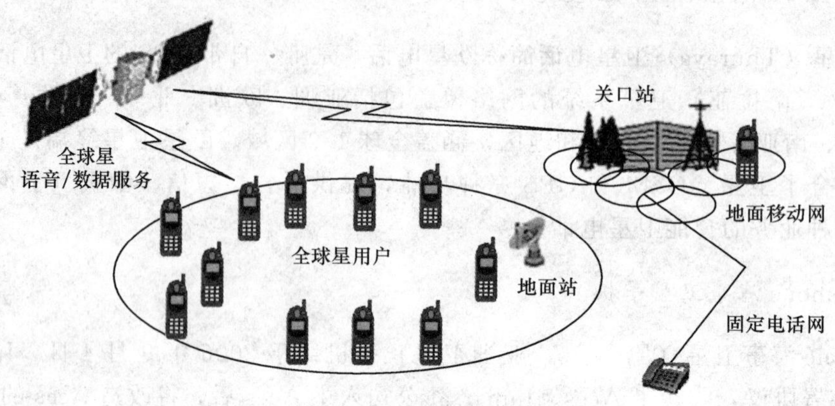

图 1-2-3　全球星系统

使用全球星手机呼叫时，手机将首先试呼地面蜂窝网进行接续，呼叫失败后则接入全球星卫星系统。呼叫通过卫星传递到全球星关口站，然后经关口站路由到 PSTN/PLMN 与被叫接通。在这个过程中，全球星起到了对现有地面通信设施的补充和延伸作用，而不是取代。全球星手机为双模和三模，与 AMPS、IS-95 和 GSM 网兼容。

小贴士

卫星通信的发展经历了如下几个阶段：国际卫星通信、国内卫星通信、VSAT（Very Small Aperture Terminal，甚小天线地球站）卫星通信、当今的移动卫星通信和未来的空间信息高速公路。

移动卫星通信系统主要分为以下两大类：

1）同步轨道移动卫星通信系统。其特点是移动终端在移动，卫星是相对静止的（卫星与地球自转同步），因而又称静止轨道移动卫星通信系统（Geostationary Earth Orbit，GEO）。典型的系统有美国的 MSAT、澳大利亚的 MOBILESAT 等。

2）中、低轨道移动卫星通信系统（Middle Earth Orbit，MEO；Low Earth Orbit，LEO）。其特点是移动终端相对静止（相对移动中的卫星而言），因而又称非同步轨道移动卫星通信系统。典型的中轨道系统有 ICO 系统；典型的低轨道系统有 Motorola 公司的 lridum（铱）系统和 Qualcomm 等公司的 Globalstar（全球星）系统。这类系统更适合于手持终端的通信。

移动卫星通信系统的特点是覆盖范围广，用户容量大，通信距离远且不受地理环境限制，质量优，经济效益高等。

目前，移动卫星通信系统主要应用于大型远洋船舶的位置测定、导航和海难救助，移动无线电，无线电寻呼等。

1.2.4 手机通话原理简介

下面以 GSM 蜂窝数字移动电话网为例，简要介绍公共陆地移动网中两部手机通话功能是如何实现的。如图 1-2-4 所示，G 网的组成一般由移动台（Mobile Station，MS）、基站（Base Station，BS）、基站控制器（Base Station Controller，BSC）、移动交换中心（Mobile Switching Center，MSC）及与市话网（PSTN）相连的中继线等组成。

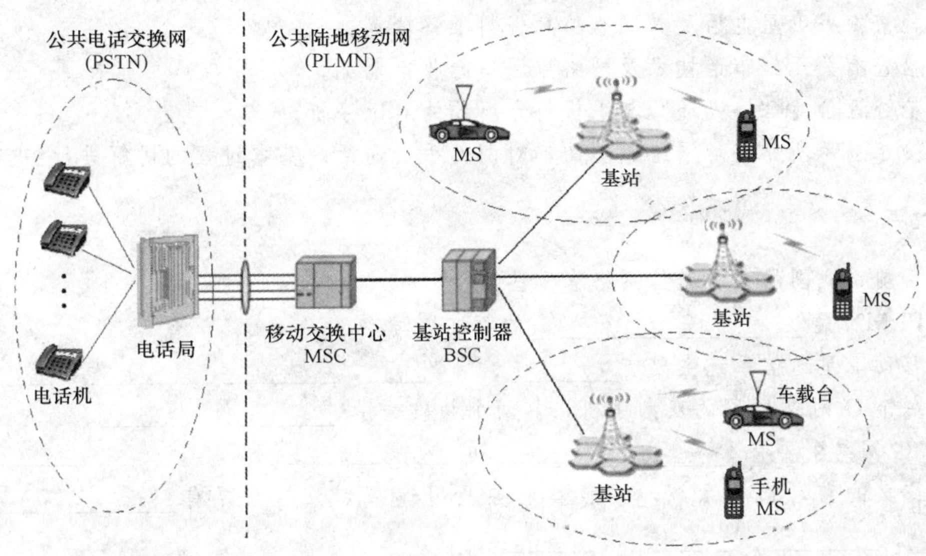

图 1-2-4　GSM 蜂窝数字移动电话网

当 GSM 网络中的两部手机通话时，一个基站（BS）覆盖区域中的某个手机用户（MS）的信息先经过本基站及基站控制器（BSC）设备传递到移动交换中心（MSC），然后由 MSC 交换，再经过 BSC 到另一个基站，经该基站连接到另一手机用户（MS）。其基本过程如下：

1）基站 A 覆盖区域中用户 a 发起呼叫请求，呼叫用户 b。

2）基站 A 将该呼叫请求上传给基站控制器进而上传至移动交换中心。

3）经移动交换中心完成相关认证后将交换信息传到基站控制器。

4）由基站控制器连接用户 b 所在的基站 B。

5）基站 B 发起对用户 b 的呼叫。

6）用户 a 和用户 b 建立通话。

7）通话结束后的释放过程。

计划与实施建议

1. 到图书馆查阅有关移动通信系统方面的书籍资料，了解移动通信网络的发展演变和不同网络类型的特点。

2. 上网查询卫星电话原理、卫星电话通话的特点等相关信息。

3. 上网或到运营商网点咨询我国无线市话技术及网络应用基本情况。

4. 根据获得的资料信息，作“小灵通”与手机特点对比分析。

5. 根据所获信息和资料进行总结提炼，画出移动网络原理图。

检查与评价点

1. 检查有关移动通信网络原理资料准备情况。

2. 检查有关卫星电话及其网络信息资料准备情况。

3. 检查有关无线市话技术及网络应用信息收集情况。

4. 检查评价对“小灵通”与手机特点所作的对比分析。

5. 分组展示所作移动网络原理图，对两部手机通话的基本过程的讲解进行综合评价。

试一试

1. 目前，我国的移动通信网络有哪些？

2. PLMN是________________的英文缩写。

3. 移动卫星通信系统主要有________、________、________、________、________等。

4. 一个G网或D网的双频手机，其两个频段是指________与________。

5. 3G网络主要有________、________和________。

6. 广义的移动通信系统，按照其业务及用途来划分，主要有________、________、________、________、________、________。

7. 目前，应用最为广泛的无线市话接入形式有________和________两种，我国采用的无线市话技术是在________基础上改进的一种“小灵通”技术。

8. 不同的移动卫星通信系统所使用的卫星不同，能够实现的通信业务及其功能也不同，主要有________、________、________、________、________等。

任务1.3　实现基站与手机之间的通信

任务描述

基站在移动通信网络中，用于手机到移动通信交换中心之间的连接，是移动通信网络中的终端接入设备，在手机的通信过程中，基站与手机之间的通信是必不可少的重要环节之一。本任务主要内容是要求学生写出一个技术说明书，分析基站与手机之间的通信原理和过程。分析过程中要重点说明移动通信的传输方式、频谱资源管理与利用等情况。

任务目标

本任务旨在通过了解手机与移动通信网络的基站设备的通信是如何实现的，从而认识它们之间采用的通信方式、频率规划等。

完成本任务，将会进一步加强对移动通信网络组成结构、基站与手机之间的通信方式、通信频率选择及频率资源管理的理解，引起对频率资源有效利用的思考。

相关知识

内　容	获取方式
1. 移动通信系统的组成结构是什么？	• 上图书馆查阅资料 • 上网收集信息 • 到无线电频率管理部门询问相关工作人员
2. 移动通信系统的传输方式有哪些？各有什么特点？	
3. 手机与基站设备之间通信的频率是多少？	
4. 我国移动通信网络的频率划分情况。	
5. 频率资源是有限的吗？由谁来管理？	

1.3.1 移动通信的传输方式

移动终端与基站设备通信示意如图 1-3-1 所示。对于手机用户来说，与基站设备通信时采用什么样的通信方式？要回答这个问题，必须明确两点：一是要明确基站设备的功能及其结构；二是要明确移动通信的传输方式。

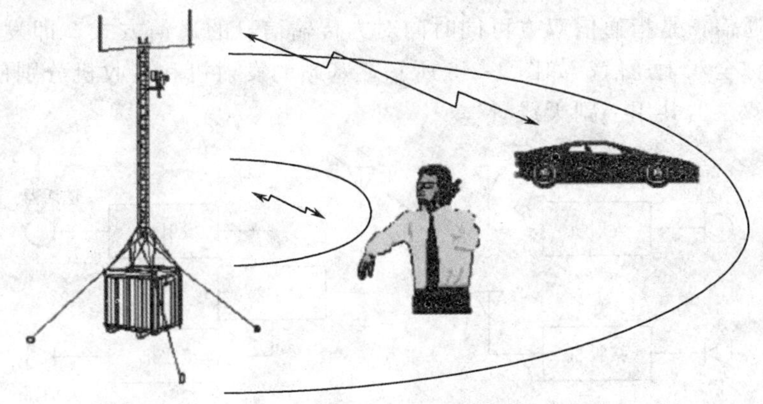

图 1-3-1　移动终端与基站设备通信示意图

移动通信系统可以分为三个子系统，有移动台（MS）、基站子系统（Base Station Subsystem，BSS）和网络交换子系统（Network Switching Subsystem，NSS）。网路交换子系统主要完成交换功能和移动用户数据与移动性管理、安全性管理所需的数据库功能。

基站子系统是在一定的无线覆盖区中与移动台进行通信的系统设备，它主要负责完成无线发送接收和无线资源管理等功能。

手机由两部分组成：移动终端（MS）和用户识别卡（SIM）。移动终端完成话音编码、信道编码、信息加密、信息的调制和解调、信息发射和接收。用户识别卡存有认证用户身份所需的所有信息，并能执行一些与安全保密有关的重要信息，以防止非法用户进入网路。

移动通信的传输方式有以下几种。

1. 单工通信

所谓单工通信，是指通信双方交替进行收信和发信的通信方式，发送时不接收，接收时不发送。单工通信常用于点到点的通信，如图 1-3-2 所示。根据收发频率的异同，单工通信可分为同频单工和异频单工。

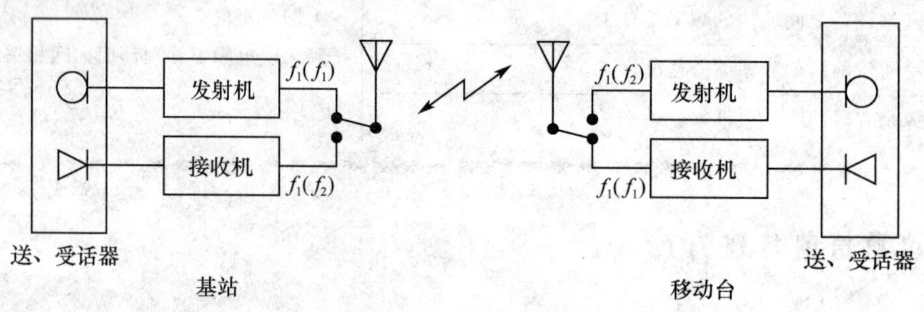

图 1-3-2　单工通信

2. 双工通信

所谓双工通信，是指通信双方可同时向对方传输信息的通信方式，即发送和接收可同时进行，故亦称全双工通信。如图 1-3-3 所示，基站的发射机和接收机分别使用一副天线，而移动台通过双工器共用一副天线。

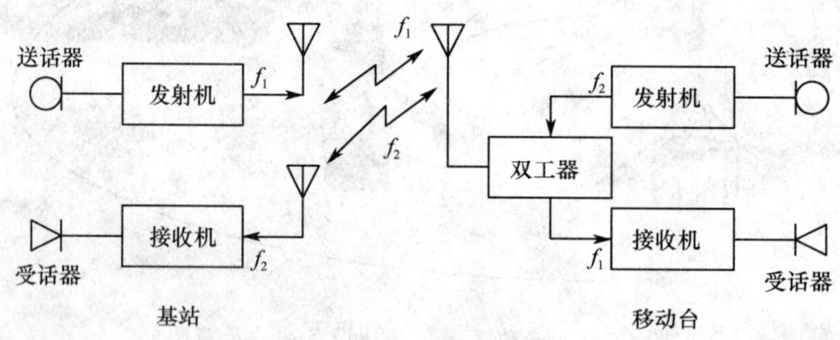

图 1-3-3　双工通信

双工通信的特点是：同普通有线电话很相似，使用方便。其缺点是：在使用过程中，不管是否发话，发射机总是工作的，故电能消耗很大，这对以电池为能源的移动台是很不利的。针对此问题的解决办法是：要求移动台接收机始终保持在工作状态，而令发射机仅在发话时才工作。这样构成的系统称为准双工系统，也可以和双工系统兼容。这种准双工系统目前在移动通信系统中获得了广泛的应用。

3. 半双工通信

半双工通信是介于单工通信和全双工通信之间的一种通信方式，如图 1-3-4 所示。其中，移动台的工作情况与单工通信时相似：采用“按-讲”方式，即按下“收/发转换”开关，发射机才工作，而接收机总是在工作。基站的工作情况与全双工通信时相似，只是可以采用双工器，使收发信机共用一副天线。

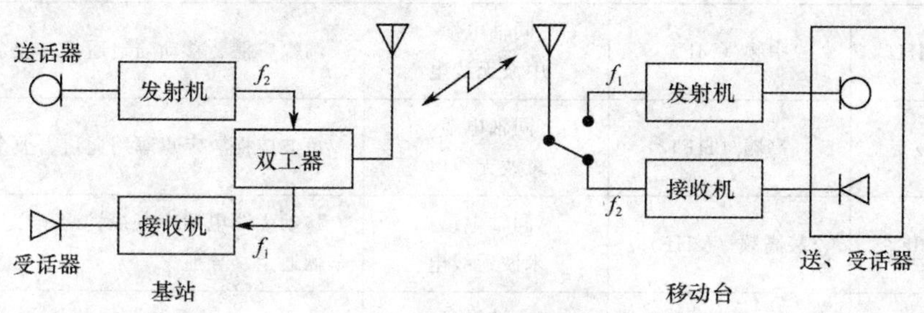

图 1-3-4　半双工通信

半双工通信的特点是：设备简单，功耗小，克服了单工通信断断续续的现象，但操作仍不太方便。所以，半双工方式主要用于专用移动通信系统中，如汽车调度系统等。

显然，在 PLMN 网中，手机与基站设备之间是采用双工通信方式进行通信的。

1.3.2 频率资源及其管理

随着技术发展，无线电通信宽带化、移动化的趋向越来越突出，宽带无线电接入系统对无线电频率资源产生巨大需求，要求在国际无线电规则中将更多的频率划分给无线电移动业务的声音越来越大，卫星通信与地面无线电移动系统的资源冲突日益激烈，因此科学规划、合理使用这项宝贵的国家资源是关系社会经济发展的重要工作。

1. 频段的划分及主要用途

表 1-3-1 列出了频段的常规划分方法及主要用途。不同的频段适合于不同的通信用途，也可以说不同的通信用途会占用不同的频段。因此，频率是非常宝贵而有限的资源。《中华人民共和国物权法》第五十条明确规定：无线电频谱资源属于国家所有。

小贴士

1）无线电的频率、波长之间的关系为：频率 $f=\frac{\text{光速}\ c}{\text{波长}\ \lambda}$。其中，光速 $c=3\times10^8\text{m/s}$。

2）常用单位换算：1kHz=1000Hz；1MHz=1000kHz；1GHz=1000MHz。

表 1-3-1　频段的划分及主要用途

频率范围	符号	传输媒介	用　　途
3Hz～30kHz	甚低频（VLF）	有线线对 长波无线电	音频、电话、数据终端、长距离导航、时标
30～300kHz	低频（LF）	有线线对 长波无线电	导航、信标、电力线通信
300kHz～3MHz	中频（MF）	同轴电缆 中波无线电	调幅广播、移动陆地通信、业余无线电
3～30MHz	高频（HF）	同轴电缆 短波无线电	短波广播、定点军用通信、业余无线电
30～300MHz	甚高频（VHF）	同轴电缆 米波无线电	移动无线电话、电视、调频广播、空中管制、车辆通信、导航
300MHz～3GHz	特高频（UHF）	波导 分米波无线电	电视、空间遥测、雷达导航、点对点通信、移动通信
3～30GHz	超高频（SHF）	波导 厘米波无线电	微波接力、卫星和空间通信、雷达
30～300GHz	极高频（EHF）	波导 毫米波无线电	雷达、微波接力、射电天文学
10^5～10^7GHz	紫外、可见光、红外	光纤 激光空间传播	光通信

从表 1-3-1 中可以看出，适合于开展移动电话通信业务的频段主要集中在 30～300MHz 和 300MHz～3GHz 两个频段。

2. 频段资源的管理

全球无线电频谱资源的分配和管理工作由国际电信联盟（International Telecommunication Union，ITU）负责，全球各个国家或地区又设有专门的无线电管理机构，协助 ITU 组织开展工作。比如我国设有国家无线电管理委员会（简称“国家无委会”），各省市设有无线电管理局等机构，对各地区的无线电频谱资源进行集中的分配和管理。频率资源的指配和管理组织如图 1-3-5 所示。

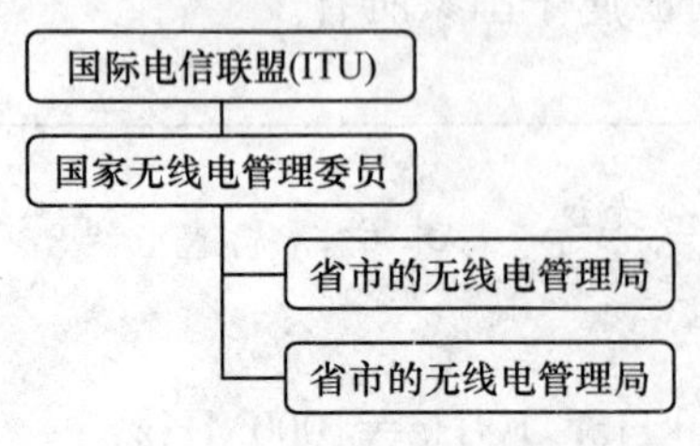

图 1-3-5　频率资源的指配和管理组织

国际电信联盟（ITU）是联合国负责电信事务的专门机构，系政府间国际组织。成立于 1865 年 5 月 17 日，有 191 个成员国、600 多个部门成员，总部设在瑞士日内瓦。

ITU 的宗旨是维护和扩大会员国之间及其与部门成员之间的合作，促进电信资源的合理使用，促进和提供对发展中国家及不发达国家的技术援助，促进新技术的发展及其在全球的推广应用。ITU由全权代表大会、理事会、总秘书处和无线电通信部门、电信标准化部门、电信发展部门组成。全权代表大会是ITU的最高权力机构，每四年召开一次；理事会负责在全权代表大会休会期间代行其职责；总秘书处负责电联总体事务的管理和协调；无线电通信部门负责全球无线电频谱资源的分配和管理；电信标准化部门负责全球电信标准化工作；电信发展部门负责协调全球电信一致发展。

我国国家无线电管理委员会的网址是www.srrc.gov.cn，主页如图1-3-6所示。其中，我国国家无线电管理局主要职责如下：

1）制定无线电频谱规划，合理开发利用频谱资源。

2）负责无线电频率资源的指配和管理。

3）负责无线电台（站）管理和无线电监测，协调处理电磁干扰事宜，维护空中电波秩序。

4）依法组织实施无线电管制。

5）负责卫星轨道位置协调。

6）根据授权参加有关国际无线电会议，负责涉外无线电管理工作。

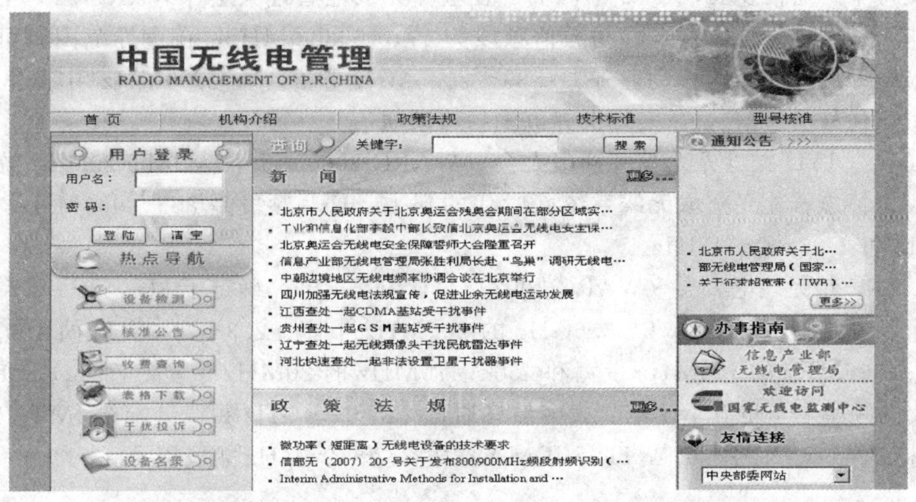

图1-3-6 国家无线电管理委员会主页

1.3.3 频率资源的分配

1. 国际电信联盟所作的频率规划

1979年，ITU首次给陆地移动通信划分出主要频段。

根据ITU的规定，1980年国家无线电管理委员会制定出我国陆地移动通信使用的频段（以900MHz为中心）。此时，我国大容量公用陆地移动通信采用的是英国的TACS体制（全接入通信系统）的模拟移动通信系统，相邻频道间隔为25kHz。（注：北美的

AMPS体制即先进移动通信业务系统）。AMPS 和 TACS 两种体制的频段特点的比较如表 1-3-2所示。

表 1-3-2 1G 网络 AMPS 体制与 TACS 体制的比较

项 目		AMPS	TACS
工作频段/MHz	MS→BS BS→MS	825～845 870～890 （800～900，1800～2000）	890～915 935～960 （800 或 900）
频道间隔/kHz		30	20
话音频道调制峰值频偏/kHz		±12.0	±9.5
控制信号传输速率/(kb/s)		10	8
控制频道调制峰值频编/kHz		±8	±6.4
接入方式		FDMA	FDMA

为支持个人通信发展，1992 年，ITU 在世界无线电管理大会（WARC′92）上，对工作频段作了进一步划分：未来移动通信频段为 1710～2690MHz，在世界范围内可灵活应用，并鼓励开展各种新的移动业务。1885～2025MHz 和 2110～2200MHz 用于 IMT-2000 系统（第三代移动通信），以实现世界范围的移动通信。

2000 年，ITU 在世界无线电管理大会（WARC′2000）上，为 IMT-2000 系统重新分配了频段，标志着建立全球无线系统新时代的到来。这些频段是 805～960MHz、1710～1885MHz 和 2500～2690MHz。

ITU2007 年无线电大会（WARC′2007）在日内瓦召开，确定了 3G 与 4G 移动通信系统的四个新频段，分别为 3.4～3.6GHz 的 200MHz 带宽、2.3～2.4GHz 的 100MHz 带宽、698～806MHz 的 108MHz 带宽和 450～470MHz 的 20MHz 带宽。而 TD-SCDMA 与 WiMAX 的频率之争也有了定论。大会最终通过 2.3～2.4GHz 频段分配给 IMT-2000，而这也意味着 WiMAX 将不会与 TD-SCDMA 竞争 2.3～2.4GHz 频段资源。

2. 我国无线电移动通信频率规划基本情况

按照 ITU 国际无线电规则频率划分，目前各种无线业务可以使用的频率范围为 9kHz～275GHz。由于技术水平的限制，绝大多数无线电设备工作在 50GHz 频率之下，国内主要在 6GHz 以下。

我国的无线电应用可划分为 42 种业务，其中包括固定业务、移动业务、广播业务、无线电导航业务等。由于业务繁多，所以在 9kHz～50GHz 的多数频段，要安排多种业务共用一个频段。其中陆地移动应用最广，业务频率分别分配用于专用无线电通信网络和公众无线通信网络。专用无线电移动通信系统大量应用于军队、公安、急救等，如 150MHz、350MHz、450MHz 对讲机，800MHz 集群通信等。

2008 年电信重组前，我国公众无线电移动通信市场格局为两个运营商（中国移动和中国联通）和三个网络（中国移动 GSM、中国联通 GSM 和中国联通 CDMA）。

国家无委会为公众网无线电移动通信系统划分的频率如下：

CDMA 网络：825～835MHz/870～880MHz

GSM 网络：885～915MHz/930～960MHz、1710～1755MHz/1805～1850MHz

上述频率共计 2×85MHz。GSM 网络最大发射功率为 2W，CDMA 网络最大发射功率为 1W。GSM 网络、CDMA 网络均采用国外的技术标准和制式（见表 1-3-3）。

表 1-3-3　2G 网络四种移动通信技术和制式比较

参数	欧洲 GSM/DCS	北美 D-AMPS	北美 CDMA	日本 PDC
工作频段/MHz	890～915 935～960 1710～1785 1805～1880	824～849 869～894 1900	824～849 869～894	810～826 940～956 1429～1453 1477～1501
载频间隔/kHz	200	30	1250	50
接入方式	TDMA	TDMA	CDMA	TDMA
与现有模拟系统的兼容能力	无	有	有	有

小贴士

我国目前为宽带无线接入应用划分了四个频段，分别是 2.4GHz、3.5GHz、5.8GHz 和 26GHz。

2.4GHz 频段是免牌照的，不用申请频率即可在不干扰其他系统的情况下使用。该频段的频率范围为 2400～2483.5MHz，要求采用时分双工（Time Division Duplex，TDD）模式，最大辐射功率不得超过 100mW。在此频段，我国积极鼓励 WLAN802.11b 的应用。同时，工业、科学、医疗设备也使用该频段，实现频率的共用。TDD 模式时，上行和下行通信使用同一频率信道的不同时隙，用时间来分离接收和传送信道，某个时间段由基站发送信号给移动台，另外的时间由移动台发送信号给基站。基站和移动台之间必须协同一致才能顺利工作。

3.5GHz（Microwave Multipoint Distribution Systems，MMDS）频段主要频率范围是 3400～3430MHz/3500～3530MHz，主要工作方式是频分双工（Frequency Division Duplex，FDD），我国在该频段首次采用了评选招标的方式分配频率，目前在 30 多个城市展开应用。由于频率资源限制，发展相对较慢。该频段也主要给基础电信运营商使用，用于建立宽带无线接入网络。FDD 模式的特点是在分离的两个对称频率信道上，系统进行接收和传送，以保证频段来分离接收和传送信道。

5.8GHz 频段频率范围为 5725～5850MHz，采用 TDD 模式，最大辐射功率不得超过 500mW，基站需要领取无线电发射执照。在此频段，我国积极鼓励 WLAN802.11a 的应用，但目前这一技术应用比较少。该频段主要给基础电信运营商使用。

26GHz（Local Multipoint Distribution Service，LMDS）频段使用频率范围为24.507～25.515GHz/25.757～26.765GHz，主要工作方式是FDD，该频段也主要给基础电信运营商使用，用于建立宽带无线接入网络。

3. 目前国内三大运营商2G/3G/4G网络的频率分配情况

经过二十多年的发展，目前我国的移动通信网络已经形成了2G、3G、4G多网并存的局面，三大运营商各自所采用的网络制式和所拥有的无线频率资源不尽相同，如表1-3-4所示。

表1-3-4　三大运营商所拥有的频段和网络制式

运营商	上行频率（UL）	下行频率（DL）	频宽	合计频宽	制式	
中国移动	885～909MHz	930～954MHz	24MHz	184MHz	GSM 800	2G
	1710～1725MHz	1805～1820MHz	15MHz		EGSM 1800	2G
	2010～2025MHz	2010～2025MHz	15MHz		TD-SCDMA	3G
	1880～1890MHz	1880～1890MHz	130MHz		TD-LTE	4G
	2320～2370MHz	2320～2370MHz				
	2575～2635MHz	2575～2635MHz				
中国联通	909～915MHz	954～960MHz	6MHz	81MHz	GSM 800	2G
	1745～1755MHz	1840～1850MHz	10MHz		GSM 1800	2G
	1940～1955MHz	2130～2145MHz	15MHz		WCDMA	3G
	2300～2320MHz	2300～2320MHz	40MHz		TD-LTE	4G
	2555～2575MHz	2555～2575MHz				
	1755～1765MHz	1850～1860MHz	10MHz		FDD-LTE	4G
中国电信	825～840MHz	870～885MHz	15MHz	85MHz	CDMA	2G
	1920～1935MHz	2110～2125MHz	15MHz		CDMA 2000	3G
	2370～2390MHz	2370～2390MHz	40MHz		TD-LTE	4G
	2635～2655MHz	2635～2655MHz				
	1765～1780MHz	1860～1875MHz	15MHz		FDD-LTE	4G

小贴士

移动通信系统中，手机与基站设备通信，需要与基站的收发信台（BTS）之间建立无线信号的传输链路（也可称为“传输信道”）。如图1-3-7所示，移动台（MS）发、基站（BS）收的链路称为上行链路（链路2）；基站（BS）发、移动台（MS）收的链路称为下行链路（链路1）；上行链路和下行链路均为单向链路，相对于单向链路，还有双向链路（链路3）。上、下行的链路之间、相邻链路之间都需要保证有一定的间隔以免相互干扰。如我国GSM网规定：相邻链路之间频道间隔为200kHz，上、下行的链路之间的间隔是45MHz。

对于移动的GSM网络（FDD）：

GSM 900MHz 频段：

上行链路（移动台发、基站收）：890～915MHz

下行链路（基站发、移动台收）：935～960MHz

GSM 1800MHz 频段：

上行链路（移动台发、基站收）：1710～1785MHz

下行链路（基站发、移动台收）：1805～1880MHz

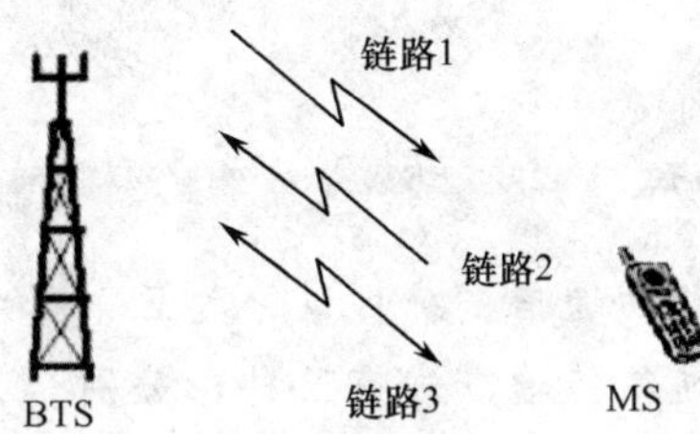

图1-3-7 手机与基站之间的无线传输链路

EGSM 900MHz（GSM扩展频段）；目前我国没有开放扩展部分的频段。

上行链路（移动台发、基站收）：880～915MHz

下行链路（基站发、移动台收）：925～960MHz

可以清楚地看到，一个网络并不是工作在对应的频点，而是工作在附近的频段。通信时，手机和基站之间建立一条通路，如果采用FDD模式，就需占用两个频率（信道）以建立两条链路，一个上行，一个下行。举个例子，一个人在GSM 900的网络中通话，他说的话通过910.2MHz这个频率发送给基站，那么基站必定会通过955.2MHz这个频率把对方说的话发给他。

如果有人正在通话，那别的人还能用910.2MHz和955.2MHz这对频率来通信吗？当然不能，必须用另一对频率建立通路。GSM规定信道的间隔是200kHz（0.2MHz），这样一来，在GSM 900网络上，就形成了（900.0MHz，945.0MHz），（900.2MHz，945.2MHz），（900.4MHz，945.4MHz）……这样成对的通路。

计划与实施建议

1. 到图书馆查阅有关移动通信系统的组成结构、传输方式、频率规划等资料。

2. 查找并详细阅读《900/1800MHz TDMA数字蜂窝移动通信网基站子系统设备技术要求及无线指标测试方法》电信规范等资料。

3. 调研现阶段各运营商移动通信网络使用的频率资源情况。

4. 针对“频率资源是非常宝贵而有限的”话题分组展开辩论。

5. 访问 ITU 组织网站，了解 ITU 的主要职能及组织结构。

检查与评价点

1. 检查有关移动通信系统的组成结构、传输方式、频率规划等资料准备情况。

2. 列举各运营商移动通信网络使用的频率资源。

3. 图解 ITU 的主要职能及组织结构。

4. 针对“频率资源是非常宝贵而有限的”话题分组展开辩论，并对辩论情况进行评价总结。

试一试

1. 移动通信系统可以分为三个子系统，即________、________和________。

2. 通信传输方式有三种，分别是________、________和________。

3. IMT-2000 所包含的三个含义是________、________和________。

4. 中国电信的 CDMA 2000 和中国联通的 WCDMA 基于________模式；中国移动的 TD-SCDMA 标准则基于________模式。

5. ITU 对 3G 的研究工作主要由________和________来承担。

6. ITU2007 年无线电大会（WARC′2007）确定了 3G 与 4G 移动通信系统的四个新频段，分别为________、________、________和________。

7. 我国目前为宽带无线接入应用划分了四个频段，分别是________、________、________和________。

任务 1.4　频率资源的有效利用

任务描述

无线频率资源是非常宝贵的，我们应该如何有效地利用它，以提高频率资源的利用率呢？本任务主要内容是要求学生分组讨论，讨论主题是“影响移动通信频谱资源利用率的因素及提高利用率的解决方案”。通过分析和讨论，进一步理解移动通信系统中频率资源的有限性，找出影响提高频谱资源利用率的因素，思考具体的解决思路、方法，并进行问题阐述。

任务目标

完成本任务，将会加深对频率资源管理及其有效利用方案的理解。通过分组讨论更好地掌握移动通信的相关基本技术的出发点及原理。同时，通过实验现象来深入理解多址技术、语音压缩编码等技术的原理，语音处理芯片的应用等。

相关知识

内　容	获取方式
1. 了解影响移动通信系统通信质量、频谱利用率和系统容量的因素。	•上图书馆查阅资料 •上网收集信息 •向实验设备供应商索取技术说明书 •到实验室演练仪器工具使用方法
2. 了解移动通信的信道多址复用技术。	
3. 了解 GSM 系统、CDMA 系统语音变换和性能测试情况。	
4. 常见的语音压缩编码技术及其芯片。	
5. 语音压缩编码电路实例分析。	
6. 熟悉数字存储示波器的操作方法。	

1.4.1 节约频率资源的措施

在蜂窝移动通信系统中，多个移动用户要同时通过一个基站和其他移动用户进行通信，就必须建立基站和不同的移动用户通信的无线信道，同时能够对基站和不同的移动用户发出的信号赋予不同的特征，使基站能从众多移动用户的信号中区分出是哪一个移动用户发来的信号，同时各个移动用户又能够识别出基站发出的信号中哪个是发给自己的，这样才可能实现蜂窝移动通信系统中多用户共享同一个基站，其简单示意如图 1-4-1 所示。

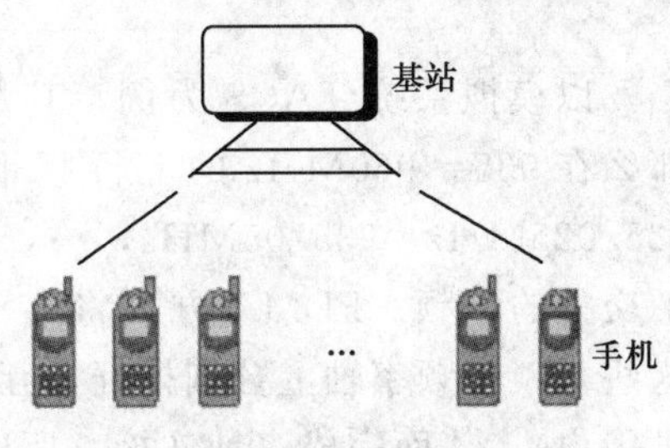

图 1-4-1　蜂窝移动通信系统中多用户共享一个基站

如何提高频谱资源的利用率，既保证通信质量，又能容纳更多的用户？这个问题如同“公路和车辆”的关系一样，我们设计什么样的交通规则，希望在保证交通安全的前提下，一条公路能通过更多的车辆，提高公路的利用效率。

不难想象，大体上有以下两种解决方案：

1）从无线信道的复用角度，节约频率资源的措施。

2）从移动终端信息的编码压缩角度，节约频率资源的措施。

1.4.2 多址技术

从无线信道的复用角度，多址技术是节约频率资源的措施之一。

所谓多址技术，就是使多个用户接入并共享同一个无线通信信道，以提高频谱利用率的技术。即把同一个无线信道按照时间、频率等进行分割，使不同的用户都能够在不同的分割段中使用这一信道，而又不会明显地感觉到他人的存在，就好像自己在专用这一信道一样。占用不同的分割段就像是拥有了不同的地址，使用同一信道的多个用户就拥有了多个不同的地址。这就是多址技术，亦称多址接入技术。

不同的多址方式对通信系统的容量和质量影响很大，因此，寻求更好的多址方式就成为重要的研究目标。

1. 频分多址

频分多址（Frequency Division Mutiple Access，FDMA）技术按照频率来分割信道，把通信系统的总频段划分成若干个等间隔的频道（或称信道）分配给不同的用户，不同的用户分配不同的载波频率以共享同一信道，这些频道互不交叠，其宽度应能传输一路话音或数据信息，而在相邻频道之间无明显的串扰。FDMA 技术是模拟载波通信、微波通信、卫星通信的基本技术，它也是第一代模拟移动通信的基本技术。其原理如图 1-4-2 所示。

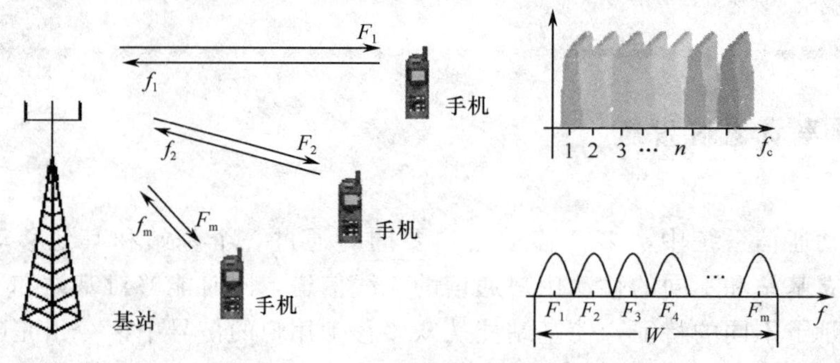

图 1-4-2 FDMA 原理示意图

以模拟系统 TACS 为例，其总频带宽度为 45MHz，频道间隔（子频带）为 25kHz，那么在 935～960MHz 的上行频带内，每 25kHz 取一个载波频率，可以得到 935MHz，935.025MHz，935.05MHz，…，959.05MHz，959.075MHz 和 960MHz 一共 1000 个互不交叠的载频。FDMA 方式将移动台发出的信号调制到移动通信频带内的不同载频上，这些载频在频率轴上分别排开，互不重叠。基站可以根据载频的不同来识别发射地址（手机用户），从而完成多址连接。所以，FDMA 中，每个载频对应一个信道，而且由于信道在时间轴和空间轴上没有被分割，因此信号可以在每一个载频信道上连续传输。FDMA 频道划分示意图如图 1-4-3 所示。

2. 时分多址

时分多址（Time Division Mutiple Access，TDMA）将每个频带信道分成若干时隙（时间片），然后把每个时隙再分配给每个用户，根据一定的时隙分配原则，使各个移动用户在每帧内只能按指定的时隙向基站发送信号，在满足定时和同步的条件下，基站可以分别在各时隙中接收到各个移动用户的信号而不混扰，如图 1-4-4 所示。

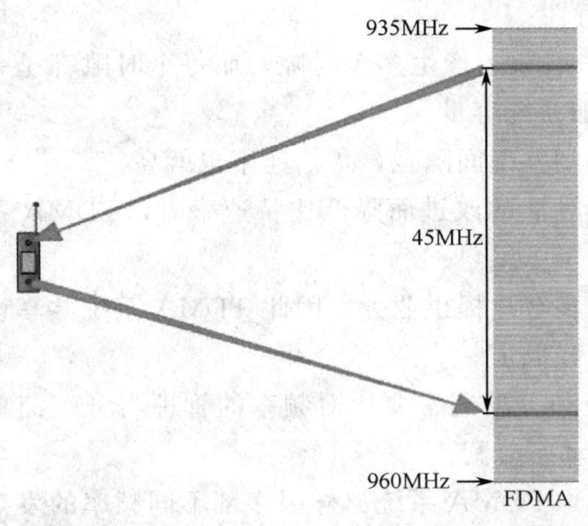

图 1-4-3 FDMA 频道划分示意图

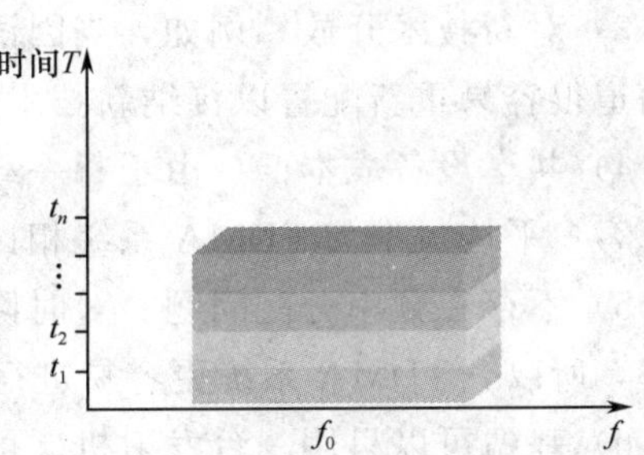

图 1-4-4 TDMA 示意图

TDMA 技术按照时隙来划分信道，即给不同的用户分配不同的时间段以共享同一信道。TDMA 技术是数字数据通信和第二代移动通信的基本技术。

在 TDMA 系统中，时间被分割成周期性的帧，每一帧再分割成若干个时隙（地址），无论帧或时隙都是互不重叠的。然后，根据一定的时隙分配原则，使各个移动台在每帧内只能按指定的时隙向基站发送信号，在满足定时和同步的条件下，基站可以分别在各时隙中接收到各手机的信号而互不混扰。同时，基站发向多个手机的信号都按顺序安排，在预定的时隙中传输。各手机只要在指定的时隙内接收，就能在合路的信号中把发给它的信号区分出来。

TDMA 信道的划分如图 1-4-5 所示。现在正广泛使用的 GSM 数字移动通信系统采用的就是 TDMA/FDMA 相结合的方式。

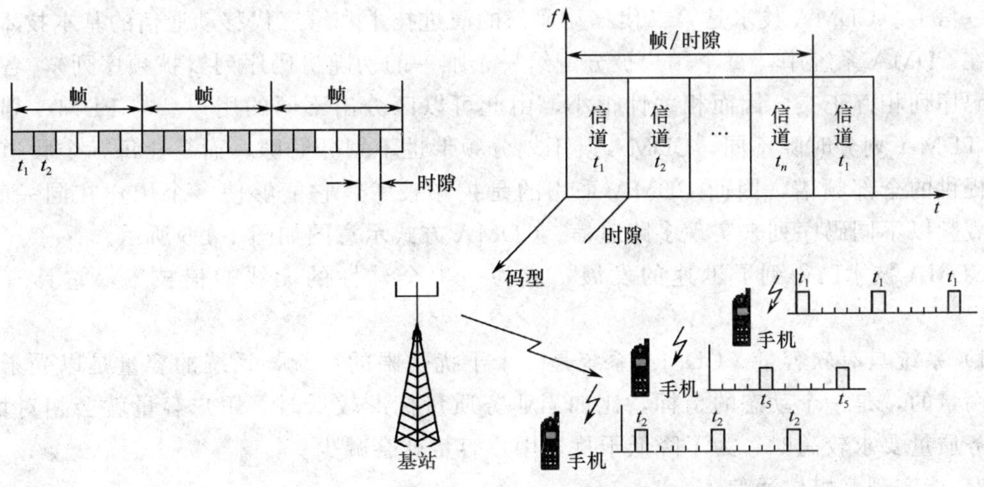

图 1-4-5 TDMA 信道的划分

与 FDMA 技术相比，TDMA 具有如下特性：

1）每载频多路。TDMA 系统能够在每一载频上产生多个时隙，而每个时隙都是一个信道，因而能够进一步提高频谱利用率，增加系统容量。

2）传输速率高。每一载频含有时隙多，则频率间隔宽，传输速率也就高。

3）对新技术开放。例如，当因语音编码算法的改进而降低比特速率时，TDMA 系统的信道很容易重新配置以接纳新技术。

4）共享设备成本低。由于每一载频为许多客户提供业务，因此 TDMA 系统共享设备的每客户平均成本与 FDMA 系统相比是大大降低了。

5）不存在频率分配问题。对时隙的管理和分配通常要比对频率的管理与分配简单而经济，所以，TDMA 系统更容易进行时隙的动态分配。

6）基站可以只用一台发射机。可以避免像 FDMA 系统那样因多部不同频率的发射机同时工作而产生的互调干扰。

同时，TDMA 也具有以下缺陷：

1）必须有精确的定时和同步。

2）移动台较复杂。

3）传输开销大。

3. 码分多址

在码分多址（Code Division Multiple Access，CDMA）通信系统中，不同用户传输信息所用的信号不是靠频率不同或时隙不同来区分的，而是用不同的编码序列来区分的，或者说，靠信号的不同波形来区分。如果从频率域或时间域来观察，多个 CDMA 信号是互相重叠的。

CDMA 技术按照码序列来划分信道，即给不同的用户分配一个不同的编码序列以共享同一信道。CDMA 技术是第二代移动通信的演进技术和第三代移动通信的基本技术。

在 CDMA 系统中，每个用户被分配给一个唯一的伪随机码序列（扩频序列），各个用户的码序列相互正交，因而相关性很小，由此可以区分出不同的用户。与 FDMA 划分频带和 TDMA 划分时隙不同，CDMA 既不划分频带也不划分时隙，而是让每一个频道使用所能提供的全部频谱，因而 CDMA 采用的是扩频技术，它能够使多个用户在同一时间、同一载频以不同码序列来实现多路通信。CDMA 方式示意图如图 1-4-6 所示。

CDMA 技术已得到了迅速的发展，成为一项全球性的无线通信技术，它具有如下优点：

1）系统具有软容量。CDMA 系统是一个干扰受限的系统，系统的容量是以受干扰程度来衡量的，是一个动态的指标，比如当业务质量标准较低时，用户容量就会相对增多，当业务质量要求较高时，为了降低干扰，用户容量就会减少。

2）能实现多媒体通信。

3）语音质量高。

4）无需防护间隔。

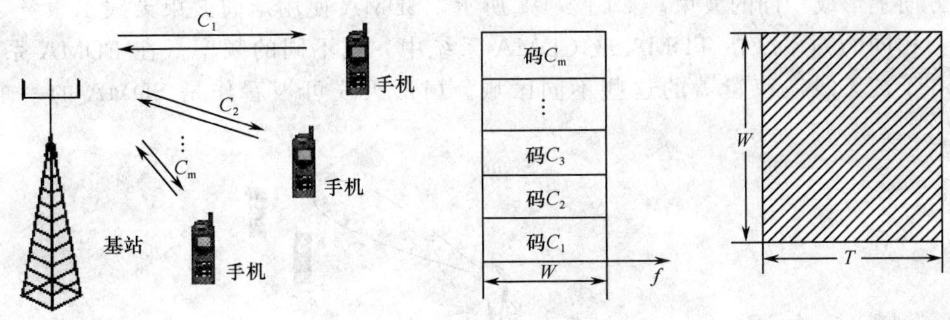

图 1-4-6　CDMA 方式示意图

5）能实现软切换。

6）保密性强。

7）实现低功耗。

8）建网成本下降。

CDMA 的关键是所用扩频码有多少个不同的互相正交的码序列，就有多少个不同的地址码，也就有多少个码分信道。为了扩大系统容量，人们还在致力于这种正交码序列的编码研究。

在 FDMA 和 TDMA 系统中，为了扩大通信用户容量，都尽力压缩信道带宽，但这种压缩是有限度的，因为信道带宽的变窄将导致通话质量的下降。而 CDMA 却相反，可大幅度地增加信道宽度，这是因为它采用了扩频通信技术。

三种多址技术的比较如图 1-4-7 所示，CDMA 技术的频谱利用率最高，所能提供的系统容量最大，它代表了多址技术的发展方向；其次是 TDMA 技术，目前技术比较成熟，应用比较广泛；FDMA 技术由于频谱利用率低，逐渐被 TDMA 和 CDMA 所取代，或者与后两种方式结合使用，组成 TDMA/FDMA、CDMA/FDMA 方式。

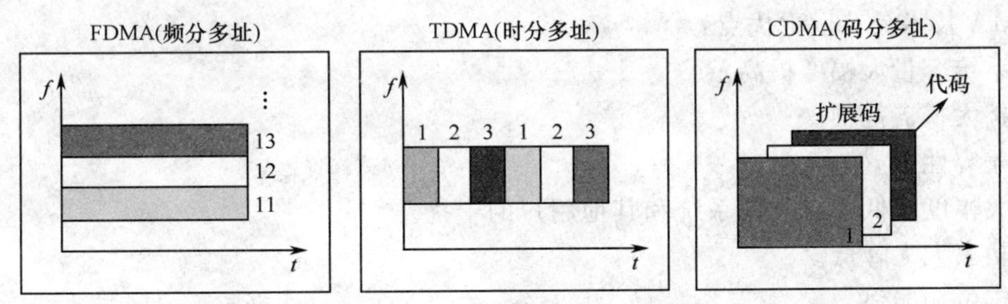

图 1-4-7　三种多址技术的比较

4. 空分多址

空分多址（Space Division Mutiple Access，SDMA）方式就是通过空间的分割来区别不同的用户。在移动通信中，能实现空间分割的基本技术就是采用自适应阵列天线，在不同用户方向上形成不同的波束。如图 1-4-8 所示，SDMA 使用定向波束天线来服务于不同的用户。相同的频率（在 TDMA 或 CDMA 系统中）或不同的频率（在 FDMA 系统中）用来服务于被天线波束覆盖的这些不同区域。扇形天线可被看作是 SDMA 的一个基本方式。

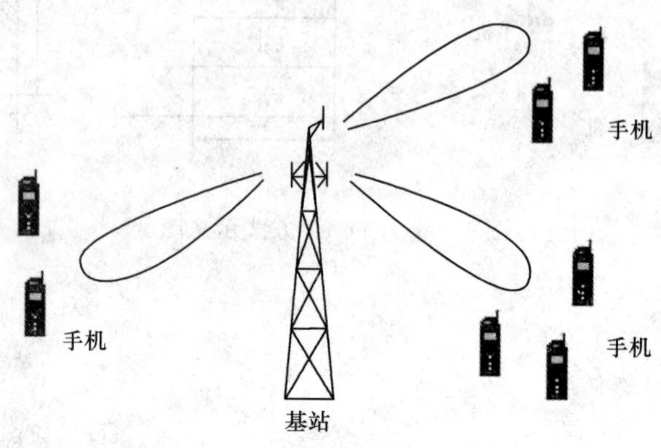

图 1-4-8　SDMA 方式

不考虑无穷小波束宽度和无穷大快速搜索能力的限制，自适应阵列天线提供了最理想的 SDMA，提供了在本小区内不受其他用户干扰的唯一信道。在 SDMA 系统中的所有用户，将能够用同一信道在同一时间双向通信。而且一个完善的自适应式天线系统应能够为每一用户搜索其多个多径分量，并且以最理想方式组合它们，来收集从每一用户发来的所有有效信号能量，有效地克服了多径干扰和同信道干扰。尽管上述理想情况是不可实现的，它需要无限多个阵元，但采用适当数目的阵元，也可以获得较大的系统增益。

SDMA 技术是按照空间的分割来构成不同信道的。理论上讲，空间中的一个信源可以向无限多个方向（角度）传输信号，从而可以构成无限多个信道。但是由于发射信号需要用天线，而天线又不可能是无穷多个，因而空分多址的信道数目是有限的。

SDMA 技术具有以下优点：

1）系统容量大幅度提高。

2）扩大覆盖范围。

3）兼容性强。

4）大幅度降低来自其他系统和其他用户的干扰。

5）功率大大降低。

6）定位功能强。

1.4.3 语音处理技术

上面从无线信道的复用角度提出节约频率资源的措施。接下来，我们从移动终端角度出发，对其发送信息进行编码压缩，也能够在一定程度上节约频率资源。

在现代数字移动通信系统中，传输的信号都是数字信号，而通信的主要业务——语音是模拟信号，其带宽为300～3400kHz。要想在数字通信的网络中传输，必须进行信号的模数转换，将模拟信号转换为数字信号（即1和0的组合）。

语音编码属于信源编码，是指利用话音信号及人的听觉特性上的冗余性，在将冗余性进行压缩（信息压缩）的同时，将模拟话音信号转变为数字信号的过程。语音编码是从模拟系统到数字系统至关重要的一步。语音编码的目的是在保证一定的算法复杂度和通信时延的前提下，占用尽可能少的信道容量，传输尽可能高质量的话音信号。因而，语音编码技术在数字移动通信中具有相当重要的作用。语音编码技术可以直接影响到数字移动通信系统的通信质量、频谱利用率和系统容量。

语音编码主要有三种方式：波形编码、参量编码和混合编码。

1. 波形编码

波形编码是将时域模拟信号直接进行取样、量化并变换成数字代码而形成的数字话音信号。具体来讲，波形编码是在时间轴上对模拟语音信号按照一定的速率来抽样，然后将幅度样本分层量化，并使用代码来表示。

波形编码技术以尽可能重构话音为原则进行数据压缩，即在编码端以波形逼近为原则对话音信号进行压缩编码，解码端根据这些编码数据恢复出话音信号的波形。

波形编码的优点如下：

1）具有很宽范围的话音特性，对各种各样的模拟话音波形信号进行编码均可达到很好的效果。

2）抗干扰性能强，具有较好的话音质量。

3）技术成熟、复杂度很低。

4）费用适中。

波形编码是将时间域信号直接变换为数字代码，其特点是再建信号的质量，即信号的信噪比高，而其编码速率在16～64kb/s范围，PCM、ΔM等均属于这一类。

典型的波形编码技术包括脉冲编码调制（PCM）和增量调制（ΔM），以及它们的各种改进型，如差分脉冲编码调制（DPCM）、自适应差分脉冲编码调制（ADPCM）、连续可变斜率增量调制（CVSDM）、自适应变换编码（ATC）、子带编码（SBC）和自适应预测编码（APC）等。

通用的PCM编码速率为64kb/s，语音质量可达到长途通信网的标准要求。ADPCM在编码速率为32kb/s时，可达到64kb/s的PCM系统的通话质量，而且压缩了数码率。ΔM系统虽然也压缩了数码率，可工作在32kb/s或16kb/s，但其话音质量不如PCM和ADPCM。理论和实践证明，采用上述语音编码方法，若进一步降低数码率，语音质量会明显下降，达不到电话通信的质量要求，在很低码率时，甚至无法实现通话。因波形编码技术所占用的频带较宽，只适用于有线通信使用，对于频率资源相当紧张的移动通信来说，这种编码方式显然不适合。

小贴士

语音信号有多种编码技术，但最基本的是脉冲编码调制（PCM）技术。

在现代通信系统中，以PCM为代表的编码调制技术被广泛应用于模拟信号的数字传输。PCM的主要优点是：抗干扰能力强；失真小；传输特性稳定，尤其是远距离信号再生中继时噪声不累积，而且可以采用压缩编码、纠错编码和保密编码等来提高系统的有效性、可靠性和保密性。另外，PCM还可以在一个信道上将多路信号进行时分复用传输。

PCM编码通过抽样、量化和编码三个步骤将连续变化的模拟信号转换为数字编码。为便于用数字电路实现，其量化电平数一般为2的整数次幂，有利于采用二进制编码表示。采用均匀量化时，其抗噪声性能与量化级数有关，每增加一位编码，其信噪比增加约6dB，但实现的电路复杂程度也随之增加，占用带宽也越宽。因此，实际采用的量化方式多为非均匀量化，通常使用信号压缩与扩张技术来实现非均匀量化。在保持信号固有的动态范围前提下，在量化前将小信号进行放大而对大信号进行压缩。通常的压缩方法有13折线A律和μ律两种标准，国际通信中多采用A律。采用信号压缩后，用8位编码实际可以表示均匀量化11位编码时才能表示的动态范围，能有效提高小信号时的信噪比。图1-4-9所示为脉冲编码调制的原理框图。

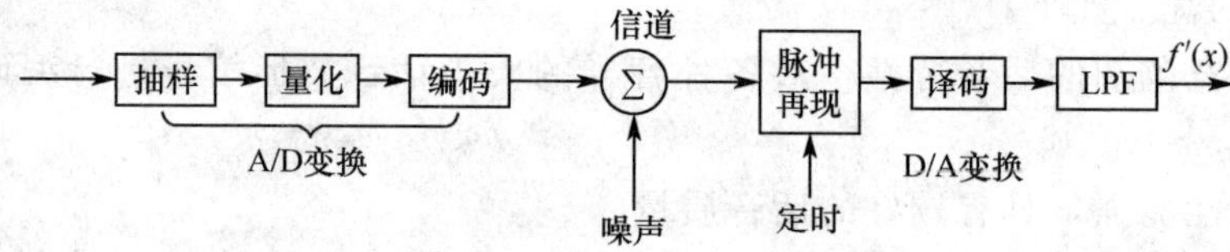

图1-4-9　脉冲编码调制（PCM）原理框图

（1）抽样定理

低通信号均匀抽样定理：一个频带限制在0到f_x以内的低通信号，如果以$f_s \geqslant 2f_x$的抽样速率进行均匀抽样，则$x(t)$可以由抽样后的信号$x_s(t)$完全地确定［指$x_s(t)$包含有$x(t)$的成分，可以通过适当地理想低通滤波器不失真地恢复$x(t)$］。而最小抽样速率$f_s = 2f_x$称为奈奎斯特速率，$1/(2f_x)$称为奈奎斯特间隔。

（2）量化

量化的过程是指模拟信号$f(t)$按照适当抽样速率f_s进行均匀抽样，抽样周期$T_s = 1/f_s$。第k个抽样值为$f(kT_s)$。抽样值在量化时转换为Q个规定电平m_1、m_2、…、m_n中的一个。量化后的信号是对原来信号的近似。当抽样速率一定时，量化级数目增加和量化电平选择适当，可以使与$f(t)$近似程度提高。

量化过程分为均匀量化和非均匀量化。在均匀量化中，量化噪声与信号电平大小无关。量化误差的最大瞬时值等于量化阶距的一半。所以，信号电平越低，信噪比越小。当信号的振幅动态范围越宽，需要的量化电平数就越多。为了克服均匀量化的缺点，需要量化阶距跟随输入信号电平的大小而改变。在低电平时分层细一些，用小的量化阶去近似，对大信号则用大的量化阶去近似。这样就使输入信号与量化噪声之比在小信号到大信号的整个范围内基本一致。因此，就要使用压扩技术来实现非均匀量化。

（3）编码

信号经过抽样、量化以后成为可以编码的量化信号。量化信号经过模/数变换可以转换成各种各样的编码信号，然后就可以将它们送到信道中去传输，这就是基带信号。代码的形式通常采用二进制，而多进制代码只是用在线路的信噪比较好、可以利用的频带比较窄的情形。

（4）数模转换

数模转换为模数转换的反过程，通过将模数转换的数据通过内插和低通滤波来完成。

2. 参量编码

参量编码又称声源编码，又叫变换域编码，是在信源信号的频率域或其他正交域抽取其特征参量变换为数字代码进行传输。在接收端从数字代码恢复特征参量，再从参量重建语音信号。参量编码这种方法的特点是质量较前者低，但可大大压缩比特速率，多用于窄带信道，如在移动通信、卫星通信、军事通信中应用日益广泛。

它是通过模仿人类发声机制的声码器来构建一个话音生成的模型，从而实现话音信号到数字信号的转变的。构成声码器的主体是一个滤波器，这个滤波器的作用相当于人类的发音器官——喉、嘴和舌的组合。

声码器中滤波器的系数和若干声源参数由人类话音信号的频谱特性所决定。声码器不断提取出人类话音信号中的各个特征参量并进行量化编码，进而输出相应的激励脉冲序列，从而获得相应的数字信号。在接收端，激励脉冲序列通过声码器的变换，恢复成原有的特征参量，进而重新建立起原来的话音信号。

线性预测编码（LPC）属于参量编码的一种，LPC声码器的构成如图1-4-10所示。从原理上讲，LPC是通过分析话音波形来产生声道激励和转移函数的参数，对声音波形的编码实际就转化为对这些参数的编码，这就使声音的数据量大大减少。在接收端使用LPC分析得到的参数，通过话音合成器重构话音。合成器实际上是一个离散的随时间变化的时变线性滤波器，它代表人的话音生成系统模型。时变线性滤波器既当作预测器使用，又当作合成器使用。分析话音波形时，主要是当作预测器使用；合成话音时，当作话音生成模型使用，随着话音波形的变化，周期性地使模型的参数和激励条件适合新的要求。

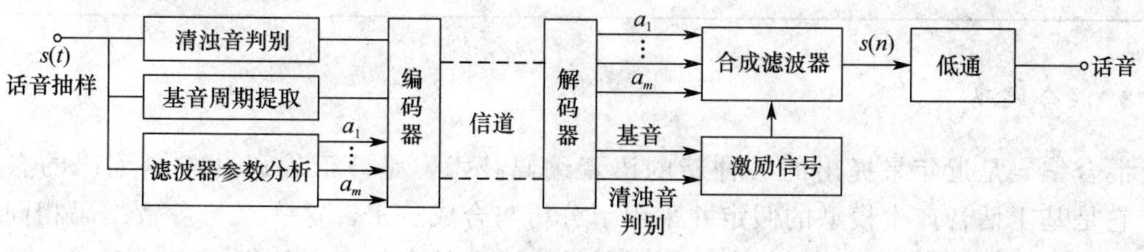

图1-4-10　LPC声码器的构成

参量编码的优点：由于只需传送话音特征参数，因而语音编码速率可以很低，一般在2～4.8kb/s之间，而且不影响话音的可懂性。

参量编码的缺点：话音有明显的失真，而且对噪声较为敏感。话音质量只能达到中等水平，不能满足商用话音质量的要求。

典型的参量编码技术包括LPC及其各种改进型。目前，移动通信系统的语音编码技术大都以这种类型的技术为基础。

小贴士

通常，降低数码率的语音编码方法，叫语音压缩编码。

压缩编码共分为两大类：一类叫中速率压缩编码，指数码率在4.8～16kb/s范围的语音编码。其语音质量较好，达到常用数字电话通信中等质量要求，清晰度很高，自然度能达到基本要求，通信质量有少许失真，且与语音特征有一定程度关系。谐波压扩ADPCM、子带编码、自适应变换域编码（ATC）、多脉冲预测编码和矢量编码等均属于这一类。另一类叫低速率压缩编码，其数码率从100b/s～4.8kb/s。这种编码技术又叫声码器技术，其语音质量比前者差，尤其是自然度较差，较难从声音辨认出讲话人声音的特点；同时，它和语音特征有较大关系，不同人讲话，其质量不同。研究表明：语音编码的极限压缩率为80～100b/s。这时只能传送句子内容，讲话人的音质、情绪等信息就丧失了。

广泛应用的早期声码器形式是通道声码器。发端对输入语音进行粗略的频谱分析，而收端产生一信号，其频谱与发端规定的频谱相匹配。目前，较常采用的是线性预测声码器，它们不仅语音质量大为提高，同时数码率也得到充分降低。发端包括两个子系统：一个是线性预测编码滤波器；另一个是提取基音和判决清浊音系统。由发端传输清浊音参数，在收端利用这些参数控制激励源。和通道声码器一样，收端激励源或者产生随机噪声，或者产生基音周期脉冲序列，激励幅度取决于输入增益，然后通过合成恢复语音信号。也可以用语音激励来取代基音提取和清浊音判决，构成声激励线性预测（VELP）声码器。多脉冲激励声码器模型是用一串脉冲来代替LPC声码器中的周期脉冲和白噪声序列，其优点之一是不必像LPC声码器那样需要精确提取基音信息和清浊音判决信息。多脉冲激励编码要传送脉冲位置和幅度信息，故编码速率不能压得太低，通常用于中速编码，进一步压低比特率，一般要采用矢量量化（VQ）技术。

3. 混合编码

混合编码是近年来提出的一种新的语音编码技术，是波形编码和参量编码的有机结合。它是基于话音产生模型的假定并采用了分析与合成技术，这一点与参量编码相同；同时，它又利用了话音时间波形信息，增强了重建话音的自然度，使得话音质量有明显的提高，这一点又与波形编码相似。

混合编码的特点：数字话音信号中既包括若干话音特征参量，又包括部分波形编码信息，因而综合了参量编码和波形编码各自的优点，既保持了参量编码低速率的长处，又有波形编码高质量的优点。混合编码的比特率一般在 4～16kb/s 之间。

当编码速率在 8～16kb/s 范围时，其话音质量可达到商用话音通信标准的要求。因此，混合编码技术在数字移动通信中得到了广泛的应用。

典型的混合编码技术包括规则脉冲激励长期预测编码（RPE-LTP）、矢量和激励线性预测编码（VSELP）、码本激励线性预测编码（CELP）、子带编码 SBC、残余激励线性预测编码 RELP、自适应比特分配的自适应预测编码（APC-AB）和多脉冲激励线性预测编码等。

举例 1：GSM 语音编码—声码器编码实例。

声码器编码可以是很低的速率（可以低于 5kb/s），虽然不影响语音的可懂性，但语音的失真很大，很难分辨是谁在讲话。波形编码器语音质量较高，但要求的比特速率相应的较高。

因此，GSM 系统语音编码器是采用声码器和波形编码器的混合物——混合编码器，全称为线性预测编码-长期预测编码-规则脉冲激励编码器（LPC-LTP-RPE 编码器），如图 1-4-11所示。

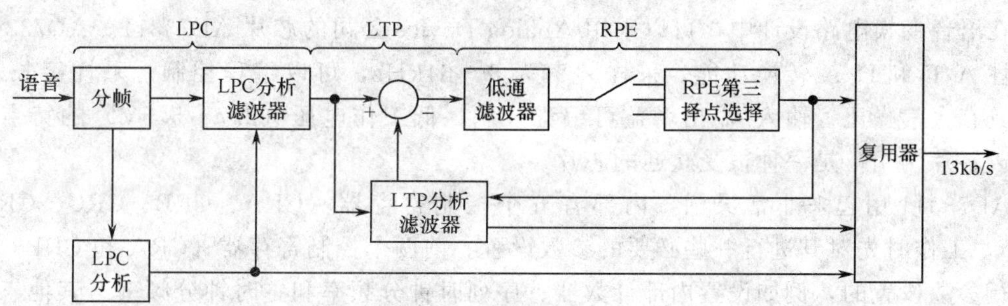

图 1-4-11　GSM 语音编码器框图

LPC＋LTP 为声码器，RPE 为波形编码器，再通过复用器混合完成模拟话音信号的数字编码。LTP 将当前段与前一段进行比较，相应的差值被低通滤波后进行一种波形编码。故 LPC＋LTP 的参数为 3.6kb/s；RPE 参数为 9.4kb/s；因此，话音编码器的输出比特速率是 13kb/s。

举例 2：CDMA 系统的话音编码。

目前，CDMA 系统的话音编码主要有两种，即码激励线性预测编码（CELP）8kb/s 和 13kb/s。8kb/s CELP 的话音编码达到 GSM 系统的 13kb/s 的话音水平甚至更好。13kb/s CELP 的话音编码已达到有线长途话音水平。

CELP 采用与脉冲激励线性预测编码相同的原理，只是将脉冲位置和幅度用一个矢量码表代替。

语音编码技术经历了多年的发展，已日趋成熟。各种实用技术在不同种类的通信网中得到了广泛的应用。表 1-4-1 给出了常用数字移动通信系统语音编码的类型。

表 1-4-1　常用数字移动通信系统语音编码类型

标准	服务类型	语音编码	编码速率（kb/s）
GSM	数字蜂窝网	RPE-LTP	13
USDC（IS-54）	数字蜂窝网	VSELP	16
IS-95（CDMA）	数字蜂窝网	CELP	1.2，2.4，4.8，9.6
CT2、DECT、PHS	数字无绳电话	ADPCM	32
DCS-1800	个人通信系统	RPL-LTP	13
PACS	个人通信系统	ADPCM	32

1.4.4 语音处理技术应用

1. A/D 和 D/A 转换芯片 AD73311

在语音变换电路设计中，可以采用 Analog Device 公司的芯片 AD73311。AD73311 具有线性 A/D 和 D/A 转换功能，采样频率为 8～64kHz，可以编程控制，采样字长为 16 位，具有大信噪比、输入/输出增益可编程控制、低工作电压（2.7～5.5V）的特点，并且可以一片两用，是一种很受欢迎的芯片。

AD73311 用起来非常灵活，内部有五个控制寄存器（CRA、CRB、CRC、CRD 和 CRE），工作时先对其进行一些必要的参数设置。前两个控制寄存器（CRA 和 CRB）是用来进行参数设置的，例如设置内部计数器、序列时钟分频率和主时钟分频率。其他三个寄存器用来设置模数、数模控制以及设备的电源控制等。这些寄存器的配置是由和 AD73311 直接相连的语音压缩芯片 AMBE 2000 来自动完成的。AD73311 的主时钟频率是 16.384MHz，采样频率是经过主时钟分频得到的，是 AD73311 的输出信号。A/D 转换电路如图 1-4-12 所示。

2. AMBE-2000TM 声码器芯片

（1）AMBE-2000TM 简介

AMBE-2000TM 语音编码芯片是 Digital Voice Systems 公司生产的。该芯片是一种灵活性好、高性能、低功耗的单片实时全双工语音压缩解压芯片。它能在低速率下提供良好的语音质量，并且提供实时、全双向的标准 AMBE 语音压缩算法。经过证明，该语音压缩技术在性能上已经超过了 CELP、RELP、VSELP、MELP、ECELP、MP-MLQ、LPC-10 和其他的一些压缩技术。

AMBE 2000 语音压缩解压芯片具有以下特点：

1）语音品质优良。

2）低开销。

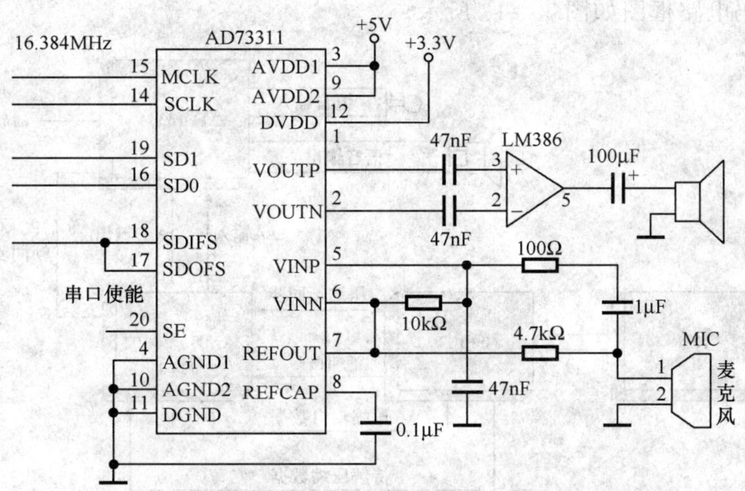

图 1-4-12　AD73311 电路外围电路设计

3）不需要外部存储器。

4）有效抑制比特误码和背景噪声。

5）数据速率在 2.0～9.6kb/s 之间可变。

6）前向纠错数据率可在 50b/s～7.2kb/s 之间变化。

7）低功耗。

AMBE-2000TM 语音编码芯片在语音速率和前向纠错数据率的选择上具有很高的灵活性。总的速率在 2.0～9.6kb/s 之间，用户可以 50b/s 为单位任意地进行这些参数的选择，且具有 FEC（前向纠错）、VAD（语音激活检测）和 DTMF（双音多频信号检测）等功能。该芯片可以保持自然语音的质量，甚至在 2.0kb/s 的低速率下也可以保证会话内容的可理解性。AMBE 算法的低复杂度使得该算法可以集成到低功耗、低价格的集成电路中。

（2）AMBE-2000TM 压缩速率

AMBE 2000 压缩的语音数据速率是可以选择的，在 2.0～9.6kb/s 之间可变。可以通过两种方式来选择：一是在硬件设计中将 AMBE 2000 的 RATE_SEL0～RATE_SEL4 的引脚接不同的电平，这样在 AMBE 2000 工作时会测试这些值，根据这些值设置为相应的数据速率。用户也可以在工作过程中通过改变 AMBE 2000 接收数据包中第 2～5 个字内容，来修改 AMBE 2000 的语音压缩速率。

通过修改 AMBE 2000 的引脚 VAD_EN、ECHOCAN_EN 和 SLIP_EN 的电平值也可以改变语音信号的压缩性能。AMBE 2000 在启动过程中会检测这些引脚的值，来设置压缩编码的性能。同时，用户也可以在工作过程中通过改变 AMBE 2000 接收数据包中第 11 个字（控制字 2）的内容，来完成上述的工作。

3. 语音处理芯片的应用实例

采用 A/D 和 D/A 转换芯片 AD 73311 和 AMBE-2000TM 声码器芯片设计的语音模数

转换和压缩编码电路框图如图 1-4-13 所示。

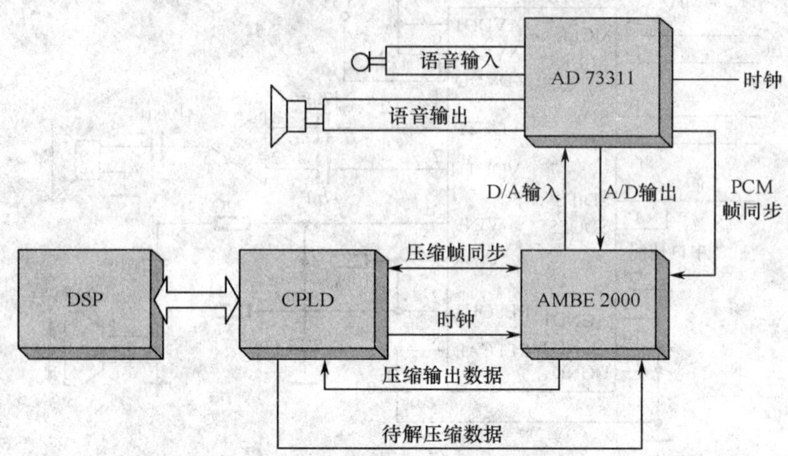

图 1-4-13　语音模数转换和压缩编码电路框图

（1）声码器和语音接口设计

AMBE-2000TM 可以看作由两个分立元件编码器和解码器组成。编码器接收 8kHz 的语音采样数据流（16 位线性，8 位 A 律，8 位 μ 率），并且在给定速率下输出通道数据流。解码器接收通道数据流，然后合成语音数据流。AMBE-2000TM 编码器和解码器接口时序是完全异步的。

模拟语音信号通过麦克风到达 AD 73311 的模拟输入端口 VIN，经过内部的 A/D 转换，完成采样量化和编码，通过 SDO 端口串行数字输出，每个采样点 16 比特，同时芯片的 SDI 端口可以接收数字化后的语音信号，进行 D/A 转换，通过 VOUT 端口，到达喇叭，可以听到相应的声音。其中，SDOFS 和 SDIFS 分别为发送和接收数据的帧同步信号。

语音接口是外置的 A/D-D/A 芯片，流入和流出的语音数据流格式应该匹配。也就是说，它们必须具有统一的格式。在我们做设计的时候，首先考虑的就是 A/D-D/A 芯片选择、通道接口选择、语音和 FEC 速率。本设计中所使用的是上面介绍的 AD 公司生产的 AD 73311。图 1-4-14 为 AMBE 2000 和 AD 73311 的接口电路。其中，CO _ RX _ DATA 从 AD 73311 接收待压缩的语音数据，CO _ TX _ DATA 将解压缩后的语音数据交给 AD 73311 完成 D/A 转换。

（2）声码器和主机接口设计

AMBE 2000 将 AD 73311 的数据以 20ms 分段，每 20ms 将压缩的数据输出。压缩和解压的输入和输出数据可以有两种选择：有格式数据和无格式数据。AMBE 2000 可以工作于主动方式和被动方式。本例中采用了有格式数据和主动方式，由 AMBE 2000 产生压缩数据传输的帧同步信号。

本设计中，使用了 TI 公司的 C55X 系列的 DSP——TMS320VC5509 作为主机和 AMBE 2000 之间进行通信，是利用了 DSP 的 MCBSP0 进行串行通信。接口电路设计如图 1-4-15所示。

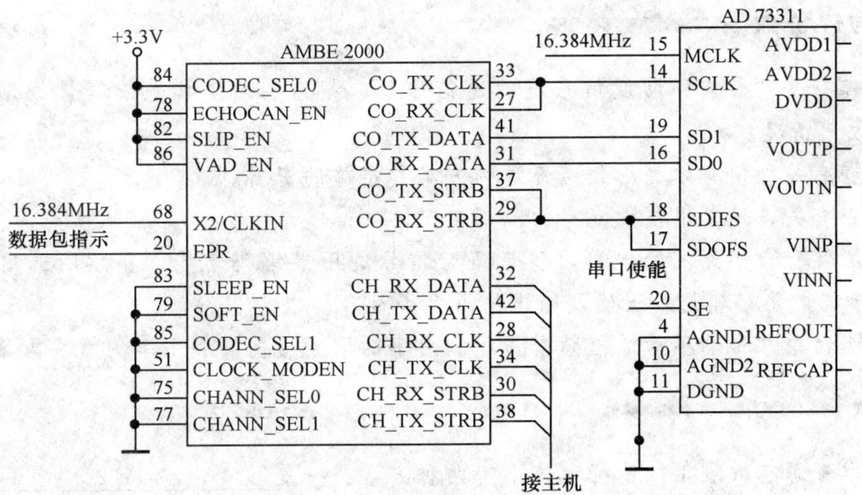

图 1-4-14 AMBE 2000 和 AD 73311 的接口电路

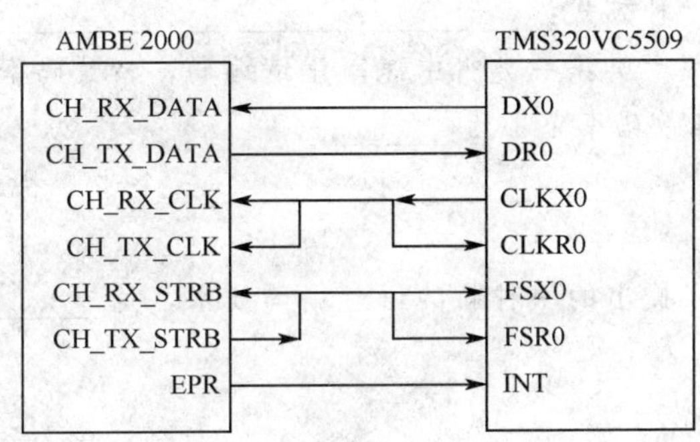

图 1-4-15 AMBE 2000 和主机之间的接口电路

从上图可以看出，AMBE 2000 工作于有格式的主动模式，数据传输接口的时钟由 DSP 提供，数据选通信号 CH _ TX _ STRB 由 AMBE 2000 产生，传输给 DSP 的 FSR0、FSX0 以及 AMBE 2000 自身的 CH _ RX _ STRB。每隔 20ms 数据转换结束，EPR 都会向 DSP 发送中断，来通知 DSP 来读取要传输的语音数据和发送接收的语音数据。

计划与实施建议

1. 到图书馆或上网查找有关“影响移动通信系统的通信质量、频谱利用率和系统容量的因素”的资料。

2. 到图书馆或上网查找有关多址复用、语音处理技术的资料信息。

3. 到实验室演练示波器等仪器工具使用方法。

4. 用数字示波器保存并观测输出的一帧压缩数据；分析一帧压缩数据的结构及每个比特的意义。

检查与评价点

1. 检查有关“影响移动通信系统的通信质量、频谱利用率和系统容量的因素”的资料信息的收集情况。

2. 检查有关如何有效利用频谱资源的方案和措施的资料。

3. 检查有关多址复用技术资料的准备情况。

4. 使用实验台搭建实验电路，验证语音信号的压缩编码功能，介绍所选用的语音压缩芯片。检查电路搭建是否正确及输出结果是否符合要求。

5. 分组讨论“影响移动通信频谱资源利用率的因素及提高利用率的解决方案”。

试一试

1. 频率资源有效利用的途径大体上有两种方案：一是________________；另一方案是________________。

2. 移动通信的信道多址复用技术有________、________、________。

3. 语音编码主要有三种方式：________、________和________。

4. 压缩编码共分为两大类：一类叫中速率压缩编码，指数码率范围为________；另一类叫低速率压缩编码，其数码率范围为________。

5. PCM 编码通过________、________和________三个步骤将连续变化的模拟信号转换为数字编码。

6. 混合编码是近年来提出的一种新的语音编码技术，是________编码和________编码的有机结合。

任务 1.5　影响无线通信质量的因素及改善措施

任务描述

与有线通信相比，移动通信采用无线通信方式，其在通信技术复杂度、通信质量、通信成本等方面存在诸多困难。本任务主要内容是要求学生围绕“影响移动通信系统通信质量的因素及如何改善”展开分组讨论，并对讨论的结论进行汇总。讨论时应着重分析无线通信信道中的损耗、噪声的分类与特性、编码技术、均衡技术、分集技术和合并技术等相关技术。

任务目标

通过对“影响移动通信系统通信质量的因素及如何改善”这一主题的探讨，旨在加深对电波的传播方式及其对移动通信的影响，数字移动通信系统传输信道及其对所传输信号的处理，抗噪声和干扰技术等的理解；通过分析与讨论，更好地掌握移动通信的相关基本技术（信道编码技术、交织编码技术、均衡技术、分集合并技术等），了解这些技术在GSM系统、CDMA系统等的实际应用情况。

相关知识

内　容	获取方式
1. 无线信道中电波传播的基本方式有哪些？	•上图书馆查阅资料 •上网收集信息 •向运营商技术专家请教
2. 无线通信信道中的损耗有哪些？	
3. 电波的传播方式及其对移动通信的影响是什么？	
4. 噪声的分类与特性如何？	
5. GSM系统、CDMA系统改善无线通信质量的具体技术及其应用情况如何？	

1.5.1 影响无线信道中电波传播的因素

与有线通信相比，移动通信具有移动性，通信环境（无线电波传播）复杂，通信频率资源有限，用户与基站、基站系统之间信号的干扰严重（频率利用、建筑物的影响、信号的衰减等），信息（信令、数据、话路等）的安全保护技术要求高（鉴权、加密）等特点。

移动通信信道的主要特点如下：

1）传播的开放性。一切无线信道都是基于电磁波在空间传播来实现信息传播的。

2）接收点地理环境的复杂性与多样性。一般可将地理环境划分为下列三类典型区域：高楼林立的城市中心繁华区；以一般性建筑物为主的近郊小城镇区；以山丘、湖泊、平原为主的农村及远郊区。

3）通信用户的随机移动性。分为慢速步行时的通信和高速车载时的不间断通信两种情形。

1. 无线信道中电波传播的基本方式

电波传播有以下三种基本传播方式。

反射波：当电波传播遇到比波长大得多的物体时发生反射，反射发生于地球表面、建筑物和墙壁表面等。

绕射波：当接收机和发射机之间的无线路径被尖利的边缘阻挡时发生绕射。绕射使得无线信号能传播到阻挡物后面。

散射波：当电波穿行的介质中存在小于波长的物体并且单位体积内阻挡的个数非常多时，发生散射波。散射波产生于粗糙表面、小物体或其他不规则物体。

2. 无线信道中的主要损耗

在无线通信信道中的损耗主要包括以下几类。

（1）路径传播损耗

一般称为衰耗，指电波在空间传播所产生的损耗。它反映出传播在宏观大范围（千米量级）的空间距离上的接收信号电平平均值的变化趋势。路径损耗在有线通信中也存在。

（2）慢衰落损耗

它主要是指电磁波在传播路径上受到建筑物等的阻挡产生的阴影效应而产生的损耗，它反映了在中等范围内（数百波长量级）的接收信号电平平均值起伏变化的趋势。这类损耗一般为无线传播所特有的。它服从对数正态分布，其变化率比传送信息率慢，故称为慢衰落。

（3）快衰落损耗

它反映微观小范围（数十波长以下量级）接收电平平均值的起伏变化趋势。它一般服从瑞利、莱斯、纳卡伽米分布，其变化速率比慢衰落快，故称快衰落。仔细划分这一快衰落又可分为空间选择性快衰落、频率选择性快衰落与时间选择性快衰落。

3. 影响无线通信系统的主要效应

（1）阴影效应

如图 1-5-1 所示，由大型建筑物和其他物体的阻挡，在电波传播的接收区域中产生传播半盲区。它类似于太阳光受阻挡后可产生的阴影，光波的波长较短，因此阴影可见，电磁波波长较长，阴影不可见，但是接收终端（如手机）与专用仪表可以测试出来。

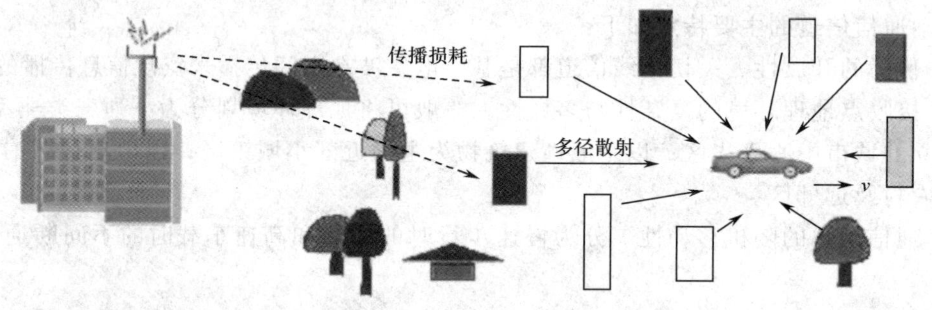

图 1-5-1　阴影效应

如果无线电波在传播路径中遇到起伏的地形、建筑物和高大的树木等障碍物时，就会在障碍物的后面形成电波的阴影。接收机在移动过程中通过不同的障碍物和阴影区时，接收天线接收的信号强度会发生变化，造成信号的衰落。

（2）远近效应

由于接收用户的随机移动性，移动用户与基站之间的距离也是在随机变化，若各移动用户发射信号功率一样，那么到达基站时信号的强弱将不同，离基站近者信号强，离基站远者信号弱。通信系统中的非线性将进一步加重信号强弱的不平衡性，甚至出现了以强压弱的现象，并使弱者即离基站较远的用户产生掉话（通信中断）现象，通常称这一现象为远近效应。

（3）多径效应

由于接收者所处地理环境的复杂性，使得接收到的信号不仅有直射波的主径信号，还有从不同建筑物反射过来以及绕射过来的多条不同路径信号，而且它们到达时的信号强度、到达时间以及到达时的载波相位都是不一样的。所接收到的信号是上述各路径信号的矢量和，也就是说各径之间可能产生自干扰，称这类自干扰为多径干扰或多径效应，如图 1-5-2 所示。这类多径干扰是非常复杂的，有时根本收不到主径直射波，收到的是一些连续反射波等。

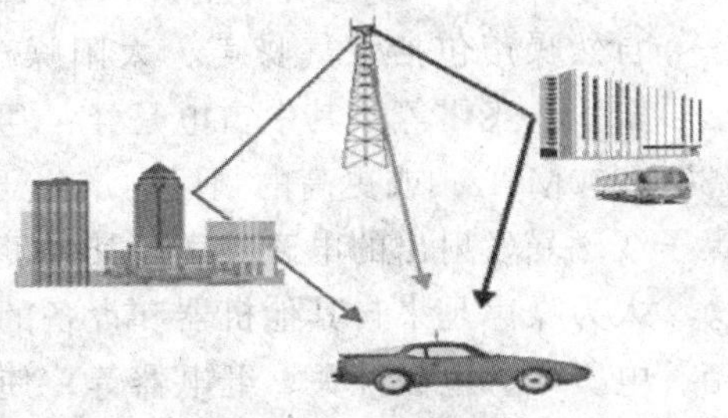

图 1-5-2　多径效应

（4）多普勒效应

多普勒效应是由于接收用户处于高速移动中比如车载通信时传播频率的扩散而引起的，其扩散程度与用户运动速度成正比。这一现象只产生在高速（≥70km/h）车载通信时，而对于通常慢速移动的步行和准静态的室内通信，则不予考虑。

1.5.2 抗噪声和抗干扰技术

1. 噪声的分类与特性

噪声是一种明显不传送信息的信号，它可与有用信号叠加或组合，并使有用信号发生畸变。噪声会影响有用信号的接收，并可引起装置、设备或系统性能降低，甚至不能正常工作，具有危害性的噪声称干扰。“噪声”与“干扰”有时也不严格区分，一般在讨论对有用信号影响程度时，多用“噪声”一词；而讨论危害作用时，多用“干扰”一词。

噪声的种类繁多，下面按噪声产生的位置、原因来分类介绍。

（1）按噪声产生的位置分类

按噪声产生的位置可分内部噪声和外部噪声，如图 1-5-3 所示。

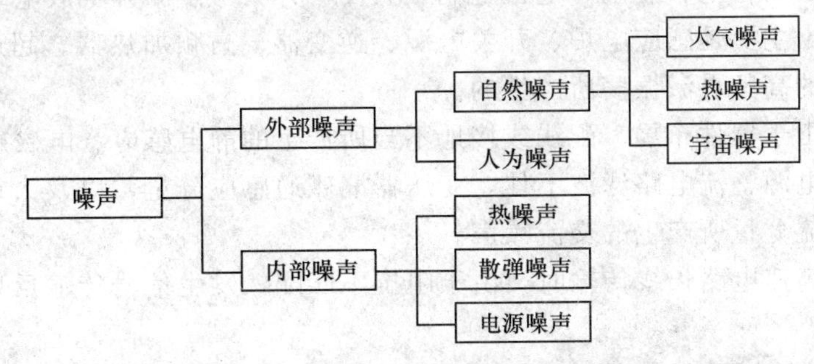

图 1-5-3　噪声分类

1）内部噪声是系统设备本身产生的各种噪声。例如，在电阻一类的导体中由电子的热运动所引起的热噪声，真空管中由电子的起伏性发射或半导体中由载流子的起伏变化所引起的散弹噪声及电源哼声等。电源哼声及接触不良或自激振荡等引起的噪声是可以消除的，但热噪声和散弹噪声一般无法避免，而且它们的准确波形不能预测。这种不能预测的噪声又统称为随机噪声。

2）外部噪声又包括自然噪声和人为噪声，这些噪声也属于随机噪声。

自然噪声包括大气噪声、太阳噪声等。大气噪声如雷电、火花放电、台风、火山喷烟、黄沙、飞雪等。其中雷电是经常遇到的，它从较低频率（数千赫兹）到VHF射频段（30～300MHz）或更高的频段内产生干扰，并能传到相当远的距离。太阳噪声是由于太阳黑子或磁暴发射出的电磁噪声，其强度与黑子活动的激烈程度有关。

人为噪声是来自其他机器和设备的噪声，包括有触点的家用电器和民用设备，如电冰箱、电熨斗、电磁开关、继电器等；使用整流子电动机的机器，如电钻、电动刮胡刀、电按摩器、吸尘器、电动搅拌机、牙科医疗器械；家用电力半导体器件装置，如硅整流调光器、开关电源等；工业用高频设备，如塑料热合机、高频加热器、高频电焊机等；高频医疗设备，如甚高频或超高频理疗装置、高频手术刀、电测仪、X光机等；电力传动设备，如各种直流、交流伺服电动机、步进电机、电磁阀、接触器等；电力电子器件组成的变流装置，如可控整流器、逆变器、变频器、斩波器、交流调压器、UPS电源、高频开关电源等；电力传输设备，如高压电力传输线、高压断路器、变压器等；内燃机中的点火系统、发电机、电压调节器、电刷等；无线电发射和接收设备，如移动通信系统、广播、电视、雷达、导航设备等；高速数字电路设备，如计算机及其相关设备等。

（2）按噪声产生的原因分类

噪声产生的原因非常多，按其分类有热噪声、接触噪声、放电噪声、高频振荡噪声、感应噪声、工频噪声、反射噪声、浪涌噪声、辐射噪声等。

热噪声是由导体、半导体和电阻中电子热骚动所形成的电子噪声，由于电子热运动具有随机性质，所以热噪声电压也具有随机性质，而且它几乎覆盖整个频谱。

接触噪声是由两种材料之间的不完全接触，形成电导率的起伏而产生的。它发生在两个导体连接的地方，如继电器的接点、电位器的滑动接点以及接线柱和虚焊处。

放电噪声主要由雷电、静电、电机电刷和大功率开关触点断开等放电现象产生的。

高频振荡噪声主要是感应电炉、开关电源、逆变器、高频加热器、超声波设备以及电路内部反馈引起的高频自激振荡所产生的。

感应噪声是由于器件布局、配线或接地不当所产生的静电感应、电磁感应噪声。

工频噪声是电源整流电路滤波不佳，变压器漏磁通感应分量，以及大地漏电等导致有用信号中混入交流分量所产生的交流噪声。

反射噪声是高速电路长线传输时，由于阻抗不匹配，发生信号传输反射，引起信号波形畸变所形成的。

浪涌噪声是由大功率设备、晶闸管变流器和电动机启动产生涌流所造成的。

辐射噪声是由大功率发射装置、接收装置（如广播设备、雷达、发报机、电视机、调频机、调幅机等）产生的噪声，并通过空间辐射形式影响装置或设备。

(3) 按噪声的特征分类

依据特征不同，噪声又可分为脉冲噪声和起伏噪声两种。脉冲噪声在频谱上通常有较宽的频带，而在时间上却无规则，例如汽车发动机所产生的点火噪声。这种噪声的主要特点是其突发的脉冲幅度较大，而持续时间较短。除脉冲噪声之外的都可归属为起伏噪声。热噪声、散弹噪声及宇宙噪声是典型的起伏噪声。

2. 干扰的分类及抗干扰技术

(1) 同频道干扰

在移动通信系统中，为了提高频率利用率，在相隔一定距离后，要重复使用相同的频道，这种方法常称为同频道再用。

同频道再用时，若频率管理或系统设计不当，凡是与有用信号具有相同频率的无用信号或者与有用信号具有不同的频率，但频差不大的信号，都能产生同频道干扰（相同载频之间的干扰）。再用距离越近，同频道干扰越大；再用距离越远，同频道干扰越小，但频率利用率也会降低。

实际情况下，随着系统规模不断扩大，频率复用度必然增加，从而同频道干扰的产生几率也会大大增加。

改善同频道干扰主要措施是：通过基站站址的布局，使同频复用的小区之间保持足够的距离以及进行合理的设计和频道配置，以满足同频干扰保护比指标。

小贴士

同频道复用距离 D 如图 1-5-4 所示。在进行无线小区的频率配置后，为提高频率利用率，应该在满足一定质量的条件下，确定相同频率重复利用的最小的距离。

由于信号电平及干扰强度不仅取决于距离，而且与设备参数、地形条件等因素有关，假定各基站与各移动台的设备参数相同，地形条件也是理想的，这样同频道再用距离只与调制方式、电波传播特性、基站覆盖范围或小区半径 r_0、通信工作方式、要求的可靠通信概率等因素有关。

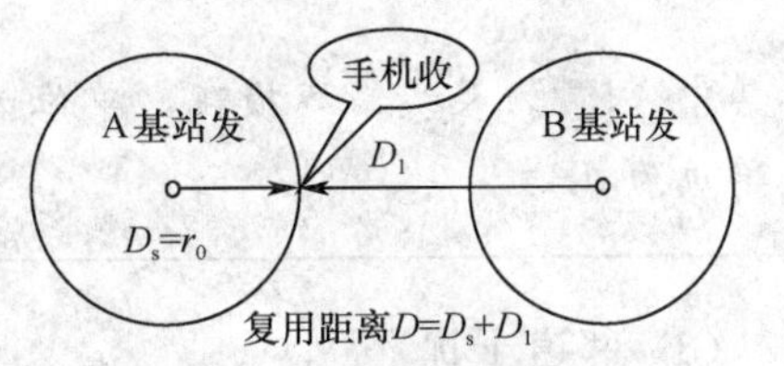

图 1-5-4 同频道复用距离

(2) 互调干扰

互调干扰是由发射机中的非线性电路产生的。当两个或多个不同频率的信号同时输入到非线性电路时，由于非线性的作用，会产生许多谐波和组合频率分量，其中某些新的频率分量正好落于某一信道而被工作于该频率的接收机所接收，就构成了对该接收机的干扰，即为互调干扰。通常为三阶互调干扰。

移动通信发展迅猛，竞争日趋激烈，为了提高竞争力，扩大覆盖范围，必然要增加发射机数量，天线架设越来越密集，互调干扰问题不可避免。

在实际组网时，合理分配频率，合理布局，从频率分配和干扰信号强度上消除构成互调干扰的隐患。要减小发射机互调干扰，通常有以下措施：尽量增大基站发射机之间的耦合损耗；改善发射机非线性器件的性能，提高其线性动态范围；在共用天线系统中，各发射机与天线之间加入单向隔离器或高质量的谐振腔。

小贴士

在一个移动信道中，为了避免三阶互调干扰，在分配频率时，应合理地选用频道组中的频率，使产生的互调产物不致落入同组频道中的频率段。

当两台发射机距离较近时，由于射频能量的互相耦合，发射机 A 的电波进入 B，由于发射机中的非线性电路，因此将产生频率为三阶互调干扰（见图 1-5-5），这是发射机 B 的互调干扰。

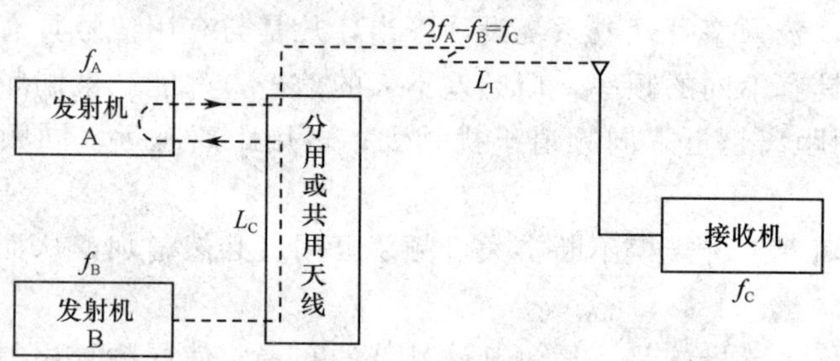

图 1-5-5　三阶互调干扰

设发射机 A、B 的输出功率均为 P（单位为 dBW），发射机 A 输出的三阶互调干扰功率可以用以下公式计算：

$$P_{TIM}=P-(L_C+L_I)$$

其中，L_C 为天线馈线损耗，单位为 dB；L_I 为天线插入损耗，包括阻抗失配误差等，单位为 dB。

（3）邻道干扰

所谓邻道干扰，是指相邻的或邻近频道信号的相互干扰。

产生原因：移动通信系统广泛使用 VHF、UHF，其都有一定的频道间隔，而频道间隔是有限的，但是调频信号却包含有无穷多个边频分量，具有很宽的频谱范围，因此，当某些边频分量落入邻道接收机的通带内，而邻道接收机的滤波性能不够好时，就会造成邻道干扰。

移动台距基站越近，路径传播衰减越小，则邻道干扰越大；基站的收发信机之间，移动台相互靠近时，因收发双工频距足够大，所以邻道干扰不是很大。

解决办法是严格限制调制信号的带宽，在发射机的电路里加入瞬时频偏控制电路和邻道干扰滤波器等。

1.5.3 改善无线通信质量的具体方法

改善无线通信质量的具体技术有信道编码技术、交织编码技术、自适应均衡技术、分集技术和合并技术等。

1. 信道编码技术

在通信系统中，基于不同的目的，编码可以分为信源编码和信道编码两大类。所谓信源编码，是指将信号源中多余的信息除去，从而形成一个适合用来传输的信号的过程。信源编码的目的是提高系统传输效率，去除冗余度。而信道编码则用于改善信号的传输质量，克服各种干扰因素对信号产生的不良影响，它是以增加冗余码元降低信息量为代价的。

编码的基本方法是在原始数据的基础上附加一些冗余信息。增加的数据比特是通过某种约定从原始数据经计算产生的，发送端则将原始数据和增加的数据比特一起发送，这就是所谓的信道编码。

接收端的解码过程是利用这个冗余信息检测误码并尽可能地纠正错误。如果收到的数据经过同样的计算得到的冗余与收到的不一致时，就可以确定传输有误。根据传输模式不同，在无线传输中使用不同的码型。实际上，大多数情况下是把几种编码方式组合在一起应用，最终的冗余码是多种编码的混合结果。

信道编码的目的主要有两点：一是使码元序列的频谱特性适应信道的频谱特性，从而使传输过程中能量损失最小，提高信号能量与噪声能量的比例（Eb/N0），减小发生差错的可能性，提高传输效率；二是增加纠错能力，使得即便出现差错，也能得到纠正。总的来讲，信源编码是为了提高系统传输的有效性，信道编码是为了提高系统传输的可靠性。

语音信号经过信源编码（语音编码）后，紧接着还要进行信道编码。由语音编码过程可以看出，采用不同的编码方案，不同程度地降低了数字信号的传输速率，实现数字信号压缩。接下来需要对压缩的数字信号进行传输。图 1-5-6 表示了数字信号传输的过程，其中信源可以是语音、数据或图像的电信号“S”，经信源编码构成一个具有确定长度的数字信号序列“M”，人为地再按一定规则加进非信息数字序列，以构成一个一个码字“C”（信道编码），然后再经调制器变换为适合信道传输的信号。

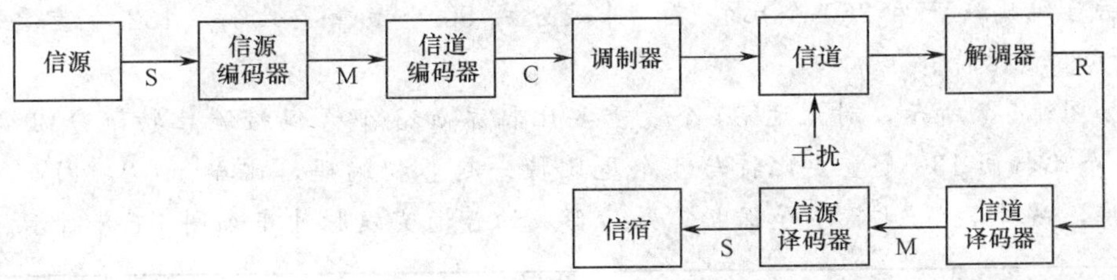

图 1-5-6　数字信息传输方框图

移动通信的传输信道属变参信道，它不仅会引起随机错误，更主要的是会造成突发错误。随机错误的特点是码元间的错误互相独立，即每个码元的错误概率与它前后码元的错误与否是无关的。采用数字传输时，所传信号的质量常常用接收比特中有多少是正确的来表示，并由此引出比特差错率（BER）的概念。BER 表明总比特率中有多少比特被检测出错误，差错比特数目或所占的比例要尽可能小。

为了有所补益，使用信道编码技术能够检出和纠正接收比特流中的一些错误，从而有效地减少数据传输差错率。这是因为加入一些冗余比特，把几个比特上携带的信息扩散到更多的比特上，为此付出的代价是必须传送比该信息所需要的更多的比特。

为了便于理解，这里举一个简单的例子加以说明。

【例 1】　假定要传输的信息是一个“0”或是一个“1”，为了提高保护能力，各添加 3 个比特：

信息	添加比特	发送比特
0	000	0000
1	111	1111

对于每一比特（0 或 1），只有一个有效的编码组（0000 或 1111）。如果收到的不是 0000 或 1111，就说明传输期间出现了差错。比例关系是 1∶4，必须发送的是该信息所需要的 4 倍的比特。

接收编码组可能为：	0000	0010	0110	0111	1111
判决结果：	0	0	X	1	1

（注：X 表示结果不确定）

小贴士

GSM 系统中使用的信道编码方式有如下几种。

1）块卷积码：主要用于纠错。当解码器采用最大似然估计方法时，可以产生十分有效的纠错结果。

2）纠错循环码：主要用于检测和纠正成组出现的误码。通常与块卷积码混合使用，用于捕捉和纠正遗漏的组误差。

3）奇偶校验码：这是一种普遍使用的、最简单的检测误码的方法。

GSM 系统首先把语音分成 20ms 的音段，这 20ms 的音段通过语音编码器被数字化和语音编码，产生 260 个比特流，并被分成 50 个最重要比特、132 个重要比特、78 个不重要比特。

如图 1-5-7 所示，对上述 50 个最重要比特添加 3 个奇偶检验比特（分组编码），这 53 个比特同 132 个重要比特与 4 个尾比特一起卷积编码，比率 1∶2，因而得 378 个比特，另外 78 个比特不予保护。最后形成的普通突发脉冲串如图 1-5-8 所示。

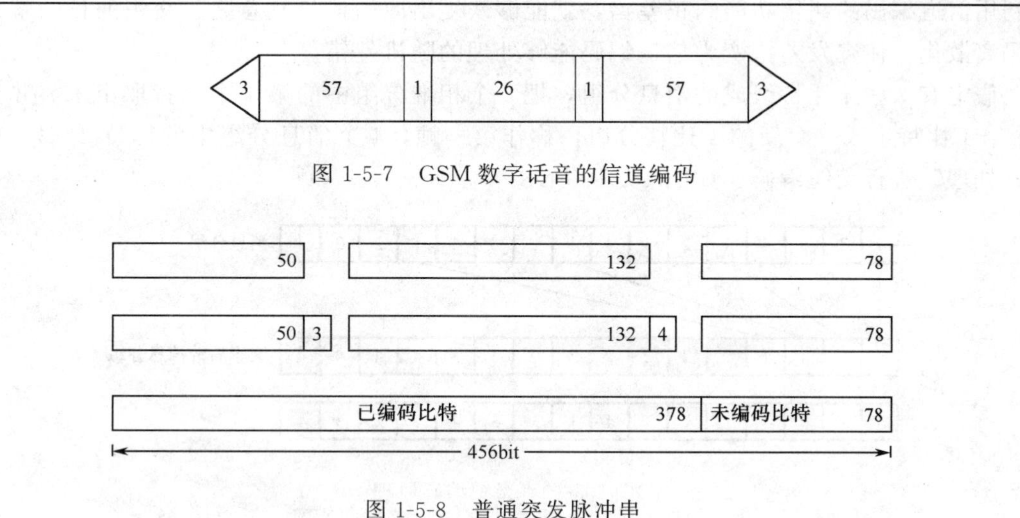

图 1-5-7 GSM 数字话音的信道编码

图 1-5-8 普通突发脉冲串

IS-95 CDMA 移动通信系统的前向和反向链路中都使用卷积编码器。经过卷积编码后，一帧内的符号数增加了一倍，因此速率必须增加一倍。例如对于业务信道，速率为 9.6kb/s 时，在一个 20ms 的业务帧内输入 192 比特，经过卷积编码后，输出 384 个编码符号，速率为 19.2kb/s。

2. 交织编码技术

信道编码示意如图 1-5-9 所示，可以看出信道编码适合纠正非连续的少量错误，而对连续的码元出错不能纠错。

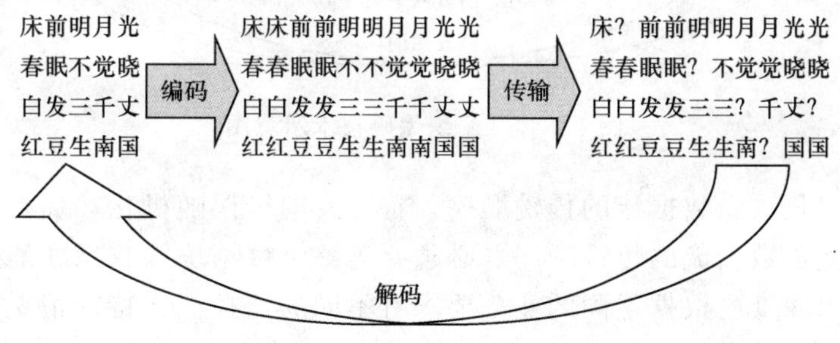

图 1-5-9 信道编码示意图

在实际传输中，比特差错经常是成串发生的。持续较长的衰落谷点会影响到几个相邻的比特，而信道编码仅能检测和校正不太长的差错串。

在移动通信中，多径衰落会导致数字信号传输的突发性错误。利用交织编码技术可以改善数字通信的传输能力。交织技术就是把一条消息中的相继比特隔开传输，以非相继方式被传送，即按照一定规则重新排列，这样，即使在传输过程中发生了成串差错，在接收端进行解交织（交织的反过程）时，也会将成串差错散列成单个（或长度很短）的差错，再利用信道编码的纠错功能纠正差错，就能够恢复出原始信号。总之，交织的目的就是使误码离散化，使突发差错变为信道编码能够处理的随机差错。

假定有一些 4 比特组成的消息分组，把 4 个相继分组中的第 1 个比特取出来，并让这 4 个第 1 比特组成一个新的 4 比特分组，称作第一帧，4 个消息分组中的比特 2～4，也做同样处理，进行交织编码，如图 1-5-10 所示。

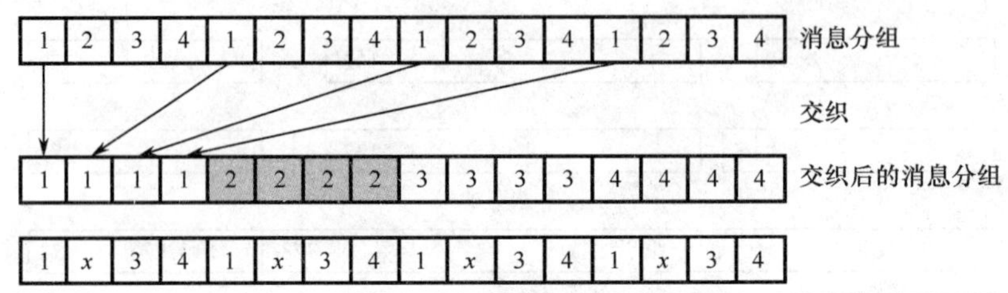

图 1-5-10　交织编码原理

交织编码技术示意如图 1-5-11 所示，一次交织编码完成后，可以对交织的信息进行再次交织编码（此时交织深度为 2）。根据交织的复杂性，也决定了交织的深度。交织深度越大，离散度越大，抗突发差错能力越强。但是交织深度越大，交织编码处理时间也越长，因此纠正差错能力的提高是以更长的时间为代价的。

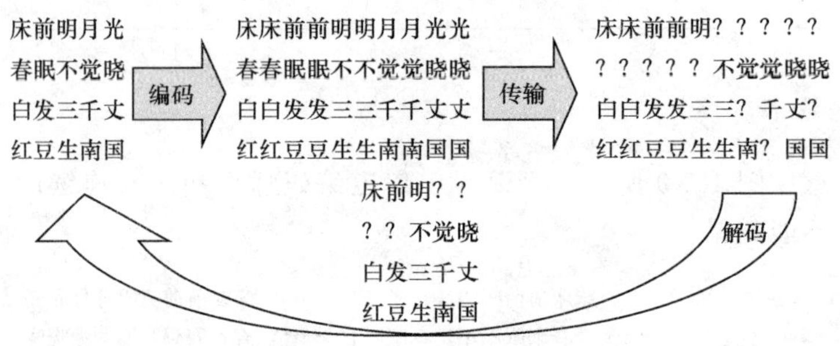

图 1-5-11　交织编码技术示意图

交织技术优点是改变数据流的传输顺序，将突发的错误随机化；提高纠错编码的有效性。但是由于改变了数据流的传输顺序，必须要等整个数据块接收后才能纠错，加大了处理延时，因此交织深度应根据不同的业务要求有不同的选择。在特殊情况下，若干个随机独立差错有可能交织为突发差错。

小贴士

在 GSM 系统中采用了较为复杂的交织编码技术。

GSM 交织编码器的输入码流是 20ms 的帧，每帧含 456bit。每两帧（40ms）共 912bit，按每行 8bit 写入，共写入 114 行，计 8×114＝912bit。输出时，按列输出，每次读出 114bit，恰好对应 GSM 的一个 TDMA 时隙。也就是说，将 912bit 字符交织后分散到 8 个 TDMA 帧的时隙中来传输。按照这种方法就会使传输中受到突发性干扰的信息码流，经交织译码后，突发错误变成了随机差错。图 1-5-12 给出了 GSM 系统采用的交织编码矩阵。

GSM 系统的交织编码过程如图 1-5-13 所示。

将输入码流长为 20ms 帧中的 456bit 分成 8 段，每段含有 57bit。交织是在 40ms 共 912bit 间进行的。当前帧的 456bit 分别与第 $n-1$ 帧的后半帧的 228bit 和第 $n+1$ 帧的前半帧 228bit 交织，即当前帧的 1、2、3、4 段与 $n-1$ 帧的 5、6、7、8 段组成时隙 1、2、3、4；当前帧的 5、6、7、8 段与 $n+1$ 帧的 1、2、3、4 段组成时隙 5、6、7、8。这就实现了将 912bit 码流交织，分散到 TDMA 帧的 8 个时隙传输的目的。

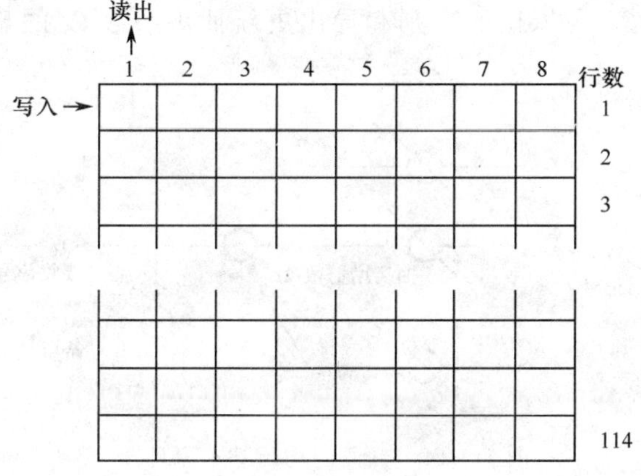

图 1-5-12　交织编码矩阵

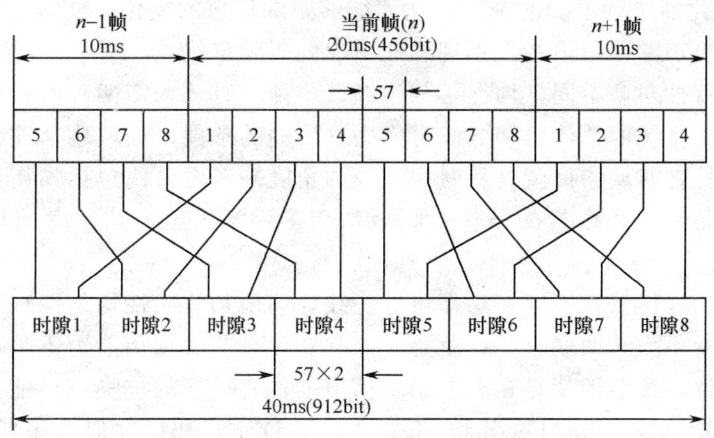

图 1-5-13　交织编码过程

3. 自适应均衡技术

自适应均衡技术是在接收端设置均衡器，该均衡器能够产生与信道相反的特性，用来抵消信道的时变多径传播特性引起的码间干扰，即通过均衡器消除信道的频率和时间的选择性。由于信道是时变的，要求均衡器的特性能够自动适应信道的变化而均衡，故称自适应均衡。时域均衡用来补偿时分信道中由于多径效应而产生的码间干扰。

自适应均衡技术基本原理如图 1-5-14 所示。设 X_{1j}、X_{2j}、…、X_{nj} 为接收端获得的来自于不同传输路径的发送信号，它们分别通过带有自动调整抽头的增益器的增益后，再进行叠加，只要各增益器的自动调整抽头增益值 C_i 设置合理，就可使输出响应的码间窜扰最小，从而能够获得高质量的接收信号 y_j。而增益值 C_i 的调整是以输出 y_j 与所希望的值 d_j 进行比较而获得的误差 e_j 为依据的。用 e_j 去控制 C_i，以使 C_i 逐步达到一定准则下的最佳值 C^*。计算最佳值 C^* 所依据的准则和导出更新抽头系数 C_i 的算法是实现自适应均衡器的关键。

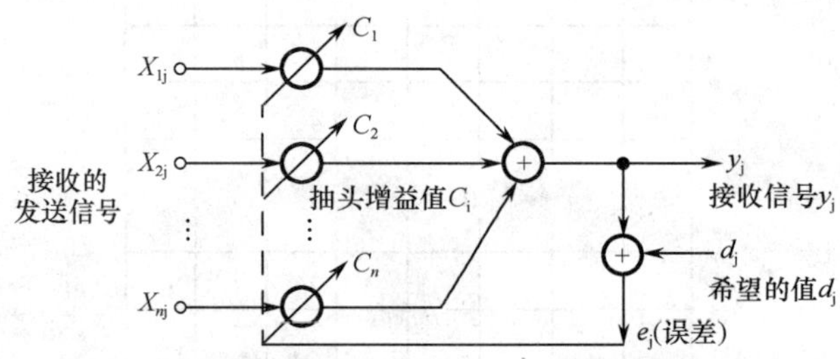

图 1-5-14　自适应均衡基本原理图

在实际情况下，由于无线信道的不断变化，自适应均衡器的抽头系数要随着输入信号序列｛X_k｝的变化而进行不断的调整，从而能够跟踪信道的变化，使输出信号序列与发送序列最为接近，以消除因信道特性不理想而引起的码间窜扰。

根据均衡的特性对象不同，均衡可分为频域均衡和时域均衡两种。频域均衡是使包括均衡器在内的整个系统的总传输函数满足无失真传输的条件，频域均衡往往分别校正幅频特性和群时延特性；时域均衡就是从时间响应的角度来考虑，使包括均衡器在内的整个系统的冲激响应满足无码间窜扰的条件。频域均衡多用于模拟通信，时域均衡多用于数字通信。

根据均衡器的线性特性不同，均衡可分为线性均衡和非线性均衡两种。线性均衡器一般适用于信道畸变不太大的场合，也就是说，它对深衰落的均衡能力不强，故移动通信系统中不用。非线性均衡器即使是在严重畸变信道上也有较好的抗噪声性能，非线性均衡器有判决反馈均衡器（Decision Feedback Equalizer，DFE）和最大似然序列估值器（Maximum Likelihood Sequence Estimator，MLSE）等。

小贴士

在 GSM 系统中采用的实现均衡的算法有很多种，目前在 GSM 的标准中没有对采用哪一种均衡算法作出规定。但有一个重要的限制，就是采用的算法必须能够处理在 16μs 之内收到的两个等功率的多径信号。因此，在 GSM 系统中多采用 Viterbi 均衡算法。

4. 分集技术

分集技术（Diversity Techniques）是一种利用多径信号来改善系统性能的技术。其理论基础是认为不同支路的信号所受的干扰具有分散性，即各支路信号所受的干扰情况不同，因而，有可能从这些支路信号中挑选出受干扰最轻的信号或综合出高信噪比的信号来。其基本思想是利用移动通信的多径传播特性，在接收端通过某种合并技术将多条符合要求的支路信号合并且输出，从而大大降低多径衰落的影响，改善传输的可靠性。对这些支路信号的基本要求是传输相同信息、具有近似相等的平均信号强度和相互独立衰落特性。

从大范围来讲，分集技术可分为隐分集和显分集两种。隐分集是指分集作用含在传输信号中，在接收端利用信号处理技术实现的分集。它包括交织编码技术、跳频技术等，一般用在数字移动通信系统中。显分集指的是构成明显分集信号的传输方式，多指利用多副天线接收信号的分集方式。人们经常提到的分集技术大都指的是显分集。

按照主要目的不同，显分集又可分为宏（Macroscopic）分集和微（Microscopic）分集两种。

宏分集是以克服长期衰落（即慢衰落）为目的的，一般只应用于蜂窝通信系统中，亦称多基站分集。其做法是把多个基站设置在不同的地理位置上和在不同方向上，同时和小区内的一个移动台进行通信。显然，只要在各个方向上的信号传播不是同时出现严重慢衰落（基站天线的架设可以防止这种情况发生），这种方法就能保持通信不会中断。

微分集是以减小短期衰落（即快衰落）为目的的，在各种无线通信系统中都会使用。按照路径的选择方法不同，微分集又可分为空间分集、频率分集、时间分集、极化分集和角度分集等多种。

(1) 空间分集

在移动通信中，空间略有变动就可能出现较大的场强变化，空间分集就是利用场强随空间的随机变化而实现的。空间距离越大，多径传播的差异就越大，所接收场强的相关性就越小。具体来讲，空间分集通常也称为天线分集，它是在发射端采用一副发射天线，接收端采用多副接收天线。只要接收端天线之间的间隔 d 足够大，就能保证各接收天线输出信号衰落特性的相互独立性。经过测试和统计，ITU 建议为了获得满意的分集效果，接收天线之间的间距应大于 0.6 个波长，即 $d>0.6\lambda$，并且最好选在 $\lambda/4$ 的奇数倍附近。当然，在实际环境中，接收天线之间的间距要视地形、地物等具体情况而定。

小贴士

空间分集是移动通信系统中最常用的分集技术。GSM 系统实现天线分集的一种方法是使用两个接收信道，它们受到的衰落影响是不相关的。它们两者在某一时刻同时经受某一深衰落点影响的可能性很小。因此，我们可以利用两副接收天线独立地接收同一信号，当合成来自两副天线的信号时，衰落的程度能被减小。图 1-5-15所示为GSM 系统天线分集接收的示意图。

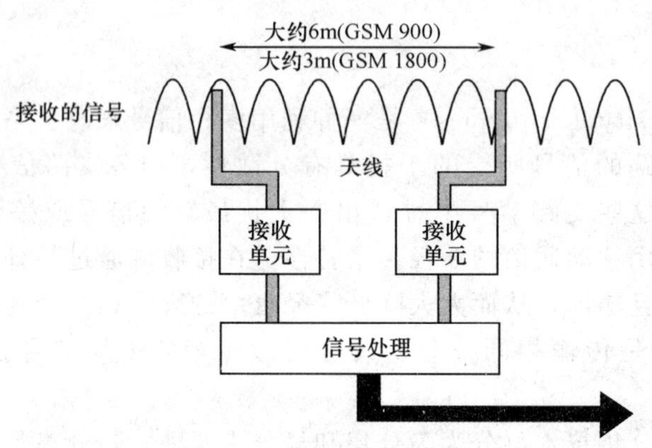

图 1-5-15　GSM 系统天线分集接收示意图

（2）频率分集

频率分集就是在发射端将要传输的信息分别以不同的载频发射出去，只要载频之间的间隔足够大（大于相干带宽），那么在接收端就可以得到衰落特性互不相关的信号，从而减小信号的衰落，提高通信质量。频率分集示意图如图 1-5-16 所示。

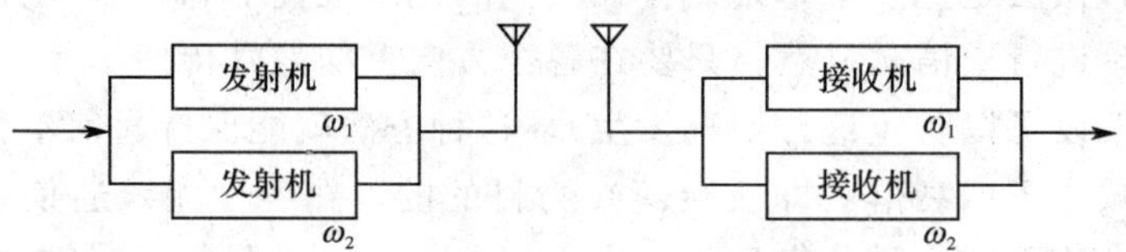

图 1-5-16　频率分集示意图

相干带宽指的是频带最大带宽，在此带宽内，两个信号的传输系数的统计特性是强相关的，但当两个频率之间的间隔超过相干带宽时就不相关了。相干带宽 B_c 可用下式估计：

$$B_c = \frac{1}{2\pi\Delta}$$

其中，Δ 为多径时延扩展的脉冲展宽时间。

（3）时间分集

时间分集是将给定的信号在时间上相隔一定的间隔 ΔT 重复发送（m 次），只要这些时间间隔大于信道的相干时间，就能保证信号衰落的不相关性，从而在接收端得到独立的分集支路。RAKE 接收是时间分集在移动通信系统中的典型应用。时间分集的原理如

图 1-5-17所示。

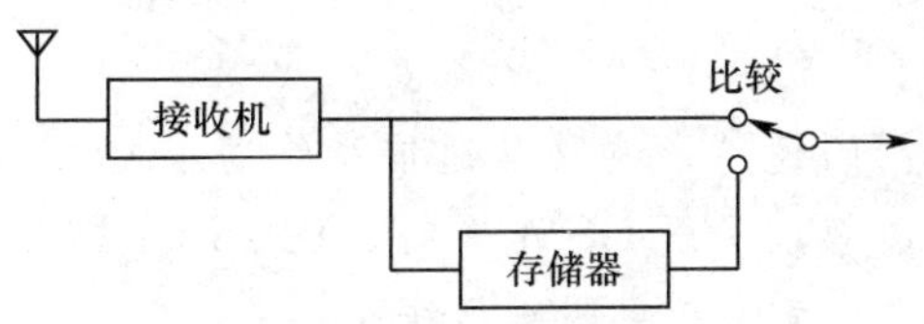

图 1-5-17 时间分集示意图

时间分集有利于克服移动通信中由多普勒效应引起的信号衰落现象。由于该衰落速率与移动台的运动速度及工作波长有关，因此为了保证重复发送的信号具有相互独立性，必须要使信号的重发时间间隔 ΔT 满足如下关系：

$$\Delta T \geqslant \frac{1}{2f_m} = \frac{1}{2v/\lambda}$$

其中，f_m 为衰落速率；v 为车速；λ 为工作波长。可见，当移动台处于静止状态（即 $v=0$）时，要求 ΔT 为无穷大，因而此时的时间分集基本上是没有用处的。

（4）极化分集

极化分集的理论依据是两个在同一地点极化方向相互正交的天线发出的信号具有不相关的衰落特性。具体来讲，在发射端的同一地点分别装上垂直极化天线和水平极化天线，在接收端的同一位置也分别装上垂直极化天线和水平极化天线，就可得到两路衰落特性不相关的信号。

极化分集实际上是空间分集的特殊情况——分集支路只有两路且相互正交。极化分集的优点是结构比较紧凑，节省空间。其缺点是由于发射功率被分配到两副天线上，因而信号功率将有 3dB 的损失。

（5）角度分集

角度分集的理论依据是由于地形地貌、建筑物等环境因素的影响，到达接收端的不同路径的信号可能来自于不同的方向（角度），这些信号具有不相关性。这样，在接收端采用指向两个或更多个不同方向（角度）的有向天线，接收并合并信号，就能够达到克服衰落的目的。显然，角度分集在较高频率时更容易实现。

5. 合并技术

接收端接收到 $m(m\geqslant 2)$ 个分集信号后，如何利用这些信号以减小衰落的影响，这就是合并问题。对分散的信号进行合并的方法通常有以下几种。

1）最佳选择式：从几个分散的信号中选择信噪比最好的一个作为接收信号。

2）等增益相加式：把几个分散信号以相同的支路增益直接相加的结果作为接收信号。

3）最大比值合并：控制各支路增益，使它们分别与本支路的信噪比成正比，即根据各支路的信噪比来设置增益值，然后再相加以获得接收信号。

计划与实施建议

1. 到图书馆或上网查询有关“影响无线信道中电波传播的因素”的资料。

2. 到图书馆或上网查询有关“抗噪声和干扰技术”的资料。

3. 针对“常见噪声与干扰”话题分组展开讨论，总结区分抗“噪声”与“干扰”的方法。

4. 分组展开讨论，举例阐述“影响移动通信系统通信质量的因素及如何改善”。

5. 向运营商技术专家请教，了解 GSM 系统、IS-95 CDMA 系统所采用的改善无线通信质量的具体技术应用情况，完成专题调研报告。

检查与评价点

1. 检查有关“影响无线信道中电波传播的因素”的资料的准备情况。

2. 检查有关“抗噪声和干扰技术”的资料的准备情况。

3. 总结评价如何区分“噪声”与“干扰”的讨论结果。

4. 总结评价关于“影响移动通信系统通信质量的因素及如何改善”的讨论情况和结果。

5. 检查评价“GSM 系统、IS-95 CDMA 系统所采用的改善无线通信质量的具体技术应用情况”的调研报告。

试一试

1. 移动通信信道的主要特点有________、________、________。

2. 无线信道中电波传播的基本方式有________、________、________。

3. 影响无线通信系统的主要效应有________、________、________、________。

4. 改善无线通信质量的具体技术主要有________、________、________、________、________。

5. 交织编码的作用是________________________________。

6. 无线通信信道中的损耗主要包括以下几类：________、________、________。

7. 分集技术可分为隐分集和显分集两种，显分集又可分为宏分集和微分集两种，微分集又可分为________、________、________、________、________等多种。

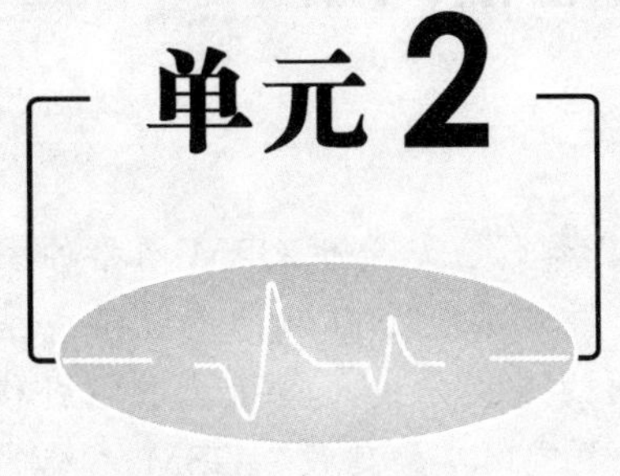

实现两部GSM手机之间的通信

单元说明

本单元通过对 GSM 系统网络组成、频率配置、系统接口、信道配置、信息编码、调制与解调、信令流程、移动性管理等知识和技能的学习，使学生对 GSM 系统从整体到局部有全面的了解和认识。

本单元以移动通信网络实验设备及工程仿真软件为实验载体，通过搭建 GSM 实验网络、图示信道结构与工作过程等实验内容，让学生基本掌握两部 GSM 手机间是如何实现通信的，从而达到认识移动通信网络中各设备及功能，掌握其工作原理。通过图示说明和分组讨论，加深学生对相关知识和技能的理解与掌握。

学习目标

相关知识

基础知识：

- GSM 通信网络系统的基本结构
- GSM 通信系统网络规划原理
- GSM 通信系统接口与信令流程
- GSM 通信系统的编码与调制原理

拓展知识：

- GSM 系统蜂窝原理
- GSM 系统功率控制原理和方法

相关技能

基本操作技能：

- 通过网络查询、收集所需资料的技能
- 总结归纳、画图讲解技术文档的技能

拓展技能与技巧：

- 通信工程师的行为规范和基本工作礼仪
- 对实验平台和设备规范操作的技能

任务 2.1　搭建 GSM 移动通信网络

任务描述

GSM 移动通信网络是实现第二代移动通信的网络基础。本任务从分析 GSM 网络的系统结构入手，要求学生在实验平台上搭建一个 GSM 网络；要求学生分组设计系统组成结构图，选择相应的移动通信系统所需设备，确定各设备之间的连接方式，实际动手完成移动通信实训系统的组网连接；还要求学生能够对 GSM 移动通信网络的建设、GSM 系统的网元设备及其连接关系等进行阐述。

任务目标

本任务是希望通过对 GSM 网络的分析设计和动手搭建过程，使学生对 GSM 系统建立有全局的认识，包括 GSM 网络结构、覆盖类型以及频率配置等。通过完成一项实际的移动通信实训系统工程，掌握 GSM 系统频率分配的基本内容、方法等。熟悉 GSM 移动通信网络的建设、GSM 系统的网元设备及其连接关系，更好地理解蜂窝系统的概念和特点。

相关知识

内　　容	获取方式
1. GSM 系统设备的常见厂家情况。	• 上图书馆查阅资料 • 上网收集信息 • 到运营商服务网点询问相关工作人员
2. GSM 系统的网元设备及结构。	
3. GSM 系统的频点规划原则及频率利用情况。	
4. GSM 标准的发展及演进。	
5. 我国 GSM 网络的运营情况。	

2.1.1 GSM 的区域覆盖

在建设实际的移动通信系统之前，必须确定无线电波所要覆盖的服务区域（见图 2-1-1）。本单元需要进一步了解 GSM 移动通信网络是如何进行区域覆盖，GSM 移动通信网络设备之间是如何进行通信的？要回答这些问题，必须明确两点：一是要明确移动蜂窝网络的组网原理；二是要明确 GSM 移动通信网络结构及其组成设备。

移动通信网是承接移动通信业务的网络，主要完成移动用户之间、移动用户与固定用户之间的信息交换。根据移动通信网的服务区覆盖方式的不同，可将移动通信网划分为大区制和小区制；根据服务对象、地形的分布及干扰等因素，可将小区制移动通信网划分为带状服务区和面状服务区。

1. 大区制和小区制

(1) 大区制

大区制是指一个基站覆盖整个服务区，在一个服务区（如一个城市）内只设置一个基站。基站的作用是负责移动通信的联络和控制，如图 2-1-2 所示。

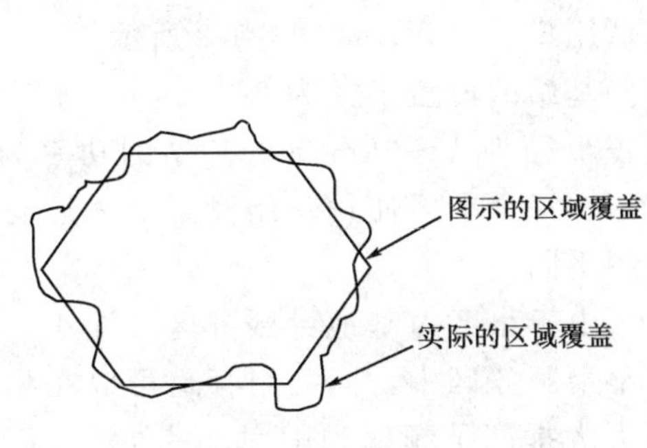

图 2-1-1　区域覆盖

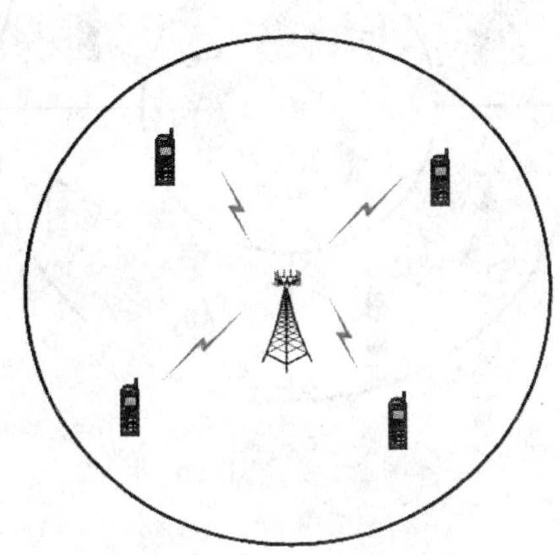

图 2-1-2　大区制

大区制的主要特点：天线架设得高；发射机输出功率大（200W）；服务区内所有频道都不能重复；覆盖半径为 30～50km。这种方式可以覆盖较大区域，达几十千米，但单个无线的发射机只能到达一定的区域，这就很难适应大区域通信的要求。同时，这也意味着在此区域内有限的可供使用的信道，在呼叫量并不多时就被堵塞。

优点是组成简单，投资少，见效快。缺点是服务区内的所有频道（一个频道包含收、发一对频率）的频率都不能重复，频率利用率和通信容量都受到了限制。

1970 年，纽约市开通的大区制贝尔移动通信系统，提供 12 对信道。也就是说，仅能同时提供 12 个用户同时通话，当第 13 个呼叫到来时就被堵塞。而纽约市面积达 780 平方千米，当时人口有两千万，作为公用系统来说，其容量是远远不够的。

为了增大通信用户量，大区制通信网只有增多基站的信道数，但这总是有限的。因此，大区制只能适用于专网或用户较少的地域，建设小容量的移动通信网。

(2) 蜂窝的概念

蜂窝是一种构成无线电话网的方式。蜂窝的概念是 20 世纪 70 年代贝尔实验室提出的。即将一个大区制覆盖的区域划分成多个小区，每个小区（Cell）中设立一个基站（BS），通过基站在用户的移动台（MS）之间建立通信。小区覆盖的半径较小，因此可以用较小的发射功率实现双向通信。如果每个基站提供几个频道，由多个小区构成的通信系统的总容量将大大提高。由若干小区构成的覆盖区叫做区群。由于区群的结构酷似蜂窝，因此人们将小区制移动通信系统叫做蜂窝移动通信系统。在每个小区设立一个（或多个）

基站，它与若干个移动站建立无线通信链路。区群中各小区的基站之间可以通过电缆、光缆或微波链路与移动交换中心（MSC）连接。移动交换中心通过中继线路与市话交换局连接，从而构成了一个完整的蜂窝移动通信的网络结构。

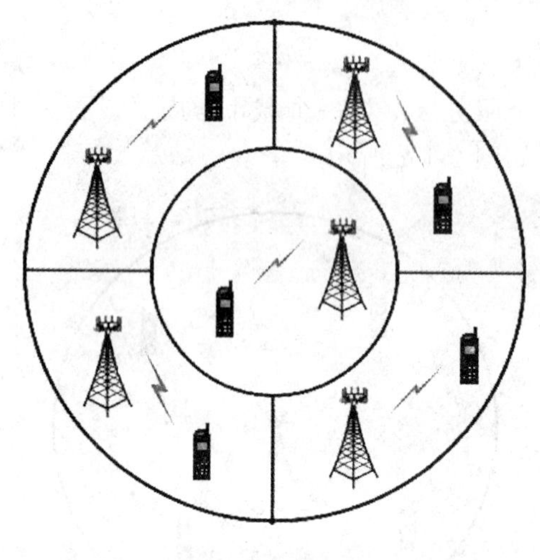

图 2-1-3　小区制

（3）小区制（蜂窝系统）

蜂窝概念是解决频率不足和用户容量问题的一个重大突破。小区制（蜂窝系统）的思想是将整个服务区划分为若干个无线区（Cell），每个小区分别设置一个基站负责本区的移动电话通信的联络和控制，实现小区之间移动用户通信的转接，以及移动用户与市话用户的联系，如图 2-1-3 所示。

基站的覆盖半径为 2～20km，小的基站覆盖半径为 1～3km 等。基站的功率为 5～20W。每个小区使用一组频道，邻近的小区使用不同的频道。

由于小区内基地台服务区域缩小，所以在整个服务区中，同一组频道可以在相隔一定距离的小区中重复使用（即频率复用），因而大大提高了频率利用率。另外，在区域内可根据用户的多少确定小区的大小。在 GSM 系统中，大的小区与小的小区共存，其中最大的小区直径可达 80km，小的小区一般覆盖直径为 200m 以上。小区发射机发射功率可提供本小区边缘的用户通信需要，其发射功率可达 8W。

2. 扇区化的基站和小区分裂

（1）扇区化的基站

前面所说的小区都是指全向小区，即一个基站对应一个小区，有一根发射天线，将无线电波辐射到 360°的范围。如果采用全向小区，那么当同一地理区域内的移动用户（MS）数增加时，应该相应的增加小区数以扩大容量。为了在该地理区域安装更多的小区，必须减小小区的大小，而全向小区间的距离必须足够远，以防止同信道干扰和邻信道干扰。这种冲突会降低蜂窝网络的性能。

为了在同一地理区域内获得更大的容量，可以采用一种称为“扇区化”的技术。扇区化即是将一个基站分成多个小区，每个小区都有自己的发射和接收天线，相当于一个独立的小区（见图 2-1-4）。将基站扇区化之后，在相同的地理区域内可以有更多的小区，更多的移动用户可以接入并使用蜂窝网络。一般对人口稠密地区或者移动用户较集中区域（比如会议中心/商务建筑物）内的基站进行扇区化。

扇区化的小区使用特制的定向天线，使该小区发射的无线电波集中在一个特定的方向上。这样做有很多优点，首先小区发射的无线电波能量集中到了一个更小的区域如 60°、120°或 180°，而不是以 360°全向发射，这样可以获得更强的信号，有利于“室内覆盖”

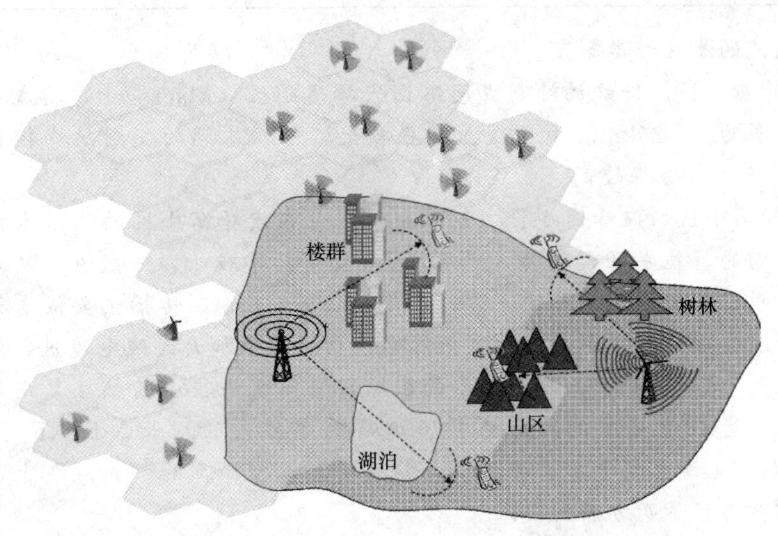

图 2-1-4 全向站和扇区化的基站共存

等；另外，同频复用距离缩短，在同一地理区域可以有更多的小区，可以支持更多的移动用户。

(2) 小区分裂

随着用户数目的增加，小区可以继续缩小，即“小区分裂”。小区分裂是将拥塞的小区分成更小的小区的方法，每个新小区都有自己的基站并相应地降低天线高度和减小发射机功率。通过设定比原小区半径更小的新小区和在原有小区间安置这些小区，使得单位范围内的信道数目增加，提高了信道的复用次数，因此能提高系统容量，可使用户量大大增加，因此小区制具有相当的灵活性。除此之外，由于基站服务区域缩小，移动台和基站的发射功率减少，同时也减少了电台之间的相互干扰。例如，将一个半径为 R 的小区分裂为半径为 $R/2$ 的新小区，则需要 4 个新小区才能覆盖原来的范围。当然，新小区的发射功率也应该下降，可通过检查在新旧小区边界接收到的功率，并令它们相等来得到新小区的发射机功率。

但是，在这种结构中，移动用户在通话过程，从一个小区转入另一个小区的概率增加，移动台需要经常更换工作频道，而且，由于增加了基站的数目，带来了控制交换复杂化的问题，建网的成本也高。因此，这种体制对于用户量较大的公用移动通信系统来说是适用的。

实际上，不是所有的小区都同时分裂，不同规模的小区将同时存在，这时需要特别注意保持同频小区间所需的最小距离，频率分配将变得更为复杂，而且发射机的功率也不尽相等。

小贴士

目前主流的小区分类如下。

1）宏蜂窝小区。传统的蜂窝式网络由宏蜂窝小区（Macrocell）构成，每小区的覆盖半径大多为 1～25km。由于覆盖半径较大，所以基站的发射功率较强，一般在 10W 以上，天线也做得较高。

2）微蜂窝小区。微蜂窝小区（Microcell）是在宏蜂窝小区的基础上发展起来的一门技术。它的覆盖半径大约为 30～300m；发射功率较小，一般在 1W 以下；基站天线置于相对低的地方，如屋顶下方，高于地面 5～10m，传播主要沿着街道的视线进行，信号在楼顶的泄露小。因此，微蜂窝最初被用来加大无线电覆盖，消除宏蜂窝中的“盲点”。同时，由于低发射功率的微蜂窝基站允许较小的频率复用距离，每个单元区域的信道数量较多，因此业务密度得到了巨大的增长，且 RF（Radio Frequency，射频/无线电频率）干扰很低，将它安置在宏蜂窝的“热点”上，可满足该微小区域质量与容量两方面的要求。

3）微微蜂窝小区。微微蜂窝小区（Picocell）实质就是微蜂窝的一种，只是它的覆盖半径更小，一般只有 10～30m；基站发射功率更小，大约在几十毫瓦左右；其天线一般装于建筑物内业务集中地点。微微蜂窝也是作为网络覆盖的一种补充形式而存在的，它主要用来解决商业中心、会议中心等室内“热点”的通信问题。

3. 带状服务区和面状服务区

根据服务对象、地形的分布及干扰等因素，可以将小区制移动通信网划分为带状服务区和面状服务区。

在实际中，小区的覆盖不是规则形状的，确切的小区覆盖决定于地势和其他因素，为了设计方便，可以做一些近似，假定覆盖区为规则的多边形，如全向天线小区，覆盖面积近似为圆形，为了获得全覆盖，无死角，小区面积多为正多边形，如正三角形、正方形、正六边形。三种形状小区比较如表 2-1-1 所示。

表 2-1-1　三种形状小区比较

小区形状	正三角形	正方形	正六边形
邻区距离	r	$\sqrt{2}r$	$\sqrt{3}r$
小区面积	$1.3r^2$	$2r^2$	$2.6r^2$
交叠区宽度	r	$0.59r$	0.27
交叠区面积	$1.2\pi r^2$	$0.73\pi r^2$	$0.35\pi r^2$

采用正六边形主要有以下两个原因：

1）正六边形的覆盖需要较少的小区，少的发射站。

2）正六边形小区覆盖相对于四边形和三角形费用小。

2.1.2 GSM 的频率分配

对于移动通信，频率资源始终是一项珍贵资源。对于 GSM 的网络规划和优化工程师，频率规划技术是一项十分关键的技术。频率规划质量的好坏对网络质量起决定性影响。我们已经对搭建 GSM 移动通信系统的覆盖和小区的概念有了初步的认识，那么如何进行相应的频点规划的？下面将会进行介绍。

在讲解蜂窝概念的同时，涉及了频率复用的概念。频率复用是指同一载频的无线信道用于覆盖不同的区域，这些区域彼此相隔一定的距离，以便把频率干扰控制在系统允许范围内，这样做的结果相当于宝贵的频率资源得到再用。

频率（频道或信道）分配是频率复用的前提。频率分配有以下两个基本含义：

1）频率划分（频率分组），根据移动网的需要将频率分成若干组。

2）频率配置（频道或信道配置），以固定或动态分配方法将频率指配给蜂窝网的用户使用。

1. 频率划分

蜂窝系统根据所用频段可以分为 GSM 900 和 DCS 1800 系统，载频间隔为 200kHz。其上、下行频率划分如表 2-1-2 所示。

表 2-1-2　GSM 频率划分

	频段/MHz	带宽/MHz	频道号	载频数/对
GSM 900	上行 890～915 下行 935～960	25	1～124	124
DCS 1800	上行 1710～1785 下行 1805～1880	75	512～885	374

注：上下行以基站为参照物，基站发—手机收为下行，手机发—基站收为上行。

GSM 900 系统：共 124 个频点，绝对载频号（ARFCN）为 1～124，在两端留有 200kHz 的保护带。按照中国无线电管理委员会规定：中国移动占用 890～909MHz/935～954MHz，对应的 ARFCN 为 1～95（通常频点 95 保留不用）；联通占用 909～915MHz/954～960MHz，对应的 ARFCN 为 96～124。其他国家运营商获得的频率范围与国内不一定相同，但可以根据频率与 ARFCN 的关系计算。

基站收：$f_1(n)=890.2+(n-1)\times 0.2(\text{MHz})$

基站发：$f_2(n)=f_1(n)+45(\text{MHz})$

DCS 1800 系统：共 374 个频点，ARFCN 为 512～885。频率与载频号（n）的关系如下。

基站收：$f_1(n)=1710.2+(n-512)\times 0.2(\text{MHz})$

基站发：$f_2(n)=f_1(n)+95(\text{MHz})$

移动占用 1710～1720MHz，对应 ARFCN 为 512～561；联通占用 1745～1755MHz，

对应 ARFCN 为 687～736。

2．频率配置

针对 FDMA、TDMA 系统来说，频率配置主要解决将给定的信道（频率）如何分配给在一个区群的各小区。实际的频率配置是以固定的或动态分配方法将频率指配给蜂窝网的用户使用。

其中，固定信道分配（FCA）方法有两种：分区分组配置法和等间隔频道配置法。由于后者是按频道之间的频距相等的原则进行频道分组，是大容量蜂窝网广泛使用的频率分配方法，故这里重点介绍此方法。固定频道分配应解决三个问题，即频道组数、每组的频道数及频道的频率指配。

（1）分区分组配置法

分区分组配置法的配置原则如下：

1）尽量减少占用的总频段。

2）同一区群内不能使用相同的频道。

3）小区内采用无三阶互调的相容频道（即无三阶互调干扰的频道）。

例如，假设频段以等间隔划分为频道，按顺序标明频道的号码 $N=1，2，3，4，\cdots$，若每个区群 7 个小区，每个小区 6 个频道，按上述原则进行分配，可得：

第一组　1、5、14、20、34、36
第二组　2、9、13、18、21、31
第三组　3、8、19、25、33、40
第四组　4、12、16、22、37、39
第五组　6、10、27、30、32、41
第六组　7、11、24、26、29、35
第七组　15、17、23、28、38、42

可以利用频道序号的差值有无相同，判别一组频道中是否存在三阶互调干扰。如果存在三阶互调干扰，则

$$d_{i,x} = d_{k,j}$$

其中，i，j，k，x 为频道序号；$d_{i,x}$，$d_{k,j}$ 为频道序号差值。

利用计算机搜索来得到无三阶互调干扰的相容频道如表 2-1-3 所示。上面的例题使用 42 频道并且只占用 42 频道的频段，是最佳的分配方案。（在很多方案中，占用频道数大于需要频道数。）

表 2-1-3　无三阶互调干扰的相容频道

需要频道数	最小占用频道数	无三阶互调的频道组	频段利用率
3	4	1，2，4；1，3，4	75%
4	7	1，2，5，7；1，3，6，7	57%
5	12	1，2，5，10，12；1，3，8，11，12	42%

续表

需要频道数	最小占用频道数	无三阶互调的频道组	频段利用率
6	18	1，2，5，11，13，18；1，2，9，13，15，18； 1，2，5，11，16，18；1，2，9，12，14，18	33%
7	26	1，2，8，12，21，24，26；1，3，4，11，17，22，26； 1，2，5，11，19，24，26；1，3，8，14，22，23，26； 1，2，12，17，20，24，26；1，4，5，13，19，24，26； 1，5，10，16，23，24，26	27%
8	35	1，2，5，10，16，23，33，35	23%
9	45	1，2，6，13，26，28，36，42，45	20%
10	56	1，2，7，11，24，27，35，42，54，56	18%

分区分组配置法的缺陷：由于出发点是避免三阶互调干扰，没考虑同一频道组的频率间隔，可能会出现较大的邻道干扰。

（2）等间隔频道配置法

等间隔频道配置法就是按照相等的频率间隔来配置频道。可见，只要频距选得足够大，就可以有效地避免临频道干扰和互调干扰（虽然这样的频率配置可能正好满足产生互调的频率关系 $d_{i,x}=d_{k,j}$，但因为频距大，故接收机滤波器可以滤除此类干扰）。

若需要 M 个频道，将其分为 N 个频道组，则每个频道组中有 M/N 个频道，N（小区个数）个频道组的频道序列号可以确定如下：

$$K+j\cdot N$$

其中，K 为频道组的序列号，$K=1, 2, 3, \cdots, N$；$j=0, 1, 2, 3, \cdots, (M/N)-1$。

例如，当 $N=7$ 时，则等间隔频道的配置如下。

第一组　1、8、15、22、29、…
第二组　2、9、16、23、30、…
第三组　3、10、17、24、31、…
第四组　4、11、18、25、32、…
第五组　5、12、19、26、33、…
第六组　6、13、20、27、34、…
第七组　7、14、21、28、35、…

最小频率间隔为 7 个频道间隔，若频道间隔为 25kHz，则最小频率间隔可达 175kHz，接收机的输入滤波器便可有效地抑制邻道干扰和互调干扰。

我国 GSM 网和 TACS 网均采用了这种方法。若采用定向天线，每个基站应配置三组频道，例如，$N=7$，每个区群就需有 21 个频道组，如图 2-1-5 所示。

（3）频道分配策略

频道分配策略有两类：固定的频道分配策略和动态的频道分配策略。

固定的频道分配策略是将一组频道固定配置给某一基站。其优点是控制方便，投资少；缺点是频道利用率低。

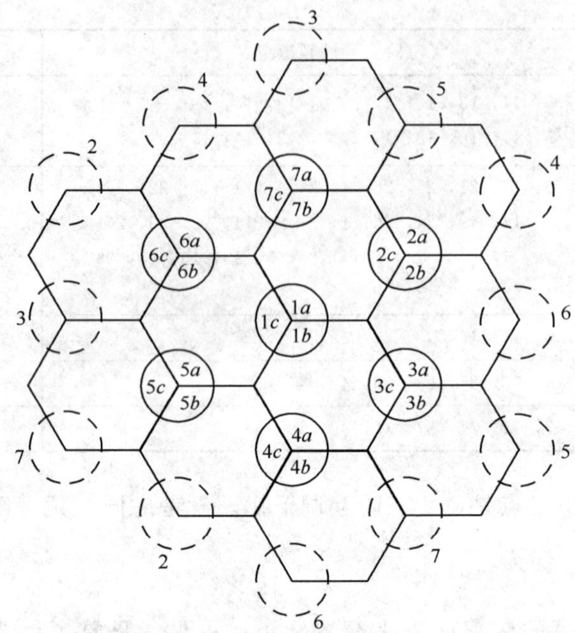

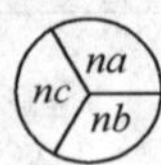

na[n, n+21, n+2×21, …]
nb[n+7, n+7+21, n+7+2×21, …]
nc[n+14, n+14+21, n+14+2×21, …]
n=1, 2, …, 7

图 2-1-5　$N=7$ 时，每个区群的频道组

而动态的频道分配策略是频道不固定或部分不固定地配置给各基站，可分为动态配置和柔性配置。动态配置是指随业务量的变化重新配置全部频道（频道全部不固定）；柔性配置是指准备若干个频道，需要时提供给某小区（频道部分不固定）。

动态配置法的优点是频率利用率高；缺点是控制复杂，需要考虑各类干扰、计算、存储和设备因素。

3. 应用案例

在进行频率规划时，一般采用地理分片的方式进行，但需要在分片交界处预留一定频点（频率足够使用时）或进行频段划分。交界处的选择尽量避开热点地区或组网复杂区，通常从基站最密集的地方开始规划，如首先从市区繁华地段开始规划，直到郊区载频配置较小的基站（通常选择 O1/或 S1/1/1 为分界），当市区有江河或较大湖泊时也要特别关注，避免水面的强反射带来的干扰。由于实际基站分布的不规则性，难以保证同层载频的频率能完全按照 4×3 或 3×3 等常用模式（见下面介绍）进行规划，需要根据实际情况灵活调整。

在蜂窝结构的移动网中，蜂窝小区是以 N 个正六边形组成群，各蜂窝小区群可以按一定的规律使用相同的频率组。假设每个群有 N 个小区，则需用 N 组频率。根据 GSM 体制的推荐，GSM 无线网络规划基本上采用 4×3 频率复用方式，“4”表示 4 个基站，“3”表示每基站 3 个小区，即每 4 个基站为一群，每个基站分成 3 个三叶草形 60°扇区或 3 个 120°扇区，共需 12 组频率。这 12 个扇形小区为一个频率复用簇，同一簇中频率不能被复用。这种频率复用方式由于同频复用距离大，能够比较可靠地满足 GSM 体制对同频干扰保护比和邻频干扰保护比的指标要求，使GSM网络运行质量好，安全性好。4×3频率复用方式下，它的频率复用度为12。

在GSM系统中，由于频率的重复使用造成相互之间的干扰，称之为同频干扰。不少人认为同频复用基站之间的距离越近，同频干扰越大。但实际上同频干扰不仅与复用距离有关，还与基站小区的覆盖半径有关。对于业务量较大的地区，还可以采用其他的复用方式，如3×3、1×3。无论采用哪种复用方式，必须满足载干比C/I（载波/干扰）的要求。

在GSM系统中，对载干比的要求如下。

1）同频载干比：$C/I \geqslant 9$dB；工程中加3dB余量，即$C/I \geqslant 12$dB。

2）邻频载干比：$C/I \geqslant -9$dB；工程中加3dB余量，即$C/I \geqslant -6$dB。

3）载波偏离400kHz时的载干比：$C/I \geqslant -41$dB。

案例一：4基站/3小区（即4×3频率复用方式）。

某网络运营商有36个频点可用，如果他希望采用4基站/3小区的复用方式的话，可将频率划分如表2-1-4所示。在这种配置中每个小区共有3个载频，每个基站共有9个载频。

表2-1-4　4基站/3小区的频率规划

基站1		基站2		基站3		基站4					
Cell1	Cell2	Cell3	Cell4	Cell5	Cell6	Cell7	Cell8	Cell9	Cell10	Cell11	Cell12
A1	A2	A3	B1	B2	B3	C1	C2	C3	D1	D2	D3
1	2	3	4	5	6	7	8	9	10	11	12
13	14	15	16	17	18	19	20	21	22	23	24
25	26	27	28	29	30	31	32	33	34	35	36

案例二：3基站/3小区（即3×3频率复用方式）。

如果网络运营商希望采用3基站/3小区的频率复用方式的话，频率的划分将会如表2-1-5所示。从表中可以看出，现在每个小区中共有4个载频，每个基站共有12个载频，这样在相同的地理范围内支持的用户数会增加，但同时，同信道干扰和邻信道干扰会有所增强。

表2-1-5　3基站/3小区的频率规划

基站1			基站2			基站3		
Cell0	Cell1	Cell2	Cell0	Cell1	Cell2	Cell0	Cell1	Cell2
A1	A2	A3	B1	B2	B3	C1	C2	C3
1	2	3	4	5	6	7	8	9
10	11	12	13	14	15	16	17	18
19	20	21	22	23	24	25	26	27
28	29	30	31	32	33	34	35	36

小贴士

目前，GSM 常用的频率复用技术有 4×3、3×3、2×6、1×3、1×1、多重频率复用（Multiple Reuse Pattern，MRP）技术、同心圆（Concentric Cell）技术等，这些频率复用技术在实际的使用过程中各有优缺点。如 4×3 方式，其频率利用率较低，但网上通常能获得较高的载干比，能较轻松地获得良好的话音；1×3 方式下，频率的利用率较高，但由于同频复用距离减小（与 4×3 相比），网上干扰增加，话音质量会变差，需要开启抗干扰措施，如跳频、间断传输（Discontinuous Transmission，DTx）技术等。

同心圆技术就是在 GSM 网中，将无线覆盖小区分为内圆和外圆两个服务层，又称顶层（Overlay）和底层（Underlay）。同心圆技术本身是一种信道分配和切换的技术，但当同心圆技术与上述各种频率规划技术结合时，可以在增加网络容量的同时更好地改善网络质量。外圆的覆盖范围是传统的蜂窝小区，而内圆的覆盖范围主要集中在基站附近，外圆一般采用常规的 4×3 复用方式，而内圆则采用紧密的复用方式，如 3×3、2×3 或 1×3。因而，所有的载频被分为两组，一组用于外圆，一组用于内圆。外圆和内圆是共站址的，而且共用一套天馈系统，共用同一个 BCCH 信道（广播控制信道），BCCH 信道必须设置在外圆载频信道上。

MRP 技术（又称为分层紧密复用技术）就是把所用的载频分为几组，每组中的载频作为独立的一层，每层采用不同的复用方式，在做频率规划时，逐层配置载频，频率复用逐层紧密。

MRP 对设备没有特殊的软硬件要求。它是建立在一种载波分层的概念上。即将所有可用的频点分成若干组，每一组作为一个载波层。

2.1.3 GSM 网络结构

对于 GSM 区域覆盖和频点规划完成后，就基本上确定了需要建设的基站数目以及基站的站型等。如何搭建 GSM 移动通信网络？首先需要具体了解 GSM 移动通信网络的组成结构及其网元设备。

GSM 网络组成结构如图 2-1-6 所示。由图可见，一个 GSM 系统可由四个子系统组成，即移动台（MS）、基站子系统（BSS）、网络交换子系统（NSS）和操作维护子系统（Operation & Maintain Subsystem，OMS）。其中，NSS 是整个系统的核心，它对 GSM 移动用户之间及移动用户与其他通信网用户之间通信起着交换连接与管理的功能。BSS 是 GSM 系统中与无线蜂窝方面关系最直接的基本组成部分，它通过无线接口直接与移动台相连负责无线信息的发送接收、无线资源管理及功率控制等，同时它与 NSS 相连实现移动用户间或移动用户与固定网络用户之间的通信，连接传送系统信息和用户信息等。OMS 负责 NSS 和 BSS 系统的维护管理工作。

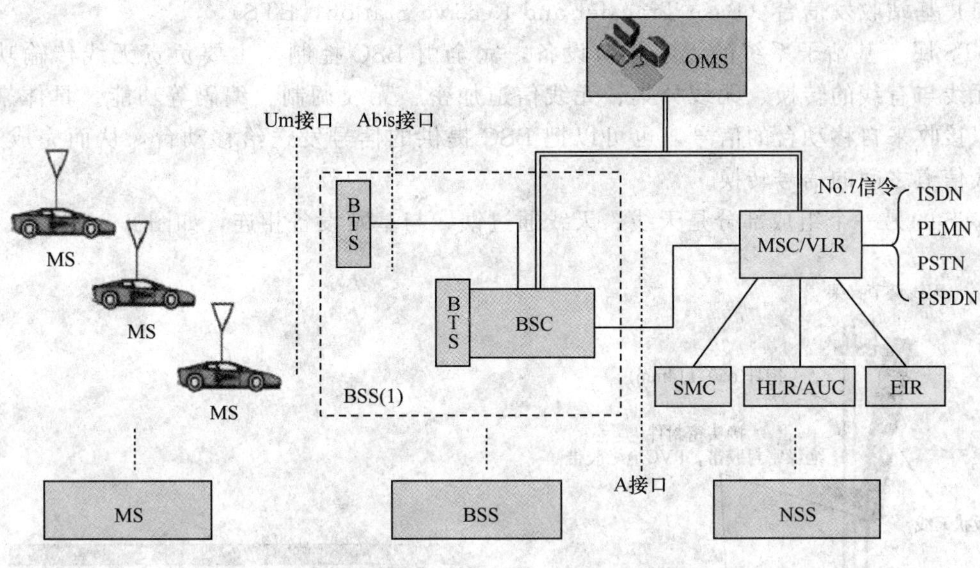

图 2-1-6 GSM 网络组成结构

1. 移动台

移动台（MS）就是移动客户设备部分，它由两部分组成，即移动设备（ME）和用户识别卡（SIM 卡）。

移动设备就是“机”，它可完成话音编码、信道编码、信息加密、信息的调制和解调、信息发射和接收，以及实现鉴权、位置更新等通信处理。

移动台有三种类型：车载型、便携型和手持型。车载型移动台（简称车载台）的主体设备安装在车辆的内部，天线与主体设备分离，安装在车外。车载台可以在较大功率下使用。便携型移动台（简称便携台）为用户手提携带的设备，其天线与设备安装在一起。便携台可以支持系统所要求的所有功率。便携台也可以安装在车辆上，并且通常都具备车辆安装时所用的接头。手持型移动台（简称手持台或手持机）即现在人们通用的手机。与车载台和便携台相比，手机的体积更小、重量更轻、携带更方便，因而是移动台的主流发展方向。手机同样可以安装在车辆上，并且通常具备安装插头。当安装在车辆上时，可使用外部天线。

2. 基站子系统

基站子系统（Base Station Subsystem，BSS）又称基站、基地台，它是 MS 和 NSS 之间的桥梁，在一定的无线覆盖区中由 MSC 控制，与 MS 进行通信，主要完成无线信道资源管理和无线收发功能。

BSS 主要包括基站控制器（BSC）和基站收发信台（BTS）两部分。此外，BSS 系统还包括码变换和速率适配单元 TRAU。TRAU 通常位于 BSC 和 MSC 之间，主要完成 16kb/s 的 RPE-LTP 编码和 64kb/s 的 A 律 PCM 编码之间的码型变换。

（1）基站收发信台（Base Transfer and Receive Station，BTS）

BTS属于基站子系统的无线接口设备，完全由BSC控制，主要负责无线传输功能，完成无线与有线的转换、无线分集、无线信道加密、无线调制、编码等功能。具体来说，它可以接收来自移动台的信号，也可以把BSC提供的信号发送给移动台，从而完成BSC与无线信道之间的信号转换。

BTS的另一个组成部分是天线。天线通过馈线与基站设备相连，如图2-1-7所示。

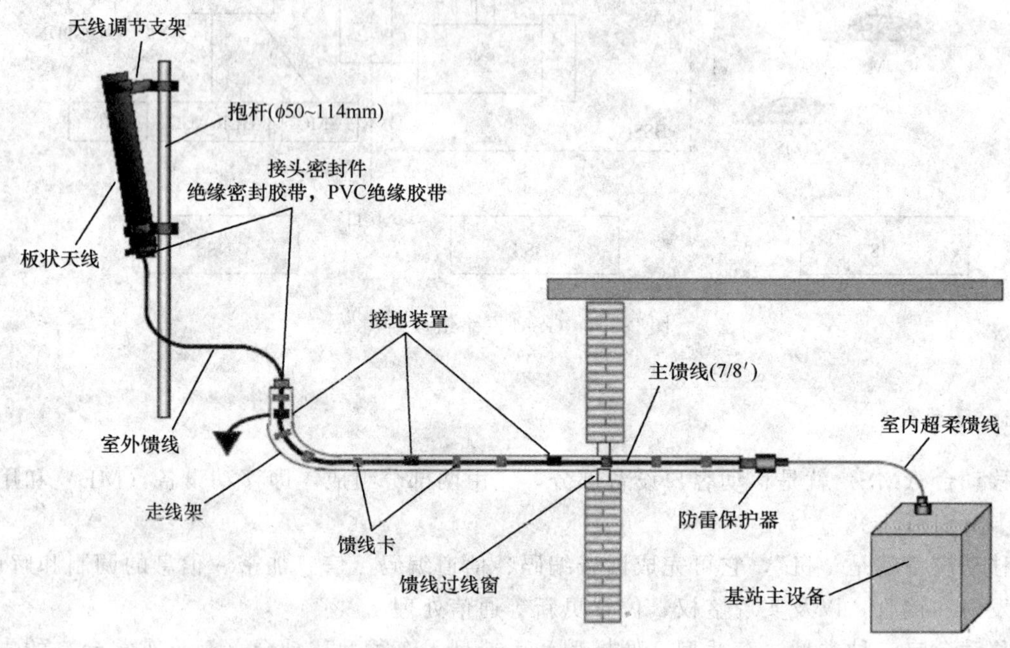

图2-1-7　天馈设备图

天线有发射天线和接收天线、全向天线和定向天线之分，一般可有下列三种配置方式：

1）发全向、收全向方式。

2）发全向、收定向方式。

3）发定向、收定向方式。

从字面上就可以理解每种方式的不同，发全向主要负责全方位的信号发送；收全向自然就是各方位的信号接收了。定向的意思就是只朝一个固定的角度进行发送和接收。一般情况下，频道数较少的基站（如位于郊区）常采用发全向、收全向方式，而频道数较多的基站则采用发全向、收定向的方式，且基站的建立城市也比郊区更为密集。一般来说，在农村用全向基站，城市和高速公路区域用定向基站。

一般情况下，每个BTS覆盖面积约1km²。在某个区域内，多个子基站和收发信台相互组成一个蜂窝状的网络，通过控制收发信台与收/发信台之间的信号传送和接收来达到移动通信信号的传送，这个范围内的地区也就是我们常说的网络覆盖面。如果没有了收/

发信台，那就不可能完成手机信号的发送和接收。基站收发信台不能覆盖的地区也就是手机信号的盲区。所以，基站收发信台发射和接收信号的范围直接关系到网络信号的好坏以及手机是否能在这个区域内正常使用。

从容量上来讲，一个BTS的最大容量在16个载频左右。也就是说，它能够支持上百个通信（一个载频包括8个时隙）同时进行。在农村，BTS的载频数可以减小到一个，即可以支持7个手机同时通信；在城市，一个BTS一般有2～4个载频，可同时支持14～28个用户手机。

（2）基站控制器（Base Station Controller，BSC）

BSC位于MSC与BTS之间，具有对一个或多个BTS进行控制和管理的功能，主要完成无线信道的分配、BTS和MS发射功率的控制以及越区信道切换等功能。BSC也是一个小交换机，它把局部网络汇集后通过A接口与MSC相连。

GSM赋予基站的无线组网特性使基站的实现形式可以多种多样——宏蜂窝、微蜂窝、微微蜂窝及室内、室外型基站。无线频率资源的有限性又迫使人们发展出基站的各种不同应用形式——远端TRX（Transceiver，收发信机）、分布天线系统、光纤分路系统、直放站，以扩大覆盖范围，增强话务能力。

3. 网络交换子系统

网络交换子系统（Network Switching System，NSS）主要完成交换功能以及用户数据管理、移动性管理、安全性管理所需的数据库功能。它由移动交换中心（MSC）、归属位置寄存器（HLR）、拜访位置寄存器（VLR）、设备识别寄存器（EIR）、鉴权中心（AUC）和短消息中心（SMC）等功能实体构成。

MSC：GSM系统的核心，完成最基本的交换功能，即完成移动用户和其他网络用户之间的通信连接；完成移动用户寻呼接入、信道分配、呼叫接续、话务量控制、计费、基站管理等功能；提供面向系统其他功能实体的接口、到其他网络的接口以及与其他MSC互联的接口。

HLR：是系统的中央数据库，存放与用户有关的所有信息，包括用户的漫游权限、基本业务、补充业务及当前位置信息等，从而为MSC提供建立呼叫所需的路由信息。一个HLR可以覆盖几个MSC服务区甚至整个移动网络。

VLR：VLR存储了进入其覆盖区的所有用户的信息，为已经登记的移动用户提供建立呼叫接续的条件。VLR是一个动态数据库，需要与有关的归属位置寄存器HLR进行大量的数据交换以保证数据的有效性。当用户离开该VLR的控制区域，则重新在另一个VLR登记，原VLR将删除临时记录的该移动用户数据。在物理上，MSC和VLR通常合为一体。

EIR：存储与移动台设备有关的参数，可以对移动设备进行识别、监视和闭锁等，防止未经许可的移动设备使用网络。

AUC：是一个受到严格保护的数据库，存储用户的鉴权信息和加密参数。在物理实体上，AUC和HLR共存。

4. 操作维护子系统

操作维护子系统（Operation & Maintain Subsyten，OMS）是 GSM 系统的操作维护部分，GSM 系统的所有功能单元都可以通过各自的网络连接到 OMS，通过 OMS 可以实现 GSM 网络各功能单元的监视、状态报告和故障诊断等功能。

OMS 分为两部分：OMC-S（操作维护中心-系统部分）和 OMC-R（操作维护中心-无线部分）。OMC-S 用于 NSS 系统的操作和维护；OMC-R 用于 BSS 系统的操作和维护。

2.1.4 GSM 发展及演进

1. GSM 系统发展历史

GSM 数字移动通信系统是由欧洲主要电信运营者和制造厂家组成的标准化委员会设计出来的，它在蜂窝系统的基础上发展而成。

蜂窝系统的概念和理论在 20 世纪 60 年代就由美国贝尔实验室等单位提了出来，但直到 20 世纪 70 年代随着半导体技术的成熟，大规模集成电路器件和微处理器技术的发展以及表面贴装工艺的广泛应用，才为蜂窝移动通信的实现提供了技术基础。直到 1979 年，美国在芝加哥开通了第一个 AMPS（先进的移动电话业务）模拟蜂窝系统，而北欧也于 1981 年 9 月在瑞典开通了 NMT（Nordic 移动电话）系统，接着欧洲先后在英国开通 TACS 系统，德国开通 C-450 系统等。当时的欧洲共有以下一些无线移动系统。

1）NMT/450（北欧移动电话）：丹麦、芬兰、挪威。

2）NMT/900：瑞典、西班牙、冰岛。

3）NMT/450-兼容系统：荷兰、比利时、卢森堡。

4）NMT/450 的类似系统：奥地利。

5）TACS（全接入通信系统）：英国。

6）Eire：奥地利。

7）NET-C 系统：FRG（Federal Republic of Germany），德国。

8）Radiocom 2000 系统：法国。

9）RTMS 系统：意大利。

这些系统均为国内系统，它要求使用指定的移动台，互不兼容。其致命弱点是，各系统间没有公开接口；无法与固定网迅速向数字化推进相适应，数据的承载业务很难开展；频谱利用率低，无法适应大容量的需要；安全保密性差，易被窃听，易做假机。

所以，这些系统均只能在本系统中使用。为了方便全欧洲能统一使用移动电话，北欧国家于 1982 年向 CEPT（Conference of European Posts and Telecommunication，欧洲邮政电信管理部门会议）提交了一份建议书，要求制定 900MHz 频段的公共欧洲电信业务规范。在这次大会上成立了一个在 ETSI（欧洲电信标准协会）下的“移动特别小组”，开始制定使用于各国的一种数字移动通信系统的技术规范。

1986 年在巴黎，该小组对欧洲各国及各公司经大量研究和实验后所提出的 8 个建议系统进行了现场实验。

1987 年，欧洲 15 个国家的电信业务经营者在哥本哈根签署了一项关于在 1991 年实现泛欧 900MHz 数字蜂窝移动通信标准的谅解备忘录（Memorandum of Understanding，MoU）。1987 年 5 月，GSM 成员国就数字系统采用窄带时分多址 TDMA、规则脉冲激励线性预测 RPE-LTP 话音编码和高斯滤波最小移频键控 GMSK 调制方式达成一致意见。与此同时，还成立了 MoU 组织，致力于 GSM 标准的发展。

随着设备的开发和数字蜂窝移动通信网的建立，GSM 逐步成为欧洲数字蜂窝移动通信系统的代名词。后来，欧洲的专家们将 GSM 重新命名为“Global System for Mobile Communications”，即“全球移动通信系统”的简称。

2. GPRS 的发展及演进

GPRS（General Packet Radio Service，通用分组无线业务）是在现有的 GSM 移动通信系统基础上发展起来的一种移动分组数据业务。GPRS 通过在 GSM 数字移动通信网络中引入分组交换的功能实体，以完成用分组方式进行的数据传输。GPRS 系统可以看作是对原有的 GSM 电路交换系统的基础上进行的业务扩充，以支持移动用户利用分组数据移动终端接入 Internet 或其他分组数据网络的需求。

以 GSM、CDMA 为主的数字蜂窝移动通信和以 Internet 为主的分组数据通信是目前信息领域增长最为迅猛的两大产业，正呈现出相互融合的趋势。GPRS 可以看作是移动通信和分组数据通信融合的第一步。

移动通信在目前的话音业务继续保持发展的同时，对 IP 和高速数据业务的支持已经成为第二代移动通信系统演进的方向，而且也将成为第三代移动通信系统的主要业务特征。

GPRS 包含丰富的数据业务，如 PTP：点对点数据业务；PTM-M：点对多点广播数据业务；PTM-G：点对多点群呼数据业务；IP-M：广播业务。这些业务已具有了一定的调度功能，再加上 GSM-phase 2^{+} 中定义的话音广播及话音组呼业务，GPRS 已能完成一些调度功能。

GPRS 主要的应用领域可以是 E-mail 电子邮件、WWW 浏览、WAP 业务、电子商务、信息查询、远程监控等。

GSM-GPRS 通过在原 GSM 网络基础上增加一系列的功能实体来完成分组数据功能，新增功能实体组成 GSM-GPRS 网络（见图 2-1-8），作为独立的网络实体对 GSM 数据进行旁路，完成 GPRS 业务，原 GSM 网络则完成话音功能，尽量减少了对 GSM 网络的改动。GPRS 网络与 GSM 原网络通过一系列的接口协议共同完成对移动台的移动管理功能。

GPRS 新增了如下功能实体：服务 GPRS 支持节点 SGSN，网关 GPRS 支持节点 GGSN，点对多点数据服务中心等，及一系列原有功能实体的软件功能的增强。GPRS 大规模借鉴及使用了数据通信技术及产品，包括帧中继、TCP/IP、X.25、X.75、路由器、接入网服务器、防火墙等。

GPRS 最早在 1993 年提出，1997 年出台了第一阶段的协议，到目前为止 GPRS 协议

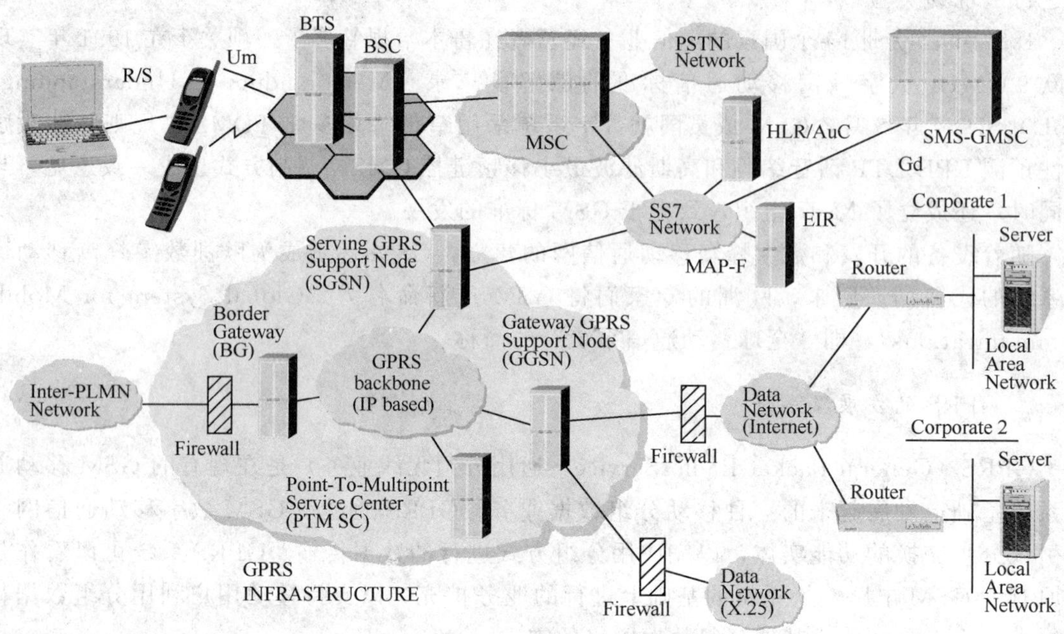

图 2-1-8　GSM-GPRS 网络图

还在不断更新。GPRS 协议除包含新出台的协议外，还对原有的一些协议进行了较多的修改。

计划与实施建议

1. 到运营商服务网点询问相关工作人员，了解目前 GSM 移动通信网络运营的基本情况。

2. 上网收集有关市场上的 GSM 系统的厂商及产品信息。

3. 到图书馆或上网查询 GSM 结构原理、频率规划等资料。

4. 指导学生制作一个 GSM 网络系统结构图，在实验台上搭建 GSM 网络。

5. 在条件许可时，带学生参观运营商机房，具体观察网络组成部分及功能。

检查与评价点

1. 检查有关 GSM 移动通信系统网络原理资料的准备情况。

2. 检查各小组设计的 GSM 网络系统结构图，请学生解释说明 GSM 系统之间是如何连接的。

3. 分组实验搭建 GSM 网络，对每组搭建的网络情况进行评估。

4. 让学生分组阐述 GSM 网络原理与结构，对每组表现进行评价。

试一试

1. 目前我国的哪些运营商在运营 GSM 移动网络？

2. GSM 是＿＿＿＿＿＿＿＿＿＿＿＿＿＿＿＿的英文缩写。

3. GSM 移动通信系统主要有＿＿＿＿、＿＿＿＿、＿＿＿＿、＿＿＿＿、＿＿＿＿等网元。

4. BSS 主要包括＿＿＿＿和＿＿＿＿两部分。

5. GSM 系统的接口类型主要有＿＿＿＿、＿＿＿＿、＿＿＿＿。

6. 一个 GSM 系统可由四个子系统组成，即＿＿＿＿、＿＿＿＿、＿＿＿和＿＿＿＿。

7. ＿＿＿＿是将拥塞的小区分成更小小区的方法，每个新小区都有自己的＿＿＿＿并相应地降低天线高度和减小发射机功率。

任务 2.2　GSM 系统的接口和信道配置

任务描述

本任务是在前面章节搭建 GSM 网络示例的基础上，进一步了解和掌握 GSM 系统结构中的各种接口类型和信道配置情况。在对指定网元接口的介绍和观察后，分组讨论某一个场景所用到的所有空中接口和 GSM 的信道类型，画出时隙结构图并说明跳频模式。

任务目标

本任务旨在通过对网元接口的介绍和观察，进而完成时隙结构图和空中接口的讨论。通过画时隙结构图，使学生更好地掌握 GSM 信道类型、特点、配置以及跳频技术的特点与应用；通过对指定网元的接口的阐述和讨论，使学生更好地理解和掌握 GSM 系统的各种接口类型及特点，如基站与手机之间的无线接口——Um 接口、基站收发信机与基站控制器之间的接口——Abis 接口、基站与移动业务交换中心之间的接口——A 接口、移动业务交换中心与公众网之间的接口——ISUP 和 TUP 接口等。

相关知识

内　容	获取方式
1. GSM 网络各个网元的不同接口的名称和作用？	• 上图书馆查阅资料 • 上网收集信息
2. GSM 的 Um 接口的协议分层？	
3. GSM 的 Abis 接口的概念？	
4. GSM 的物理信道和逻辑信道的概念？	
5. GSM 移动通信系统的跳频技术？	

2.2.1 GSM系统的接口

在本单元的任务二中，我们了解了组成GSM移动通信网络的各种网元设备。在工程上建设GSM网络时，主要涉及两方面工作：第一，设备的硬件安装，将这些设备安装到位，再选用传输介质，以相应的传输方式将各网元设备连接起来；第二，设备的软件安装及调试（简称“软调”），将设备各单板所需的软件安装，并配置网络中各网元及其之间的参数等。

进行设备的硬件安装，必须熟悉其接口。比如设备接口的类型是什么样的？设备接口所能承载的信息的格式是如何定义的？等等。

GSM系统的接口是指GSM网络中的两个实体（网元设备）之间的连接。两个实体之间要建立连接，必须事先对双方之间交换信息的格式进行约定。只有当双方之间交换信息的格式符合约定时，两个实体之间就能够实现通信。这个“约定”其实就是设备之间通信的“协议”，就是设备之间通信的“信息的格式”。不同的实体之间的连接接口不同，协议也有所不同。图2-2-1是GSM移动通信系统接口图，下面来分别介绍GSM系统各种接口的名称和特征。

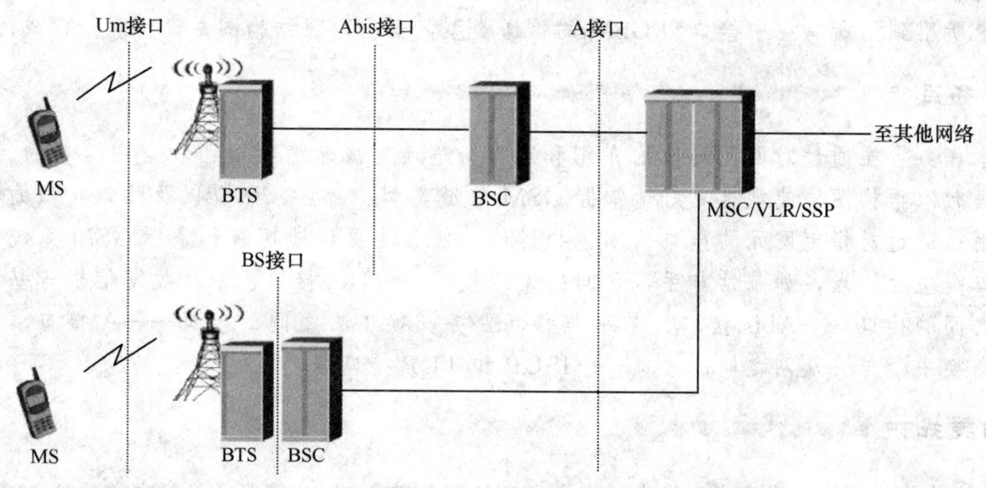

图2-2-1　GSM移动通信系统接口图

1. 基站与手机之间的无线接口——Um接口

在GSM系统中，移动台通过无线通道与网络的固定部分相连，使用户可以接入网中，从而得到通信服务。移动台（MS）和基站（BS）设备的研制开发是允许分别进行的。为了实现它们的互联，对无线通道上信号的传输必须做出一系列规定，建立一套标准。这套关于无线通道信号传输的规范就是所谓的无线接口，即Um接口，如图2-2-2所示。

图2-2-2　GSM系统的无线接口

Um 接口是移动台（MS）与基站（BS）之间的无线接口。很明显，Um 接口实现了 MS 到 GSM 系统固定部分（BS）的物理链接，即无线链路。因此，Um 接口通常也称为“空中接口”。

在所有 GSM 系统接口中，Um 接口是最重要的。首先，只有完善的无线接口才能保障各种制造商的手机能与不同运营商的网络兼容，这样手机才能实现漫游。其次，频谱效率是一个关键的经济因素，而它又完全由无线接口上的传输决定。

Um 接口还负责传递无线资源管理、移动性管理和接续管理等信息。根据 GSM 移动通信系统接口协议，GSM 的无线接口采用开放系统互连（Open System Interconnection，OSI）参考模型的概念来规定其协议模型，如图 2-2-3 所示，可以把 Um 接口分成三层来分析。

第三层(L3)
数据链路层(L2)
物理层(L1)

图 2-2-3　无线接口的分层结构

第一层是物理层，此层为无线接口最底层，提供无线链路的传输通道，为高层提供不同功能的逻辑信道，包括业务信道和逻辑信道。其连接内容包括以下几部分。

1）工作频段：890～915MHz（移动台发），935～960MHz（基地台发）。

2）射频载波：124 个。

3）载波间隔：200kHz。

4）多址方式：TDMA。

5）基本帧：8 时隙/每载波。

6）信道速率：270.83kb/s，码元宽度 3.7μs。

7）每时隙信道比特率：22.8kb/s。

8）调制方式：GMSK；调制指数：0.30。

9）分集方式：每秒跳频 217 次，交错信道编码，自适应均衡等。

第二层是数据链路层，为中间层，记为 LAPDm。此层为 MS 和 BTS 之间提供了可靠的专用数据链路，是基于 ISDN 的 D 信道链路接入协议（LAPD），但加入了一些移动应用方面的 GSM 特有的协议，故称之为 LAPDm 协议。

第三层为最高层，记为 L3。此层主要是负责控制和管理的协议层，把用户和系统控制过程的信息按一定的协议分组安排到指定的逻辑信道上。它包括了无线资源管理（Radio Resourse Management，RRM）、移动特性管理（Mobility Management，MM）和呼叫管理（Call Management，CM）三个子层。

小贴士

在这里需要分清接口和协议的区别。接口是两个相邻实体或网元之间的连接点，而协议是说明连接点上交换信息的规则。按照 OSI 的概念，把协议按其功能分为不同的层面，最底层为传输层或物理层，第二层为链路层或称网络层，第三层以上统称为应用层，每一层都有自己的协议和规定。

在 GSM 网络各接口间，主要采用七号信令网络传递各种资源管理、移动性管理和呼叫控制信息。在 GPRS 网络中加入了 TCP/IP 协议。

2. 基站收发信机与基站控制器之间的接口——Abis 接口

Abis 接口实际上是基站控制器（BSC）与基站（BTS）之间的无线接口。这个接口对于用户来说太重要了，因为它支持所有向用户提供的服务，着重负责对 BTS 无线设备的控制和分配的无线资源管理。

Abis 接口在实际中的物理链接是通过标准 2.048Mb/s 或 64kb/s 的 PCM 数字传输链路来实现的。GSM 协议没有对 Abis 接口结构作定义，而是由各厂商自己决定。

Abis 接口由下述特性所规定：

1）物理和电气参数。

2）信道结构。

3）信令传输程序。

4）配置和控制程序。

5）操作与维护信息支持。

3. 基站与移动业务交换中心之间的接口——A 接口

A 接口是基站控制器（BSC）与移动交换中心（MSC）之间的接口，所传递的信息主要是基站管理、呼叫处理和移动性管理，当然还有具体通信信息。它是 GSM 中重要的接口之一，其兼容性对打破市场垄断有重要意义。

A 接口可用下述特性来规定：

1）物理和电气参数。

2）信道结构。

3）网络操作过程。

4）操作与维护信息支持。

4. 移动业务交换中心与公众网之间的接口——ISUP 和 TUP 接口

ISUP 接口是 7 号信令系统的综合业务用户部分，简单地说，是控制话音业务（如电话）和非话音业务（如电路交换数据通信）所必需的信令消息、功能和过程，负责综合业务数字网中电路交换业务控制。

TUP 接口是 7 号信令系统的电话用户部分，它管理电话业务中呼叫控制所需的信令程序以及实现这些信令程序所需的消息和消息格式。

所以，这两个接口的存在才使得移动交换中心（MSC）可以分别与公众电话交换网（PSTN）和综合业务数字网（Integrated Services Digital Network，ISDN）配接。因此，GSM 系统才有广泛的联网能力。

小贴士

由于GSM发展的历史原因和厂家之间的兼容性问题，接口之间存在着是否标准化的情况（见表2-2-1），其中无线接口的标准化是最重要的问题。无线接口可以兼容各个厂家的移动台和不同经营者网络，这也是GSM的主要目标之一。

表2-2-1　GSM系统接口之间标准化情况

接口	特点	标准化
Um接口	支持TDMA和FDMA帧结构	完全标准化
Abis接口	支持2.048Mb/s及1.544Mb/s	部分标准化
A接口	1Ts=4信道	完全标准化
PSTN接口	—	各国相互独立，但有一定的互联互通能力

GSM网络接口中，除了Abis和空中接口之外，都采用了7号信令。7号信令网作为电信网的支撑网，这一点在GSM系统中体现的极为明显。

2.2.2 GSM系统的信道

如果问与我们生活息息相关的水是如何传输的？你一定会毫不犹豫地说，当然是通过水管。与之相似，在GSM系统中，信息的传递也有特殊的通道，在这个通道中，信号可以以一定的形式稳定地传输，这就是信道。正是因为有了信道，各种通话话音、文字图片、控制信令等才能有效地进行传输。

狭义的信道指的是发送设备和接收设备之间用以传输信号的传输媒质；而广义的信道，除了包括传输媒质之外，还可以包括发送和接收端的有关部件和电路。

有线信道和无线信道是按照传输媒质的性质给信道分类的。有线信道指的是具有物理上实际存在的传输线路，如架空明线、同轴电缆等；无线信道不具有实际的传输线路，一般指的是通过自由空间、大气层等进行传输的情况。

GSM系统中既包含有线信道，又包含无线信道。一般来讲，手机与基站之间的通信信道属于无线信道；而基站与网络交换子系统之间以及网络交换子系统内部的通信信道多数属于有线信道，如光缆。在个别情况下，基站与网络交换子系统之间也可采用无线信道传输，如微波。

接下来介绍物理信道和逻辑信道。

在不同的体制中，信道又可以体现为不同的形式。GSM系统采用的就是TDMA体制，因为GSM的1个TDMA的载频中包含8个时隙，因而1个载频对应8个信道（依次称为信道0、信道1、……、信道7）。这种形式的信道称为物理信道。

与物理信道相对应的还有逻辑信道。GSM中的逻辑信道是根据基站收发信台与移动台之间传输的信息种类的不同而定义的。这些逻辑信道在传输过程中都要被放到相应的物理信道上去，这称为映射。另外，从基站收发信台到移动台方向的信道称为下行信道或称信道的下行链路，反之则称为上行信道或信道的上行链路。

根据信息种类的不同，逻辑信道大体可分为两类：业务信道和控制信道。逻辑信道的详细划分如图 2-2-4 所示。下面来着重介绍一下逻辑信道。

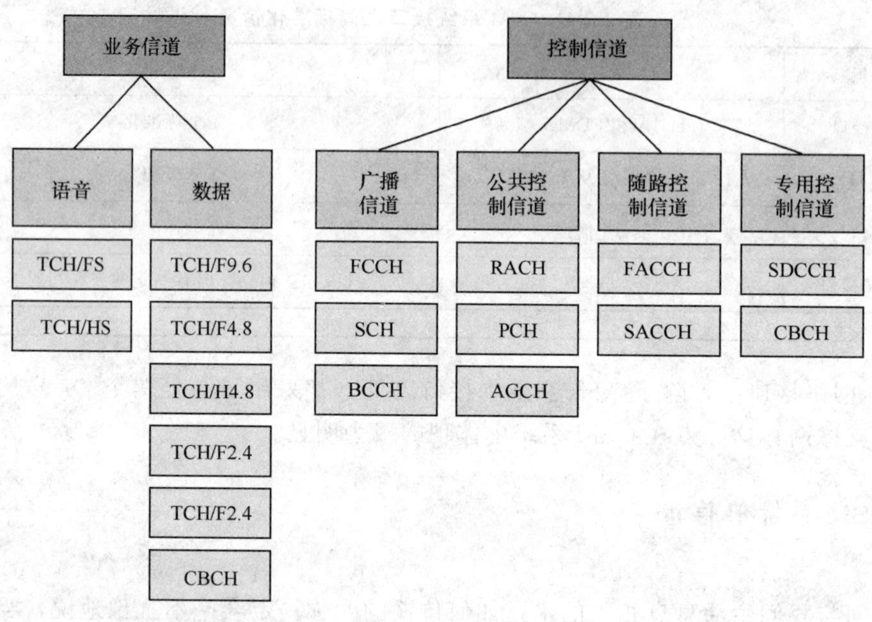

图 2-2-4　GSM 移动通信系统信道分类

1. 业务信道

业务信道（Traffic Channel，TCH）比较易于理解，主要用于传输客户的话音和数据，不过这些都经过编码及加密的处理，其次还传输少量的随路控制信令。业务信道采用的是点对点的传输方式，即一个基站对一个手机的下行信道，或是一个手机对一个基站的上行信道。

根据传输速率不同，业务信道有全速率业务信道（TCH/F）和半速率业务信道（TCH/H）之分。半速率业务信道所用时隙是全速率业务信道所用时隙的一半。目前使用的是全速率业务信道，将来采用低比特率语音编码器后可使用半速率业务信道，从而可以在信道传输速率不变的情况下，使时隙的数目加倍。

根据传输业务不同，业务信道可分为话音业务信道和数据业务信道两种。

(1) 话音业务信道

TCH 语音业务信道图如图 2-2-5 所示，载有编码话音的业务信道分为全速率话音业务信道（TCH/FS）和半速率话音业务信道（TCH/HS），两者的总速率分别为 22.8kb/s 和 11.4kb/s。

对于全速率语音编码，话音帧长度为 20ms，每帧含有 260bit 的话音信息，提供净速率为 13kb/s。

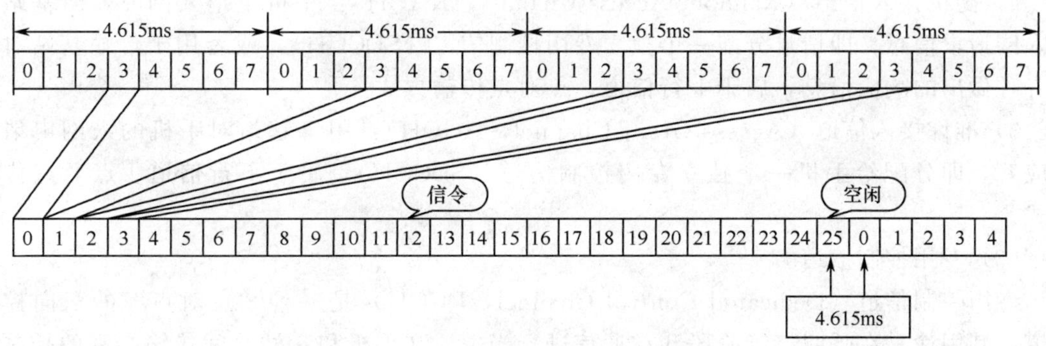

图 2-2-5 TCH 语音业务信道图

(2) 数据业务信道

在全速率或半速率信道上，通过不同的速率适配和信道编码，用户可以选用下列各种不同的数据业务：

1) 9.6kb/s，全速率数据业务信道（TCH/F9.6）。

2) 4.8kb/s，全速率数据业务信道（TCH/F4.8）。

3) 4.8kb/s，半速率数据业务信道（TCH/H4.8）。

4) ≤2.4kb/s，全速率数据业务信道（TCH/F2.4）。

5) ≤2.4kb/s，半速率数据业务信道（TCH/H2.4）。

此外，在业务信道中还可以设置慢速辅助控制信道或快速辅助控制信道。

2. 控制信道

(1) 广播控制信道

广播控制信道（Broadcast Control Channel，BCH）是一种“一点对多点”的单方向控制信道，用于基站向所有移动台广播公用信息。传输的内容是手机入网和呼叫建立所需要的各种信息。其中又分为：

1) 频率校正信道（Frequency Correction Channel，FCCH）：传输供手机校正其工作频率的信息，手机的工作必须要在特定的频率上进行。

2) 同步信道（Synchronous Channel，SCH）：传输供手机进行帧同步的信息（即 TDMA 帧号）和对基站的收发信台进行识别的信息（即 BTS 的识别码 BSIC）。

3) 广播控制信道（Broadcast Control Channel，BCCH）：传输系统共用的控制信息，用于手机测量信号强度和识别小区标志等。

(2) 公共控制信道

公共控制信道（Common Control Channel，CCCH）是一种“一点对多点”的双向控制信道，其用途是在呼叫接续阶段，传输链路连接所需要的控制信令与信息。其中又分为：

1) 寻呼信道（Paging Channel，PCH）：传输基站寻呼手机的信息，属于下行信道、点对多点传输方式。

2）随机接入信道（Random Access Channel，RACH）：手机申请入网时，向基站发送入网请求信息，即请求分配一个独立专用控制信道（SDCCH），或者用于传输基站对它的寻呼做出的响应信息，属于上行信道、点对点传输方式。

3）准许接入信道（Access Grant Channel，AGCH）：用于基站对手机的入网申请作出应答，即分配给手机一个独立专用控制信道（SDCCH），属于下行信道、点对点传输方式。

（3）专用控制信道

专用控制信道（Dedicated Control Channel，DCCH）是一种“点对点”的双向控制信道，其用途是在呼叫接续阶段和在通信进行当中，在手机和基站之间传输必需的控制信息。其中又分为：

1）独立专用控制信道（Stand-alone Dedicated Control Channel，SDCCH）：传输手机和基站的连接和信道分配的信令。

2）慢速辅助控制信道（Slow Associated Control Channel，SACCH）：在手机和基站之间，周期地传输一些特定的信息，如功率调整、帧调整和测量数据等信息；SACCH 是安排在业务信道和有关的控制信道中，以复接方式传输信息。安排在业务信道时，以 SACCH/T 表示，安排在控制信道时，以 SACCH/C 表示，SACCH 常与 SDCCH 联合使用。

3）快速辅助控制信道（Fast Associated Control Channel，FACCH）：传送与 SDCCH 相同的信息。使用时要中断业务信息（4 帧），把 FACCH 插入，不过，只有在没有分配 SDCCH 的情况下，才使用这种控制信道。这种控制信道的传输速率较快，每次占用 4 帧时间，约 18.5ms。

由此可见，GSM 通信系统为了传输所需的各种信令，设置了多种专门的控制信道。这样做，除因为数字传输为设置多个逻辑信道提供了可能外，主要是为了增强系统的控制功能（比如为提高过境切换的速度而采用手机辅助切换技术），也为了保证话音通信质量，在模拟蜂窝系统中，要在通话进行过程中，进行控制信息的传输，必须中断话音信息的传输（100ms），这就是所谓的“中断-猝发”的控制方式。信道中断 100ms，会使话音产生可以听得到的喀喇声。如果这种中断过于频繁，势必明显地降低话音质量，因此，模拟蜂窝系统必须限制在通话过程中传输控制信息的容量。与此不同，GSM 数字蜂窝系统采用专用控制信道传输控制信息，除去 FACCH 外，不在通信过程中中断话音信息，因而能保证话音的传输质量。其中，FACCH 虽然也采取“中断-猝发”控制方式，但是只在特定场合下才使用，而且占用的时间短（18.5ms），其影响明显减小。GSM 蜂窝系统还采用信息处理技术，来估计并补偿这种因为插入 FACCH 而被删除的话音。

3. 信道组合

在实际 GSM 移动通信系统应用中，总是将不同类型的逻辑信道映射到同一物理信道上，称为信道组合。以下为 GSM 系统的 9 种信道组合类型。

1）全速率业务信道 TCHFull：TCH/F＋FACCH/F＋SACCH/TF。

2）半速率业务信道 TCHHalf：TCH/H(0，1)＋FACCH/H(0，1)＋SACCH/TH(0，1)。

3）半速率1业务信道 TCHHalf2：TCH/H(0，0)＋FACCH/H(0，1)＋SACCH/TH(0，1)＋TCH/H(1，1)。

4）独立专用控制信道 SDCCH：SDCCH/8(0，…，7)＋SACCH/C8(0，…，7)。

5）主广播控制信道 MainBCCH：FCCH＋SCH＋BCCH＋CCCH。

6）组合广播控制信道 BCCHCombined：FCCH＋SCH＋BCCH＋CCCH＋SDCCH/4(0，…，3)＋SACCH/C4(0，…，3)。

7）广播信道 BCH：FCCH＋SCH＋BCCH。

8）小区广播信道 BCCHwithCBCH：FCCH＋SCH＋BCCH＋CCCH＋SDCCH/4(0，…，3)＋SACCH/C4(0，…，3)＋CBCH。

9）慢速专用控制信道 SDCCHwithCBCH：SDCCH＋SACCH＋CBCH。

以上信道组合中，CCCH＝PCH＋RACH＋AGCH。CBCH 只有下行信道，携带小区广播信息，和 SDCCH 使用相同的物理信道。

每个小区广播一个 FCCH 和一个 SCH。其基本组合在下行方向包括一个 FCCH、一个 SCH、一个 BCCH 和一个 CCCH（PCH＋AGCH），严格地分配到小区配置的 BCCH 载频的 TN0 位置上，对于半速率语音信道组合，每个时隙有两条半速率子信道和相应的 SACCH 信道。半速率语音信道结构示意图如图 2-2-6 所示。

26帧

H0	H1	H0	H1	H0	H1	H0	H1	H0	H1	H0	H1	S0	H0	H1	H0	H1	H0	H1	H0	H1	H0	H1	H0	H1	S1

图 2-2-6 半速率语音信道结构示意图

4. 逻辑信道和物理信道的映射

GSM 系统的逻辑信道数明显超过了 GSM 一个载频所提供的 8 个物理信道，因此要想给每个逻辑信道都配置一个物理信道，一个载频所提供的 8 个物理信道是不够的，需要再增加载频。这样并不是一种高效率的通信。解决上述问题的基本方法是，将公共控制信道复用，即在一个或两个物理信道上复用公共控制信道。

5. GSM 移动通信系统的跳频技术

在抗干扰技术中，我们提到了跳频技术，它是非常有效的抗干扰措施之一。在这里我们对 GSM 移动通信系统的跳频技术作详细介绍。

在 GSM 标准中采用慢跳频技术。每秒 217 跳，每跳周期为 1200bit。GSM 系统中的跳频分为基带跳频和射频跳频两种。

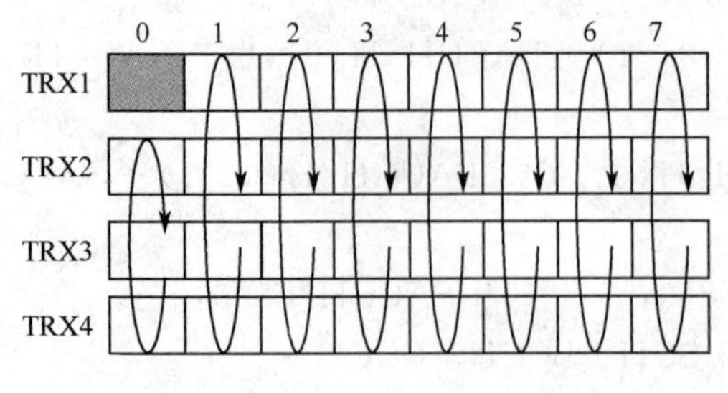

图 2-2-7 基带跳频原理

基带跳频的原理是将话音信号随着时间的变换使用不同频率发射机发射，其原理如图 2-2-7 所示。

由图 2-2-7 可见，基带跳频中可供跳频的频率数 N（hop）≤基站载频数 N（TRX）。基带跳频适用于合路器采用空腔耦合器的基站，由于这种空腔耦合器的谐振腔无法快速改变发射频率，故基站无法靠改变载频频率的方法实现跳频。实施的方框图如图 2-2-8 所示，其中，收发信机负责无线信号的接收与发送，基带处理单元进行信道的处理。

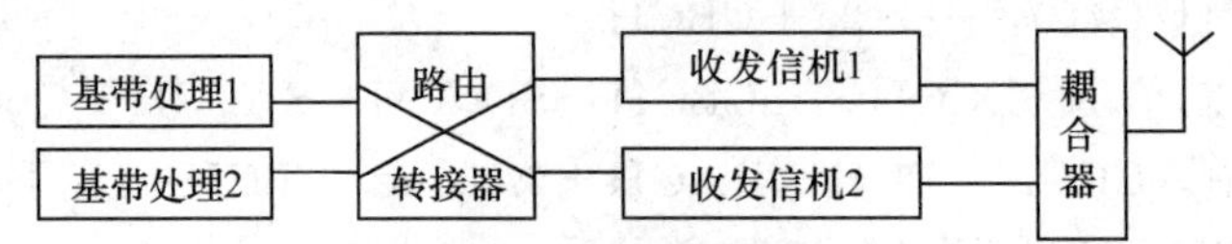

图 2-2-8 基带跳频实施框图

为了实现基带跳频，如图 2-2-8 所示，收发信机与基带处理单元之间的连接由路由转接器来控制，在用户通信过程中，要求无论移动台通信频率如何变化，负责处理用户链路的基带处理单元要保持不变，而基带跳频中所有收发信机的频率也不变。那么，怎样才能确保跳频实现呢？其实只要在路由转接器中根据预先设定的跳频方式来改变收发信机与基带处理单元之间的连接，就能保证该基带处理单元与用户之间的通信链路始终保持畅通。由此可见，由于频率变换的范围仅限于基站所拥有的收发信机的个数，故跳频的频率数 N（hop）≤基站载频数 N（TRX）。

射频跳频是将话音信号用固定的发射机，由跳频序列控制，采用不同频率发射，原理图如图 2-2-9 所示。射频跳频为每个时隙内的用户均跳频（TRX1 因为是 BCCH 信道所在的载频，故不跳频），可供跳频的频率数 N（hop）不受基站载频数 N（TRX）的限制，GSM 规范规定每个小区最多可有 64 个频率供跳频。

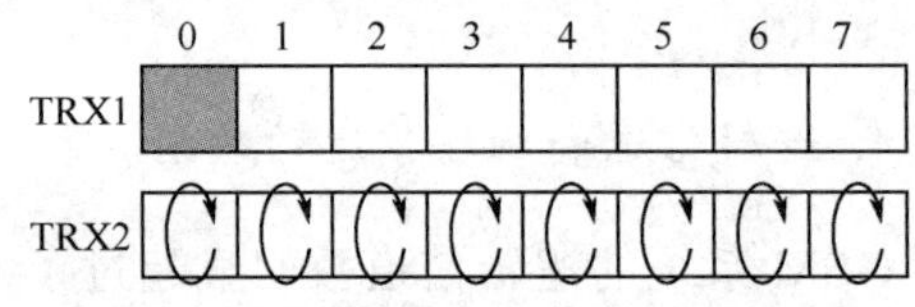

图 2-2-9 射频跳频原理图

射频跳频适用于合路器采用宽带耦合器的基站，由于这种宽带耦合器与发射器频率的变化无关，故在跳频时载频与手机根据预设的跳频序列同步改变频率，从而保证通信链路的畅通。为了满足频率变换的速率，这种基站的载频一般均采用双频率合成器的硬件结构实现，故射频跳频又称为合成器跳频。

计划与实施建议

1. 到图书馆或上网查询有关 GSM 接口和信道的资料。

2. 指导学生动手制作 GSM 移动通信系统网元连接图并标明相应接口。

3. 根据所制作的网元连接图分别描述 Um、A、Abis 接口作用。

4. 要求学生对于信道分类进行简述，并画出 TCH（语音业务）时隙图。

5. 带领学生对移动通信系统实训室参观，并分组参观讲解实际接口。

检查与评价点

1. 检查相关资料的准备情况。

2. 检查学生制作的 GSM 移动通信系统网元连接图。

3. 检查学生对 GSM 移动通信系统结构图中 Um、A、Abis 接口作用和相关协议的描述。

4. 检查学生所画 TCH（语音业务）时隙图。

5. 组织学生分组讨论某一个场景所用到的所有空中接口和 GSM 的信道类型，并对讨论情况进行评价。

试一试

1. GSM 移动通信系统的接口类型有________、________、________、________、________。

2. 业务信道可分为________和________信道两种。

3. 根据信息种类的不同，逻辑信道大体可分为两类：________和________。

4. 全速率语音编码，话音帧长度为________，每帧含有________的话音信息，提供净速率为________。

5. 在 GSM 标准中采用慢跳频技术。每秒________跳，每跳周期为________比特。

6. GSM 系统中的跳频分为________和________两种。

7. 广播控制信道是一种“一点对多点”的单方向控制信道，用于基站向所有移动台广播公用信息。传输的内容是手机入网和呼叫建立所需要的各种信息。其中又分为________、________、________。

任务 2.3　实现 GSM 信息的传送

任务描述

前面我们已经充分了解，GSM 系统接口和信道配置知识，本任务从 GSM 信息传输特点、信息编码、加密与调制入手，要求学生画图展示 GSM 移动通信网络无线帧结构的五种类型，即时隙、TDMA 帧、复帧、超帧和超高帧；要求学生对常用调制解调技术进行阐述。带领学生完成一项实训室模拟移动系统实验工程，实现数据和话音业务通信功能。

任务目标

本任务旨在让学生了解 GSM 系统的信息传送，掌握常用调制解调技术。通过完成一项实际实训室模拟移动系统工程，实现数据和话音业务通信功能。进一步熟悉 GSM 移动通信网络的语音编号、信道编码、交织方式、加密与解密、GSM 调制与解调、GSM 系统空中接口的主要参数及 GSM 系统的无线帧。

相关知识

内　容	获取方式
1. GSM 移动通信系统是如何进行信息处理与传输的？	• 上图书馆查阅资料 • 上网收集信息
2. GSM 无线帧的类型。	
3. GSM 的语音编码技术。	
4. GSM 信息交织方式。	
5. GSM 的调制——GMSK 调制。	

2.3.1 GSM 信息处理与传输

在之前的任务中已经了解了如何进行 GSM 移动通信网络的规划勘察、组成 GSM 网络的相关网元设备及其连接。那么，GSM 移动通信网络建成后，网络信息又是如何处理和传输的呢？

对于所有的移动通信系统来说，都具有一个共同特征，即在无线环境中传送用户业务。然而，与传统的有线通信不同，无线环境的通信条件十分恶劣，有大量的电磁干扰存在，此外还有各种环境因素导致信号衰落，如果一个移动通信系统无法解决这些问题，就无法提供使用户满意的通信质量。为了提高 GSM 移动通信系统无线信号传输中的抗衰减和抗干扰的能力，GSM 采用了一系列的编码、交织与调制等措施对语音信号进行处理。图 2-3-1 为 GSM 语音处理和传输的全过程。

从图 2-3-1 可见，GSM 系统语音信号处理和传输的过程如下。

首先，话音信号通过一个模/数转换器，实际上是经过 8kHz 抽样，量化后每 125μs（即每个抽样）含有 13bit 的码流；每 20ms 为一段，则每段包含 2080bit；再经语音压缩编码，此编码方式为规则脉冲激励-长期预测编码（RPE-LTP），其处理过程是先调整每 20ms 为一帧，每帧长为 4 个子帧，每个子帧长 5ms，进行 8kHz 抽样，编码后纯数码率降低为 13kb/s，每段（20ms）包含 260bit，从而构成一个具有确定长度（260bit，13kb/s 的声码块）的数字信号序列。

接着，在信道编码中，人为地按一定规则加进非信息数字序列，以构成一个一个的编码序列（22.8kb/s，每 20ms 包含 456bit）；再经过码字交织，突发脉冲格式化和加密后变

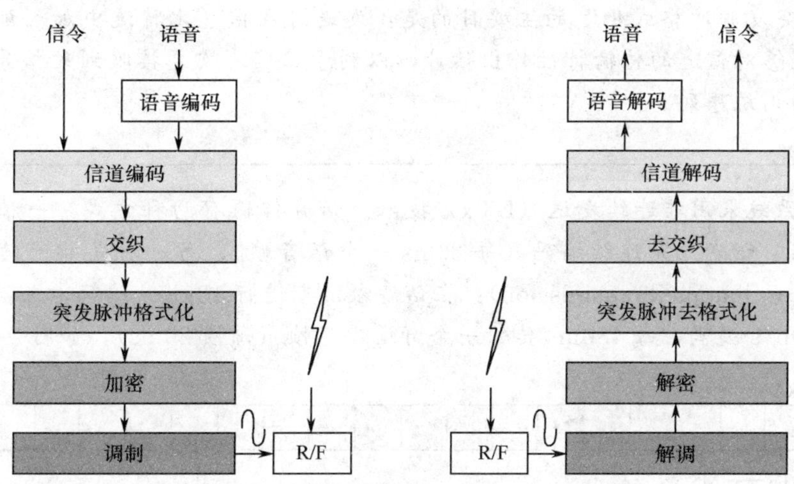

图 2-3-1　GSM 语音处理和传输过程

为 33.8kb/s 的码流；然后再经调制器变换为适合无线信道传输的信号（270kb/s）发送出去。

接收端的处理过程相反。经无线传输后，在接收端经解调器判决输出的数字序列称为接收序列，再经过信道解码器与语音译码器，将接收序列还原为客户需要的话音信号。这个过程对于其他用户数据或信令也是一样的。主要流程的具体描述如图 2-3-2 所示。

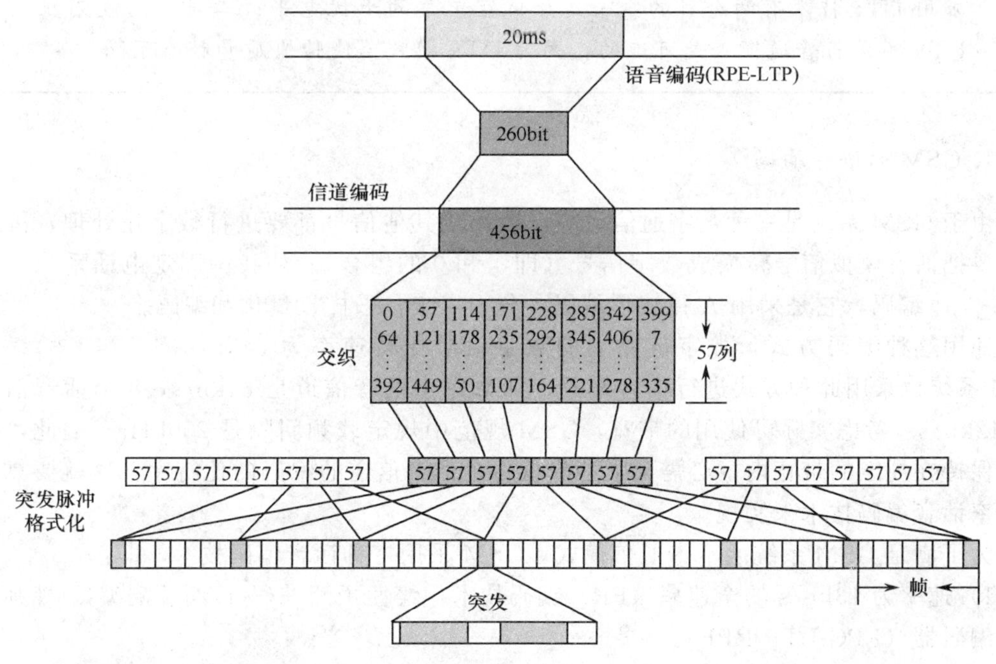

图 2-3-2　语音处理主要流程

注意：“突发脉冲格式化”的主要目的是：发送时在信息比特流中加入训练序列，从而使接收端能够对信道的传输特性作出估计，以利于正确地恢复接收到的信号。接收时去除信息流中的训练序列。

小贴士

GSM 系统采用非连续发送（DTx）技术。话音传输有两种方式：一种是无论用户是否讲话，话音总是连续编码（每 20ms 一个话音帧）；另一种是非连续发送方式 DTx（Discontinuous Transmission）：在话音激活期进行 13kb/s 编码，在话音非激活期进行 500b/s 编码，每 480ms 传输一个舒适噪声帧（每帧 20ms），如图 2-3-3 所示。

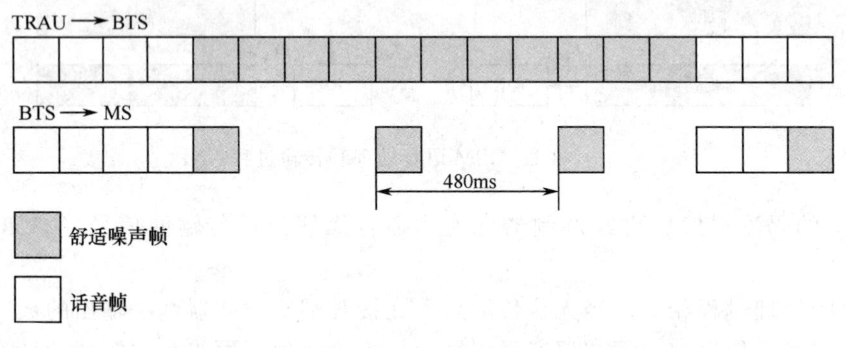

图 2-3-3　非连续发送

采用 DTx 技术有两个目的：一是降低空中总的干扰电平；二是节约发射机的功率。DTx 模式与普通模式是可选的，因为 DTx 模式会使传输质量稍有下降。

1. GSM 的语音编码

由于 GSM 系统是一种数字通信系统，话音或其他信号都要进行数字化处理，因而第一步要把话音模拟信号转换成数字信号（即 1 和 0 的组合）。如我国固定电话系统采用的 PCM-A 律编码，它是采用 A 律波形编码，分为三步：采样、量化和编码。

使用这种编码方式，数字链路上的数字信号比特速率为 64kb/s(8kb/s×8)。如果 GSM 系统也采用此种方式进行话音编码，那么每个话音信道是 64kb/s，8 个话音信道就是 512kb/s。考虑实际可使用的带宽，GSM 规范中规定载频间隔是 200kHz。因此，要把它们保持在规定的带宽内，必需大大地降低每个话音信道的编码的比特率，这就要靠采用低速率话音编码技术来实现。

为了满足 GSM 系统的窄带通信模式，GSM 采用三种话音编码技术，即：

1）速率为 13kb/s 的全速率（FR）编码技术：线性预测编码-长期预测编码-规则脉冲激励编码器（LPC-LTP-RPE）。

2）速率为 12.2kb/s 的增强型全速率（EFR）编码技术：代数码激励-线性预测编码技术（ACELTP）。

3）速率为 6.5kb/s 的半速率（HR）矢量和激励线性预测编码技术编码方式

(VSELP)。

下面以最常用的 LPC-LTP-RPE 编码技术为例来了解 GSM 的语音编码技术。

LPC-LTP-RPE 编码技术是一种混合编码技术，它集成了波形编码与声源编码两项技术之长。波形编码器可精确地再现原来的话音波形，话音质量较高，但要求的比特速率相应的较高，在 12～16kb/s 的范围内会造成话音质量恶化，波形编码器硬件上更容易实现，不受时延影响。声源编码是将话音信息用特定的声源模型表示。声码器编码可以是很低的速率（可以低于 5kb/s），虽然不影响话音的可懂性，但话音质量听起来不自然，很难分辨是谁在讲话。因此，GSM 系统话音编码器是采用声码器和波形编码器的混合物——混合编码器，全称为线性预测编码-长期预测编码-规则脉冲激励编码器（LPC-LTP-RPE 编码器），如图 2-3-4 所示。LPC＋LTP 为声码器，RPE 为波形编码器，再通过复用器混合完成模拟话音信号的数字编码，每话音信道的编码速率为 13kb/s。

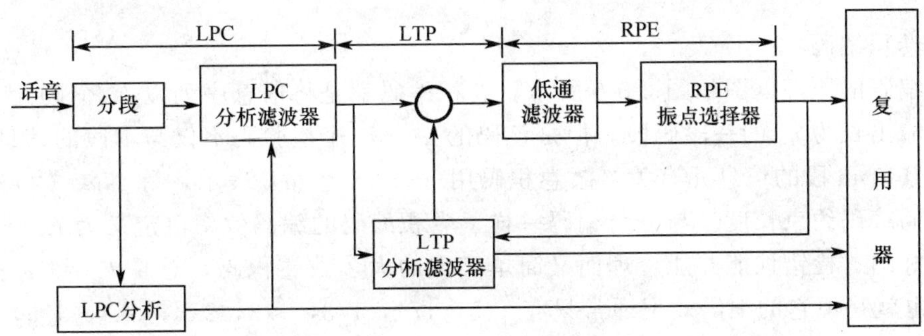

图 2-3-4　LPC-LTP-RPE 编码器结构

声码器的原理是模仿人类发音器官喉、嘴、舌的组合，将该组合看作一个滤波器，人发出的声音使声带振动就成为激励脉冲。当然，滤波器脉冲频率是在不断地变换，但在很短的时间（10～30ms）内观察它，则发音器官是没有变换的，因此声码器要做的事是将话音信号分成 20ms 的声码块（语音编码器以 20ms 为单位），然后分析这一时间段内所相应的滤波器的参数，并提取此时的脉冲串频率，输出其激励脉冲序列。相关的话音段是十分相似的，LTP 将当前段与前一段进行比较，相应的差值被低通滤波后进行一种波形编码。故：LPC＋LTP 参数：3.6kb/s；RPE 参数：9.4kb/s；因此，经压缩编码后话音编码器输出 260bit，比特速率是 13kb/s，即为每话音信道的编码速率。

2. GSM 信道编码

为了提高信号的抗扰能力，GSM 系统使用信道编码技术。信道编码能够检测并校正接收比特流中的差错。这是因为通过加入一些冗余校验比特，把几个比特上携带的信息扩散到更多的比特上。为此付出的代价是必须传送比该信息所需要的更多的比特，降低了有效传送速率，但可有效地减少差错率。

移动通信的传输信道属突变信道，它不仅会引起随机错误，而更主要的是造成突发错误。利用信道编码可以对整个通信系统进行差错控制。差错控制编码可以分为分组编码和卷积编码两类。

（1）分组编码

分组编码的原理框图如图 2-3-5 所示。分组编码是把信息序列以 k 个码元分组，通过编码器将每组的 k 元信息按一定规律产生 r 个多余码元（称为检验元或监督元），输出长 $n=k+r$ 的一个码组。因此，每个码组的 r 个检验元仅与本组的信息元有关而与别组无关。分组码用（n，k）表示，n 表示码长，k 表示信息位数目，$R=k/n$ 称为分组编码的效率，也称编码率或码率。

图 2-3-5　分组编码

（2）卷积编码

卷积编码的原理框图如图 2-3-6 所示。卷积编码就是将信息序列以 $k_{\circ}$ 个码元分段，通过编码器输出长为 $n_{\circ}$ 的一段码段。但是该码的 $n_{\circ}-k_{\circ}$ 个检验码不仅与本段的信息元有关，而且也与其前 m 段的信息元有关，故卷积码用（$n_{\circ}$，$k_{\circ}$，m）表示，称 $N_{\circ}=(2n+1)n_{\circ}$ 为卷积编码的编码约束长度。与分组编码一样，卷积编码的编码效率也定义为 $R=k_{\circ}/n_{\circ}$，对于具有良好纠、检错性能并能合理而又简单实现的大多数卷积码，总是 $k_{\circ}=1$ 或是 $(n_{\circ}-k_{\circ})=1$，也就是说它的编码效率通常只有 1/5，1/4，1/3，1/2，2/3，3/4，4/5，…

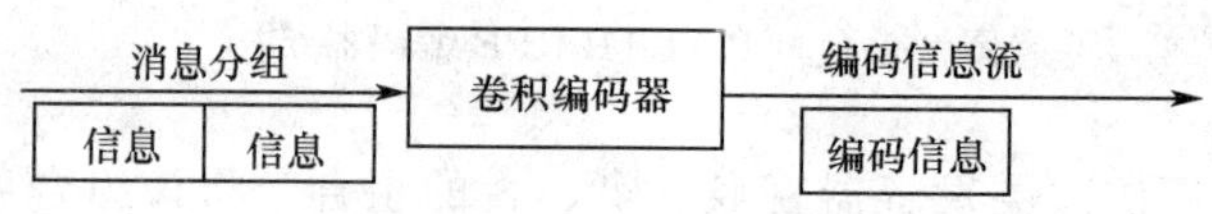

图 2-3-6　卷积编码

（3）GSM 语音信道编码

在 GSM 系统中，同时使用上述两种编码方法。首先对信息比特进行分组编码，构成一个“信息分组＋奇偶（检验）比特”的形式，然后对全部比特做卷积编码，从而形成编码比特。这两次编码适用于话音和数据这二者，但它们的编码方案略有差异。采用“两次”编码的好处是：在有差错时，能校正的校正（利用卷积编码特性），能检测的检测（利用分组编码特性）。具体流程如图 2-3-7 所示。

1）GSM 系统首先将话音信号分成 20ms 的语音段，这 20ms 的语音段通过话音编码器被数字化及进行话音编码后，产生 260 个比特流，并被分成：

① 50 个最重要比特（Class 1a）。

② 132 个次重要比特（Class 1b）。

③ 78 个不重要比特（Class 2）。

2）对上述 50 个最重要比特添加上 3 个奇偶检验比特（分组编码），其他 132 个次重要比特增加 4 个尾比特，对 78 个不重要比特不做处理。

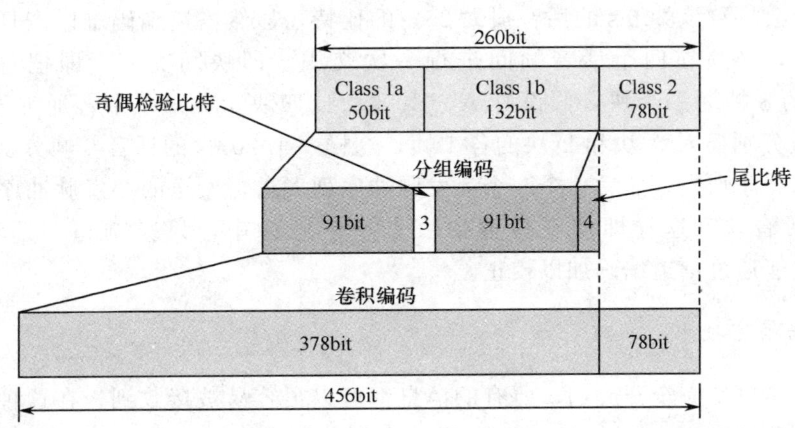

图 2-3-7　GSM 语音信道编码

3）这 53 个最重要比特同 132 个次重要比特与 4 个尾比特一起进行卷积编码，比率为 1∶2，因而得到 378 个比特，另外 78 个比特不予保护。最后得到 456 比特的声码块，其速率为 22.8kb/s，并分为 8 个 57 比特的数据块，用于组成突发脉冲序列。

小贴士

采用数字传输时，传送信号的质量常常用接收比特中有多少是正确的值来表示，并由此引出错误比特率（BER）概念。BER 为传送中错误比特数与总比特数之比，差错比特数目所占的比率要尽可能的小，一般要求小于 0.25%的差错率。然而，要把它减小到 0，那是不可能的，因为无线环境中存在大量的多径损耗，这就是说 GSM 系统必须允许收到的信息存在一定数量的差错率，但还必须能恢复出原信息，或至少能检测出差错，这对于数据传输来说特别重要，对话音来说只是质量降低。

3. GSM 系统采用的交织方式

在 GSM 系统的无线接口中，比特差错经常是成串发生的。然而，信道编码仅在检测和校正单个差错和不太长的差错串时才有效。为了解决这一问题，就要将误差进行分散，把码字的 b 个比特分散到 n 个突发脉冲序列中，以改变比特间的邻近关系。这样，在传输过程中即使发生了成串差错，恢复成一条相关比特串的消息时，差错也就变成单个（或长度很短）的差错，这时再用信道编码纠错功能纠正差错，就能恢复原消息。这种方法就是交织技术。

在 GSM 系统中，采用二次交织方法：第一次交织为内部交织；第二次交织为块间交织。

首先对信道编码后提取出的 456bit 的声码块进行第一次交织——内部交织，即将 456bit 被分为 8 组，由它们组成语音帧的 8 帧，每帧 57bits。

如果将同一组 20ms 话音的 2 组 57bits 插入到同一普通突发脉冲序列中，那么该突发脉冲串丢失则会导致该 20ms 的话音损失 25%的比特，显然信道编码难以恢复这么多丢失的比特。因此，必须在两个话音帧间进行一次交织，即块间交织。即把每 20ms 话音 456bits 分成的 8 帧为一个块，假设有 A、B、C、D 四块，在第一个普通突发脉冲串中，两个 57bits 组分别插入 A 块和 D 块的各 1 帧，这样一个 20ms 的话音 8 帧分别插入 8 个不同普通突发脉冲序列中，然后一个一个突发脉冲序列发送，发送的突发脉冲序列首尾相接处不是同一话音块，这样即使在传输中丢失一个脉冲串，只影响每一话音比特数的 12.5%，而这能通过信道编码加以校正。

4. 加密与解密技术

由于空中接口是完全开放的，所有的信息都可以很容易被接收到，在这种情况下，为了保证用户在通信过程中的内容不会泄露，所有的移动通信系统必须提供保密措施。在 GSM 系统中，采用了 GMSK 调制、交织、加密等方法来提供保密措施。其中，传输加密是最主要的保密措施。

传输加密技术一般利用特殊算法将加密码序列与信息数据混编在一起。从保密性角度来看，为了提高信息解密的难度，加密码序列应当是随机的，加密序列越长，就越难破解，保密性就越好。而加密算法必然也是越复杂保密性越好，但这样必然会增加解密器的处理成本及传输时延，故 GSM 采用对称性的数据流加密技术，这种技术可在较低成本情况下满足用户的保密要求。下面介绍一下对称性的数据流加密技术。

数据流加解密技术的原理可用下例来说明：

$$C = E \times (P); \quad P = D \times (C); \quad P = D \times E \times (P)$$

其中，P 为信息数据；C 为加密数据；D 为解密序列；E 为加密序列。

可见，信息数据 P 的加解密过程为，首先 P 通过加密算法与加密序列 E 结合生成加密数据 C，加密数据 C 再通过解密算法与解密序列 D 的处理解出信息数据 P。实际上，对信息数据 P 来说，解密序列 D 和加密序列 E 所起的作用正好相反，故相互抵消。如果在上例中，$D=E$，即用同一组序列作为加解密序列，此时可利用一些特殊的算法，如异或，就可实现信号的加解密过程，这就是数据流加密技术。

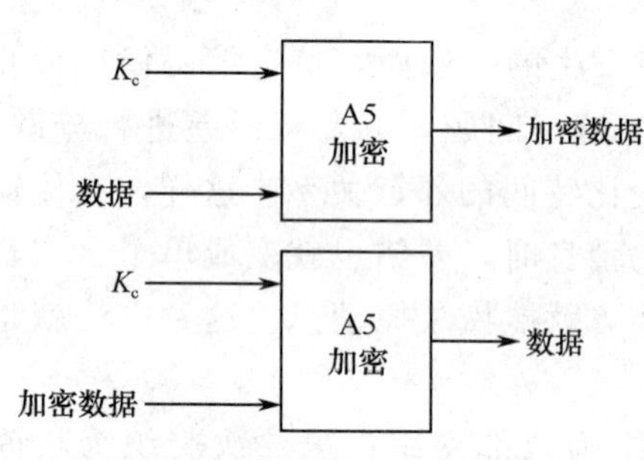

图 2-3-8　GSM 的加解密技术

GSM 所采用就是数据流加密技术，如图 2-3-8 所示，即利用鉴权算法产生的临时密钥 K_c（40bits）作为加密比特流，通过 A5 算法与信息数据结合形成加密数据，在解密时，加密数据同样通过 A5 算法与密钥 K_c 相结合还原出原信息数据。所以，在 GSM 系统中，只需要用相同的密钥 K_c 与 A5 算法，就能实现对信息流的加解密，大大简化了设计成本，而且因为密钥 K_c 是每次通过鉴权流程临时生成的，这足以保证用户信息的安全性。

5. GSM 的调制技术

所谓调制，就是用所要传送的对象（例如话音信号）去控制载波的特征变化（如幅度、频率、相位等），使载波的变化（如幅度、频率、相位等）随着要传送的对象信号而变。或者说，使载波的变化能够体现出要传送的信号的特征（如幅度、频率、相位等）。如果调制使幅度变化叫做"调幅"，使频率变化叫做"调频"。这里要传送的对象信号本身称为"调制信号"。通过调制后输出的信号称为"已调信号"。

调制是为了使信号特性与信道特性相匹配，不同类型的信道特性，将对应不同的调制方式。

由于移动通信系统的频带有限，故需要采用频率复用技术，这导致了严重的同频和邻频干扰。此外，无线传输环境也非常恶劣，特别是快衰落的影响，造成了信号接收电平的急剧变化。所以，移动通信中的数字信号调制技术必须具有优良的频谱特性和抗干扰、抗衰落特性。当信道中存在非线性的问题和带宽限制时，幅度变化的数字信号通过信道会使已滤除的带外频率分量恢复，发生频谱扩展现象，同时还要满足频率资源限制的要求。因此，对已调信号有两点要求：一是要求包络恒定；二是具有最小功率谱占用率。因此，现代数字调制技术的发展方向是最小功率谱占有率的恒包络数字调制技术。

调制与解调是信号处理的最后一步，以下将介绍 GSM 无线接口上的调制与解调技术。

GSM 移动通信网络选用的调制技术是高斯滤波最小移频键控技术（GMSK），它是一种非线性的恒定包络连续相位调制技术。GMSK 调制技术的基础是 MSK（最小频移键控）调制，而 MSK 调制技术又是 FSK（移频键控）调制技术的一种改进形式。因此，下面将分别对 FSK、MSK 和 GMSK 三种调制技术作简要介绍。

（1）FSK 调制

在二进制频移键控中，幅度恒定不变的载波信号的频率随着输入码流的变化而切换（称为高音和低音，代表二进制的 1 和 0）。产生 FSK 信号最简单的方法是根据输入的数据比特是 0 还是 1，在两个独立的振荡器中切换，如图 2-3-9 所示，其相应波形如图 2-3-10 所示。采用这种方法产生的波形在切换的时刻相位是不连续的，因此这种 FSK 调制信号称为不连续 FSK 调制信号。

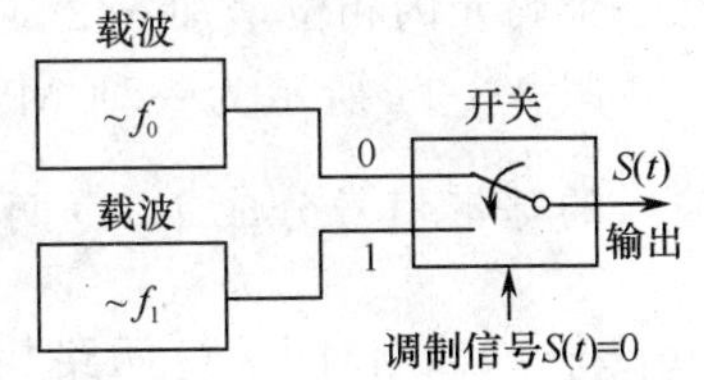

图 2-3-9 非连续相位 FSK 的调制方式

由于相位的不连续会造成频谱扩展，这种 FSK 的调制方式在传统的通信设备中采用较多。随着数字处理技术的不断发展，越来越多地采用连续相位 FSK 调制技术。较常用的产生 FSK 信号的方法是，首先产生 FSK 基带信号，然后利用基带信号对单一载波振荡器进行频率调制。

（2）MSK 调制

MSK 是移频键控 FSK 的一种改进形式。在 FSK 方式中，每一码元的频率不变或者跳变一个固定值，而两个相邻的频率跳变码元信号，其相位通常是不连续的。所谓 MSK 方式，就是 FSK 信号的相位始终保持连续变化的一种特殊方式，可以看成是调制指数为

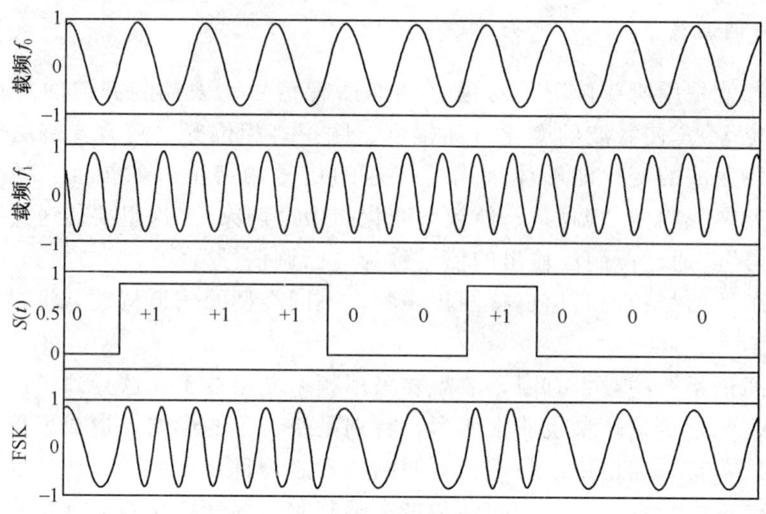

图 2-3-10　FSK 调制信号波形

0.5 的一种连续相位的 FSK 信号。其主要特点是包络恒定，带外辐射小，实现较简单。其数学表达式如下：

$$S(t)=\sum_{n}\cos\left(\omega_{c}t+a_{k}\frac{\pi}{2T_{b}}t+\phi_{n}\right)$$

其中，T_b 为码元的宽度；a_n 为+1，−1。ϕ_n 是第 n 个码元的初始相位，并且

$$\phi_n=\begin{cases}\phi_{n-1} & a_n=a_{n-1}\\ \phi_n\pm n\pi & a_n\neq a_{n-1}\end{cases}$$

当输入+1 时，发送的角频率为：$\omega_c+\frac{\pi}{2T_b}$；当输入−1 时，发送的角频率为：$\omega_c-\frac{\pi}{2T_b}$。在一个码元内相位增加 $\pi/2$ 或者减小 $\pi/2$，所以相位的变换是连续的。

图 2-3-11 所示为一种 MSK 调制信号产生的方法。实现 MSK 调制的过程为：先将输入的基带信号分成 I、Q 两路，并互相交错一个码元宽度，再用加权函数 $\cos\left(\frac{\pi}{2T_b}t\right)$和$\sin\left(\frac{\pi}{2T_b}t\right)$分别对 I、Q 两路数据加权，最后将两路数据分别用正交载波调制。

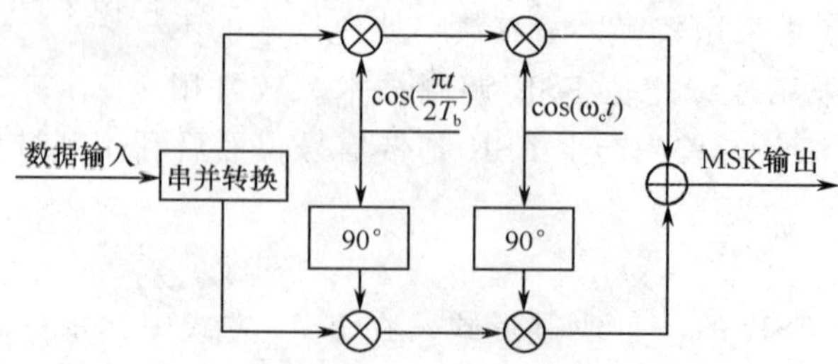

图 2-3-11　MSK 的调制框图

(3) GMSK 调制

GSM 系统选用的调制技术是高斯滤波最小移频键控技术（GMSK），它是一种非线性的恒定包络连续相位调制技术。图 2-3-12 所示为 GMSK 信号的产生原理图。

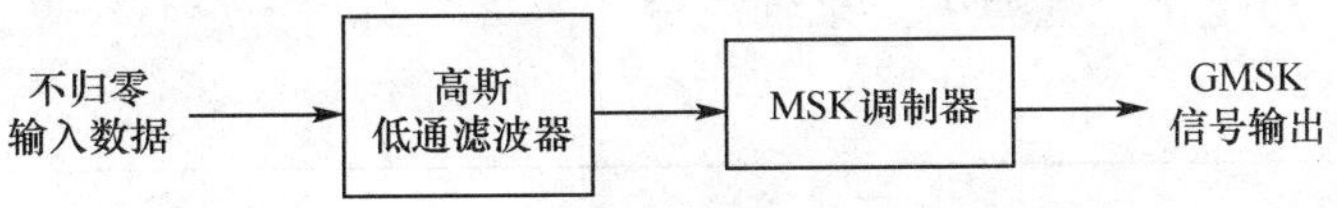

图 2-3-12 GMSK 信号的产生原理

在 GSM 系统中，数据的比特率被选择为正好是频偏的 4 倍，这可以减小频谱的扩散，增加信道的有效性，比特率为频偏 4 倍的 FSK，称为 MSK——最小频移键控。通过高斯预调制滤波器，可以进一步压缩调制频谱。高斯滤波器降低了频率变化的速度，防止信号能量扩散到邻近信道频谱。

GMSK 技术基于 MSK 调制，为了压缩 MSK 的功率谱，可在 MSK 调制器之前加入高斯低通滤波器，就可得到 GMSK 调制信号。GMSK 调制的调制因子（BT）＝0.3，信号上升周期为 1bit，一个码元之间的载频相移为 $\pi/2$，如 1-0、0-1 相差 $\pm\pi/2$，调制速率为 270.833kb/s。

GSM 系统的调制方式是 0.3GMSK，表示了高斯滤波器的带宽和比特率之间的 0.3 关系。0.3GSMK 并不是一个相位调制，信息并不是像 QPSK 那样，由绝对的相位来表示。它是通过频率的偏移或者相位的变化来传送信息的。有时把 GMSK 画在 I/Q 平面图上是非常有用的。如果没有高斯滤波器，MSK 将用一个比载波高 67.708kHz 的信号来表示一个待定的脉冲串 1。如果载波的频率被作为一个静止的参考相位，我们就会看到一个 67.708kHz 的信号在 I/Q 平面上稳定地增长相位，它每秒钟将旋转 67 708 次。在每一个比特周期，相位将变化 90°。一个 1 将由 90°的相位增长表示，两个 1 将引起 180°的相位增长，三个 1 将引起 270°的相位增长，如此等等。同样地，连续的 0 也将引起相应的相位变化，只是方向相反而已。高斯滤波器的加入并没有影响 0 和 1 的 90°相位增减变化，因为它没有改变比特率和频偏之间的 4 倍关系，所以不会影响平均相位的相对关系，只是降低了相位变化时的速率。在使用高斯滤波器时，相位的方向变换将会变缓，但可以通过更高的峰值速度来进行相位补偿。如果没有高斯滤波器，将会有相位的突变，但相位的移动速度是一致的。精确的相位轨迹需要严格的控制。GSM 系统使用数字滤波器和数字 I/Q 调制器去产生正确的相位轨迹。在 GSM 规范中，相位的峰值误差不得超过 20°，均方误差不得超过 5°。

小贴士

在 GSM 系统中，调制比特速率为 270.833kb/s，则每一比特时间约为 3.7μs。因此，1bit 对应 1.1km 的传送距离。假如反射点在移动台之后 lkm，那么反射信号的传输路径将比直射信号长 2km。这样就会导致在接收的有用信号中混有比它迟到 2bit

时间的另一个信号，就会出现码间干扰现象。时间色散似乎是个很棘手的问题，不过在GSM系统中采用了自适应均衡技术，使这一问题的严重性得以缓解。常用的均衡技术是维特比（Viterbi）解调法，维特比解调是一种最大似然技术方法，可找到最大可能的发送序列。

2.3.2 GSM 系统的无线帧

在GSM系统中，移动台通过无线通道与网络的固定部分相连，使用户可以接入网中，从而得到通信服务。为了实现它们的互连，对无线通道上信号的传输必须做出一系列规定，建立一套标准。在此主要学习GSM系统中移动用户和基站之间无线通道上传输信号的格式，即GSM系统的无线帧。

1. GSM 系统空中接口的主要参数

GSM系统空中接口的主要参数如表2-3-1所示。

表 2-3-1　GSM 系统空中接口的主要参数

参　数	值
反向信道频段	890～915MHz
前向信道频段	935～960MHz
宽带通道数	124×2
收、发频率间隔	45MHz
收、发时隙间隔	3 时隙
调制速率	270.833kb/s
帧周期	4.615ms
每帧用户数（全速）	8
时隙周期	576.9ìs
比特时长（宽度）	3.692ìs
调制方式	GMSK(BT=0.3)
载频间隔	200kHz
交织（最大延时）	40ms
话音编码比特率（全速）	13kb/s

GSM系统的双工方式为频分双工FDD，多址方式为TDMA和FDMA混合。前向和反向频带分成一系列带宽为200kHz的通道，每一通道用绝对射频信道号码ARFCN表示。ARFCN实际上为一前向和反向通道对，其间隔为45MHz。1个TDMA的载频中包含8

个时隙，因而1个载频对应8个信道（依次称为信道0、信道1、…、信道7），每一通道通过TDMA方式最多为8个移动台共享。这种形式的信道为物理信道。

8个移动用户使用同一个ARFCN，每一个用户占用每帧的一个时隙TS。前向和反向链路上无线传输的数据速率为270.833kb/s，考虑到GSM系统的一些附加控制信息，用户数据的实际传输速率为22.8kb/s。每一个时隙TS的周期相等，均为576.92s，含有156.25bit，其中包括8.25bit的保护时间和总共6bit的发射机开、启时间。一个GSM帧的时长为4.615ms，在25MHz的频带内可用通道的总数为125。由于每一通道含8个时隙，故GSM系统总的业务信道数为1000。但实际上，GSM系统在其指配频谱的高端和低端，还各留了100kHz的保护频带，所以实际仅有124个通道可用。不同的信道可以同时传输不同的比特流，逻辑信道至物理信道的映射就是将要发送的信息安排到合适的TDMA帧和时隙的过程。

2. GSM系统无线帧

GSM的无线帧结构有五个层次，即时隙、TDMA帧、复帧、超帧和超高帧。图2-3-13所示为GSM系统无线帧结构的示意图。

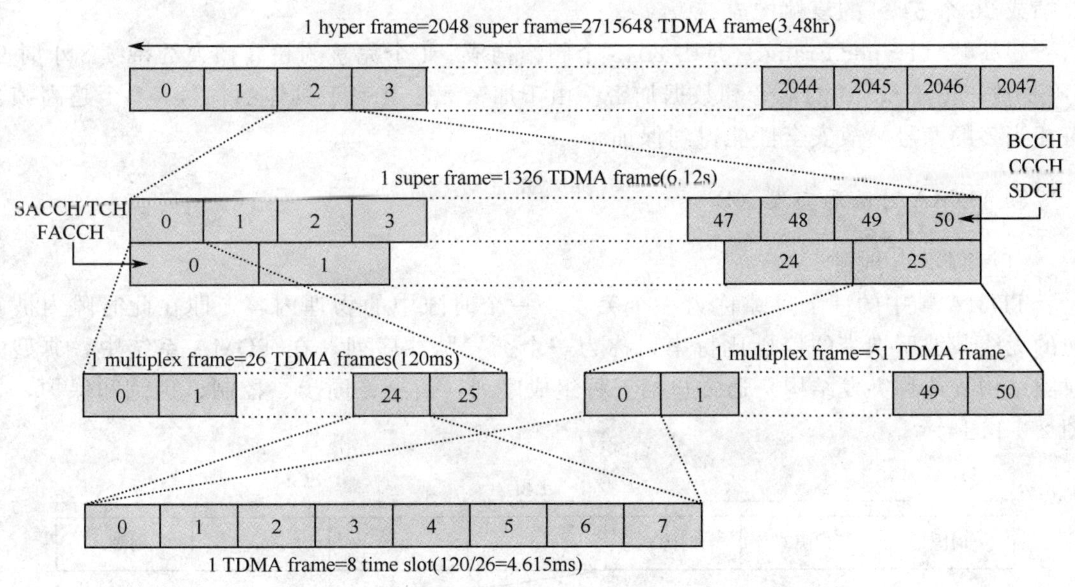

图2-3-13　GSM系统无线帧结构

时隙（Time Slot）是物理信道的基本单元。

TDMA帧（Frame）是由8个时隙组成的，是占据载频带宽的基本单元，即每个载频有8个时隙。帧周期为4.615ms，一帧共有8×156.25=1250bit，其中有一些比特周期是作为保护时间系统来使用。帧比特率为270.833kb/s，或每秒216.66帧。第13帧或26帧不用于业务传输，作为控制信道使用。每个TDMA帧都要有TDMA帧号。这是因为GSM系统的保密特性是通过在发送信息前对信息进行加密实现的，而计算加密序列的算法是以 TDMA 帧号为一个输入参数，因此每一帧都必须要有一个帧号。有了 TDMA 帧号，移动台就可以判断控制信道（TS0）对应的是哪一类逻辑信道了。

为了满足不同速率的信息传输的需要，复帧（Multiplex Frame）有以下两种类型。

1）26 帧的复帧（业务多帧）：它包括 26 个 TDMA 帧，持续时长 120ms。51 个这样的复帧组成一个超帧。这种复帧用于携带 SACCH/TCH 和 FACCH。它由 24 个业务信道（TCH）、一个控制信道（SACCH）和一个空闲信道组成。其中，空闲的一帧无数据，是在将来采用半码率传输时为兼容而设置的。

2）51 帧的复帧（控制多帧）：它包括 51 个 TDMA 帧，持续时长 235.365ms。26 个这样的复帧组成一个超帧。这种复帧用于携带 BCCH、CCCH 和 SDCH。

控制信道复帧含有 51 个 TDMA 帧（235.365ms），业务/专用控制信道复帧含有 26 个 TDMA 帧（120ms）。在实际应用中，控制多帧与业务多帧中的控制信道能够相互“滑动”，这样，进一步加强了 GSM 的安全性，使移动用户在呼叫期间能够收到全部的控制信息。任一个 GSM 移动用户（无论在本小区或相邻小区）不论他们是否正在使用特定的帧或时隙，通过 BCH 都能接收到 SCH 和 FCCH 传送的信息。

超帧（Super Frame）是一个连贯的 51×26 的 TDMA 帧（6.12s），由 51 个 26 帧的复帧或 26 个 51 帧的复帧构成。

超高帧（Hyper Frame）是由 2048 个超帧构成。1 个完整的超高帧大约持续 3 小时 28 分 54 秒，用于 GSM 的话音和数据加密。由于加密算法有赖于具体的帧号，1 个超高帧含有相当多的帧号，故安全性能得到保证。

3. TDMA 时隙和突发（Burst）

（1）TDMA 时隙

TDMA 帧中的一个时隙称为一个突发，一个时隙中的物理内容，即在此时隙内被发送的无线载波所携带的信息比特串，称为一个突发脉冲序列。在 TDMA 系统中，典型的时隙结构（或称突发结构）通常包括五种组成序列：信息、同步、控制、训练和保护，如图 2-3-14 所示。

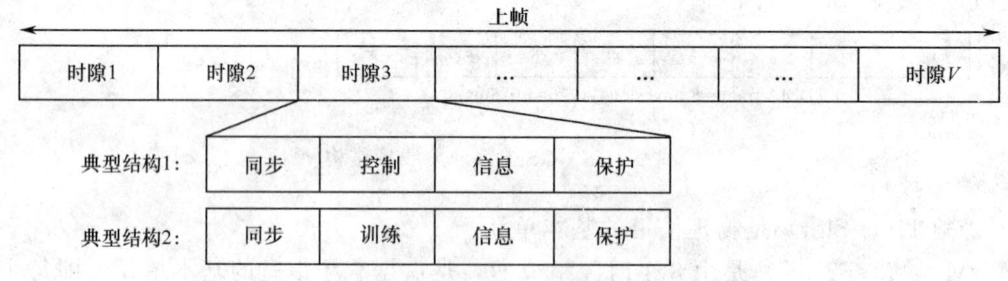

图 2-3-14　典型的时隙结构

信息序列是通信中真正要传输的有用部分。突发结构中设置其他序列的原因是：

1）为了便于接收端的同步，在每个时隙中要加入同步序列。

2）为了便于控制信息和信令信息的传输，在每个时隙中要专门划分出控制序列。

3）为了便于接收端利用均衡来克服多径引起的码间干扰，在时隙中要插入自适应均衡器所需的训练序列。

4）上行链路的每个时隙中要留出一定的保护间隔（即不传输任何信号），即每个时隙中传输信息的时间要小于时隙长度，这样可以克服因移动台与基站间距离的随机变化而引起移动台发出的信号到达基站接收机时刻的随机变化，从而保证不同移动台发出的信号，在基站处都能落在规定的时隙内，而不会出现重叠现象。

(2) 突发脉冲序列

TDMA 信道上的一个时隙中的消息格式被称为突发脉冲序列，也就是说每个突发脉冲被发送在 TDMA 帧的其中一个时隙上。因为在特定突发脉冲上发送的消息内容不同，也就决定了它们格式的不同。GSM 的突发结构如图 2-3-15 所示。

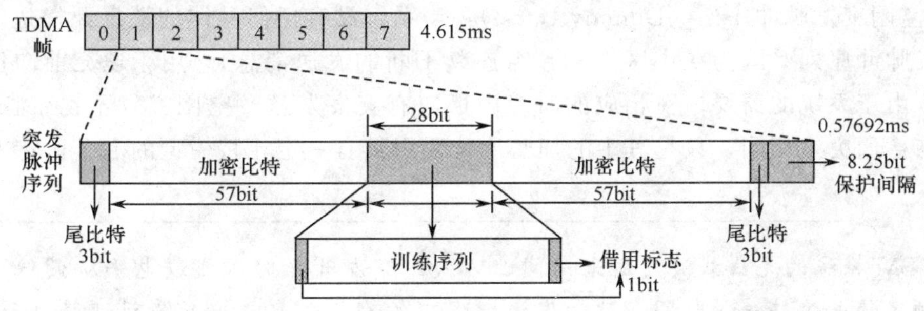

图 2-3-15 GSM 的突发脉冲序列

突发脉冲序列的数据长度为 148bit，传输速率为 270.833kb/s（每个突发序列的末尾还有 8.25bit 的保护时间）。在每个 TS 的 148bit 中，载有信息的比特（加密比特）共 114bit（57×2），分别位于突发序列的前、后两半部分。前、后两部分的尾比特共有 6bit。

中间部分共 28bit。分为 26bit 的训练比特，移动台或基站在对用户数据解码前，利用接收到的训练序列来分析无线信道的特性以便进行自适应均衡。在训练序列的两边是称为借用标志的控制比特（各 1bit），这两个标志用来区分该 TS 传输的是话音 TCH 还是控制 FACCH 数据。

各比特的简要说明如下：

1）拖尾比特（TB）。固定为 000，帮助移动台中的均衡器判断帧的起始位和终止位。

2）加密比特。是 57bit 经过加密的用户话音或数据。

3）1bit 借用标志。表示此突发脉冲序列是否被快速辅助控制信道（FACCH）的信令借用。也就是说，该比特用来判断其前面所传的数据是业务信道的信息还是控制信道的信息。如果传的是 FACCH 的信令，则往往是越区切换命令。

4）训练序列比特。它是一串已知定义的比特，为接收端进行均衡训练时所用。

5）保护间隔（GP）：共 8.25bit（相当于大约 30μs），是一个空白空间，防止同一载频 8 个用户间的突发脉冲信号的重叠。

在一帧内，GSM 移动台利用一个 TS 发射，一个 TS 接收，还有 6 个共享 TS 可用于测量 5 个相邻基站及自身基站的信号强度。

GSM 系统的每一个用户在分配给它的时隙内传送突发脉冲序列，用于不同的控制信道和业务信道。共有 5 种突发脉冲序列。

1）普通突发脉冲序列（Normal Burst）：用于携带双向链路的 TCH、FACCH、SACCH、SDCCH、BCCH、PCH 和 AGCH 信道的消息。

2）随机接入突发脉冲序列（Access Burst）：用于携带 RACH 信道的消息。用于所有移动台向基站提出入网请求。

3）频率校正突发脉冲序列（Frequency Correction Burst）：用于携带 FCCH 信道的消息。用于在前向信道上特定帧的 TS0 内广播频率控制信息。

4）同步突发脉冲序列（Synchronization Burst）：用于携带 SCH 信道的消息。用于在前向信道上特定帧的 TS0 内广播同步控制信息。

5）空闲突发脉冲序列（Dummy Burst）：当系统没有任何具体的消息要发送时就传送这种突发脉冲序列（因为在小区中标频需连续不断的发送消息）。用于填充前向信道上未用时隙。由于系统的需要，在相应的时隙内还应有突发发送。空闲突发不携带任何信息，其格式与普通突发相同，只是其中的加密比特要用具有一定比特模型的混合比特来代替。

小贴士

GSM 系统的无线载波发送采用间隙方式。突发开始时，载波电平从最低值迅速升到预定值并维持一段时间，此时发送突发中的有用信息，然后又迅速降到最低值，结束一个突发的发送。这里说的有用信息包括加密比特、训练序列及拖尾比特等。此外，为了分隔相邻的突发，突发中还有保护部分。保护部分不传输任何信息，它只对应于载波电平上升和下降的阶段。

计划与实施建议

1. 到图书馆或上网查询 GSM 信息处理与传输的相关资料。
2. 在实验台上验证 GSM 移动通信系统的语音编码工作原理。
3. 让学生画出 GSM 移动通信网络五种类型无线帧结构的图。
4. 带领学生完成一项实训室模拟移动系统实验工程，实现数据和话音业务通信功能。
5. 要求学生对常用调制解调技术进行相关阐述。

检查与评价点

1. 检查 GSM 信息处理与传输相关资料的准备情况。
2. 检查验证 GSM 移动通信系统的语音编码工作原理的实验电路。
3. 检查学生画的 GSM 移动通信网络五种类型无线帧结构的图。
4. 检查模拟实验系统的搭建和实验结果。
5. 评价学生的模拟实验电路及实验结果。

试一试

1. 为了满足 GSM 系统的窄带通信模式，GSM 采用三种话音编码技术，即________，________和________。

2. GMSK 调制信号主要有下列特点：________________________________，________________，________________________。

3. GSM 的无线帧结构有五个层次，即________、________、________、________和________。

4. TDMA 帧是由________个时隙组成的，是占据载频带宽的基本单元，即每个载频有________个时隙。

5. 超帧是一个连贯的________的 TDMA 帧，由________帧的复帧或________帧的复帧构成。

6. PCM-A 律编码，它是采用 A 律波形编码，分为三步：________、________和________。

7. 所谓调制，就是用要传送的对象去控制载波的特征变化，使载波的变化随要传送的对象信号而变。如果调制使幅度变化叫做________，使频率变化叫________。

任务 2.4　GSM 信令和工作过程分析

任务描述

经过前面对 GSM 网络结构、网络规划及勘察、频率规划与分配、系统接口、信道配置、信息编码、交织方式、加解密技术、调制与解调、GSM 无线帧等内容的学习，学生已经对 GSM 通信网络的技术和原理有了整体了解。通过相关的实验和练习，学生基本掌握了 GSM 网络的组建、网络勘察、接口连接等方面的知识和技能。本任务主要是要求学生画图展示，解释说明 GSM 的信令和工作过程；简述 GSM 移动通信系统的编号含义；简述 GSM 的移动性管理和系统测量。

任务目标

本任务通过进一步分析 GSM 信令和工作过程，使学生对 GSM 用户是如何通话的原理有更深的理解；加深对 GSM 网络的区域划分、移动用户的地址和识别码、移动台的位置登记、移动台的漫游与位置更新、移动台的切换过程、移动台呼出流程、手机位置更新流程、手机开关机流程、小区切换流程、GSM 的功率控制等知识的理解；熟悉 GSM 信令层次结构、GSM 的接续和移动性管理等知识。

相关知识

内　容	获取方式
1. GSM 移动通信系统的编号概念。	• 上图书馆查阅资料 • 上网收集信息 • 到运营商服务网点询问相关工作人员
2. GSM 移动通信系统的开机流程及呼叫流程。	
3. GSM 移动通信系统的移动性管理。	
4. GSM 测量中使用到的仪器仪表（时域测量、频域测量）。	
5. GSM 测量原理；关键测试项及指标。	

2.4.1 GSM 系统的编号

GSM 用户之间通信的详细过程是非常复杂的。为了将一个呼叫接至某个移动客户，需要调用基站子系统（BSS）和网络交换子系统（NSS）相应的实体。涉及移动用户与基站子系统、基站子系统与网络交换子系统，以及与其他网路（如 PSTN、ISDN 数据网、其他 PLMN）等之间的接口连接，还需要网络能够实现正确寻址。因此，对 GSM 系统的编号就显得非常重要。下面来详细介绍 GSM 网中用来识别用户身份以及用户所属位置的各种号码的编号方法。

1. GSM 网络的区域划分

一个 PLMN 移动通信网络的覆盖范围一定是一个具体的地理区域，由于移动通信网络中用户的位置是不固定的，因此，必须对网络所覆盖的区域进行划分，并进行位置区的编号，这样用户之间通信时才能进行网络寻址，以确定用户的具体位置并进行接续。不论是何种移动网络（如 GSM、CDMA 网络），都需要进行网络覆盖区域的划分。

移动网络区域划分如图 2-4-1 所示。按照区域由大到小分片，层层细化，可以将其划分成如下几种规模的区域：小区（Cell）、位置区（Location Areas，LA）、MSC/VLR 服务区和 PLMN 网络区。

（1）小区

小区是基站子系统（BSS）中的一个收发信机（BTS）的无线覆盖区域。通常采用基站识别码（BSIC）或全球小区识别码（CGIC）进行标识。

由于一个基站子系统（BSS）通常包含多个收发信机（BTS），因此，一个基站可包含一个或多个小区，故不是所有的小区都设有一个专有的基站，但必须为一个特定的基站所覆盖。

（2）位置区

一个位置区由一个或若干个小区组成。位置区指的是一个移动台可以自动移动而不必重新“登记”其位置（位置更新）的区域，要想向一个位置区中的某个移动台发出呼叫，

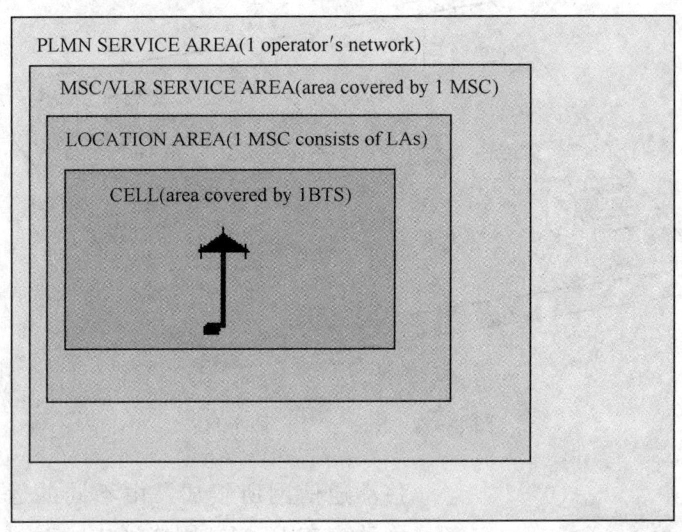

图 2-4-1 移动网络区域划分

可以在这个位置区中向所有基站同时发出寻呼信号。

如图 2-4-2 所示，每个 MSC/VLR 服务区包含若干个位置区。每个位置区都分配有一个位置识别号（LAI）。

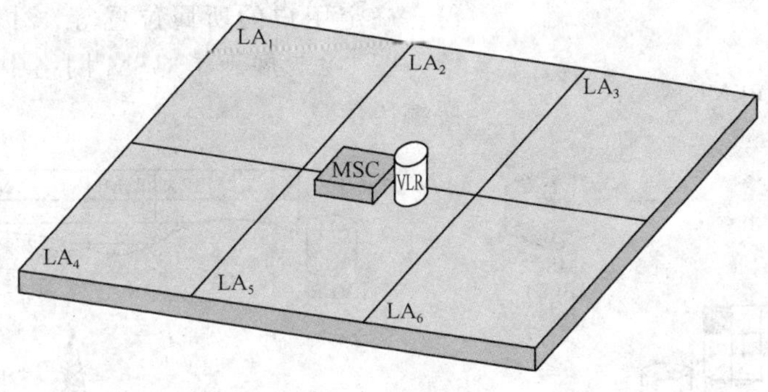

图 2-4-2 位置区

（3）MSC/VLR 服务区

一个 MSC/VLR 服务区（MSC/VLR Service Areas）是指一个 MSC 所覆盖的区域。这些区域在 MSC 的 VLR 中进行了登记注册。如图 2-4-3 所示，由于一个 PLMN 网络可以由若干个 MSC 组成，相应的 MSC/VLR 服务区的数量也有若干个，并且每个 MSC/VLR 服务区包含若干个位置区。

（4）PLMN 网络区

如图 2-4-4 所示，一个 PLMN 网络区（PLMN Network Areas）就是指由一个移动网络运营商所运营的移动网络覆盖区域。一个国家的移动通信网可以由一个或多个 PLMN

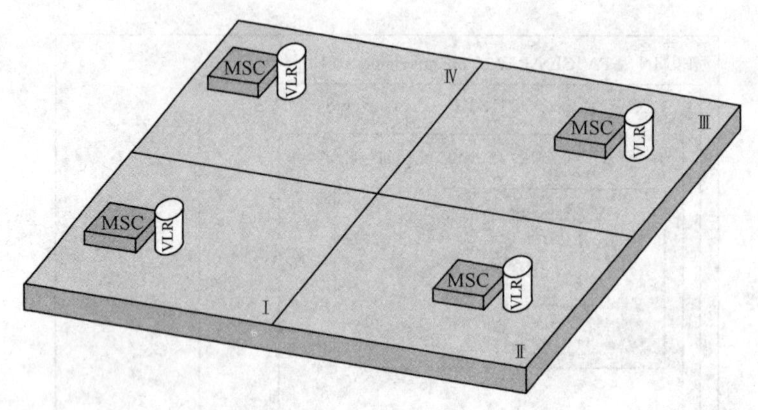

图 2-4-3　MSC/VLR 服务区

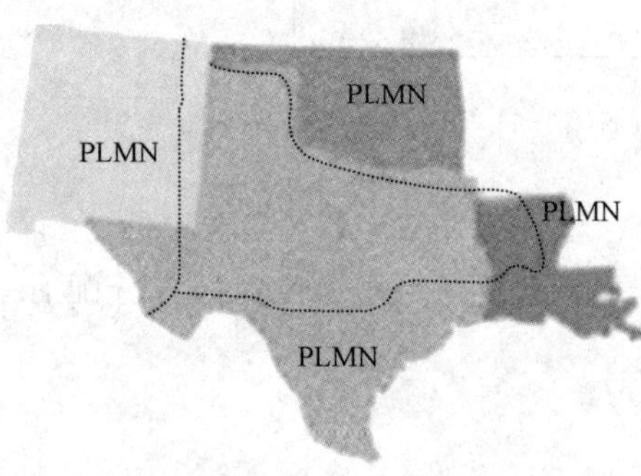

图 2-4-4　PLMN 网络区

移动通信网所组成，由不同的运营商管理。只要移动台在 PLMN 网络区中，就可以被另一个网络的用户找到。这里的另一个网络可以是另一个 PLMN 网、PSTN 网或 ISDN 网。

2. *移动用户的地址和识别码*

用户之间通信时，GSM 网络需要识别用户身份、确定用户的所属位置等，才能进行寻址、接续。图 2-4-5 展示了 GSM 网络中与用户有关的主要编码信息。

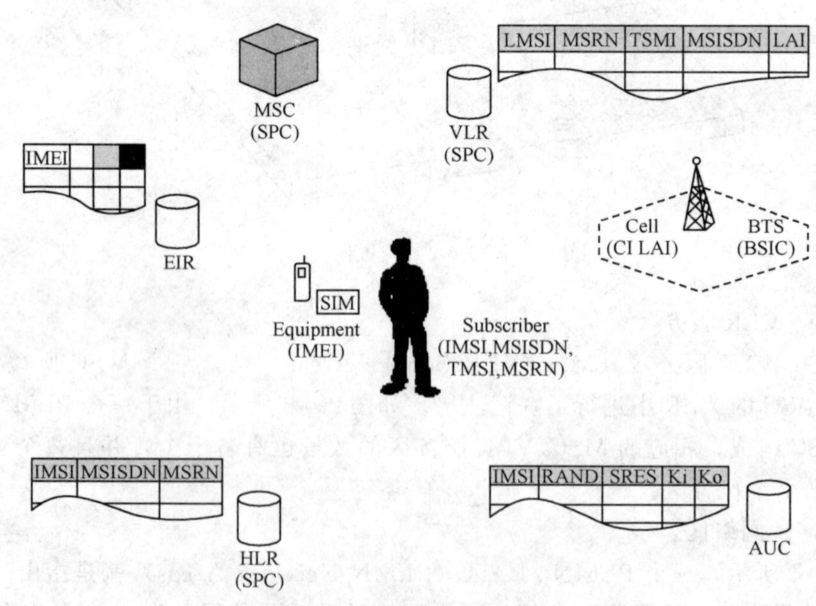

图 2-4-5　与用户有关的主要编码信息

(1) 移动用户和移动台的识别码

1) 国际移动用户识别码（International Mobile Subscriber Identity，IMSI)。给每个用户分配一个唯一的国际移动用户识别码，此码在 GSM 系统所有服务区中都是有效的。在呼叫建立与位置更新时，需要用到 IMSI，并同时存储在 HLR 和 VLR 中。它的总长不超过 15 位数字，采用十进制编码。IMSI 结构如图 2-4-6 所示。

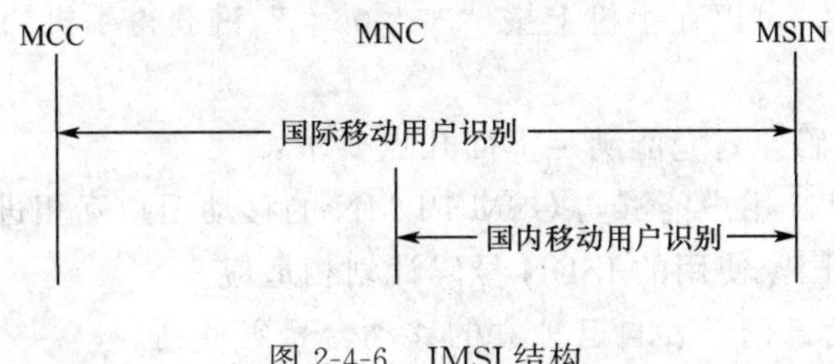

图 2-4-6 IMSI 结构

IMSI 号码结构中各项含义如下。

① 移动国家码（Mobile Country Code，MCC)：由 3 位数字组成，唯一标识移动用户所属国家。我国为 460。

② 移动网号（Mobile Network Code，MNC)：标识移动用户所属的移动网。中国移动的 MNC 为 00，02；中国联通的 MNC 为 01。

③ 移动用户识别码（Mobile Subscriber Identification Number，MSIN)：由 11 位数字组成，用于唯一识别 GSM 网络中的移动用户。

2) 临时移动用户识别码（Temporary Mobile Station Identity，TMSI)。考虑到移动用户的安全性，空中接口传递的 IMSI 用 TMSI 代替。VLR 可给来访的每一用户分配一个唯一的 TMSI，在每次鉴权后分配，只在某一 VLR 管辖区内有效，当用户离开此 VLR 服务区后，即释放此号码。在呼叫建立和位置更新时可使用 TMSI。其总长不超过 4 个字节。结构由当地电信部门自定。

3) 本地移动用户识别码（Local Mobile Subscriber Identity，LMSI)。为了加速 VLR 对用户数据的查询，还可使用辅助性的本地移动用户识别码 LMSI，它是在位置更新时，VLR 暂分配给来访用户的一个唯一识别码。LMSI 虽属可选，但如果在每次呼叫基础上分配移动用户漫游号 MSRN 时，则需使用 LMSI。LMSI 由 4 字节组成，结构由运营部门自定。

4) 国际移动设备识别码（International Mobile Equipment Identity，IMEI)。IMEI 是国际移动装备辨识码，是由 15 位数字组成的“电子串号”，它与每台手机一一对应，而且该码是全世界唯一的。每一只手机在组装完成后都将被赋予一个全球唯一的一组号码，这个号码从生产到交付使用都将被制造生产的厂商所记录。

IMEI 组成为：TAC＋FAC＋SNR＋SP。

① TAC（Type Approval Code）是型号批准码，6 位数，由欧洲型号认证中心统一分配，在设备通过验收时提供给生产厂家，属于“型号核准号码”，一般代表机型。

② FAC（Factory Assembly Code）是生产厂家装配码，2 位数，用以识别生产厂家及

设备装配地，属于“最后装配号”，一般代表产地。

③ SNR（Serial Number）是序号码，6 位数，由生产厂家分配，用以识别特定的设备，属于“串号”，一般代表生产顺序。

④ SP（Spare）是备用号码，1 位数，通常是“0”，为检验码，以备将来之用。

IMEI 码贴在手机背面的标志上，并且读写于手机内存中。它也是该手机在厂家的“档案”和“身份证号”。可以在手机上按“＊＃06＃”键获得手机的 IMEI 码。

（2）移动台的号码

1）GSM 系统的号码计划应能满足下面几点要求：

① 任何 ISDN/PSTN 用户能够与 GSM PLMN 的移动用户互相进行呼叫，这意味着移动 ISDN 号码应与每个国家使用的 ISDN 号码计划相适应。

② 能够使每个运营部门开发自己独立的移动台号码计划。

③ 号码计划不应限制移动台在不同 GSM PLMN 之间漫游的可能性。

④ 能够在不改变分配给移动台的 IMSI 条件下改变移动台的 ISDN 号，反之也可即要求有独立性。

2）移动台国际 ISDN 号码（Mobile Station ISDN Number，MSISDN）。MSISDN 号码是指主叫用户呼叫移动用户而拨叫的号码。MSISDN 号码结构中各项含义如下：

① CC（Country Code）是国家码，即移动台登记注册的国家码。我国为 86。

② NDC（National Destination Code）是国内目的地址码，即网络的接入号，每个 PLMN 有一个 NDC。

③ SN（Subscriber Number）是移动用户号码。

由 NDC 和 SN 确定的国内有效 ISDN 号码由各个国家运营部门自己决定。

3）移动台漫游号码（Mobile Station Roaming Number，MSRN）。MSRN 是指当移动台漫游后，为使 GSM 移动通信网能再进行路由选择，把来话呼叫转移到移动台当前所登记的 MSC 而由 VLR 临时分配给移动台的一个号码。

MSRN 的分配有以下两种方法：

① 在起始登记或位置更新时，由 VLR 分配 MSRN 后传送给 HLR，当移动台离开该地后，在 VLR 和 HLR 中都要删除 MSRN，使此号码能再分配给其他漫游用户使用。

② 在每次移动台有来话呼叫时，根据 HLR 的请求，临时由 VLR 分配一个 MSRN，此号码只在某一范围（比如 90s）内有效。

MSRN 的组成与 MSISDN 相同，最大为 15 位数。MSRN 号码同时也可作为 SCCP 的全局码（GT）地址来寻找漫游用户当前所访问的 MSC。对于在某一特定区域漫游的移动台，MSRN 号码在被访 VLR 区域内是唯一有效的。

4）信道切换号码。此号码用于两个移动交换区（MSC 区）间进行切换时，为建立 SCM 间通话链路而临时使用的号码，它类似于 MSRN 的组成。

（3）位置区位置识别码

在 GSM 系统中，共用三个号码组成移动台的位置识别。

1）位置区识别（Location Area Identity，LAI）。LAI 用于位置识别和位置更新。

LAI 由三部分组成：MCC＋MNC＋LAC。MCC 和 MNC 前面已经介绍过了，分别为移动国家码和移动网号。LAC 为定位区码，是一个 2 字节的 BCD 编码，表示为 X1X2X3X4。X1X2 由全国统一分配，X3X4 的分配由各省自行分配。一个定位区的范围可以包括多个基站覆盖的范围。

LAI 是临时性用户数据，存储于 VLR 中。当移动台的位置发生变更时，可能该编码也要发生相应的变化。

2）全球小区识别码（Global Cell Identity，GCI）。在 LAI 基础上加上小区识别码（Cell Identity，CI）构成。

3）基站识别码（BSIC）。主要供移动台区分相邻基站使用，结构为 BSIC＝NCC＋BCC。

① 网络色码（Network Color Code，NCC）。它用于让移动台区别相邻的、属于不同 GSM PLMN 的基站。

② 基站色码（BTS Color Code，BCC）。它用于在同一个 GSM PLMN 中识别 BCCH 载频号相同的不同基站。

2.4.2 GSM 工作过程

1. 移动台的位置登记

（1）第一次登记

当移动台开机后，在它所处的小区通过空中接口搜索 BCCH（广播控制信道），内含有位置区域识别码（LAI）信息（在 GSM 900 规范中定义小区分配编码占用 16bit），这个信息在 BCCH 上规则的广播，以便手机知道自己目前的位置小区。BCCH 是个小容量信道，每 0.235s 传一个 23 字长的消息。移动台依靠收到的频率校正本身的频率，通过同步信息校正本身的信号，锁定到一个正确频率上，从该频率的信道上接收寻呼信号和其他信息。

假如此 MS 在寄存器中找不到 LAI，它就向该业务区的 MSC/VLR 发送位置更新请求消息；通知网络它是此位置区的新用户。此消息经 BSS 到 MSC，最后到 VLR。VLR 对消息中含有的国际移动用户识别码（IMSI）或临时移动台识别码（TMSI）以及位置信息进行分析。此时，MSC/VLR 就认为该 MS 被激活，在其数据字段中做“附着”标记，这个标记与 IMSI 有关。MSC/VLR 向 HLR 发送位置更新请求信息。HLR 位置更新操作完成后，向 VLR 发送位置更新接受消息。最后由 MSC 向 MS 发送位置更新证实信息，这个过程就算完成，至此 MS 已在 HLR 和 VLR 中注册登记。

（2）分离与附着程序

当一个 MS 被激活时，对 MS 标有“附着”标记（IMSI 标志）；当 MS 关机时，有 IMSI 分离程序能使 MS 通知网络该移动用户为无效用户，此后不再发送寻呼此 MS 的消息。因此，分离与附着程序都与 IMSI 有关。

当 MS 关机时，MS 向网络发送的最后一条消息是处理分离请求消息，MSC/VLR 收到“分离”消息后，就在该 MS 对应的 IMSI 上作“分离”标记。归属位置寄存器（HLR）并没有得到这个分离消息，只有拜访位置寄存器（VLR）已“分离”信息作了更新。当 MS 再开机时，若它仍处于发送分离消息时的位置区，则只要完成附着程序即可；若不在原位置区，它仍要执行位置更新程序。

2. 移动台的漫游与位置更新

（1）漫游的解释

对于处在开机但空闲状态下的 MS，它要不断地移动，在某一个时刻它被锁定于一个已定义的无线频率上，即某个小区的 BCCH 载频上。当 MS 向远离此小区的方向上移动时，信号强度就会减弱，当它移动到两个小区理论边界附近的某一点时，MS 就会因原来小区的信号太弱而决定转到附近信号强的新的无线频率上，实现移动台的切换。

移动中的 MS，由于接收信号质量的原因，通过无线空中接口不时地改变与网络的连接，这种能力就称为漫游。

（2）移动台的位置更新

位置更新过程是由 MS 引发的。在 GSM 系统中，有三个地方需要知道位置信息，即 HLR、VLR 和 MS（或 SIM 卡）。当这个信息发生变化时，需要保持三者的一致。MS 开机后就会对周围进行测试，并连接到接收性能最好的广播信道上。移动台所处的区有以下三种情况。

1）在同一位置区内的不同小区（特征：属于同一 BSC）。

其锁定的 BCCH 载频不同，但没有位置区的变化，无需位置更新。

2）在同一业务区的不同位置区（特征：属于同一 MSC）。

当 MS 从 LA1 向 LA2 移动时，信号强度会减弱，当它移动到边界附近某一点时，MS 就会因原来小区信号太弱而决定转到邻近信号强的新的无线频率上。为了正确选择无线频率，MS 要对周围的邻近小区的 BCCH 载频的信号强度进行连续测量，当发现新的 BTS 发出的 BCCH 载频信号强度优于原小区时，MS 就锁定于这个新的载频上（小区选择的规则主要来自无线传播条件）以达到最佳传输质量为目的。一个正常业务状态的 MS，收听由业务小区广播的频率表，从中获得同一 PLMN（公用陆地移动网）中邻近小区的标志信道（CCCH），MS 逐一与这些标志信道同步，以解调出每个 BCCH 上的信息，从中可以确定 PLMN 和位置区（LA）标志以及各种无线参数。MS 对允许接入的小区计算其无线环境并与当前环境比较，这些处理是与当前小区寻呼信道的接收并行的。当 MS 在同一 LA 内发现一个更好的小区时，就切换到这个小区并收听新小区的寻呼信道，同时监视新的标识信道表。位置区的变化要通知网络的 MSC，MS 要求接入网络来进行 MSC/VLR 内的位置更新。此时，VLR 中 MS 的位置就由原来的 LA1 改为 LA2，如图 2-4-7 所示。

3）在不同业务区（特征：属于不同 MSC）。

MS 的业务区改变必须通知网络，以便能找到漫游的移动台，MS 开机后就得报告网络它目前所处位置。当它锁定在新的 BCCH 的载频上，会在 BCCH 消息中得知此时它所处的位置区及所属业务区。首先 MS 向网络发出位置更新请求，此信息通过空中接口传到

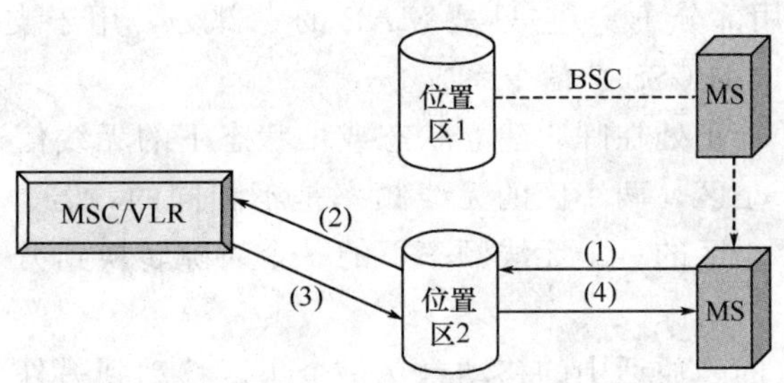

图 2-4-7 同一 MSC 局内的位置更新

LA1 的 BSC，再由它传送到新的 MSC。第二步是由新的 MSC 向 HLR 发送位置更新请求信息。从 HLR 向新的 MSC 发回位置更新请求接受，这个消息通过 LA1 所属的 BSC 到新小区的 BTS，再通过空中接口传送给 MS，这就是位置更新证实。此时 MS 已在新的 MSC 业务区，它必须删除旧的 MSC 中的位置信息，否则它的位置就有两处，无法准确找到它。此时由 HLR 向旧的 MSC 发送位置删除信息，旧的 MSC 得到此信息后，在 VLR 删除此移动用户的位置信息，并向 HLR 报告位置删除接受，至此，MS 已属新 MSC/VLR 中的一个用户，如图 2-4-8 所示。

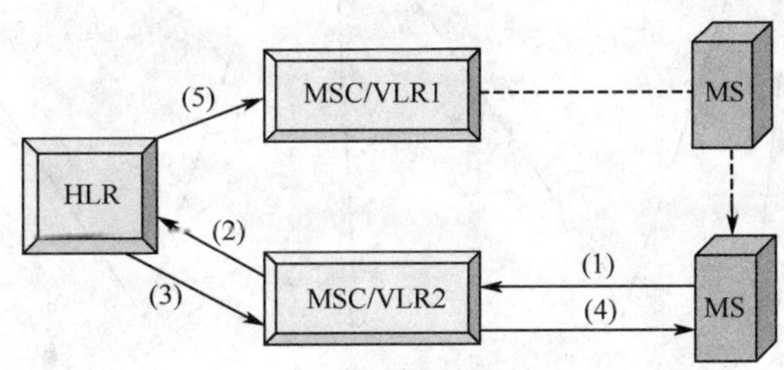

图 2-4-8 不同 MSC 局内的位置更新

3. 移动台的切换过程

切换处理分成以下几个级别：

1）BTS 内的切换类型由 BTS 自主决定。

2）BTS 之间、BSC 之内的切换由 BSC 决定。

3）BSC 之间、MSC 之内的切换由 MSC 处理。

4）MSC 之间的切换由 GMSC 决定。

BSC 与 MSC 之间的接口协议称为 BSSMAP（BSS 管理应用部分），用以支持各种连接处理和切换过程，其承载方式是 A 接口上的 CSS. 7 信令协议。BTS 与 BSC 之间的协议称为 RSM（无线分系统管理），用于支持分配传输路径和测量报告处理，其承载方式是 Abits 接口上的 LAPD 信令协议。BTS 与 MS 之间的协议称为 RIL3-RR（无线接口第三层 RR 协议），它只是整个第三层实体的一部分，用于支持无线连接处理和测试报告处理，其载体是 Um 接口上的 LapDm 信令协议。除此之外，还有邻近 MSC 之间交换消息的协议，称为 MAP-E（移动应用部分-E），它只是 MAP 的一部分，用于支持 MSC 之间的交换处理，其承载是 MSC 之间的 CSS.7 信令系统。

越区切换是指移动台正处在呼叫建立状态或忙状态下的无线信道转换过程。移动台从一个小区移动到另一个小区，两小区的无线频率是不相同的，若想要维持通话，MS 的频率必须改变，即从一个小区的一个无线频率下的一个时隙转换到另一个小区的另一个无线频率上，并占有它的一个时隙。

切换是由网络决定的。通话中的移动台从一个小区移动到另外一个小区，这个小区可能是同一业务区的同一 BSC 管辖下的小区；也可能是同一业务区不同 BSC 管辖下的另一小区；还可能是不同业务区中的另一小区。根据这三种不同情况要进行不同的操作，如图 2-4-9所示。

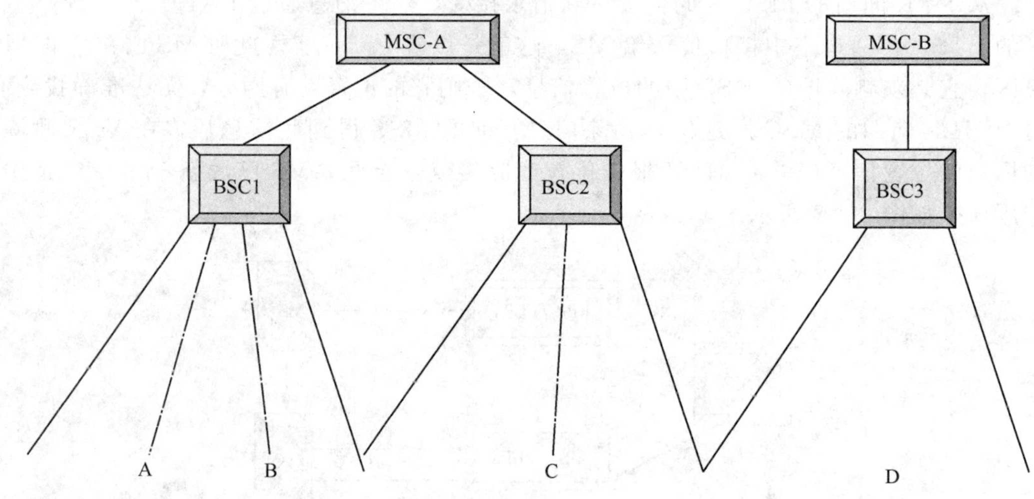

图 2-4-9　移动台切换的三种情况

（1）BSC 内的切换

这是最简单的切换过程，MS 从 A 点移动到 B 点就属于这种切换。BSC 根据 MS 和 BTS 的测量报告，经分析处理后，确定此时 MS 所在区，即 MS 报告中最强信号的小区。BSC 与新小区的 BTS 建立链路，并在新小区中给 MS 分配一个 TCH 供 MS 切换后使用。MS 切换后，BSC 向 MSC 报告 MS 由 A 点移动到 B 点的情况，此时 MS 仍属 BSC1 管辖。MS 在切换后继续测量周围小区的信号强度，并接收新小区的信息。

（2）同一业务区不同 BSC 之间的切换

MS 从 B 点移动到 C 点就属于这种切换，此时 MS 要从 BSC1 到 BSC2。

切换过程如下：首先是 MS 向原来的 MSC-A 报告其测量结果。经 BSC1 的分析处理，得知 MS 所到的小区属 BSC2 管辖，做出切换判决，向 MSC-A 发切换请求。MSCA 与 BSC2 建立新路径到 BTS（新小区），即 MSC-A 向 BSC2 发出切换请求。BSC2 收到切换请求消息后，与新的 BTS 建立链路，为 MS 提供切换用的新 TCH，即允许切换，BSC2 向 MSC-A 发出切换请求证实。此时，MSC-A 向原来的 BSC1 发出执行切换命令，经 BTS 到

MS。MS 切换后，送出切换完成消息到 BSC2，即 MS 与 BSC2 建立通路。BSC2 向 MSC-A 报告切换完成，送出 MS 接入新 TCH 信息到 MSC-A。MSC-A 向 BSC1 发出清除命令，释放原来 MS 的信道。BSC1 完成信道释放后向 MSC-A 报告清除完成。

MS 到达一个新的位置区后，要继续测量周围小区的信号强度，同时接收 BSC2 的有关信息。位置区发生变化时，它还要进行位置更新。

（3）不同业务区之间的切换

这种切换情况转为复杂，要进行多种信令的传递过程才能实现，如图 2-4-10 所示。

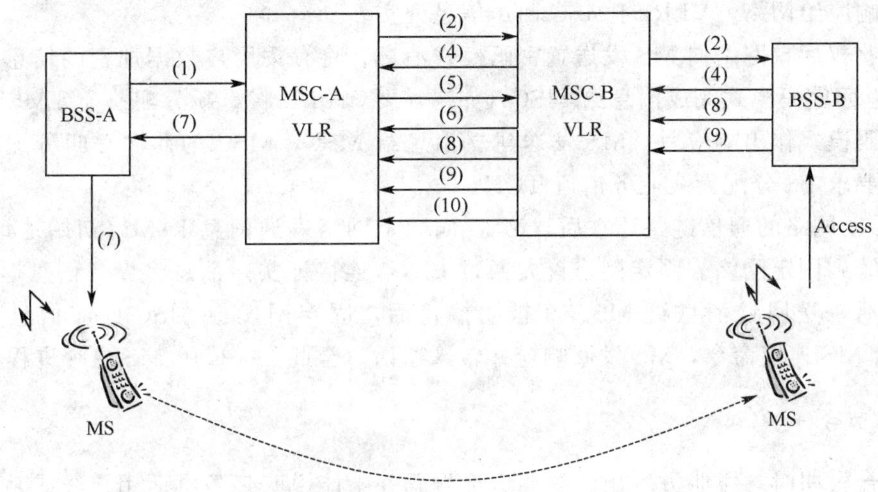

图 2-4-10 移动台在不同 MSC 间切换过程

基本切换过程如下：

1）MSC-A 检测到 MS 无线信道质量不佳，查看邻近位置信息后欲将邻近位置区码作为目的地信息，通过发送切换请求信息要求 MSC-A 控制切换。

2）MSC-A 分析切换要求消息，发现目的地属于 MSC-B 覆盖范围，通过 MSC-B 请求 BSS-B 作 MS 接入准备即切换请求。

3）MSC-B 接收 MSC-A 的切换请求，向 VLR 请求切换号码作为 MSC-A 到 MSC-B 电路建立的寻址信息。

4）BSS-B 切换请求响应，MSC-B 向 MSC-A 发切换请求响应，消息中带切换号码通知 MSC-A。

5）MSC-A 根据切换请求响应中的切换号码选择 MSC-A 与 MSC-B 间的 TUP 路由，向 MSC-B 发初始地址消息，被叫号码是切换号码。

6）MSC-B/VLR 收到初始地址消息确认切换号码，回送地址全消息到 MSC-A。

7）MSC-A 收到地址全消息后，通过 BSS-A 指示 MS 进行切换。

8）MS 接入 BSS-B，BSS-B 通过 MSC-B 通知 MSC-A 告知 MS 已成功接入 BSS-B。

9）MS 与 BSS-B 间成功完成信道建立，MSC-B 通知 MSC-A 切换完成。

10）MSC-B 完成接续并通知 MSC-A 通信建立成功，切换成功（TUP）。

4. 移动台呼出

移动台呼出即移动台作为主叫用户发起呼叫，其过程如下：

1）MS工作在BCCH（广播控制信道）上，由MS向BS发出申请信道的请求，收到BS发来的立即分配消息后，MS转到指定的DCCH（专用信道）上。

2）MS申请业务信道（由BS发给MSC），MSC向VLR发送请求以获得移动台的参数，网络要求对MS进行鉴权，产生一个128bit的随机数字RAND传给MS，MS处理后发送鉴权响应给网络，VLR向MSC回送信息证实。

通过鉴权后，网络向MS发送置密码模式消息。将有关用户数据加密的信息传给移动台，MS返回密码模式完成消息给MSC（如果需要，VLR将重新分配一个TMSI给MS）。

对密码模式作出响应后，MS发送建立消息给MSC，MSC为此次呼叫分配一路地面信道，并要求BS分配无线业务信道TCH。

3）移动网络的通信链路建立后，MSC向固定网络发送消息IAM（初始地址），以便将呼叫接续到固定网络。固定网络首先通过FIN（连接证实）消息将设备信息返回MSC。被叫接通后，送回铃消息给MS。在被叫摘机后，固定网发给MSC回应信息（ANS）。MSC发给MS连接命令，MS发回响应并转入通话。至此，完成了MS主呼进程。

5. 移动台呼入

移动台被叫时，主叫方发出的被叫电话号码并不能说明某条电话用户线或某个地理位置，而只是指向某个HLR中的用户数据存储区。在GSM系统中，移动用户电话号码的结构是基于ISDN的编号方式，因此称为MSISDN，其编号方式是按照CCITT的E.164建议。移动用户电话号码中的前几位数字可表明该用户归属的移动通信网，分析开头几位号码还能确定存放该用户数据的HLR，从这个HLR的用户数据中就能读出该用户目前访问的移动交换中心VMSC。因此，通过查询HLR，可以确定最终到达该移动用户的路由。由此可见，整个呼叫建立过程可分为两部分：查询HLR以前和查询以后。这使得呼叫路由分为两部分：从主叫地到发出查询的地点，再从查询地到被叫处。

1）呼叫用户拨出移动用户号码（MSISDN）后，固定网络将此呼叫接续到最近的相关移动交换中心（GSMC），GSMC向归属位置寄存器（HLR）发出查询消息以获得路由信息。固定网发出的初始地址（IAM0）就是移动用户号码。HLR根据其保留的被叫用户数据，确定MS目前所在的VLR，并向该VLR发查询消息。VLR返回该MS的移动台漫游号码（MSRN），并由HLR返回给GMSC（第一部分查询HLR以前）。根据这些消息，GMSC将呼叫接续到拜询MSC，即MS目前归属的MSC。

2）MSC向相关的基站BS发出寻呼请求信息，以建立至MS的呼叫连接。BSC确定被呼MS所归属位置区的BTS后，向其发送呼叫分组信息，BTS再通过寻呼信道（PCH）发出被叫MS的识别号和寻呼模式。

3）当被呼MS接收到它的呼叫后，在MS中的RR（Radio Resorce）子层启动随机接入进程（RAP），在RACH（随机接入信道）上发送信道请求信息给BS。此请求给BS的

RR 子层。RR 子层分配 DCCH（专用控制信道），并在 CCCH（公共控制信道）上发送立即指配消息给 MS。MS 转换到相应的 DCCH 上，从而建立起主信令链路（MSL）。然后，MS 向 BS 和 MSC 返回寻呼响应信息。

4）接到 MS 的寻呼响应后，MSC 向 VLR 发送过程接入请求。然后，开始常规鉴权和密码参数传递过程。如果成功，VLR 向 MSC 发送完成呼叫消息，启动 MSC 发送设置消息给 MS。被呼 MS 收到此消息后进入呼叫存在状态，同时向 BS 返回呼叫证实消息，以说明 MS 已具备受话的条件。

5）收到呼叫证实消息后，MSC 为此次呼叫分配地面信道，并命令基地台分配无线业务信道 TCH。此过程与 MS 主呼中的相应过程一样。

6）信道建立完成后，MSC 将收到 MS 发来的回铃消息。然后，MSC 在 FIN（连接证实）中发送连接证实消息给呼叫端，并在发送给固定网的 ACM（地址完成）消息中指示被呼移动台已接通。被呼用户摘机后，MS 发送连接消息给 MSC。MSC 返回被呼 MS 应答并发回应消息（ANS）给主叫用户。至此，完成了移动台被呼的接续过程。

2.4.3 GSM 基本信令流程

1. 手机位置更新流程

手机位置更新流程如图 2-4-11 所示。

1）手机首先从小区的 RACH 信道向 BTS 发送信道请求（CH REQ），BTS 收到处理后向 BSC 发送信道要求（CH RQD）。

2）BSC 收到后向 BTS 激活 SDCCH 信道（CH ACT），BTS 激活信道后回复确认消息（CH ACT ACK）。

3）BSC 收到后向 BTS 发立即指配命令（IMM ASS CMD），BTS 收到后在 AGCH 信道上向该手机发送立即指配命令（IMM ASS），手机收到后发送 SABM（请求连接帧），BTS 发送 UA（同意连接帧）给手机。

4）同时，BTS 向 BSC 发送信道建立指示（EST IND），其中包含手机的位置更新请求，BSC 将手机的位置更新请求通过 CR（LOC UPD REQ）发送给 MSC，MSC 收到后给 BSC 回复消息 CC（连接证实）。

5）以上过程完成手机和 BTS 的 SDCCH 建链过程，并且从 SDCCH 将位置更新信息发给 MSC，MSC 在进行可选的加密模式选择后向手机发送位置更新接受消息（LOC UPD ACCEPT）。

6）接着 MSC 向 BSC 发送清除消息（Clear CMD），BSC 回清除完成消息（Clear COM），同时向 BTS 发送 SDCCH 释放消息（CH REL）以及 SACCH 信道去激活消息（DEACT SACCH）。

7）BTS 收到后向手机发送信道释放消息（CH REL），手机要求 BTS 释放无线链路（DISC），BTS 回释放确认（UA），同时向 BSC 报告信道释放指示。

8）接着 BSC 向 BTS 发送无线信道释放（RF CH REL），BTS 回确认消息（RF CH

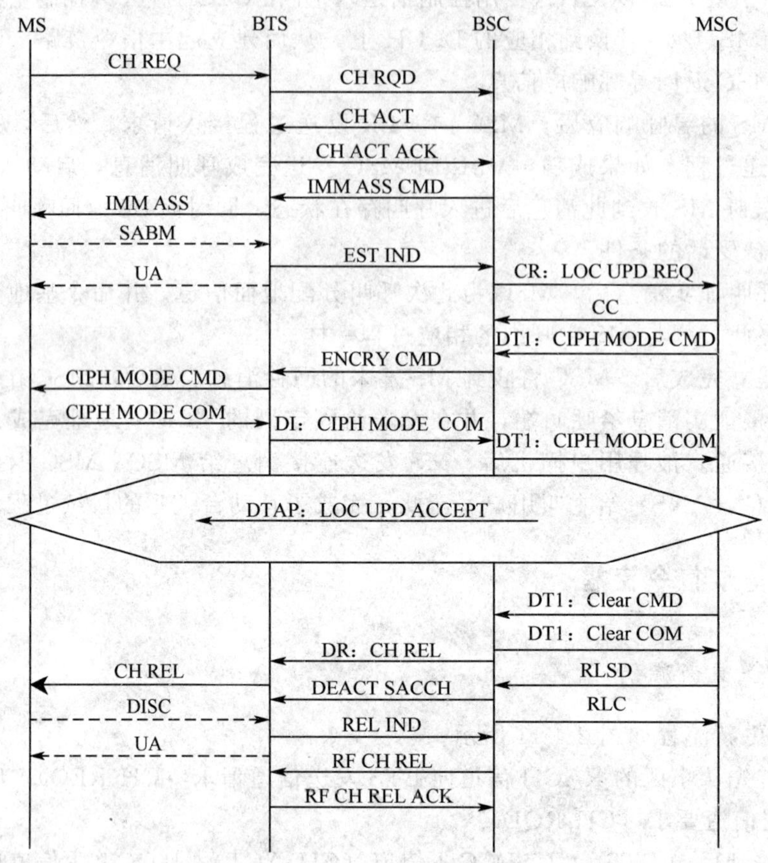

图 2-4-11　手机位置更新流程

REL ACK）完成整个无线信道的释放过程。

2. 手机关机流程

手机关机流程如图 2-4-12 所示。

关机先建立 SDCCH 信道，然后从 SDCCH 信道往 MSC 发送关机信息（IMSI DETACH），MSC 收到消息，将 SDCCH 信道释放。

3. 移动主叫以及被叫挂机流程

移动主叫以及被叫挂机流程如图 2-4-13 所示。

1）手机主叫时，先建立 SDCCH 信道，然后从 SDCCH 上向 MSC 发起 TCH 信道的请求。

2）MSC 向 BSC 发起指配请求，得到 BSC 确认后，BSC 向手机发起立即指配命令，手机跟 BTS 建立 TCH 的无线信道，BTS 发送信道建立指示并完成立即指配，释放 SDCCH 信道。

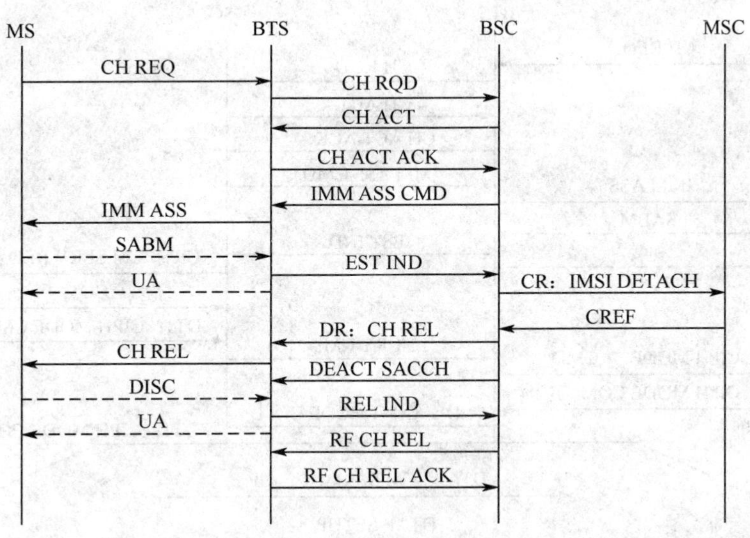

图 2-4-12　手机关机流程

3）MSC 从建立的 TCH 信道上向手机发回铃音，通过连接和连接确认完成通话过程建立。

4）被叫挂机后，MSC 向手机发送断链消息，手机释放以及 MSC 回释放完成，同时释放 TCH 信道。

4. 移动被叫以及主叫挂机流程

移动被叫以及主叫挂机流程如图 2-4-14 所示。

1）手机被叫时，由 MSC 向手机发起寻呼消息，手机收到后建立 SDCCH 信道，然后通过其建立 TCH 信道后释放 SDCCH 信道，通过 TCH 信道完成通话连接。

2）通话结束后将 TCH 信道释放。

5. 小区内内部切换流程

小区内内部切换流程如图 2-4-15 所示。

1）手机不断向 BSC 上报测量报告，BSC 根据其判断是否需要发生切换。

2）如果需要发生小区内切换时，BSC 激活同一小区的另外一条 TCH 信道，并将该 TCH 信道立即指配给手机。

3）手机完成立即指配后，BSC 通知 MSC 该手机发生了小区内切换并将原来的 TCH 信道释放。

6. 小区间内部切换流程

小区间内部切换流程如图 2-4-16 所示。

1）手机不断向 BSC 上报测量报告，BSC 根据其判断决定是否需要发生切换。

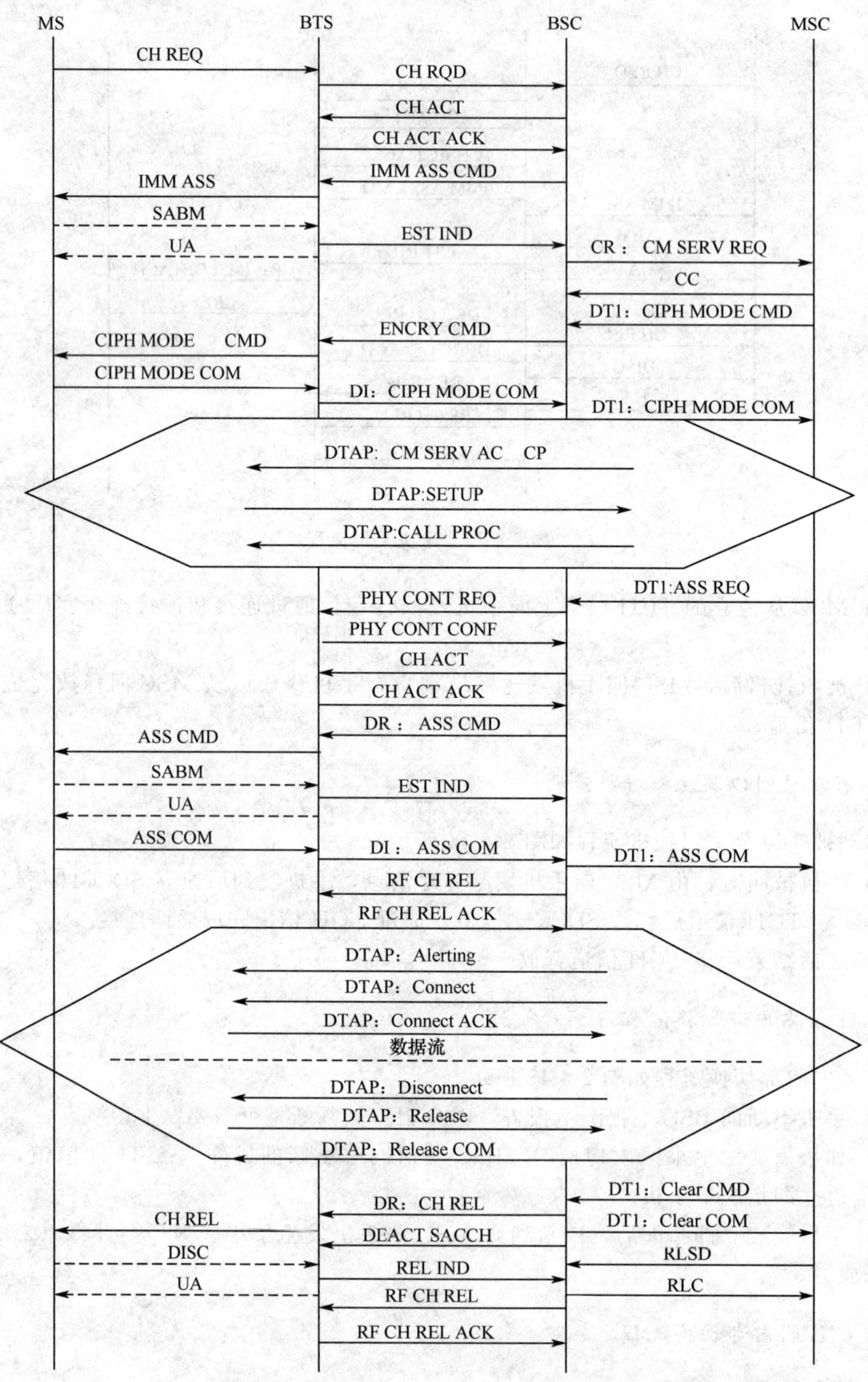

图 2-4-13　移动主叫以及被叫挂机流程

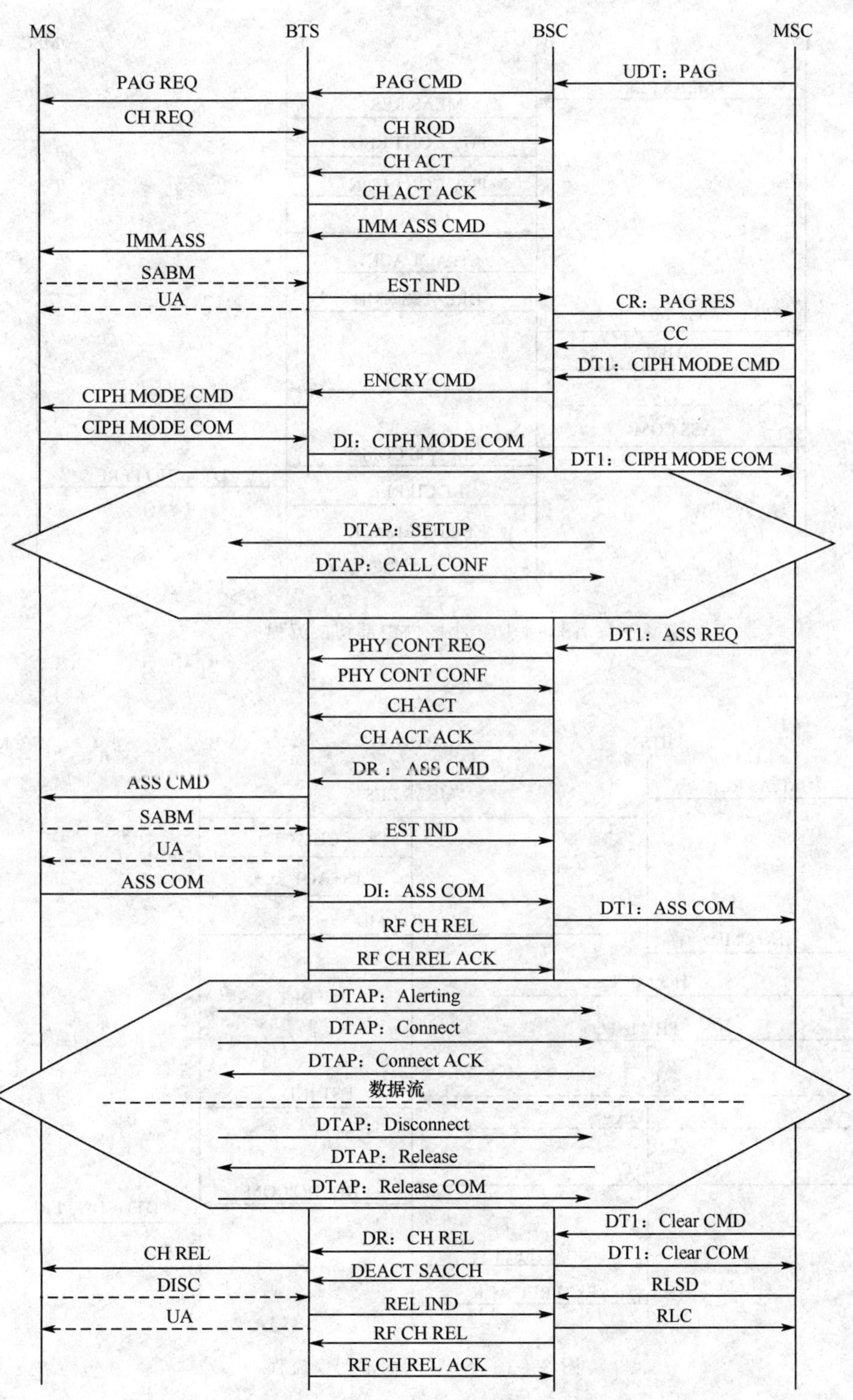

图 2-4-14 移动被叫以及主叫挂机流程

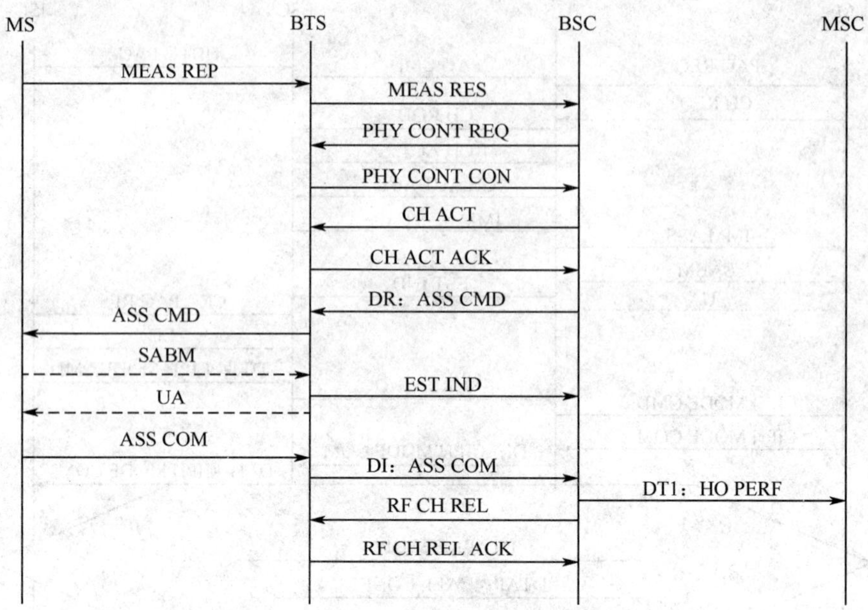

图 2-4-15　小区内内部切换流程

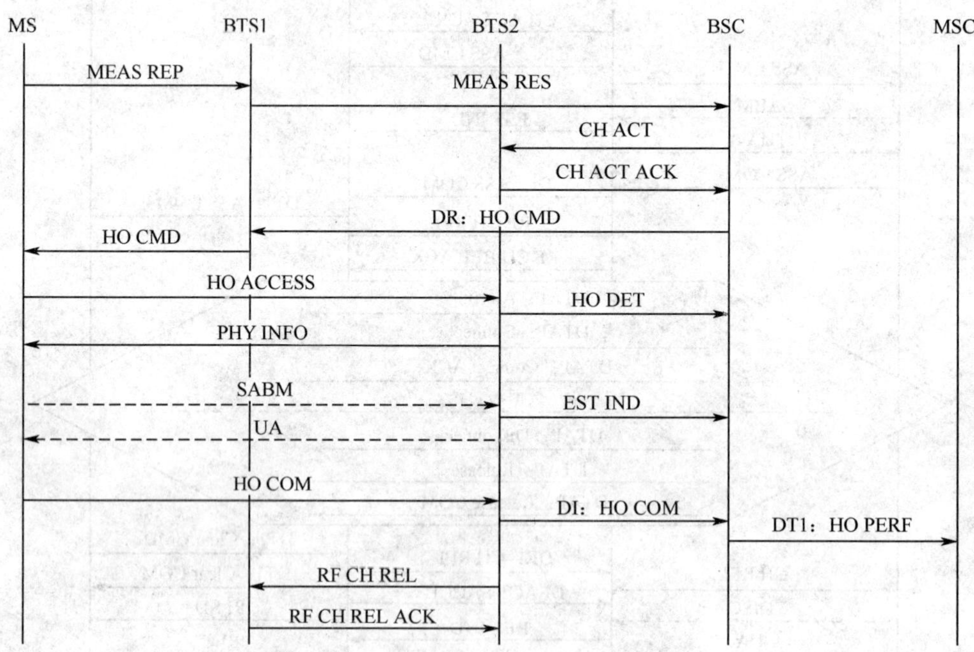

图 2-4-16　小区间内部切换流程

2）如果需要发生小区间切换时，手机处在源小区 BTS1，BSC 激活目的小区 BTS2 的一条 TCH 信道，并给手机发送切换命令（HO CMD），手机跟目的小区 BTS2 的 TCH 建立连接后完成切换。

3）BSC 通知 MSC 该手机发生了小区间切换并将源小区的 TCH 信道释放。

7. 功率控制信令流程

当移动台处于专用模式时，它除了分配一条业务信道外，还分配了一条 SACCH 信道，SACCH 信道用于在移动环境下传输测量报告、功率控制、时间提前量控制和进行链路监视等信息。测量报告和传输功率控制流程分别如图 2-4-17 和图 2-4-18 所示。

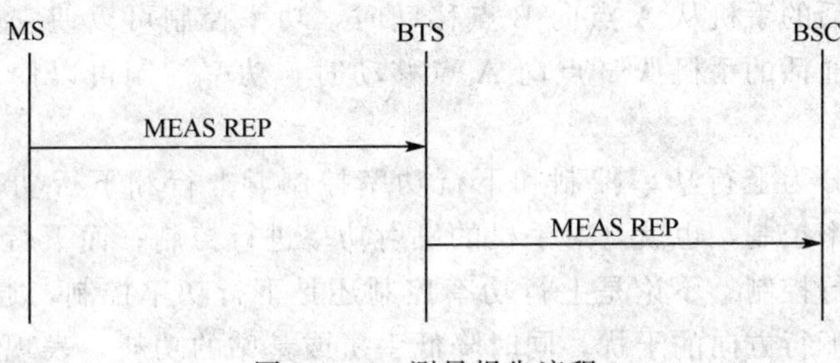

图 2-4-17 测量报告流程

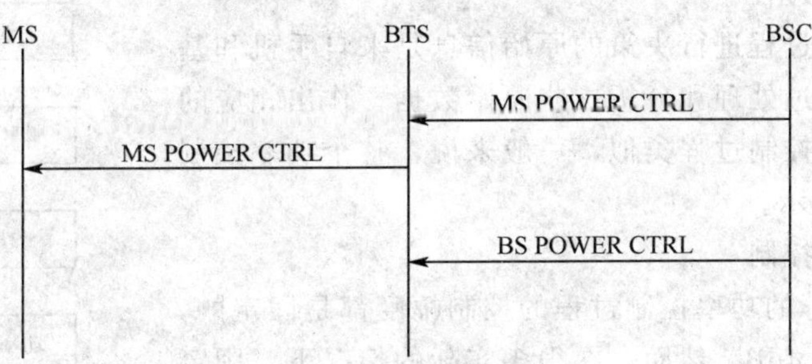

图 2-4-18 传输功率控制流程

MS 通过 SACCH 信道上报测量数据，BSC 进行功率控制决策，将相应的控制命令通知 BTS，由 BTS 负责执行或转发给手机。

2.4.4 GSM 的移动性管理

1. 功率控制

所谓功率控制，就是在无线传播上对手机或基站的实际发射功率进行控制，以尽可能降低基站或手机的发射功率，这样就能达到降低手机和基站的功耗以及降低整个 GSM 网络干扰这两个目的。当然，功率控制的前提是要保证正在通话的呼叫拥有比较好的通信质量。可以通过图 2-4-19 来简单说明一下功率控制过程。

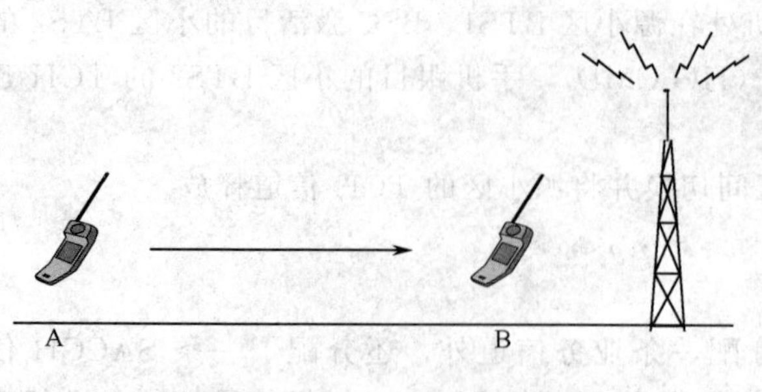

图 2-4-19　功率控制

由图 2-4-19 可见，由于在 A 点的手机离基站的天线比较远，而电波在空间的传播损耗与距离的 N 次方成正比，因此，为了保证一定的通信质量，A 点的手机通信时就要使用比较大的发射功率。相比而言，由于 B 点离基站的发射天线比较近，传播损耗也就比较小，因此，为了得到类似的通信质量，B 点的手机通信时就可以使用比较小的发射功率。当一个正在通话的手机从 A 点向 B 点移动时，功率控制可以使它的发射功率逐渐减小；相反，当正在通话的手机从 B 点向 A 点移动时，功率控制可以使它的发射功率逐渐增大。

功率控制可以分为上行功率控制和下行功率控制，上行和下行功率控制是独立进行的。所谓的上行功率控制，也就是对手机的发射功率进行控制；而下行功率控制，就是对基站的发射功率进行控制。不论是上行功率控制还是下行功率控制，通过降低发射功率，都能够减少上行或下行方向的干扰，同时降低手机或基站的功耗，表现出来的最明显的好处就是：整个 GSM 网络的平均通话质量大大提高，手机的电池使用时间也大大延长。

（1）功率控制过程

提供功率控制过程进行决策的原始信息是来自手机和基站的测量数据，通过处理和分析这些原始数据，作出相应的控制决策。和切换控制过程类似，一般来说，整个功率控制过程如图 2-4-20 所示。

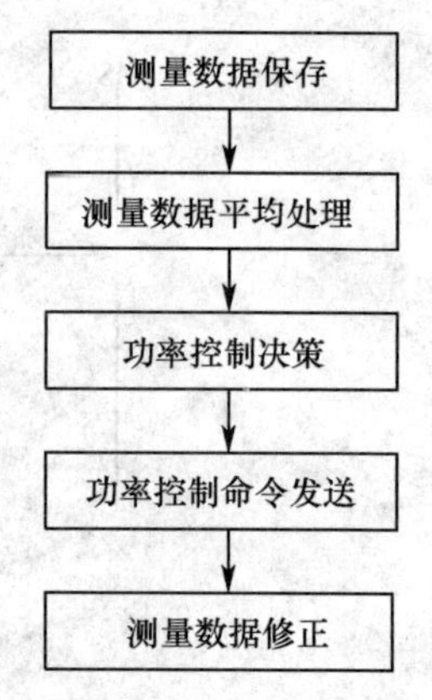

图 2-4-20　功率控制过程

（2）快速功率控制

ETSI 规范推荐的功率控制过程的控制幅度都是固定的，一般取值是 2dB 或 4dB，然而，在很多实际的情况下，固定的功率控制幅度并不能达到最优的效果。

当手机在离基站天线很近的地方发起一次呼叫，它使用的初始发射功率是所在小区 BCCH 信道上广播的系统消息中手机最大发射功率 MS_TXPWR_MAX_CCH，很明显，这时由于手机离基站的天线非常近，功率控制过程应该尽可能快地将它的发射功率降下去。然而，规范推荐的功率控制过程做不到，因为它每次只能命令手机降 2dB 或 4dB，加上每两次功率控制之间会有一定的间隔期（由于要收集足够多新的测量数据），因此，要将手机发射功率降到合理的值，会经历一段比较长的时间，下行方向也是一样的。可见，这对降低整个 GSM 网络的干扰情况明显不利，要改善这一点，就是加大每次功率控制的幅度，这就是快速功率控制的核心思想。

快速功率控制过程能够根据实际的信号强度和信号质量情况，判断出应该使用的功率控制幅度，不再局限于一个固定的幅度，这样就可以轻易解决手机初始接入时功率的控制问题。当然，它的作用也不仅仅局限于这种情况，还有很多，比如快速移动的手机、突然出现的干扰或障碍等，只要出现需要进行大幅度功率控制的现象，快速功率控制过程都能够圆满地给予解决。

2. 切换

在通信期间，正在通信的用户从一条用户链路改变到另一条用户链路的过程称为切换，它是蜂窝通信系统中非常重要的功能。切换的目的主要是为了避开当前通信链路上的强干扰或是为了保证当通话中的移动台越出当前小区时，现有通话不中断。

GSM系统中采用硬切换技术，即先断开原来的通信链路，再接入到新的通信链路中去，具有一定的风险性，故当链路出现质量问题时，要优先进行功率控制方式的调整，随后才会考虑切换。

在GSM系统中，在业务信道（TCH）与信令信道（SDCCH）上的用户链路都可进行切换，但要注意，切换只能在同类信道中进行，由于SDCCH的占用时间过短，一般并不建议启用SDCCH的切换。

在GSM系统中，切换也是由基站控制器负责控制的。与功率控制仅需要处理服务区的接收电平（RXLEV）与接收质量（RXQUAL）的测量报告不同的是，它的判决算法十分复杂，需要考虑相当多的因素。切换判决算法设置的准确与否，直接关系到用户通信的质量。根据不同的切换需求，可以有不同的切换判决算法。一般的切换判决算法是以传输质量作为切换依据的，目前又出现了以小区的拥塞情况作为判决条件的算法（如Alcatel的业务切换判决算法），以下是切换算法所需要的输入值。

1）一些静态数据：如有关本小区、移动台及邻区的最大发射功率值，小区最低接入电平等。

2）移动台的实时测量值：下行接收质量（RXQUAL）与接收电平（RXLEV），及接收到的邻区BCCH的下行接收电平（RXLEV）。

3）基站的实时测量值：上行接收质量（RXQUAL）与接收电平（RXLEV），及接收到的时间提前量（TOA）。

4）小区容量及负荷。

小贴士

GSM手机测量中使用到的仪器如下。

1）时域分析：示波器，用于观察相位失真。

2）频域分析：频谱分析仪，用于观察谐波失真。

• 误码率：误码率是评价接收端接收到的数据出错比率的情况。所有的手机都有LOOP BACK模式，由GSM TEST SET给手机发送命令，让手机进入LOOP BACK模式，而且只有当TEST SIM插入手机时，LOOP BACK才能被激活，一旦手机环回到调制的数据流，BER就可测量了。

• 接收静态灵敏度：手机在小区内移动，存在路径的衰减，基站使用从手机发来的 RX Lev 显示接收的功率，当显示接收的功率小时，基站调整它的输出功率，这叫动态功率控制。范围超过 30dB，在最远处（－102dBm）时接收灵敏度可令 BER＜2%，在最近处（－15dBm）时 BER＜0.1%。

• 时基调整范围：对时基调整范围的检查是每个手机生产商都要做的工作。所有的手机都有一个内部频率参考振荡器（时基），手机里所有别的频率都要和这个参考频率同步；这个参考频率是可调的，以便手机能和网络同步。由于多普勒衰减和温度的变化会对频率有影响，所以需要有充足的频率调整范围。

计划与实施建议

1. 到图书馆或上网查询有关 GSM 信令和工作过程分析的资料。
2. 让学生练习使用 GSM 测量中用到的仪器仪表。
3. 让学生画图展示，解释说明 GSM 的信令和工作过程。
4. 让学生阐述对 GSM 的移动性管理的理解。

检查与评价点

1. 检查相关资料的准备情况。
2. 检查学生对测量仪器仪表的使用情况。
3. 检查学生所画 GSM 信令和工作过程图。
4. 评价学生所画的图及对 GSM 移动性管理的阐述。

试一试

1. 在呼叫建立与位置更新时，需要用到 IMSI，并同时存储在________和________中。

2. 在 GSM 系统中，共用三个号码组成移动台的位置识别：________、________和________。

3. 功率控制可以分为________功率控制和________功率控制。

4. 在通话过程中，话音激活期间以________的编码速率传播，在话音非激活期间以约________（每 480ms 一个话音帧）的低速编码传播，仅传送舒适噪声的特性参数，称为话音不连续传输模式（DTx）。

5. 小区是基站子系统中的一个收发信机的无线覆盖区域。通常采用________或________进行标识。

6. 所谓的功率控制，就是在无线传播上对________或________的实际发射功率进行控制，以尽可能降低________或________的发射功率，以达到降低功耗和降低整个 GSM 网络干扰这两个目的。

7. GSM 测量中使用到的仪器。时域分析：________，易观察相位失真；频域分析：________，易观察谐波失真。

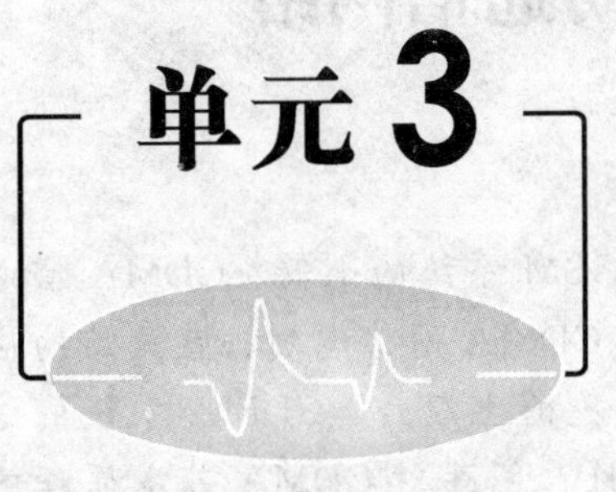

实现两部CDMA手机之间的通信

单元说明

本单元从认识 CDMA 移动通信网络、CDMA 与 GSM 系统的比较入手，通过对 CDMA 信道及信息传输、空中接口、逻辑信道类型、CDMA 信息传输原理、CDMA 关键技术等的分析，使学生对 CDMA 系统从整体到局部有全面的了解和认识。通过画图、分组讨论等形式，使学生对码分多址技术、CDMA 信道及信息传输、CDMA 空中接口、CDMA 信息传输、CDMA 网络规划、直放站的应用、CDMA 网络的码资源规划、CDMA 系统的功率控制方法、RAKE 接收工作原理等内容加深理解；更好地掌握 CDMA 移动通信系统的基本特点及应用；掌握扩频通信技术及扩频码、地址码等产生方法；熟悉 CDMA 系统功率控制方法、RAKE 接收机等关键技术，进而拓展学生在 CDMA 无线覆盖、基站话务配置、导频偏移量的规划、软切换区的设置、多载波的应用、CDMA 与 GSM 系统特点比较等方面的知识。

学习目标

相关知识

基础知识：

- CDMA 移动通信网络系统的基本情况
- CDMA 通信网络与 GSM 通信网络的区别
- 扩频通信系统的原理
- CDMA 系统的地址码和扩频码

拓展知识：

- CDMA 移动通信标准的演进
- 3GPP 及 3GPP2 的标准组织的发展
- CDMA 功率控制、RAKE 接收机原理

相关技能

基本操作技能：

- 通过网络查询、收集所需资料的技能
- 总结归纳、画图讲解技术文档的技能

拓展技能与技巧：

- 通信工程师的行为规范和基本工作礼仪
- 对实验平台和设备规范操作的技能

任务 3.1　认识 CDMA 移动通信网络

任务描述

本任务中涉及 CDMA 移动通信网络结构、CDMA 与 GSM 系统的比较、CDMA 信道及信息传输、空中接口、逻辑信道类型、CDMA 信息传输 CDMA 网络规划、直放站的应用等知识。本任务主要内容是要求学生分组进行讨论，讨论的主题是：CDMA 系统的结构及 CDMA 系统承载相关业务的机理；如何理解码分多址？阐述对 CDMA 基本原理的理解。

任务目标

本任务旨在通过分组讨论的形式，使学生能够加深对 CDMA 移动通信网络结构、CDMA 与 GSM 系统的比较、CDMA 信道及信息传输、空中接口、逻辑信道类型、CDMA 信息传输 CDMA 网络规划、直放站的应用等知识的理解，进而拓展学生在 CDMA 无线覆盖、基站话务配置、导频偏移量的规划、软切换区的设置、多载波的应用、CDMA 与 GSM 系统特点比较等方面的知识。

完成本任务后，可使学生了解 CDMA 系统的网络结构及其网元设备；加深对 CDMA 移动通信系统知识的理解；掌握 CDMA 移动通信网络码分多址基本原理。

相关知识

内　　容	获取方式
1. CDMA 移动系统的网络结构及其网元设备。	• 上图书馆查阅资料 • 上网收集信息 • 到运营商服务网点询问相关工作人员
2. 码分多址的概念。	
3. GSM、CDMA 的网络技术比较。	
4. 扩频通信的概念。	
5. 全球 CDMA 网络的发展趋势及我国 CDMA 网络的运营情况。	

3.1.1 CDMA 移动通信网络

20 世纪 80 年代末，全球范围从模拟向数字蜂窝技术的突然转变，使欧洲的 GSM 数字技术得以迅速推广，占据了无可争议的市场领先地位。几乎与 GSM 技术同时诞生的还有 CDMA（码分多址）技术。

CDMA 系统采用扩频调制信号，其频带宽度比信息的频带宽度大得多，达到几十倍、几百倍甚至上千倍以上。扩频信号的功率谱密度极低，具有很好的隐蔽性和很强的抗多种干扰的能力，例如抗瞄准式干扰、抗多径干扰等。早在20世纪60年代，扩频技术就已应用于军事保密和抗干扰通信。由于它是以扩频通信技术为基础的，因此能够更加充分的利用频谱资源，更加有效的解决频谱资源短缺的问题。20世纪80年代以来，随着集成电路和计算机技术的迅速发展，码分多址扩频技术越来越多地被用于民用通信系统，其中有代表性的就是20世纪90年代由美国Qualcomm（高通）公司研制的码分多址IS-95数字移动通信系统。目前，CDMA技术除已应用于移动通信外，在数据传输、卫星通信以及遥控遥测空间通信等许多领域也得到越来越广泛的应用。

1. CDMA移动通信网络结构

采用IS-95 CDMA技术的数字蜂窝移动通信网络，其组成与GSM网络相似，主要由网络交换子系统、基站子系统和移动台子系统构成，如图3-1-1所示。网络交换子系统又由移动交换中心（MSC）、归属位置寄存器（HLR）、访问位置寄存器（VLR）、鉴权中心（AUC）、短信息中心（MC）、短信息实体（SME）、设备识别寄存器（EIR）和操作维护中心（OMC）等构成。基站子系统由一个基站控制器（BSC）和若干个基站收发信台（BTS）组成。

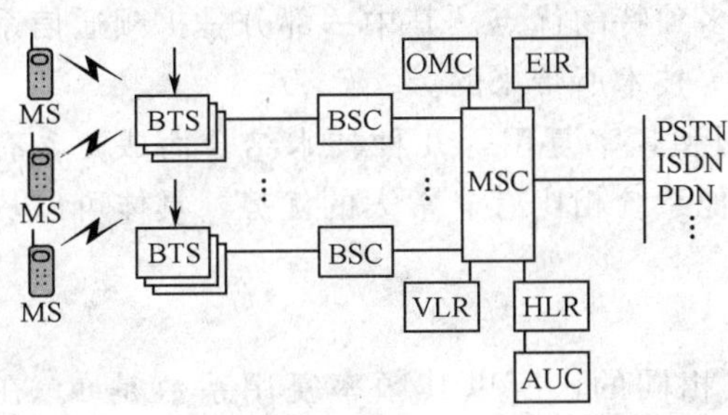

图3-1-1　CDMA数字蜂窝移动通信网络组成

CDMA移动通信网络中各网元的接口同样与GSM网络类似，如BTS与MS之间的Um接口，BTS与BSC之间的Abis接口，BSC与MSC之间的A接口，以及MSC与公众网（公用电话网PSTN、综合业务数字网ISDN、公用数字网PDN等）之间的ISUP和TUP接口等，只是具体参数有些不同。

在移动通信工程中，通常将移动通信网络的组成结构划分为“无线侧”和“核心侧”两个部分。“无线侧”就是无线传输相关设备，具体为BSC、BTS和MS设备；“核心侧”就是网络交换子系统相关设备。“无线侧”设备是我们学习的重点和方向。下面以ZXC10 _ BSS的系统BSC实际设备为例来介绍，其主要技术指标如下：

1）最大可带BTS数量：512

2）声码器数量：7200

3）最多信道数（含开销和软切换信道）：512×32＝16 384

4）最多业务信道数：512×20＝10 240

5）最大用户数：约102 500

6）BTS侧的业务量：约2930Erl

7）BHCA容量：约125 000

8）每用户业务量：1.28BHCA/用户

9）系统中断时间：＜0.003％

CDMA 移动通信网络“无线侧”的空中接口（Um）主要参数如下。

1）频率：800MHz。

上行：824～849MHz。

下行：869～894MHz。

2）CDMA 带宽：1.2288MHz（±0.6144MHz）。

3）载波间隔：1.25MHz。

4）调制方式：QPSK。

5）空中传输速率：1.2288Mb/s。

6）声音编码方式：QCELP。

2. CDMA 与 GSM 系统的比较

与 GSM 移动通信系统相比，CDMA 具有许多独特的优点。其中一部分是扩频通信系统所固有的，另一部分则是由软切换和功率控制等技术所带来的。

CDMA 系统是由扩频、多址接入、蜂窝组网和频率复用等几种技术结合而成，含有频域、时域和码域三维度的信号处理，因此与其他系统相比有非常大的优势，具体可以从以下一些方面体现出来。

（1）独特的频率复用

在 CDMA 系统中，所有小区使用的频率是相同的，所以其频率复用系数是 1。在 GSM 系统中，由于小区有频率干扰的问题，至少相邻小区的频率不同，所以频率复用系数不高。如图 3-1-2 所示，CDMA 用户按不同的序列码区分，所以不相同的 CDMA 载波可以在相邻的小区内使用，网络规划灵活，扩展简单。

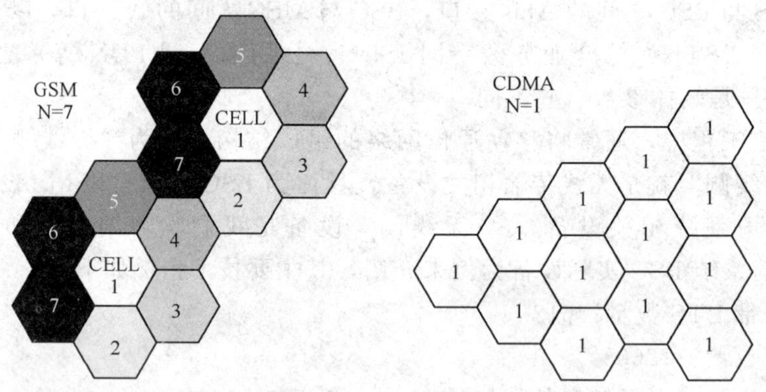

图 3-1-2　CDMA 和 GSM 频率复用

（2）覆盖范围广

覆盖半径是标准 GSM 的两倍。这是由于 CDMA 采用的是码分技术，其抗衰减的能力较 GSM 强，从而覆盖半径大。例如当覆盖 1000km² 时，GSM 需要 200 个基站，而 CDMA 只需要 50 个基站。在相同覆盖条件下，由于基站数量大为减少，网络建设成本低。

表 3-1-1 对 GSM 和 CDMA 在频率使用方面进行了一个比较。

表 3-1-1 GSM 和 CDMA 在频率使用比较

参　数	CDMA	GSM
载频带宽	1.25MHz	0.20MHz
载频数	3	25
频率复用	1/1	3/9
有效载频	3/1=3	25/3=8.3
语音呼叫/载频	25～40	7.25
语音呼叫/小区	75～120	7.25×8.3=60.2
扇区/小区	3	3
语音呼叫/扇区	75～120	60.2/3=20.0
爱尔兰/扇区	64～107	13.2

（3）通信容量大

CDMA 网络是一个自干扰系统，不同用户传输信息所用的信号不是靠频率不同或时隙不同来区分（所有用户使用相同的频率），而是依靠各自不同的信道编码来区分用户（或者说靠信号的不同波形区分）。利用数字信号波形相互正交或接近正交的特性，实现多址连接，如果从频域或时域来观察，多个 CDMA 信号是互相重叠的。一个用户的信号是其他用户的干扰源；同样，其他用户的信号也是本用户的干扰源。用户增加不会出现打不了电话的现象，只会使网上其他用户质量稍有降低。网络容量取决于忍受的干扰限度。

在系统中采取了功率控制技术，从而系统的功率很小。CDMA 的功率控制技术可以使传输信号所携带的能量被控制在为保持良好通话质量所需的最低水平上。较小的功率意味着更少的能量损耗，从而具有更小的干扰，获得更大的通话容量。如果每个基站可以提供更大的通话容量，就意味着只需部署较少的基站便能完成一定的话务量。

由于 CDMA 系统采用了扩频通信技术，CDMA 系统能以较少的频谱资源和电力资源提供较大的系统容量。与 GSM 网络相比，CDMA 网络的容量要大 4～6 倍，有利于减少成本。

在通话者不说话时，可变速语音编码器可减少通话进程对信道的占用，使得信道可以被更有效地利用，从而间接地提高了整个系统的通话容量。

（4）语音质量好

CDMA 系统声码器可以动态地调整数据传输速率，并根据适当的门限值选择不同的电平级发射。同时，门限值根据背景噪声的改变而变化，这样即使在背景噪声较大的情况下，也可以得到较好的通话质量。

TDMA 的信道结构最多只能支持 4kbit 的语音编码器，它不能支持 8kbit 以上的语音编码器。CDMA 系统采用高质量的语音编码器——QCELP 语音编码，大大抑制了噪声，加上系统优越的通信质量，使得语音更清晰。8kb/s 速率的话音质量相当于 GSM 的 13kb/s，而 13kb/s 的话音质量可以与有线电话媲美。

当用户在不同的蜂窝站点之间移动时，TDMA 采用一种硬切换的方式，用户可以明显地感觉到通话的间断。在用户密集、基站密集的城市中，这种间断就尤为明显。因为在这样的地区每分钟会发生 2～4 次切换的情形。CDMA 系统由于运用了独特的软切换技术，当用户从一个基站转向另一个基站时，用户不会中断与原来基站之间的通信，直至切换到新的基站上。即在切换时用户同时与两个基站联络，增强了小区边缘的信号强度，防止通话变轻或质量恶化，大大降低了掉话的可能性，保证了长时间在移动中的通话质量。软切换可以使通话者从相邻的 3～5 个蜂窝站点接收到信号，在将收到的信号合并后不仅可以消除移交时通话间断的情况，还可以全面提高信号的质量（通过始终从收到的 3～5 个信号中选择最好的信号）。

CDMA 系统采用宽带载频传输及先进的功率控制技术，克服了信号路径衰落，避免了信号时有时无的现象。同时，还使用了强纠错信道编码，使得用户在时速高达 200 公里的汽车上一样能够稳定通话。

（5）保密性好

扩频通信技术特性之一就是语音保密性能好。再加上 CDMA 系统完善的鉴权保密技术，足以保证用户的利益不受到侵犯，用户在通信过程中不易被盗听。通过宽带频谱传输的信号是很难被侦测到的，就像在一个嘈杂的房间里人们很难听到某人轻微的叹息一样。使用其他技术，信号的能量都被集中在一个狭窄的波段里，这使在其中传输的信号很容易被他人侦测到。

CDMA 采用了伪随机码（Pseudo Noise Sequence）作为地址码，加上独特的扰码方式，在防止串话、盗用等方面具有其他网络不可比拟的优点，进一步保证了 CDMA 网络通信的保密性。

（6）用户满意度

由于 CDMA 技术的独特性，对用户来讲，CDMA 具有很多优点，能够给用户提供更高满意度的服务。这可以从以下这几个方面来看：平滑的软切换技术，掉话率低，语音质量好；更高的数据传输速率；更多的多媒体服务；降低了手机的平均发射功率，减少了对人体和环境的辐射，待机时间更长，被誉为“绿色手机”。GSM 手机平均发射功率是 125mW，最大发射功率是 2W；而 CDMA 手机的平均发射功率是 2mW，最大发射功率是 200mW。另外，采用功率控制和可变速率声码器，手机电池使用寿命延长。

还有非常重要的一点就是 CDMA 的兼容性。首先，IS-95 CDMA 系统可以平滑升级到 CDMA 1x 系统。不用更改任何硬件，只需升级软件就可以实现升级。其次就是 IS-95 CDMA 系统可以和 CDMA 1x 系统共存，具有向后兼容的特点。

3.1.2 CDMA 信道及信息传输

CDMA 信道可以划分为“基站发送、移动台接收”的前向 CDMA 信道和“移动台发送、基站接收”的反向 CDMA 信道。前向业务信道和反向业务信道的比较如表 3-1-2 所示。

表 3-1-2　CDMA 前向业务信道和反向业务信道的比较

比较项目 \ 前向业务信道和反向业务信道	前向业务信道链路	反向业务信道链路
编码	编码率 1/2，约束长度 9	编码率 1/3，约束长度 9
交织	1 帧，384 个符号	1 帧，576 个符号
Walsh 调制	区分信道	提供 64 进制调制
长 PN 码	加扰数据	区分用户
	抽样到符号速率	不需改变速率
重复的符号	发送所有的符号	门控符号重复
调制	QPSK	OQPSK

1. 空中接口概述

基站和移动台之间的空中接口（Um）主要参数如下。

（1）前向信道公共空中接口主要参数

1）通过 64 阶 Walsh 序列区分前向信道。

2）用长度为 $2^{15}-1$ 的 PN 码对前向信道进行正交调制。

3）调制方式为 QPSK（四相相移键控）。

4）PN 码片速率为 1.2288Mb/s。

5）语音编码的数据速率为 1.2kb/s、2.4kb/s、4.8kb/s、9.6kb/s。

6）纠错编码为码率 1/2 的卷积编码。

7）同步信道的交织长度为 26.66ms，其他信道的交织长度为 20ms。

（2）反向信道公共空中接口主要参数

1）通过 42 阶 PN 码的不同相位偏置区分用户。

2）用 42 阶 PN 长码扩频。

3）调制方式为 OQPSK（偏移四相相移键控）。

4）PN 码片速率为 1.2288Mb/s。

5）语音编码的数据速率为 1.2kb/s、2.4kb/s、4.8kb/s、9.6kb/s。

6）纠错编码为码率 1/3 的卷积编码。

7）交织长度为 20ms。

2. 逻辑信道类型

CDMA 网络的信道，同样有物理信道和逻辑信道之分。逻辑信道类型与 GSM 网络不同，它分为前向信道和反向信道，如图 3-1-3 所示。所有移动台的信息在同一个 1.25MHz 宽的载频上传输。下面分别进行介绍。

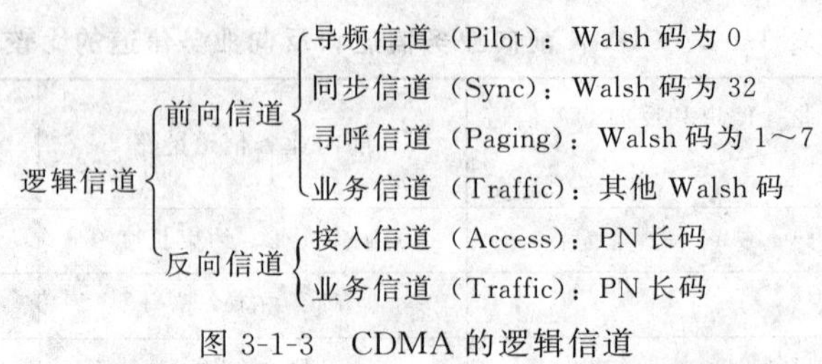

图 3-1-3　CDMA 的逻辑信道

（1）导频信道（Walsh码为0）

导频信道传输是由基站连续发送导频信号（Pilot）供移动台识别基站并引导移动台入网。导频信号是一种无调制的直接序列扩频信号，令移动台可迅速而精确地捕获信道的定时信息，并提取相干载波进行信号的解调。移动台通过对周围不同基站的导频信号进行检测和比较，可以决定什么时候需要进行越区切换。其特点如下：

1）为解调其他信道提供相干相位参考。

2）只进行正交PN码调制。

3）导频基带数据（常值为逻辑“0”）。

4）由码片速率为1.2288Mb/s的Walsh序列0调制。

5）发送功率比其他信道高（一般高出15%～20%）。

（2）同步信道（Walsh码为32）

同步信道主要传输同步信息（还包括提供移动台选用的寻呼信道数据）。基站在此信道反复广播同步信道消息，传送重要的系统信息。在同步期间，移动台利用此同步信息进行同步调整。一旦同步完成，它通常不再使用同步信道，但当设备关机后重新开机时，还需要重新进行同步。当通信业务量很多、所有业务信道均被占用而不敷应用时，此同步信道也可临时改作业务信道使用。

同步信道传送的主要消息参数如下。

1）系统识别（SID）：系统的标志符号码。

2）网络识别（NID）：系统的次标识符。

3）导频短PN序列偏移（PILOT-PN）：偏移指数，对基站或小区来说，以64个码片为单位。

4）系统时间（SYS-TIME）。

（3）寻呼信道（Walsh码为1～7）

基站在此信道向移动台发送有关寻呼、指令以及业务信道指配信息。移动台通常在建立同步后，接着就选择一个寻呼信道（也可以由基站指定）来监听系统发出的寻呼信息和其他指令。在需要时，寻呼信道可以改作业务信道使用，直至全部用完。

寻呼信道数据速率为4.8kb/s或9.6kb/s。寻呼信道传送的主要消息参数如下。

1）系统参数消息：导频PN序列偏移（PN-offset）指数、基站标识符、寻呼信道数等。

2）接入参数消息：定义MS在接入信道发送所需参数。

3）邻区列表消息：提供邻近基站参数消息。

4）CDMA 信道列表消息：提供 CDMA 载波列表。

5）时隙寻呼：提供用来通知 MS 可接收呼叫的数据。

6）寻呼消息：向 MS 提供寻呼。

7）标准的指令信息：多为控制指令。

8）信道分配消息：通知 MS 调谐到一个新的频率。

9）数据子帧消息：发送 MS 的数据信息。

10）鉴权查询消息：由基站确认 MS 身份。

11）MS 中的共享保密数据 SSD 更新：要求 MS 更新 SSD。

12）特性通知消息：包含信息记录使得网络能够提供由 MS 显示的信息，并且能使网络识别被叫方号码、识别主叫方号码，还能够以音频或其他告警信号的方式将信息传送给 MS；另外，还能指示正在等待的消息数量。

（4）前向业务信道（使用其他 Walsh 码）

前向业务信道用于呼叫中，向移动台发送用户信息和信令信息。前向业务信道共有 4 种传输速率（1.2kb/s、2.4kb/s、4.8kb/s 和 9.6kb/s）。业务速率可以逐帧（20ms）改变，以动态地适应通信者的话音特征。

一个 CDMA 前向信道支持的信道数共有：55 个前向业务信道；1 个导频信道；1 个同步信道；7 个寻呼信道，如图 3-1-4 所示。

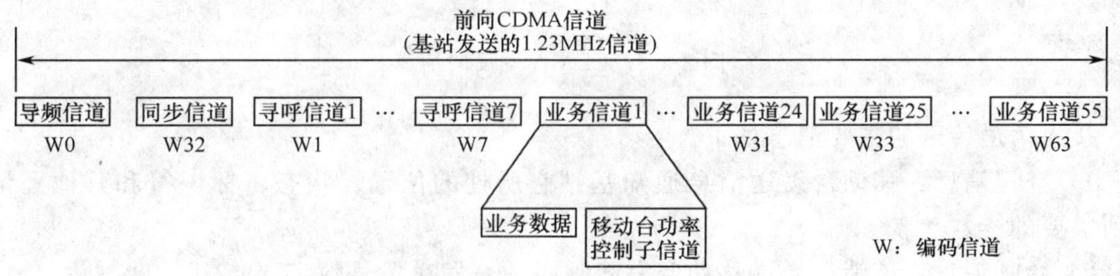

图 3-1-4　CDMA 的前向信道

CDMA 前向信道中三种信道的调制参数比较如表 3-1-3 所示。

表 3-1-3　前向信道中调制参数的比较

参数	同步信道	寻呼信道	前向业务信道	单位
数据率	1.2k	9.6k	9.6k	b/s
PN 比特码片率	1.2288	1.2288	1.2288	Mb/s
编码比率	1/2	1/2	1/2	比特/编码符号
编码重复	2	1	1	调制符号/编码符号
调制符号速率	4.8k	19.2k	19.2k	符号/秒
PN 比特片/调制符号	256	64	64	PN 比特片/调制符号
PN 比特片/比特	1024	128	128	PN 比特片/比特

（5）接入信道（用长码标识）

接入信道属于 CDMA 的反向信道，和正向传输中的寻呼信道相对应，需要与寻呼信道配合使用，以相互传送指令、应答和其他有关的信息。移动台在此信道发起呼叫以及传送应答信息。

当移动台没有使用业务信道时，接入信道提供移动台到基站的传输通路，在其中发起呼叫，对寻呼进行响应以及传送登记注册等短信息。接入信道是一种分时隙的随机接入信道，允许多个用户同时抢占同一接入信道。一个接入信道由特定的公用长码（Long Code）标识，每个寻呼信道可以与高达 32 个接入信道配合（见图 3-1-5）。在一个 CDMA 频道中，接入信道最多 32 个，最少 0 个。其固定发送速率为 4.8kb/s，帧结构为 88 个信息比特＋8 个编码尾比特。没有 CRC 校验比特。

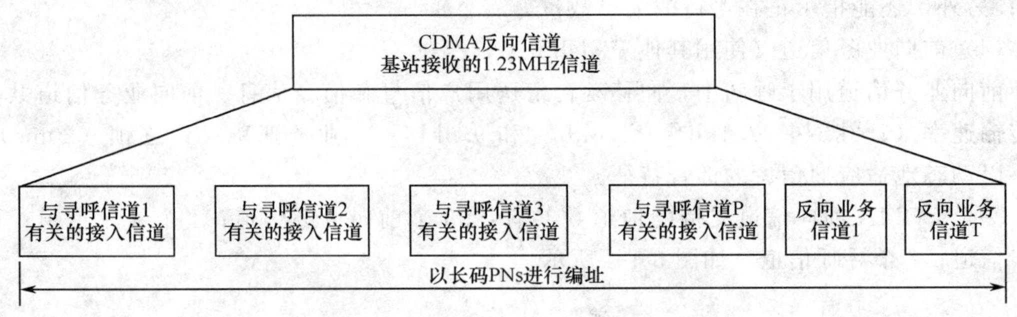

图 3-1-5　CDMA 的反向信道

接入信道传送的主要消息如下。

1）登记消息：移动台发送消息通知基站它所处的位置、状态、标识符和其他登记系统所需要的参数。

2）始呼消息：该消息允许移动台发起呼叫——发送拨号数字。

3）寻呼响应消息：移动台利用该消息在接收一个呼叫的过程中对寻呼或时隙发出响应。

4）鉴权查询响应消息：该消息包含验证移动台身份的必要消息。

（6）反向业务信道

反向业务信道用于在呼叫建立期间传输用户信息和信令信息，与正向业务信道相对应。业务信道被不同的用户占用时，不同的用户由不同的用户长码（Long Code）定义，每一个移动台唯一对应于一个用户长码。

反向业务信道也有 4 种发送速率，分别为 1.2kb/s、2.4kb/s、4.8kb/s 和 9.6kb/s。其信号帧结构如下。

1）9.6kb/s：172 个信息比特＋12 个 CRC 比特＋8 个编码尾比特。

2）4.8kb/s：80 个信息比特＋8 个 CRC 比特＋8 个编码尾比特。

3）2.4kb/s：40 个信息比特＋8 个编码尾比特。

4）1.2kb/s：16 个信息比特＋8 个编码尾比特。

3. CDMA 信息传输

CDMA 网络信息的处理及传输过程与 GSM 网络类似（见图 3-1-6）。从逻辑信道层面来描述，信息的处理及传输过程包括卷积、重复、交织、加长码、功率控制、加 Walsh 码、加短码、QPSK 调制等。

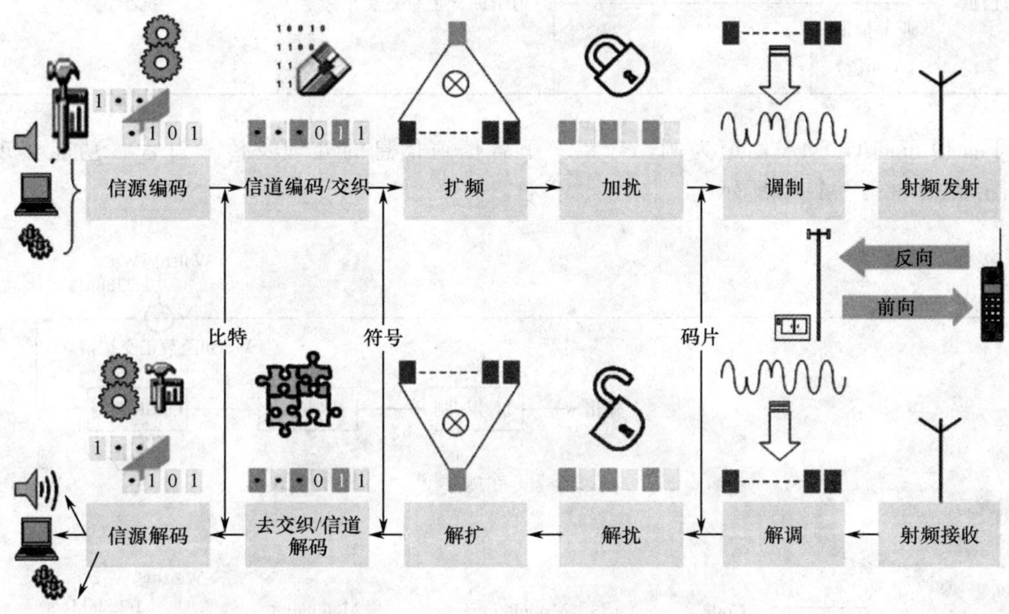

图 3-1-6 CDMA 信息传输过程示意图

对于 CDMA 码分多址系统来说，逻辑信道及相应的多址编码技术（PN 长码、PN 短码和 Walsh 正交码）是实现信息传输的关键，这些编码的具体实现方法后续内容再作专门介绍。它们之间的配置关系如表 3-1-4 所示。

表 3-1-4 逻辑信道与相应编码的配置关系

<table>
<tr><th colspan="2">逻辑信道</th><th>PN 短码
(Short Code)</th><th>PN 长码
(Long Code)</th><th colspan="2">Walsh 码</th></tr>
<tr><td rowspan="4">前向信道</td><td>导频信道
(Pilot)</td><td rowspan="4">用于区分小区
(Site _ NO)
偏移量“0”除外</td><td>×</td><td>W0</td><td rowspan="4">用于
区分
不同
逻辑
信道</td></tr>
<tr><td>(Sync)</td><td>×</td><td>W32</td></tr>
<tr><td>寻呼信道
(Paging)</td><td>用于扰码</td><td>W1～7</td></tr>
<tr><td>业务信道
(Traffic)</td><td>用于加密</td><td>其他</td></tr>
</table>

续表

逻辑信道		PN 短码 (Short Code)	PN 长码 (Long Code)	Walsh 码
反向信道	接入信道 (Access)	为"0"	用于区分上行逻辑信道	抗干扰
	业务信道 (Traffic)	为"0"		

下面以正向 CDMA 信道为例，介绍一下各信道信息的处理及传输过程，功能实现框图如图 3-1-7～图 3-1-10 所示。

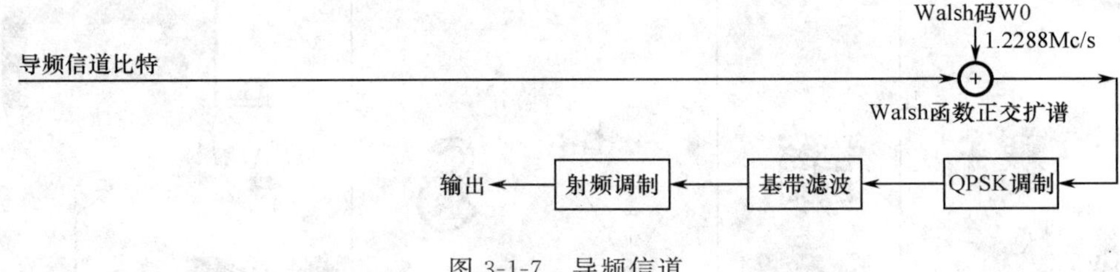

图 3-1-7　导频信道

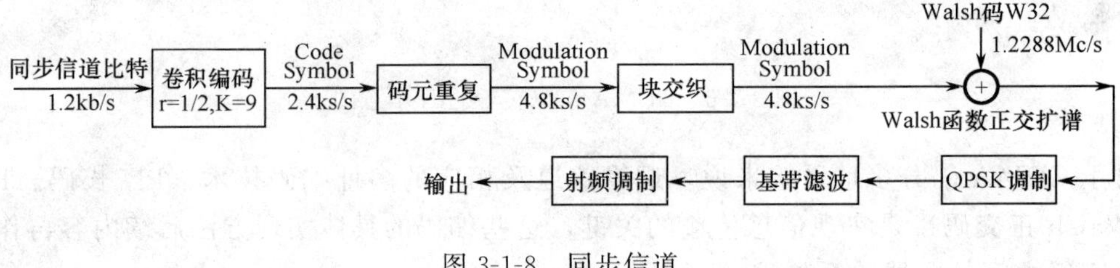

图 3-1-8　同步信道

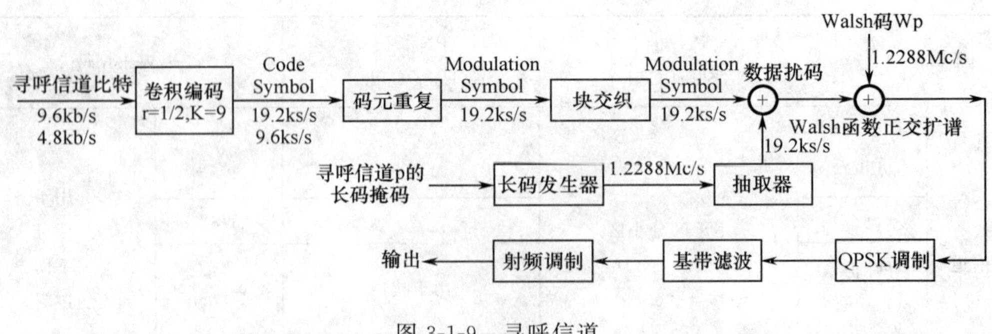

图 3-1-9　寻呼信道

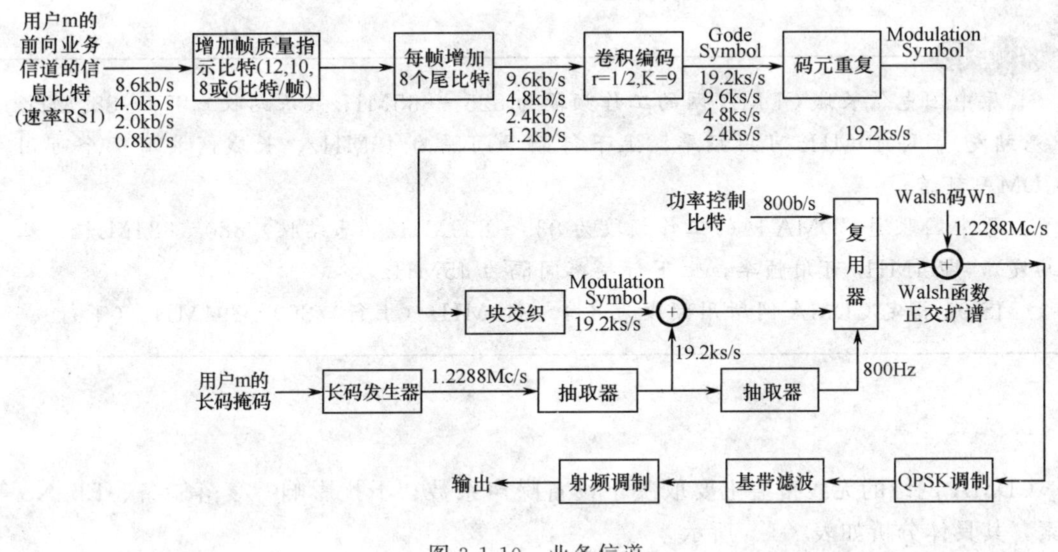

图 3-1-10　业务信道

小贴士

什么是码元重复？码元重复也称为比特重复。由于业务信道的额定数据传输率有两种等级，即 RS1：9.6kb/s；RS2：14.4kb/s。因此，如果某个数据以一个较低的速率进行发送，那么就需要将这一数据比特重复 n 次，使数据速率提高到 RS1（或 RS2），这就是码元重复。

对于同步信道，经过卷积编码后的各个码元，在分组交织之前都要重复一次（每码元连续出现两次）。对于寻呼信道和正向业务信道，只要数据率低于 9600b/s，在分组交织之前都要重复。速率为 4800b/s 时，各码元要重复一次（每码元连续出现两次）；速率为 2400b/s 时，各码元要重复 3 次（每码元连续出现 4 次）；速率为 1200b/s 时，各码元要重复 7 次（每码元连续出现 8 次）。

3.1.3 CDMA 网络规划

移动通信网的工程建设大致可分为 6 个步骤：拟定网络需达到的覆盖指标和话务要求；初步制订网络规划；基站站址现场勘察；修正网络规划，完成工程设计；系统调测和网络优化；根据优化结果或网络扩容要求，返回第一步。CDMA 网络的设计同样遵循这个步骤，但在很多方面又区别于 GSM 网。

1. 频率配置

目前，新的中国电信所运营的 CDMA 800 网络，其上行/下行工作频段为 825～840MHz/870～885MHz。其实，这个工作频段是将原来的中国联通 CDMA 网及原来的中国电信长城 CDMA 网的工作频段合并的。

小贴士

原中国电信长城 CDMA 网的工作频段为 825～835MHz（基站收）/870～880MHz（基站发），即 10MHz 可用频率，上下行频率间隔为 45MHz。长城网共有 7 个可用 CDMA 频道。

原中国联通 CDMA 网的工作频段为 835～839MHz（基站收）/880～884MHz（基站发），即 4MHz 可用频率，上下行频率间隔为 45MHz。

IS-95 指定 CDMA 网所用频段为 824～849MHz（上行）/869～894MHz（下行）。

2. 无线覆盖

CDMA 网络的无线覆盖主要取决于设备噪声系数、干扰影响、衰落储备、Eb/No 等因素，其具体分析如表 3-1-5 所示。

表 3-1-5　无线覆盖参数的设定

项目内容	典型值	单位	备注
带宽	1 228 800	Hz	CDMA 单载频带宽
Blotzman 常数	1.38E-23	w/（Hz·k）	有单位常量
温室	290	k	
基站噪声系数	5	dB	典型值
接收机干扰影响	4～6	dB	
软切换增益	3～4	dB	
基站天线增益	9～17	dBi	
馈线损耗	1～3	dB	
正态衰落储备	9～11	dB	
建筑物穿透损耗	10～25	dB	根据地形地物取值
Eb/No	6～7	dB	
所需 C/I	−14	dB	

其中带宽和 Boltzman 常数为固定值，基站噪声系数根据设备而定，干扰影响由网络设计负载百分比取定，衰落储备由无线信号边缘覆盖率给出，Eb/No 根据话音质量与判别误帧率（Frame Error Rate，FER）的相应关系综合取定。

由于 CDMA 为宽带系统，有较高的扩频增益，故当 C/I 为负值时，仍能得到好的服务质量，这一点大大优于传统的 GSM 和模拟系统。在同等条件下，CDMA 比 GSM 传播距离要大 1.3～2.1 倍。对于大城市高话务密度区，CDMA 基站半径最小可设置在 300m 左右；对于郊区开阔地，应充分发挥其覆盖范围大的特点，半径可达 50km 以上。表 3-1-6 给出了几种不同地区的基站覆盖半径。

表 3-1-6 各类地区的基站覆盖半径

区域	城市密集区	城区	郊区	乡村	车辆
建筑物穿透损耗	18～25	15～20	10～15	10	6
CDMA 基站半径/km	0.9	1.5	4.3	21.0	33.0

3. 基站话务配置

(1) 基站容量的确定

确定 CDMA 基站容量的主要参数有处理增益、Eb/No、话音激活因子、频率复用系数，以及基站天线扇区数等。

对于单扇区单载频的基站最大配置可为 61 个信道，目前工程上一般取值为全向 23 个，定向 20 个，如表 3-1-7 所示。

表 3-1-7 典型站型容量配置

站型	服务等级 GOS=2%			服务等级 GOS=5%		
	信道数/个	话务量/个	用户数/个	信道数/个	话务量/Erl	用户数/个
O1	23	15.76	631	23	18.08	724
O2	46	36.53	1462	46	40.55	1622
S1/1/1	20/20/20	39.54	1582	20/20/20	45.75	1830
S2/2/2	40/40/40	93.00	3720	40/40/40	103.8	4152

由于 CDMA 基站扇区间的物理信道资源可以共享，所以在网络实际运行中，它所能处理的话务量还要大于设计理论值，这是其他制式不具备的独特优点。

(2) 话务配置

与 GSM 网相比，CDMA 网基站的话务配置具有更大的灵活性，因此，它也是工程建设中的重点。首先，需对实地进行详细查勘，了解当地移动话务分布状况；其次，要利用先进的网络规划软件预测；最后根据预测结果，分配基站话务量。最终设计值与网络开通后的实际话务量差值应不超过 30%。

4. 导频偏移量的规划

导频即导频信道，在 CDMA 系统中利用导频信道引导接入和切换信道，MS 通过处理导频信道来确认最强的信号部分。CDMA 系统使用 m 序列（短 PN 码）对导频信道进行调制，不同导频之间 PN 码时间偏置（PN-Offset）不同，两个相邻导频之间的偏移为 64 个码片，MS 通过识别偏移来区分不同的基站。

由于CDMA系统频率复用系数约为1，所以它不需要进行频率规划。但是在实际情况中会有一个潜在的问题，那就是：尽管所有的基站都使用不同的PN-Offset，然而在移动台端看来，由于传播时延（邻PN-Phase干扰）和PN-Offset复用距离不够（同PN-Phase干扰），就会使一些非相关的导频信号看起来一样。邻PN-Offset干扰是影响大覆盖区基站的主要因素，同PN-Offset干扰是影响小覆盖区基站的主要因素。因此，PN-Offset的规划是CDMA系统特有的问题。

CDMA系统中有4类导频集合。

1）有效导频集（Active Set）：当前手机正在保持连接的业务信道所对应的导频的集合。

2）相邻导频集（Neighbor Set）：当前不在有效或候选集里，但可能会进入候选集的导频的集合。

3）候选导频集（Candidate Set）：导频信号强度足够，手机可以成功解调，随时可以接入。

4）剩余导频集（Residual Set）：包含当前系统中除了有效集、候选集、相邻集外的所有可能的导频。

在一个导频集合中，所有的导频具有相同的频率，只是它们的时间偏置（PN码相位）不同。PN-Offset干扰只会发生在前两种导频集中。它们的共同结果是强干扰和掉话。

1）如果两个相位上非相关的信道都落在同一有效导频搜索窗口中，两者都会成为三个最强信号中的一个，有效导频集PN-Offset干扰就会发生。移动台就会解扩并合并非相关的前向业务信道信号。

2）如果一个远端业务信道落入相邻导频集，且它的Ec/Io＞T _ ADD（导频检测门限），相邻导频集PN-Offset干扰就会发生。移动台就会切换到错误的导频上，并解扩错误的信号。

小贴士

对Ec/Io的深度理解。

在CDMA系统中，导频强度是用Ec/Io表示，Ec/Io水平表示前向导频的覆盖状况，代表了无线信号的质量，反映了手机在当前接收到的导频信号（Pilot）的水平。

由于手机经常处在一个多路软切换的状态，也就是说，手机经常处在多个导频重叠覆盖区域，手机的Ec/Io水平，反映了手机在这一点上多路导频信号的整体覆盖水平，这是一个综合的导频信号情况。

我们知道Ec是手机可用导频的信号强度，而Io是手机接收到的所有信号的强度。所以，Ec/Io反映了可用信号的强度在所有信号中占据的比例。这个值越大，说明有用信号的比例越大，反之亦反。一般而言，Ec/Io＞＝－12dB。我们将Ec/Io分成6个级别，如下：

1）Ec/Io>=－5：　　　　　优秀
2）－5>Ec/Io>=－7：　　良好
3）－7>Ec/Io>=－9：　　一般
4）－9>Ec/Io>=－12：　　较差
5）－12>Ec/Io>=－15：　非常差
6）－15>Ec/Io：　　　　　可以认为没有覆盖

5. 软切换区的设置

CDMA系统有硬切换（Hard Handoff）、软切换（Soft Handoff）和更软切换（Softer Handover）三种切换方式。硬切换只存在于不同载频之间。所谓软切换，是指移动台在切换过程中，在与新的基站建立联系时，并不立即中断与原有基站之间的通信，即“先接再断”。目前，工作在同一载频时，CDMA可实现BTS之间、BSC之间和MSC之间的软切换。同一基站不同扇区之间的切换称之为更软切换。

在软切换过程中，移动台与不同基站建立联系，始终保持不变的是最初建立呼叫所选用的声码器。因此，若声码器置于BSC内，则在不同BSC之间需设置中继直达电路，把声码器连接起来；若置于MSC内，也需同样处理。但由于MSC控制范围大，内部声码器数目多，故设置直连电路耗费较大。一般采用ATM方式连接不同MSC，来实现它们之间的软切换。从这点上讲，BSC和MSC综合设置可节省传输投资。

另一个重要方面就是软切换区的设置。软切换技术的引入确实降低了切换掉话率，提高了通信质量。但为了实现软切换，在基站配置时需专门拿出一些信道，作为软切换信道。因此，软切换信道配置过多，势必造成资源浪费；过少则降低软切换成功率。应结合各地的实际特点以及CDMA网络的建设和发展规模，合理地设置软切换区比例。工程上一般使之保持在30％～40％之间。

6. 多载波的应用

近年来由于移动用户成倍增长，在一些大城市高话务地区，话务密度（Traffic）很大。CDMA多载波技术的应用是解决高话务密度的重要方法。

因为CDMA系统中多载波之间为硬切换，所以在多载波的设计中首先要考虑的因素就是如何减少硬切换。应注意以下问题：

1）要优化硬切换以减少发生掉话的危险。

2）避免多载波基站孤立，应在一群小区中实施多载波以减少硬切换。

3）避免使高话务小区成为硬切换发生的边界小区。

网络规划时，应尽量使多载波基站连片存在。在切换上，可采用伪导频方法，即在多载波覆盖区域边缘，设置一些对多载波只发射导频信号的基站。当移动台移至此处时，利用此导频触发软切换，然后再将导频信号切换到该载频上，实际完成硬切换。处理多载波之间的硬切换还有环路触发和判别误帧率 FER 等方法，可根据工程具体特点，灵活运用。

7. 直放站的应用

移动通信直放站作为一种实现无线覆盖的辅助技术手段，常用来解决基站难以覆盖的盲区或将基站信号进行延伸。在网络建设初期，它可以利用较少的投资、较短的周期来迅速扩大无线覆盖范围。它的设置应充分考虑以下几个环节：主要解决诸如郊县主要交通公路、铁路等狭长地形的覆盖；对于基站载频利用率不高的区域，可以通过直放站将富余的通信能力转给需要的地方，提高设备利用率；尽量设在相对隔离区域，以免产生无线干扰；选择合适的基站作为信号源。

直放站结构如图 3-1-11 所示，在使用 CDMA 直放站时的注意事项如下：

1）时延问题：直放站与信号源基站之间存在着 4ms 时延，因此在设计其覆盖范围时，要同时考虑多径引起的时延和固有时延，使之不超过一个码片时间长度，才不会引起码间串扰。

2）天线设置：直放站的引入会引起基站的背景噪声增加，噪声的增加量与直放站的噪声系数、系统增益、天线增益和传播损耗等参数有关。我们在考虑其覆盖环境，使之具有一定的传播损耗的同时，也需慎重选择天线增益，从而使直放站的引入不会导致基站的通信质量下降。

3）分集技术：对于多径信号较多、移动用户移动速度较快的地区，若采用直放站技术，则必须考虑使用分集天线系统，才能保证通话质量，如高速公路地区；对于多径信号较少、移动用户移动速度较慢的地区，可以不必采用分集系统，如室内分布系统。

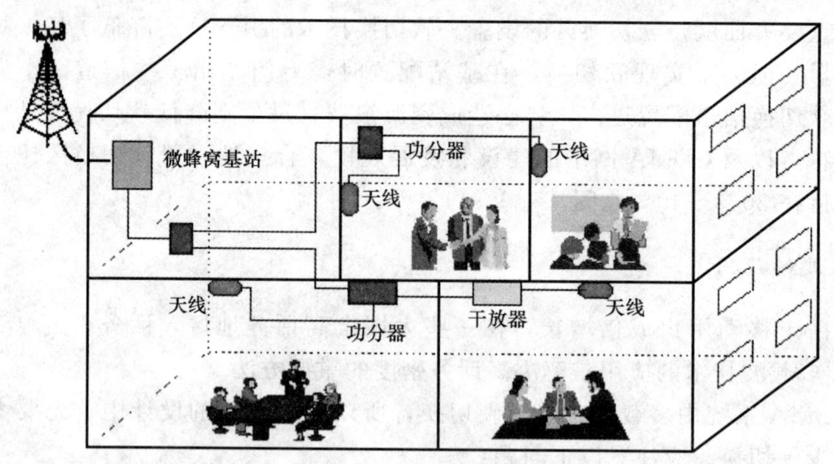

图 3-1-11　直放站结构图

8. 其他问题

在移动通信网络设计中，高话务热点地区是设计的难点和重点。CDMA 网在进一步缩小宏蜂窝基站半径（已达到 300m）和采用多载波技术的同时，也可以使用微蜂窝、更多扇区和智能天线技术。由于 CDMA 系统共享同一载频，所以对于微蜂窝的应用，干扰控制是首要问题，可以利用建筑物来解决干扰，CDMA 微蜂窝基站宜设在室内、地下、隧道或地铁等场所。

当三扇区不能满足容量要求时，若采用六扇区技术，可提高基站容量 1.8 倍。智能天线的引入，也可扩大网络容量 1.3 倍左右，同时也减少了无线信号干扰。

3.1.4 CDMA 的发展及其标准

20 世纪 80 年代末，全球范围从模拟向数字蜂窝技术的突然转变，使欧洲的 GSM 数字技术得以迅速推广，占据了无可争议的市场领先地位。几乎与 GSM 技术同时诞生的还有 CDMA 技术。正是由于它是以扩频通信技术为基础的，能够更加充分的利用频谱资源，更加有效的解决频谱短缺问题，因此被视为是实现第三代移动通信的首选。

目前，国际通用的 CDMA 标准主要是由美国国家标准委员会 ANSI TIA 开发颁布的。ANSI（American National Standard Institute）作为美国国家标准制订单位，负责授权其他美国标准制订实体，其中包括电信工业解决方案联盟 ATIS、电子工业委员会 EIA 以及电信工业委员会 TIA。TIA 主要开发 IS（Interim Standards，暂定标准）系列标准，如 CDMA 系列标准 IS95、IS634、IS41 等。IS 系列标准之所以被列为暂定标准是因为它的时限性，最初定义的标准有效期限是 5 年，现在是 3 年。除了 IS 系列标准之外，TIA 还颁布其他类型的规范，如电信系统公告 TSB（Telecommunications Service Bulletin）文件。TSB 不是标准，但可以提供与现存标准相关的信息或对工业界非常重要的其他事宜。TIA 开发出的标准在经 ANSI 所有成员同意之后即可成为 ANSI 的正式标准。TIA 目前由 9 个 TR 委员会组成，即 TR8、TR14、TR29、TR30、TR32、TR34、TR41、TR45 和 TR46，其中与 CDMA 标准关系最为密切的是 TR45（移动和个人通信公用标准），它的下面包括 7 个子委员会，分别负责不同接口标准的制订，如 TR45.2 负责网络部分，TR45.4 负责 A 接口部分，TR45.5 负责空中接口等。

除了 ANSI TIA 之外，其他一些标准化组织和生产厂商对 CDMA 标准的制订也起到积极作用。如 CDG（CDMA 发展小组）和 3GPP2（负责第三代 CDMA 移动通信标准的制订）先后推出了有关 A 接口的 IOS 系列标准，涉及的内容包括从窄带的 CDMA 到第三代移动通信——宽带 CDMA。一批知名的通信公司（如 Motorola、Lucent、Nortel、Qualcomm 等）首先提出了有关 CDMA 标准的方案和建议，经过多次协商讨论，最终修改成为目前被普遍接受的通用标准。

CDMA 技术的发展，推进了 3G 的实现进程。CDMA 技术的标准化经历了如下几个阶段（见图 3-1-12）：IS-95 是 CDMA One 系列标准中最先发布的标准，真正在全球得到广泛应用的第一个 CDMA 标准是 IS-95A，这一标准支持 8k 编码话音服务。其后又分别出版了 13k 话音编码器的 TSB74 标准，支持 1.9GHz 的 CDMA PCS 系统的 STD-008 标准，其中 13k 编码话音服务质量已非常接近有线电话的话音质量。随着移动通信对数据业务需求的增长，1998 年，IS-95B 标准应用于 CDMA 基础平台。IS-95B 可提高 CDMA 系统性能，并增加用户移动通信设备的数据流量，提供对 64kb/s 数据业务的支持。其后，CDMA 2000 成为窄带 CDMA 系统向第三代移动通信系统过渡的标准。CDMA 2000 在标准研究的前期，提出了 1x 和 3x 的发展策略，但随后的研究表明，1x 和 1x 增强型技术代表了未来的发展方向。

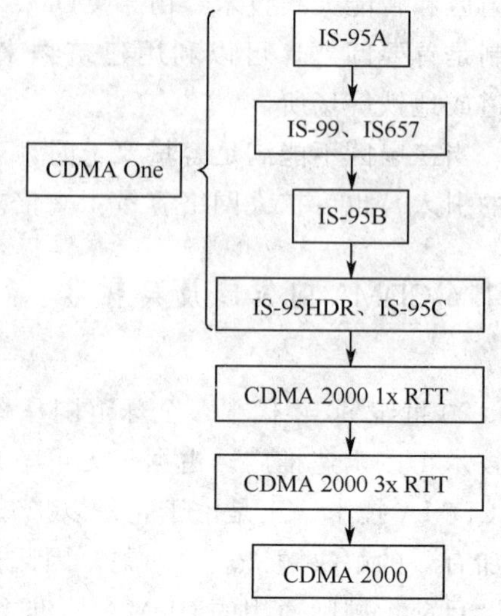

图 3-1-12　CDMA 技术标准化发展阶段

中国 CDMA 的发展并不迟，也有长期军用研究的技术积累，1993 年国家 863 计划已开展了 CDMA 蜂窝技术研究。1994 年高通公司首先在天津建设 CDMA 技术试验网。1998 年，具有 14 万容量的长城 133CDMA 商用试验网在北京、广州、上海、西安建成，并开始小部分商用。1999 年 4 月，我国成立了中国无线通信标准研究组 CWTS，其主要目的是加强我国的标准制定工作。CWTS 下属的 WG4 即为 CDMA 工作组，它的主要任务就是制定适合我国具体情况的 CDMA 标准，加强中国对国际标准制定的影响力。此后，我国向国际电信联盟递交了第三代移动通信技术规范 TD-CDMA 标准，该标准在 1999 年 11 月结束的有关世界第三代移动通信标准制定会上被最终确定为第三代移动通信技术规范的系列标准之一。这是中国提出的电信技术标准第一次被国际电信联盟所采用，同时也证明了我国的通信技术水平已逐渐与世界同步，我们的民族产业也日益引起世界的瞩目。

小贴士

说起长城 133CDMA 网的历史，就不得不谈到美国高通公司。高通公司在 1995 年对 CDMA 商用试验成功，并向各国运营商大力推介这种码分多址技术，韩国政府在当时接纳了高通公司的标准。原中国电信和原中国联通采用的都是欧洲的 GSM 标准。

1995 年 9 月，在香港由和记电讯公司推出了世界上第一个商用 CDMA 网。窄带 CDMA 遵循的标准为 IS-95A/B，它已经在全球获得了广泛的应用。韩国、日本、新加坡、菲律宾、泰国、美国、德国等都已开通 CDMA 网络，并形成了一定的商用规模。

1996 年由原邮电部和中国人民解放军总后勤部、香港星光集团等联合组建的中国电信长城公司利用军队部分 800MHz 专用频率、原邮电部的 PSTN 通信网，采用 CDMA 技术建设 CDMA 数字蜂窝移动通信网——中国电信长城网，号段为“133”，并选定北京、上海、西安、广州四个城市建网，所用设备来自摩托罗拉、三星、北电网络、朗讯。从 1996 年到 1997 年，分别在北京、上海、广州、西安进行了全方位 CDMA 的商用实验，并取得了成功。

1996 年起，原中国联通公司也在广州、天津和上海建成 CDMA 试验网。联通 CDMA 网与长城 133 网有两处不同：一是联通所用基站为 IS-95A 增强型，长城为 IS-95A；二是联通手机为机卡分离，而长城是机卡一体。

1998 年，因“军队不得参与经商”的禁令使“电信长城”运营者的身份变得格外敏感。2001 年 1 月 2 日，经国务院和中央军委的批准，原由部队所有的 133CDMA 移动通信网络正式移交给原中国联通公司。133 移动通信网络移交给原中国联通公司后，为联通增加了宝贵的频率资源。

2008 年 5 月 17 日，工业与信息化部公布了我国电信行业的“五合三”重组方案，将原中国联通统一运营的 CDMA 800 网络拆分给了新重组的中国电信。

计划与实施建议

1. 到图书馆或上网查询 CDMA 技术相关资料。
2. 组织学生讨论 CDMA 系统的结构及 CDMA 系统承载相关业务的机理。
3. 组织学生讨论对码分多址的理解。将你对 CDMA 基本原理的理解阐述给大家。
4. 条件许可时，参观电信 CDMA 机房，对于 CDMA 系统建立感性认识。

检查与评价点

1. 检查相关资料准备情况。
2. 检查每组学生设计的 CDMA 系统工作原理图。
3. 评价各小组的设计方案及对 CDMA 系统工作原理的阐述。

试一试

1. CDMA 数字蜂窝移动通信系统的组成与 GSM 相似，主要由________系统、________系统和________子系统构成。

2. CDMA 技术的标准化经历了如下几个阶段：________、________、________、________、________。

3. CDMA 网络的信道，同样有________信道和逻辑信道之分。逻辑信道类型与 GSM 网络不同，它分为________信道和________信道。

4. CDMA 系统是由________、________、________和________等几种技术结合而成，含有________、________和________三个维度的信号处理。

5. CDMA 网络信息的处理及传输过程与 GSM 网络类似。从逻辑信道层面来描述，信息的处理及传输过程包括________、________、________、________、________、________、________、________等。

6. CDMA 网络的无线覆盖主要取决于设备________、________、________、________等因素。

任务3.2　CDMA关键技术分析

任务描述

在前面对CDMA移动通信网络结构、CDMA与GSM系统的比较、CDMA信道及信息传输、CDMA网络规划等知识学习的基础上，本任务以CDMA关键技术分析作为核心内容，通过画图展示，分组讨论，解释说明：CDMA网络是如何进行码资源规划的；CDMA系统是如何进行功率控制的；Rake接收工作原理等。

任务目标

本任务旨在通过让学生分组进行对CDMA网络是如何进行码资源规划的、CDMA系统是如何进行功率控制的、Rake接收工作原理等内容的讨论，使学生更好地掌握CDMA移动通信系统的基本特点及应用；掌握扩频通信技术的扩频码、地址码等产生方法；熟悉CDMA系统功率控制方法、Rake接收机工作原理等关键内容。

相关知识

内　容	获取方式
1. 扩频通信技术原理。	• 上图书馆查阅资料 • 上网收集信息
2. CDMA系统的码资源规划。	
3. 功率控制方法及过程。	
4. Rake接收机工作原理。	
5. CDMA系统关键技术。	

根据不同的应用环境和使用要求，可以构成各种各样的CDMA系统，最典型的就是我们已经学习的IS-95 CDMA蜂窝移动通信系统。IS-95涉及的CDMA技术集中体现了近20年来扩频通信技术的研究开发成果。CDMA网络之所以具有许多独特的优点，正是因为采用了许多非常关键的技术措施。为了使大家对CDMA的关键技术有一个全面的了解，下面从扩频通信技术、功率控制技术、RAKE接收技术等几个方面对CDMA蜂窝移动通信网络中所采取的关键技术进行分别论述。

3.2.1 扩频通信技术

CDMA系统给每一用户分配一个唯一的码序列（扩频码），并用它对承载信息的信号进行编码。知道该码序列用户的接收机对收到的信号进行解码，并恢复出原始数据，这是因为该用户码序列与其他用户码序列的互相关是很小的。由于码序列的带宽远大于所承载信息的信号的带宽，编码过程扩展了信号的频谱，所以也称为扩频调制，其所产生的信号也称为扩频信号。

1. 扩频通信基本原理

（1）扩频通信的定义

所谓扩频通信，即扩展频谱通信（Spread Spectrum Communication），是一种把信息的频谱展宽之后再进行传输的技术。频谱的展宽是通过使待传送的信息数据被数据传输速率高许多倍的伪随机码序列（也称扩频序列、扩频码）的调制来实现的，与所传信息数据无关。在接收端则采用相同的扩频码进行相关同步接收、解扩，将宽带信号恢复成原来的窄带信号，从而获得原有数据信息。扩频通信与 CDMA 的关系是：CDMA 只能由扩频技术来实现，而扩频通信并不意味着 CDMA。

扩频通信的定义包括以下 4 方面的内容：

1）信号的频谱被展宽了。

2）信号频谱的展宽是通过扩频码序列调制的方式实现的。我们知道，在时间上有限的信号，其频谱是无限的。信号的频带宽度与其持续时间近似成反比，因此，如果用很窄的脉冲序列被所传的信息调制，则可产生很宽频带的信号。这种很窄的脉冲码序列，其码速率是很高的，称为扩频码序列。

3）采用的扩频码序列与所传信息数据是无关的，也就是说它与一般的正弦波信号一样，丝毫不影响信息传输的透明性，扩频码序列仅仅起扩展信号频谱的作用。

4）在接收端用相关解调来解扩。

（2）扩频通信的工作原理

扩频通信的一般工作原理如图 3-2-1 所示。图中，在发端输入的信息比特先经过信息调制形成数字信号（低速信号）后，由扩频码发生器产生的扩频码序列去调制数字信号以展宽信号的频谱。展宽以后的信号调制到射频发送出去。

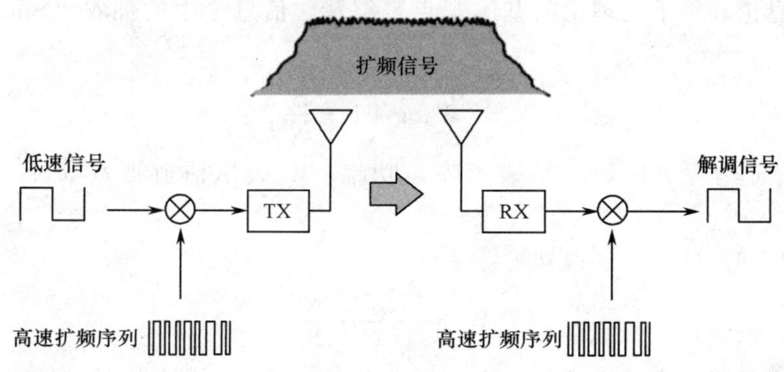

图 3-2-1　扩频通信工作原理

在接收端收到的宽带射频信号经过射频解调，恢复到中频，然后由本地产生的与发端相同的扩频码序列去进行相关解扩，再经信息解调，即恢复出原始信息。

由此可见，一般的扩频通信系统都要进行三次调制和相应的解调。一次调制为信息调制，将发端输入的信息比特（信号速率用比特速率 bit/s 表示，简写为 b/s）转变成数字信号（信号速率用符号速率 symbol/s 表示，简写为 s/s）；二次调制为扩频调制，以展宽信号的频谱（信号速率用码片速率 chip/s 表示，简写为 c/s）；三次调制为射频调制，以及相应的信息解调、解扩和射频解调。与一般通信系统比较，扩频通信多了扩频调制和解扩两个部分。扩频和解扩过程示意可以用图 3-2-2 来说明。

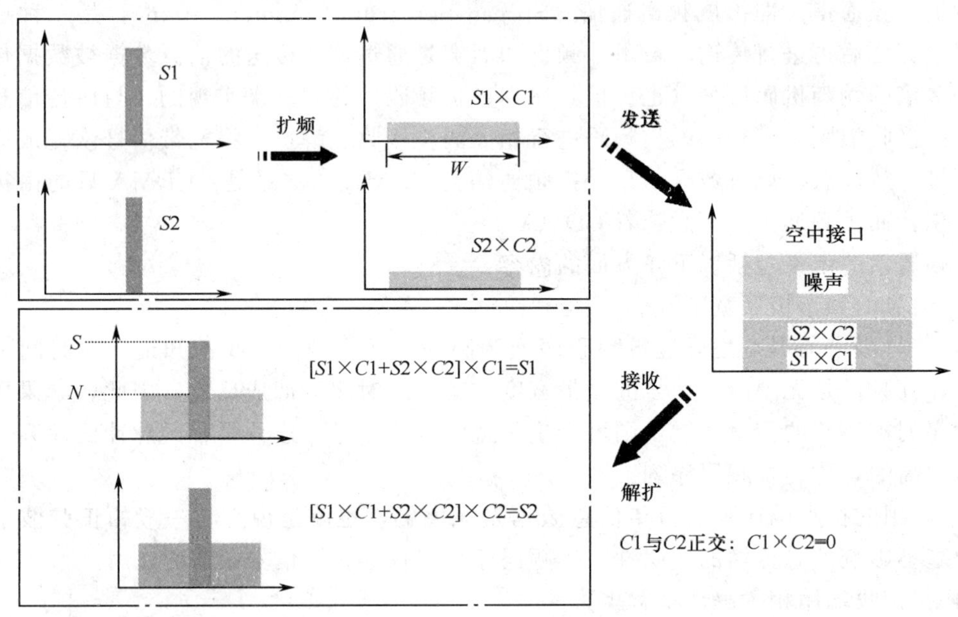

图 3-2-2　扩频和解扩原理示意图

（3）扩频通信的理论基础

在扩频通信中采用宽频带（高速率）的信号来传送信息，主要是为了通信的安全可靠，这可用信息论和抗干扰理论的基本观点来解释。信息论中的仙农（Shannon）公式描述如下：

$$C = W\log_2\left(1+\frac{S}{N}\right)$$

其中：C 表示信道容量（b/s）；N 表示噪声功率；W 表示信道带宽（Hz）；S 表示信号功率。

当 S/N 很小时（$\leqslant 0.1$）得到：

$$W = \frac{C}{1.44}\cdot\frac{N}{S}$$

此公式原意是说：在给定信号功率 S 和白噪声功率 N 的情况下，只要采用某种编码系统，就能以任意小的差错概率，以接近于 C 的传输信息的速率来传送信息。但同时此公式也指出，在保持信息传输速率 C 不变的条件下，可以用不同频带宽度 W 和信噪功率比 S/N 来传输信息。换句话说，频带 W 和信噪比 S/N 是可以互换的。如果增加频带宽度，就可以在较低的信噪比的情况下用相同的信息率以任意小的差错概率来传输信息。甚至在信号被噪声湮没的情况下，只要相应的增加信号带宽，也能保持可靠的通信。此公式指明了采用扩展频谱信号进行通信的优越性，即用扩展频谱的方法以换取信噪比上的好处。

柯捷尔尼可夫在其潜在抗干扰性理论中得到如下关于信息传输差错概率的公式：

$$Powj \cong f(E/N_0)$$

此公式指出：差错概率 $Powj$ 是信号能量 E 与噪声功率谱密度 N_0 之比的函数。其中，$Powj$ 表示差错概率；E 表示信号能量；N_0 表示噪声功率谱密度。

因为，信号功率 $P=E/T$（T 为信息持续时间），噪声功率 $N=W \cdot N_0$（W 为信号频带宽度），信息带宽 $\Delta F=1/T$，则，上式可转化为

$$Powj \approx f(TWP/N) = f[(P/N) \times (W/\Delta F)]$$

此式说明，对于一定带宽 ΔF 的信息而言，用宽带信号来传输，可以提高通信抗干扰能力，保证强干扰条件下通信的安全可靠。亦说明了信噪比和带宽是可以互换的。

图 3-2-3 显示出了信号在接收端解扩前后信噪比的变化情况。总之，我们用扩展频谱的宽带信号来传输信息，就是为了提高通信的抗干扰能力，即在强干扰条件下保证可靠安全地通信。这就是扩展频谱通信的基本思想和理论依据。

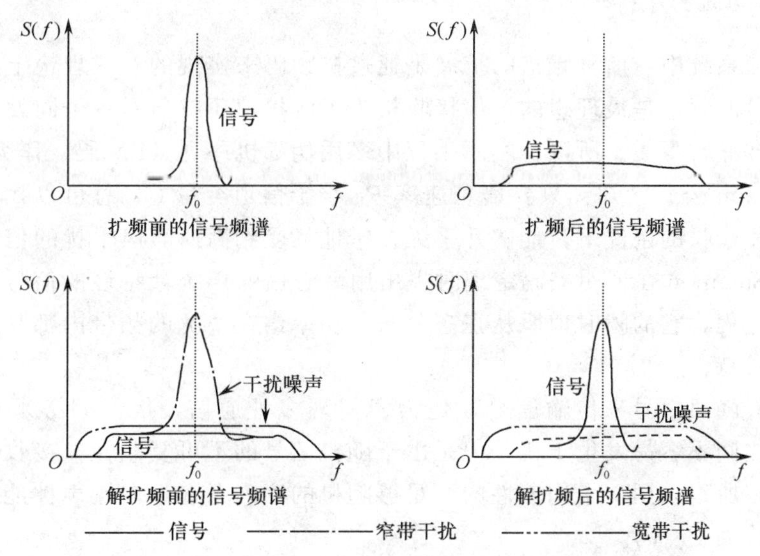

图 3-2-3　信号在接收端解扩前后信噪比情况

（4）扩频通信的特点

扩频通信的基本特点是传输信号所占用的频带宽度远大于原始信息本身实际所需的最小带宽。扩频通信的优点体现在以下几个方面：

1）隐蔽性好，对各种窄带通信系统的干扰很小。由于扩频信号在相对较宽的频带上被扩展了，单位频带内的功率很小，信号湮没在噪声里，一般不容易被发现，而想进一步检测信号的参数（如伪随机编码序列）就更加困难，因此说其保密性好。

2）易于重复使用频率，提高了无线频谱利用率。

3）抗干扰性强，误码率低。扩频通信在空间传输时所占有的带宽相对较宽，而接收端又采用相关检测的办法来解扩，使有用宽带信息信号恢复成窄带信号，而把非所需信号扩展成宽带信号，然后通过窄带滤波技术提取有用的信号。这祥，对于各种干扰信号，因其在收端的非相关性，解扩后窄带信号中只有很微弱的成分，信噪比很高，因此抗干扰性强。

4）可以实现码分多址。扩频通信提高了抗干扰性能，代价是占用频带宽。但是如果许多用户共用这一宽频带，则可提高频带的利用率。由于在扩频通信中存在扩频码序列的扩频调制，充分利用各种不同码型的扩频码序列之间优良的自相关特性和互相关特性，在接收端利用相关检测技术进行解扩，则在分配给不同用户码型的情况下可以区分不同用户的信号，提取出有用信号。这样在这一频带上许多对用户可以同时通话而互不干扰。

5）抗多径干扰。在无线通信中，长期以来，多径干扰始终是一个难以解决的问题之一。在扩频通信中利用扩频码的自相关特性，在接收端从多径信号中提取和分离出最强的有用信号，或把从多个路径来的同一码序列的波形相加合成，都可以起到抗多径干扰的作用。

2. PN 码（伪随机序列）

在扩频通信系统中，信号频谱的扩展是通过扩频码来实现的。从理论上讲，用纯随机序列去扩展信号的频谱是最理想的，但接收机为了解扩，还应当有一个同发送端扩频码同步的副本，这样非常不便。所以，实际工程中多用伪随机序列（PN 码）作为扩频码。

根据 Shannon 公式已知：只要信息速率 R_b 小于信道容量 C，总可以找到某种编码方法，在码周期相当长的条件下，能够几乎无差错地从受到高斯噪声干扰的信号中恢复出原发送的信号。Shannon 在证明编码定理时提出用具有白噪声统计特性的信号来编码。白噪声是一种随机过程，它的瞬时值服从正态分布，功率谱在很宽的频带内都是均匀的，具有及其优良的相关特性。

之所以选择随机信号来传输信号，是为了实现多址通信，信号间必须正交或者准正交。这样信号之间不容易发生干扰。但是由于随机信号的不可复制性，接收端无法恢复原始的发送序列，所以采用一个周期性的、足够随机的序列来逼近白噪声性能。这就是伪随机序列，也被称为 PN 码。

伪随机序列具有类似于随机序列的性质，归纳起来有下列三点。

1）平衡特性：随机序列中 0 和 1 的个数接近相等。

2）游程特性：把随机序列中连续出现 0 或 1 的子序列称为游程。连续的 0 或 1 的个数称为游程长度。随机序列中长度为 1 的游程约占游程总数的 1/2，长度为 2 的游程约占游程总数的 $1/2^2$，长度为 3 的游程约占游程总数的 $1/2^3$…

3）相关特性：随机序列的自相关函数具有类似于白噪声自相关函数的性质。

伪随机序列具有近似随机序列（噪声）的性质，但它的结构或形式是预先可以确定的，并且又可以按一定规律（周期）重复地产生和复制，所以称其是“伪”的随机序列。常用的伪随机序列有 m 序列、M 序列和 R-S 序列。

（1）m序列

m序列发生器是由移位寄存器、线性反馈抽头和模2加法器组成的。而且，m序列是其相应组成器件所能生成的最长的码序列。若移位寄存器为 n 级，则其周期 $P=2^n-1$，即它产生的序列最大长度（周期）是（2^n-1）位，共有 $2m$ 种不同的状态，其中一种是全“0”状态。只有当反馈逻辑满足某种条件时，移位寄存器输出的序列长度才是（2^n-1）位，达到最大的长度；否则产生的序列就达不到（2^n-1）位那样长。所以，也把m序列叫作最大长度线性反馈移位寄存器序列，又称为最大移位寄存器序列。

m序列是目前CDMA系统中采用的最基本的PN序列。图3-2-4为3级m序列发生器，图3-2-5所示为模2加运算规则，图3-2-6所示为此3级m序列发生器各输出端的输出序列。

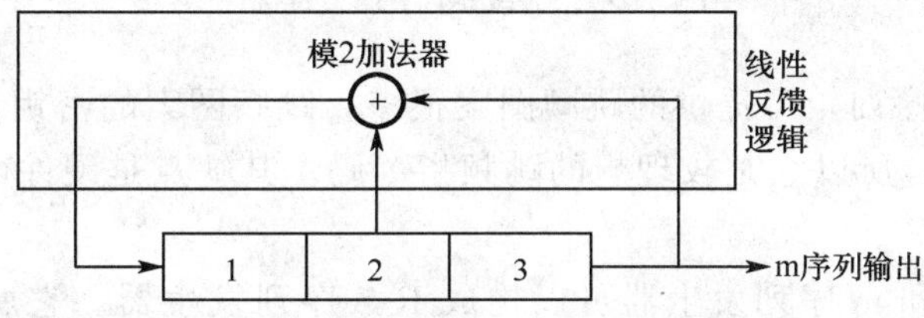

图3-2-4　3级m序列发生器

输入		输出
0	0	0
0	1	1
1	0	1
1	1	0

图3-2-5　模2加运算规则

第一级输入	第一级输出	第二级输出	末级输出
0	1	1	1
0	0	1	1
1	0	0	1
0	1	0	0
1	0	1	0
1	1	0	1
1	1	1	0

图3-2-6　3级m序列发生器各输出端的输出序列

这一例子说明，m序列的最大长度取决于移位寄存器的级数，而码的结构取决于反馈抽头的位置和数量。不同的抽头组合可以产生不同长度和不同结构的码序列。有的抽头组合并不能产生最长周期的序列。对于何种抽头能产生m序列，前人已经做了大量的研究工作，100级以内的m序列发生器的连接图和所产生的m序列结构一般都能直接查到。

m序列的优点是容易产生、规律性强、自相关特性好，因而在直扩系统中得到了广泛的应用。但是它可提供的跳频图案少、互相关性不理想，又加之是线性反馈逻辑，容易被敌人破译，即保密性、抗截获性差，因此，在跳频系统中并不采用。

（2）M序列

如果反馈逻辑中的运算包含乘法运算或其他的非线性逻辑运算，则称为非线性反馈逻辑。由非线性反馈逻辑和移位寄存器构成的序列发生器所能产生的最大长度序列，叫做最大长度非线性移位寄存器序列，简称 M 序列。若移位寄存器的级数为 n，则 M 序列的最大长度是 2^n。图 3-2-7 中给出一个 7 级的 M 序列发生器。可以看出，与线性反馈逻辑不同之处在于增加了“与门”运算，而与门具有乘法的性质。

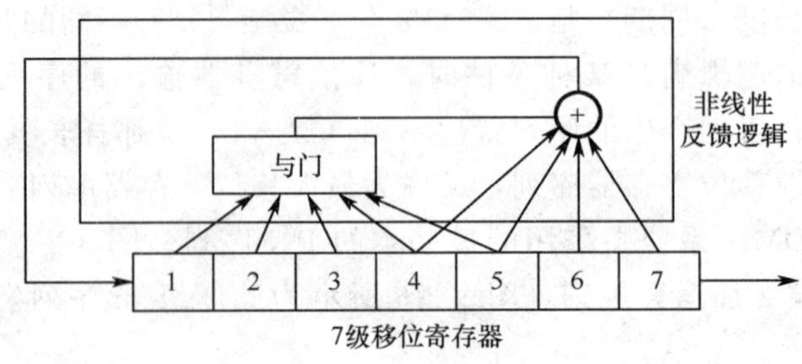

图 3-2-7　7 级 M 序列发生器

M 序列是非线性序列，可提供的跳频图案很多，跳频图案的密钥量也大，并有较好的自相关和互相关特性，所以它是较理想的跳频指令码。其缺点是硬件产生时设备较复杂。

（3）R-S 序列

利用固定寄存器和 m 序列发生器可以构成 R-S 序列发生器。它所产生的 R-S 序列是一种多进制的具有最大长度、最小距离的线性序列。图 3-2-8 给出了 R-S 序列发生器的框图。图中，A 为三级固定寄存器；B 为三级移位寄存器，产生周期为 7 位的 m 序列。A、B 寄存器的输出经过模 2 加运算后，产生一个 7 位的八进制 R-S 序列。

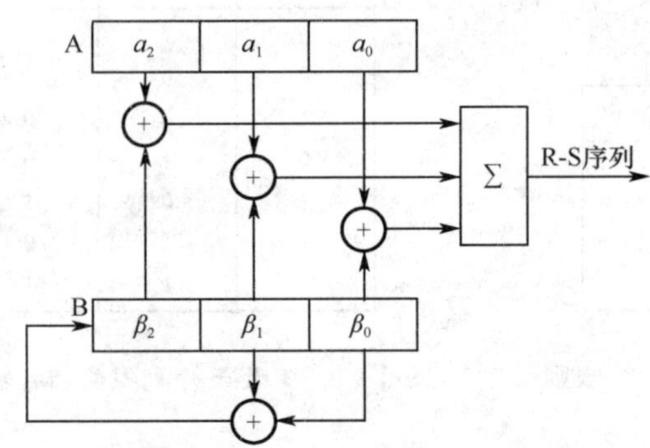

图 3-2-8　7 位八进制 R-S 序列发生器

R-S 序列的硬件产生比较简单，可以产生大量的可用跳频图案，很适于用作跳频指令码序列。

3. CDMA 系统的码资源规划

CDMA 是码分多址通信系统，它主要使用到了两类码资源：扩频码（主要用于加密和扩频）和地址码（只要用于区分用户和基站）。它们的选择至关重要，直接影响到 CDMA 系统的容量、抗干扰能力、接入和切换速度等性能。经研究表明，理想的扩频码和地址码应具有如下特性：

1）有足够多的码集合，以满足容量需要（更多用户）。

2）具有尖锐的自相关特性。

3）有处处为零的互相关特性（正交性）。

4）不同码元数尽可能平衡相等。

5）实现和编码方案简单。

CDMA系统主要使用到的码资源有：Walsh码（沃尔什序列）和PN码（Pseudorandom Noise，伪随机序列）。Walsh码在前向信道用于区分不同物理信道，在反向信道时用于扩频；PN码在前向信道用于区分不同基站（m序列）和加扰（长码），在反向信道用于区分不同用户和反向物理信道（长码）。CDMA网络的码资源规划情况如表3-2-1所示。

表3-2-1　CDMA网络的码资源规划

码序列	长度	应用位置	应用目的	码速率/(c/s)	主要特性
m序列（最大周期线性移位寄存器序列）	$2^{42}-1$	反向接入信道 反向业务信道	直接序列扩频及标识移动台用户（信道）	1.2288M	具有尖锐的二值自相关特性
		前向寻呼信道 前向业务信道	用于数据扰码	19.2k	
M序列（最长非线性移位寄存器序列）	2^{15}	所有反向信道	正交扩频，利于调制	1.2288M	平衡性
		所有正向信道	正交扩频，利于调制并且用于标识基站		
Walsh函数	64	所有反向信道	正交调制	307.2k	正交性
		所有正向信道	正交扩频，并且用于标识各前向信道	1.2288M	

（1）Walsh码

Walsh码来源于哈达玛矩阵H，如图3-2-9所示，根据H矩阵中“+1”和“−1”的交变次数重新排列就可以得到Walsh矩阵，该矩阵中各行列之间是相互正交（Mutual Orthogonal）的，也就是说，在Walsh矩阵中，两两之间的互相关函数为“0”，具有理想的互相关特性。因此，可以保证使用它扩频的信道也是互相正交的。

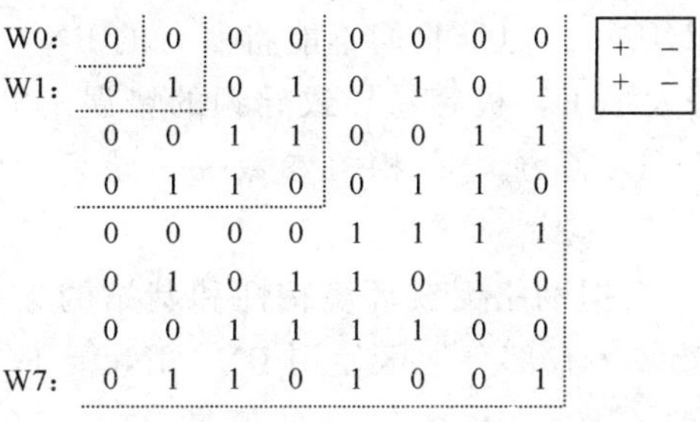

图3-2-9　Walsh码

小贴士

码序列的正交性也就是指码序列两两之间的互相关函数为“0”，具有理想的互相关特性。如何理解码序列的正交？以下两个例子中（见图 3-2-10），只要“序列一”和“序列二”逐位相乘后，各位再累加，结果为“0”，则表示这两个码序列正交。

以下两个序列正交	
序列一	+1−1+1+1−1+1−1−1
序列二	−1+1+1−1−1+1+1−1
相　乘	−1−1+1−1+1+1−1+1
累　加	0

以下两个序列不正交	
序列一	+1−1+1−1−1+1−1−1
序列二	+1+1−1+1−1−1+1−1
相　乘	+1−1−1−1+1−1−1+1
累　加	−2

图 3-2-10　码序列的正交性举例

对于 CDMA 前向信道，采用 64 阶 Walsh 序列扩频，每个 W 序列用于一种前向物理信道（标准），实现码分多址功能。信道数记为 W0～W63，码片速率为 1.2288Mc/s。Walsh 序列可以消除或抑制多址干扰（MAI）。理论上，如果在多址信道中信号是相互正交的，那么多址干扰可以减少至零。然而实际上由于多径信号和来自其他小区的信号与所需信号是不同步的，共信道干扰不会为零。异步到达的延迟和衰减的多径信号与同步到达的原始信号不是完全正交的，这些信号就带来干扰。来自其他小区的信号也不是同步或正交的，这也会导致干扰发生，在反向信道中，Walsh 序列仅用作扩频。

（2）短 PN 码

在 CDMA 系统中，PN 码可以分为短 PN 码（短码）和长 PN 码（长码）两种，对应也叫 m 序列和 M 序列，并且用在上、下行时作用也不尽相同。长 PN 码可用于区分不同的用户，短 PN 码用于区分不同的基站，还有就是系统同步。具体实现如下：

CDMA 系统中的短 PN 码是由 15 阶移位寄存器产生的 m 序列（$2^{15}-1=32767$），并且每个周期在 PN 序列的特定位置插入一个码片，从而加长了一个码片。所以，修正后的短 PN 码周期是普通序列长度为 32767 再加一个码片，也就是 32768 个码片。在 1.2288Mc/s 的速率上，码片序列每 26.65ms 重复一次，即每两秒 75 次。用短 PN 码的不同时间偏置（PN Offset）区分不同的基站。

实际中将每个偏置取为 64 码片的整数倍，作为一个 PN Offset，也即系统内共有 32768/64=512 个可能 PN Offset。但是我们不能将所有的 PN Offset 都用上，因为只差 64 位偏移的 PN Offset 的间隔太小了，极容易导致导频的错误解调。因此，我们要设置具有一定间隔的 PN Offset，CDMA 系统内有相关参数——导频搜索步长增量（PN _ INC），可进行此设置。

PN _ INC 的设置是可以根据网络无线环境特性和基站的平均站距等因素推算出来的。目前采用 PN _ INC=3 的最多，有部分地区使用 PN _ INC=4，也有地区由于基站平均站距很小，已经采用了 PN _ INC=2。PN Offset 的值是 PN _ INC 的倍数，若 PN _ INC 取值为 4，则基站所用的 PN 码（PN Offset）都为 64 位偏移的 4 倍数，这样也就有 32768/(64×4)=512/4=128 个可以用作导频的 PN 偏置，其作用就是给不同基站发出的信号赋予不同的特征。

CDMA 系统中的 PN Offset 规划与 GSM 系统中的频率规划有些类似，其目的就是为了避免不同扇区 PN Offset 间的相互干扰。PN 码规划时要注意以下几点：

1）相邻基站的 PN 组不能同 PN，避免出现 ONE _ WAY 情况。

2）相同的 PN 组的复用距离要足够大，一般要求同 PN 组的基站至少间隔 5 个基站，这样可以避免 TWO _ WAY 的现象。

3）相邻基站的距离如果达到 10 公里，就要避免邻 PN 组的情况。防止延时太大，导致误 PN 的出现。如果基站相距很近，采用邻 PN 组也无所谓。

小贴士

何为 ONE WAY 和 TWO WAY 现象？

ONE WAY 现象：扇区 B 在扇区 A 的邻区列表中，扇区 C 在扇区 A 的邻区列表中，扇区 B 和扇区 C 有相同的 PN 设置。当终端处于软切换状态时，扇区 A 的合并的邻小区列表中可能存在着两个相同 PN 的不同扇区。

TWO WAY 现象：扇区 B 在扇区 A 的邻区列表中，扇区 C 在扇区 A 的邻区列表中，扇区 D 在扇区 B 的邻区列表中，扇区 D 和扇区 C 有相同的 PN 设置。当终端处于软切换状态时，合并的邻小区列表中可能存在着两个相同 PN 的不同扇区。

（3）长 PN 码

CDMA 系统中的长 PN 码由 42 阶移位寄存器产生的 M 序列，即 $2^{42}=4.4$Trillion（万亿），以 1.2288 Mc/s 速率，一个周期为 41 天。CDMA 系统利用该码对数据进行扩频和扰码，为通信提供保密。

不同的移动台都有一个长码生成器。长码的各个 PN 子码是用一个 42 位的掩码和序列发生器的 42 位状态矢量进行模 2 加产生的。只要改变掩码，产生的 PN 子码的相位将随之改变。IS-95 中，每个用户特定的掩码对应一个特定的 PN 码相位，每一个长码和相位偏移量就是一个确认的地址。掩码的码型随信道类型的不同而异。

4. CDMA 系统的分类

按照扩展频谱的方式不同，现有的扩频通信系统可分为直接序列扩频（DS-SS）、跳频（FH）、跳时（TH）、线性调频（Chirp），以及上述几种方式组合的复合式扩频。

对现有的几种扩频通信系统简要介绍如下。

（1）直接序列扩频（Direct Sequence Spread Spectrum，DS-SS）

直接序列扩频（DS-SS）工作方式，简称直扩方式。所谓直接序列扩频，就是直接用具有高码率的扩频码序列在发端去扩展信号的频谱。而在接收端，用相同的扩频码序列去进行解扩，把展宽的扩频信号还原成原始的信息。图 3-2-11 所示即为直接序列扩频发射机和接收机的基本构成框图。

（2）跳频（Frequency Hopping，FH）

另外一种扩展信号频谱的方式称为跳频。所谓跳频，比较确切的意思是用一定码序列

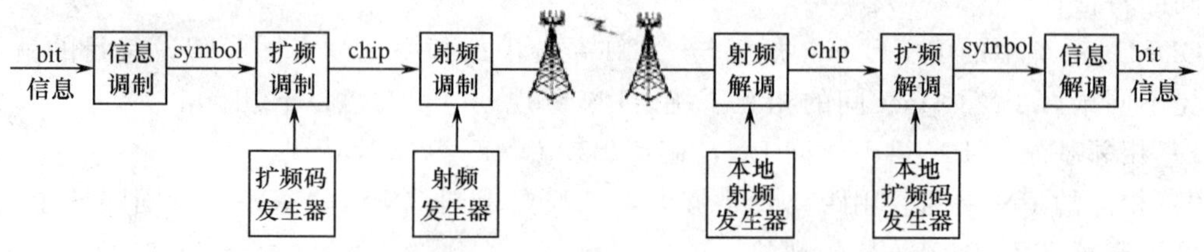

图 3-2-11　直接序列扩频（DS-SS）基本构成框图

进行选择的多频率频移键控。也就是说，用扩频码序列去进行频移键控调制，使载波频率不断的跳变，所以称为跳频。

（3）跳时（Time Hopping，TH）

与跳频相似，跳时是使发射信号在时间轴上跳变。首先把时间轴分成许多时片。在一帧内哪个时片发射信号由扩频码序列去进行控制。可以把跳时理解为：用一定码序列进行选择的多时片的时移键控。由于采用了窄得很多的时片去发送信号，相对说来，信号的频谱也就展宽了。

（4）宽带线性调频（Chirp Modulation）

宽带线性调频工作方式，简称 Chirp 方式，其频率在较宽的频带内变化，信号的频带也被展宽了。如果发射的射频脉冲信号在一个周期内，其载频的频率作线性变化，则称为线性调频，主要应用在雷达中。

基于扩频通信系统的不同类型可将 CDMA 系统进行相应分类，如图 3-2-12 所示。

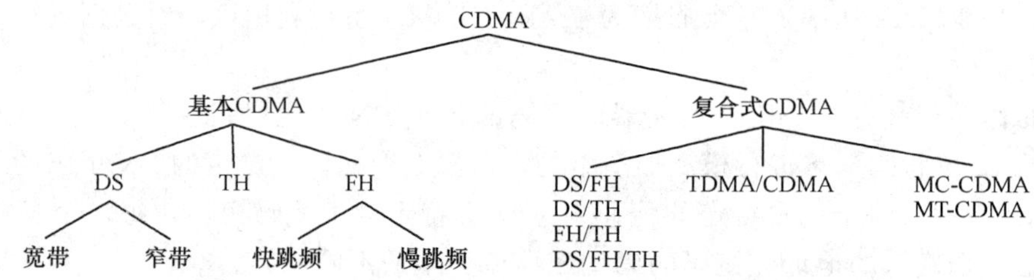

图 3-2-12　CDMA 系统的分类

3.2.2 功率控制技术

1. “远近效应”现象

CDMA 系统是一个自扰系统，所有移动用户都占用相同带宽和频率，“远近效应”问题特别突出。不同用户发射的信号由于距基站的距离不同，到达时的功率也不同，距离近的信号功率大，距离远的功率小，相互形成干扰。这种现象称为“远近效应”。

功率控制技术是 CDMA 系统的核心技术。CDMA 系统要求所有用户到达基站接收机信号的平均功率要相等才能正常解扩。功率控制的目的就是克服“远近效应”，它调整各个用户发射机的功率，使其到达基站接收机的平均功率相等。

2. 功率控制方法

CDMA 功率控制分为前向功率控制和反向功率控制，反向功率控制又可分为仅由移动台参与的开环功率控制和移动台、基站同时参与的闭环功率控制。开环功率控制主要是用户根据测量到的帧差错概率来调整发射功率。而闭环功率控制则由基站根据收到移动台发来的信号测量其信干比（SIR）发出指令，调整移动台发射机的功率。

1）反向开环功率控制。它是移动台根据在小区中接受功率的变化，调节移动台发射功率以达到所有移动台发出的信号在基站时都有相同的功率。它主要是为了补偿阴影、拐弯等效应，所以它有一个很大的动态范围，根据 IS-95 标准，它至少应该达到正负 32dB 的动态范围。

2）反向闭环功率控制。闭环功率控制的设计目标是使基站对移动台的开环功率估计迅速做出纠正，以使移动台保持最理想的发射功率。

3）前向功率控制。在前向功率控制中，基站根据测量结果调整每个移动台的发射功率，其目的是对路径衰落小的移动台分派较小的前向链路功率，而对那些远离基站的和误码率高的移动台分派较大的前向链路功率。

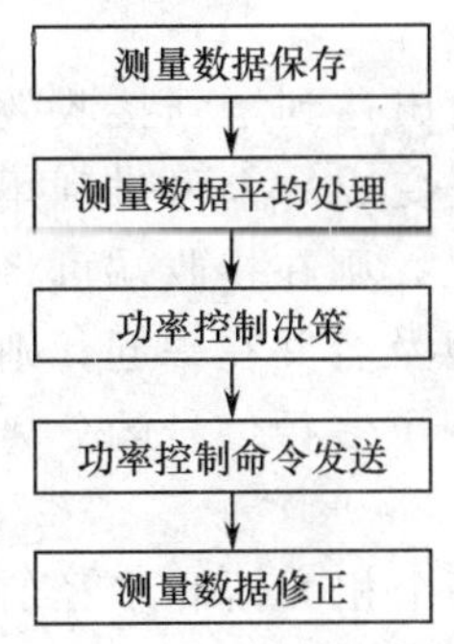

图 3-2-13　功率控制流程

3. 功率控制过程

功率控制过程进行决策的原始信息来自手机和基站的测量数据，通过处理和分析这些原始数据，作出相应的控制决策。和切换控制过程类似，一般来说，整个功率控制过程流程如图 3-2-13 所示。

（1）测量数据保存

与功率控制有关的测量数据类型包括上行信号电平、上行信号质量、下行信号电平和下行信号质量。

（2）测量数据平均处理

为了减小复杂的无线传输对测量值带来的影响，对测量数据的平滑处理一般采用前向平均法。也就是说在功率控制决策时，使用的是多个测量值的平均值。对不同的测量数据类型，求平均的过程中参数设置可以不一样，也就是说所使用的测量数据的个数可以不一样。

（3）功率控制决策

功率控制决策需要三个参数：一个门限值、一个 N 值和一个 P 值。若最近的 N 个平均值中有 P 个超过门限值，就认为信号电平过高或信号质量太好，若最近的 N 个平均值中有 P 个低于门限值，则认为信号电平过低或信号质量太差。

根据信号电平或信号质量的好坏，手机或基站就可以判断如何控制发射功率，提高或降低的幅度由预先配置好的值决定。

（4）功率控制命令发送

根据功率控制决策的结论，将相应的控制命令通知基站，由基站负责执行或转发给手机。

（5）测量数据修正

在功率控制之后，原先的测量数据和平均值已经没有意义，如果仍旧原封不动地保留的话，会造成后面的错误功率控制决策，因此，要将原来的这些数据统统废弃，或对其进行相应的修正，使得数据仍旧可以继续使用。

功率控制的速度最快是480ms一次，实际上也就是测量数据的最快上报速度。也就是说，一个完整功率控制过程最快是480ms被执行一次。

3.2.3 Rake接收技术

移动通信信道是一种多径衰落信道，发射机发出的扩频信号在传输过程中受到不同建筑物、山岗等各种障碍物的反射和折射，到达接收机时每个波束具有不同的延迟，形成多径信号。多径传输给信号的接收造成干扰，利用扩频码的良好自相关特性，可以很好地抑制这种干扰，特别是多径时延大于扩频码的码片的时候。但是这些先后到达接收机的信号，都携带相同的信息，都具有能量，若能够利用这些能量，则可以变害为利，改善接收信号的质量。基于这种指导思想，Price和Green在1958年提出多径分离接收的技术，这就是Rake接收机。

Rake接收技术就是分别接收每一路的信号进行解调，然后叠加输出达到增强接收效果的目的，这里多径信号不仅不是一个不利因素，而且在CDMA系统变成一个可供利用的有利因素。因为如果不同路径信号的延迟超过一个伪码的码片的时延，则在接收端可将不同的波束区别开来。将这些不同波束分别经过不同的延迟线，对齐以及合并在一起，则可达到变害为利，把原来是干扰的信号变成有用信号组合在一起，实现了多径信号的分离接收，即Rake接收。这就是Rake接收机的基本原理。

Rake接收机主要由一组相关器构成，其原理如图3-2-14所示。每个相关器和多径信号中的一个不同时延的分量同步，输出就是携带相同信息但时延不同的信号。把这些输出信号适当的延时对齐，然后按某种方法合并，就可以增加信号的能量，改善信噪比。所以，RAKE接收机具有搜集多径信号能量的能力，用Price和Green的话来说，它的作用就有点像花园里用的耙子（Rake），故取名Rake接收机。在IS-95 CDMA移动通信系统中，基站接收机有4个相关器，移动台有3个相关器。这都保证了对多径信号的分离和接收，提高了接收信号的质量。

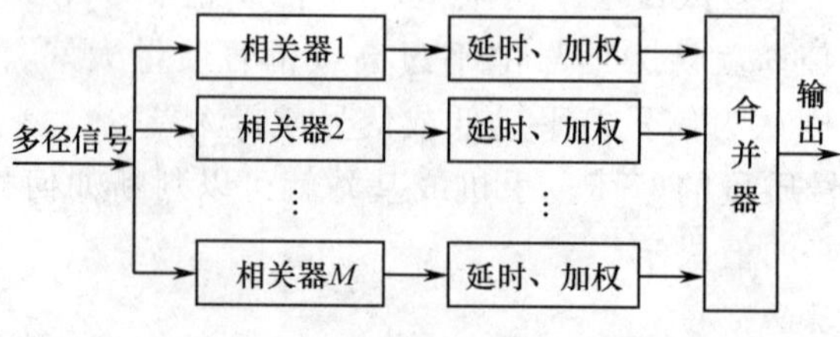

图3-2-14　RAKE接收机原理

小贴士

多用户检测（MUD）也称为联合检测和干扰消除。目前的CDMA接收机都是基于Rake接收机原理，它将其他用户的信号作为干扰来对待。在理想接收机中，如将所有用户信号都检测出来，则可把其他用户信号从总信号中减掉，则保存有用信号。在DS-CDMA系统采用Rake接收机时其容量是干扰受限的系统。多用户信号检测，或称为联合检测与干扰消除技术则提供了一种有效地减少多址干扰的方法，从而增加了系统的容量。同时，MUD显著降低了CDMA系统的远近效应，通过首先扣除近距离大信号干扰而达到。MUD可以缓解系统对功率控制的需求。由于最佳多用户检测十分复杂，而在实际上很难实现。目前研究得最多的还是次最佳多用户信号检测器。

计划与实施建议

1. 到图书馆或上网查询相关资料。
2. 让学生分组讨论CDMA网络是如何进行码资源规划的。
3. 让学生分组讨论CDMA系统如何进行功率控制的。
4. 让学生图示阐述RAKE接收机工作原理。

检查与评价点

1. 检查相关资料准备情况。
2. 检查评估学生分组讨论CDMA码资源规划的情况。
3. 检查评估学生分组讨论CDMA功率控制的原理的情况。
4. 评估各组阐述RAKE接收机工作原理的情况。

试一试

1. 按照扩展频谱的方式不同，现有的扩频通信系统可分为：________、________、________、________。

2. 一般的扩频通信系统都要进行三次调制和相应的解调。一次调制为________、二次调制为________、三次调制为________。

3. ________和________是扩频通信系统的两个重要的性能指标。

4. CDMA扩频通信系统可以分为________和________两种。其中，第一种主要包括________、________和________三种方式。第二种包括________、________、________等。

5. 在CDMA系统中，PN码可以分为________和________。

6. 按照扩展频谱的方式不同，现有的扩频通信系统可分为________、________、________、________，以及上述几种方式组合的复合式扩频。

单元 4

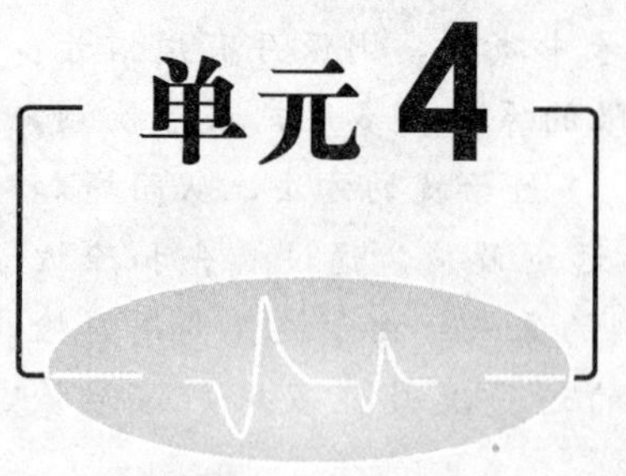

实现两部3G手机之间的通信

单元说明

本单元从对 3G 三大主流技术的对比分析入手，通过对 3G 标准演进、三种主流 3G 网络结构、RNC 设备原理与配置、Node B 设备的安装和调试、3G 手机通话功能的实现等问题的分析，使学生从整体上全面把握 3G 主流技术的概念、功能和原理。

本单元以 3G 移动通信网络实验设备及仿真软件为载体，通过画图展示、分组讨论、上机操作、实地参观等灵活生动的学习形式强化学习效果，增强学生的动手能力。经过理论学习、习题讲解、上机实践等环节后，学生必然会对 3G 移动通信网络及工作原理、WCDMA 系统结构、CDMA 2000 系统结构、TD-SCDMA 系统结构有更加深入的了解。从而了解、熟悉并掌握相关知识和技能，如 RNC 设备的原理结构、RNC 设备的硬件组成、RNC 设备硬件配置、RNC 数据配置、Node B 原理与架构、Node B 硬件与配置、NodeB 组网应用、NodeB 的数据配置、WCDMA 通信模型、WCDMA 的无线信道、WCDMA 的无线帧和码资源、WCDMA 的基本信令流程以及 RNC 和 Node B 的单板功能、接口及连接、安装与调试工作等。

学习目标

相关知识

基础知识：

- 3G 标准演进及 3G 无线技术比较
- UMTS 系统模型
- RNC 设备原理与配置
- Node B 设备的安装和调试
- WCDMA 的工作原理及信令流程

拓展知识：

- 华为 Node B 设备原理结构及技术特点
- 项目管理相关理论知识

相关技能

基本操作技能：

- 通过网络查询、收集所需资料的技能
- 总结归纳、画图讲解技术文档的技能
- 搭建实验电路、安装调试硬件设备的动手操作技能

拓展技能与技巧：

- 通信工程师的行为规范和基本工作礼仪
- 对实验平台和设备规范操作的技能

任务 4.1 3G 移动通信网络比较分析

任务描述

移动通信网络从第一代的模拟网络到第二代 GSM 及 CDMA 的数字蜂窝网络，现在已经发展到第三代网络即 3G 移动通信网络。经过 3G 技术的演进和发展，WCDMA、CDMA 2000 和 TD-SCDMA 成为 3G 移动通信网络的三大主流技术，它们有着各自的网络结构和技术特点。本任务通过分组讨论，解释说明 3G 网络主流技术特点；3G 演进及标准化情况；3G 主流技术的比较分析。任务中要求学生制作 3G 三大主流技术系统结构图，分组展示并讲解，讨论比较它们的相同点和不同点。

任务目标

本任务旨在通过对 3G 三大主流技术的特点进行比较分析，使学生加深对三大主流技术特点以及它们之间的异同之处的了解。通过制作 3G 三大主流技术系统结构图，分组展示并讲解，使学生更好地掌握 WCDMA、CDMA 2000 和 TD-SCDMA 三种技术特点、空中接口的主要参数、覆盖规划、容量规划、码资源和频率资源规划的特点，掌握无线网络规划的原则和策略，熟悉 3G 无线网络规划的流程和基本内容。

相关知识

内　　容	获取方式
1. 移动通信 3G 标准演进过程及其方向。	• 上图书馆查阅资料 • 上网收集信息 • 到运营商服务网点询问相关工作人员
2. 3G 的主流技术有哪些？3G 的标准化组织有哪些？	
3. 3G 网络的组成结构。	
4. 3G 无线网络规划流程。	
5. 3G 网络的码资源和频率资源分别有哪些？	

4.1.1 3G 标准演进过程分析

蜂窝移动通信从 20 世纪 80 年代出现到现在，先后经历了 1G（已淘汰）、2G（代表为 GSM、IS-95 CDMA），目前已经发展到了 3G。

第三代移动通信系统最早由国际电信联盟（ITU）1985 年提出，1996 年正式更名为 IMT-2000（International Mobile Telecommunication-2000），欧洲的电信业巨头们则称其为 UMTS（通用移动通信系统）。与现有的第二代移动通信系统相比，其主要特点可以概括如下：

1）全球普及和全球无缝漫游。

2）具有支持多媒体业务的能力，特别是支持 Internet 的能力。

3）便于过渡和演进。

4）高频谱利用率。

5）能够传送高达 2Mb/s 的高质量图像。

（1）3G 标准的确立

随着移动通信技术的发展，各种制式并存的局面引发了一系列的问题。为了统一全球移动通信标准及其所用频段，以实现第三代移动通信（3G）全球漫游，也为了提高移动通信的频谱利用率及数据业务传输速率，以满足多媒体业务的需求，在 1984 年，ITU 就开始在全世界范围内研究 3G 技术。ITU 提出了对第三代移动通信的基本要求，如表 4-1-1 所示。

表 4-1-1　ITU 对第三代移动通信的基本要求

	FDD 系统	TDD 系统
地面高速移动	终端 500km/h 的移动速度下 提供 144kb/s 的数据传输速率	终端 120km/h 的移动速度下 提供 144kb/s 的数据速率
地面中、低速移动	终端中、低速的移动速度下 提供 384kb/s 的数据传输速率	终端中、低速的移动速度下 提供 384kb/s 的数据速率
地面步行、室内固定用户	终端步行的移动速度或固定不移动 提供 2Mb/s 的数据传送速率	终端步行的移动速度或固定不动 提供 2Mb/s 的数据传送速率

世界各国对于 3G 技术的研究如火如荼，到 1998 年 6 月 30 日，即第三代移动通信无线传输技术（RTT）标准征集截止日，ITU 共收到 16 种 3G RTT 标准提案（其中 6 种关于卫星移动，其余 10 种关于地面移动）。根据表 4-1-1 中对 3G 标准的要求，ITU 对 10 个地面移动的 3G 标准提案进行了长达近两年的评估、仿真、融合及关键参数确定的工作，最终于 2000 年 5 月 5 日，在土耳其举行的 ITU 大会上正式确认了包括中国提案在内的 5 个无线传输技术规范，分别是 IMT-DS（DS-CDMA）、IMT-MC（MC-CDMA）、IMT-TD（TD-CDMA）、IMT-SC（SC-TDMA）和 IMT-FT（MC-TDMA），如图 4-1-1 所示。其中，基于 TDMA 技术的有：IMT-SC，对应美国的 UWC136；IMT-FT，对应欧洲的 DECT。各国针对这两种基于 TDMA 技术的研究较少。

相反，由于 CDMA 系统的容量远大于时分多址和频分多址系统，因此，有关 CDMA 技术的应用研究从 20 世纪 90 年代以来一直非常活跃。在 ITU 正式确认的 5 个无线传输技术规范中，有三个是基于 CDMA 技术的：IMT-DS，对应 WCDMA；IMT-MC，对应 CDMA 2000；IMT-TD，对应 TD-SCDMA。从移动通信技术发展趋势和可实现业务功能分析，基于 CDMA 制式的三种标准被普遍看好。因此，WCDMA、CDMA 2000、TD-SCDMA 已经成为目前全球的主流 3G 技术。

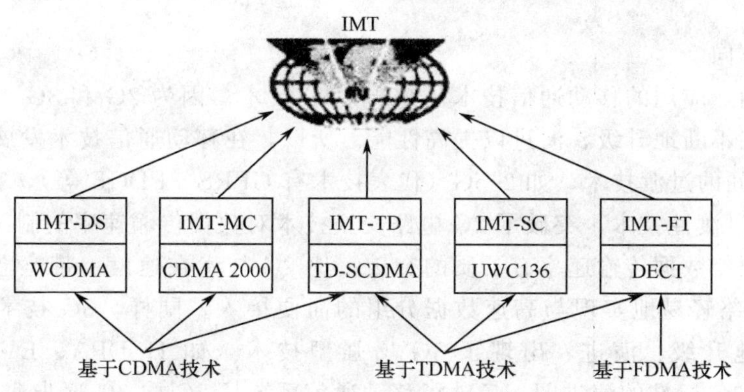

图 4-1-1 IMT-2000 地面无线接口标准

小贴士

除 ITU 外，世界各国也自发成立了一些标准化组织，其中最有影响力的是 3GPP（Third Generation Partnership Project）和 3GPP2。形成了如图 4-1-2 所示的 3G 标准化格局。

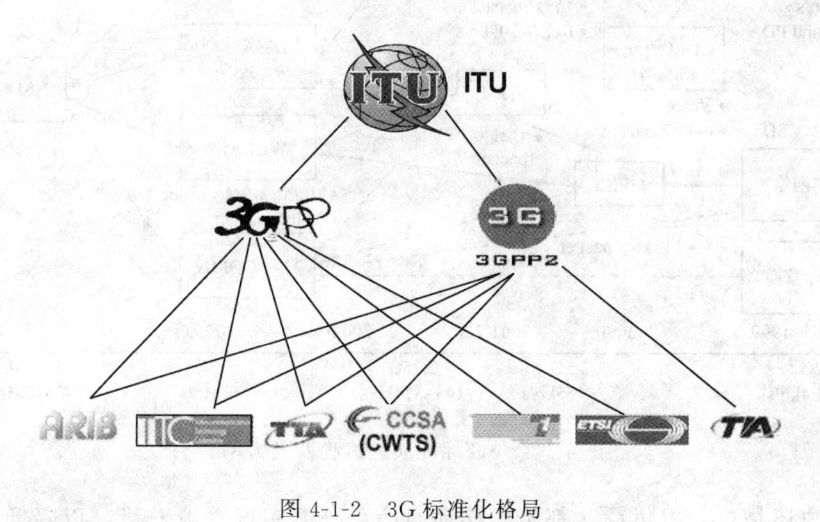

图 4-1-2 3G 标准化格局

在图 4-1-1 中，3GPP 成立于 1998 年 12 月，由欧洲的 ETSI、日本的 ARIB、日本的 TTC、韩国的 TTA 和美国的 Tl 共 5 个标准化组织发起，目前已发展成为有 200 多家无线厂商和运营商参加的联盟。中国通信标准化协会（CCSA）于 1999 年 6 月在韩国正式签字加入了 3GPP。3GPP 主要是制订以 GSM MAP 核心网为基础，全球陆地无线接入（UTRA）为无线接口的第三代技术规范。

3GPP2 成立于 1999 年 1 月，由美国 TIA、日本的 ARIB、日本的 TTC、韩国的 TTA 共 4 个标准化组织发起。中国通信标准化协会（CCSA）于 1999 年 6 月在韩国正式签字加入了 3GPP2。3GPP2 主要是制订以 ANSI-41 核心网为基础，CDMA 2000 为无线接口的第三代技术规范。

（2）发展方向

目前正在商业应用的移动通信技术是2G和3G技术。因为2G和3G技术不是静止不变的，它们都在不断地升级、演进以提高性能。所以，在移动通信技术发展过程中又出现了2G与3G之间的过渡技术，如2.5G（代表技术有GPRS、EDGE等），它是从2G迈向3G的衔接性、过渡性技术，突破了2G电路交换技术对数据传输速率的制约，引入了分组交换技术，从而使数据传输速率有了质的突破，比2G技术在速度、带宽上有所提高，可使现有GSM网络轻易地实现与高速数据分组的简便接入。同样，3G技术也不是最终技术，也在不断地升级、演进，出现了3G增强型技术（如HSDPA、EV-DO技术等）。图4-1-3所示为3G标准的演进图，反映了移动通信系统从2G向3G逐步演进的过程及3G后移动通信系统的发展方向。这些移动通信技术经过不断的改进提高性能，都具有很高的频谱效率，只是各种技术适合不同的应用场景满足不同的需求。

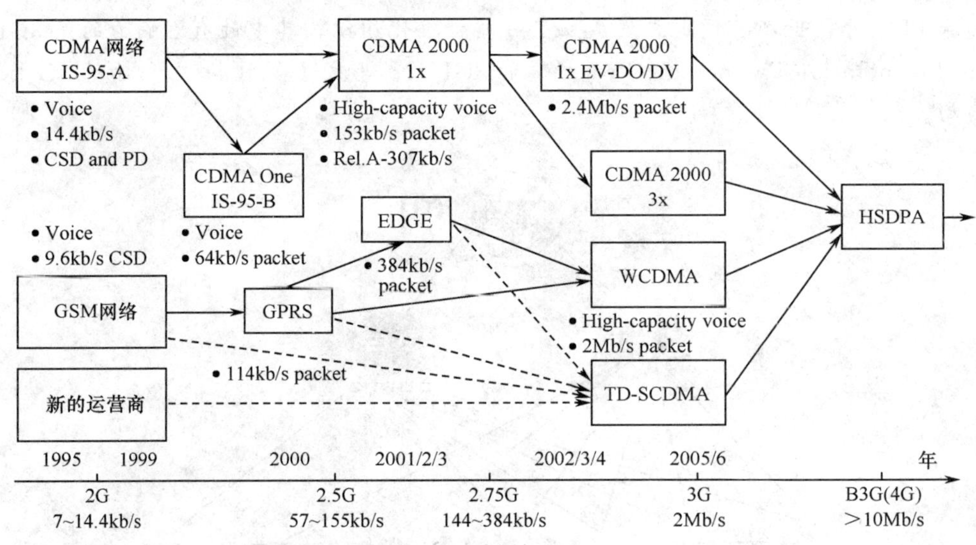

图4-1-3　3G标准演进过程及其方向

无论用户还是业务提供商，都希望移动通信系统能实现平滑升级，以降低系统升级的成本，即要求所谓的兼容性。兼容性有两个方面的含义：下一代移动终端可以直接在上一代网络中漫游，无须更换终端；上一代移动终端可以直接漫游到下一代网络中，也无须更换终端。因此，今后相当长时期内将出现多种移动通信系统并存的局面，而不是一种系统完全替代另外一种系统。

ITU早在2000年5月即确定了CDMA 2000、WCDMA和TD-SCDMA三个主流3G技术标准。如图4-1-1所示，目前对于3G的每个标准都有一套方案将2G网络升级到3G，并且尽力满足前、后向兼容，演进路线如下。

1）CDMA 2000的演进。CDMA 2000是由窄带CDMA（IS-95 CDMA）技术发展而来的宽带CDMA技术，由美国主推。向CDMA 2000可能的演进路线是IS-95 CDMA

(2G)→CDMA 2000 1x(CDMA 2000单载波系统)→CDMA 2000 3x(3G)，如图 4-1-4 所示。CDMA 2000 1x 被称为 2.5G 移动通信技术，CDMA 2000 3x 与 CDMA 20001 x 的主要区别在于应用了多路载波技术，通过采用三载波使带宽提高。

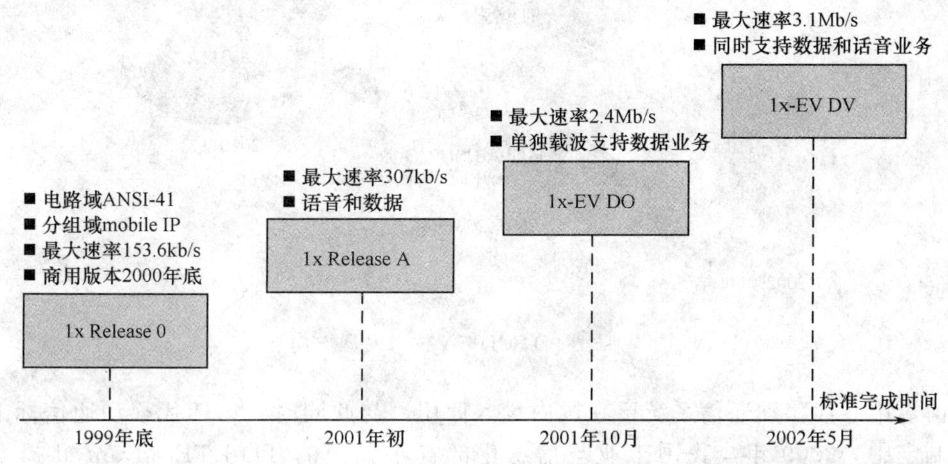

图 4-1-4　CDMA 2000 技术发展方向

2）WCDMA 的演进。WCDMA 全称为 Wideband CDMA，是基于 GSM 网发展出来的 3G 技术规范，是欧洲提出的宽带 CDMA 技术。向 WCDMA 可能的演进路线是 GSM(2G)→GPRS(→EDGE)→WCDMA(3G)，并且为了进一步强化系统，实现更高的数据速率，在 WCDMA R5 规范中推出 HSDPA 作为未来的演进方向，如图 4-1-5 所示。

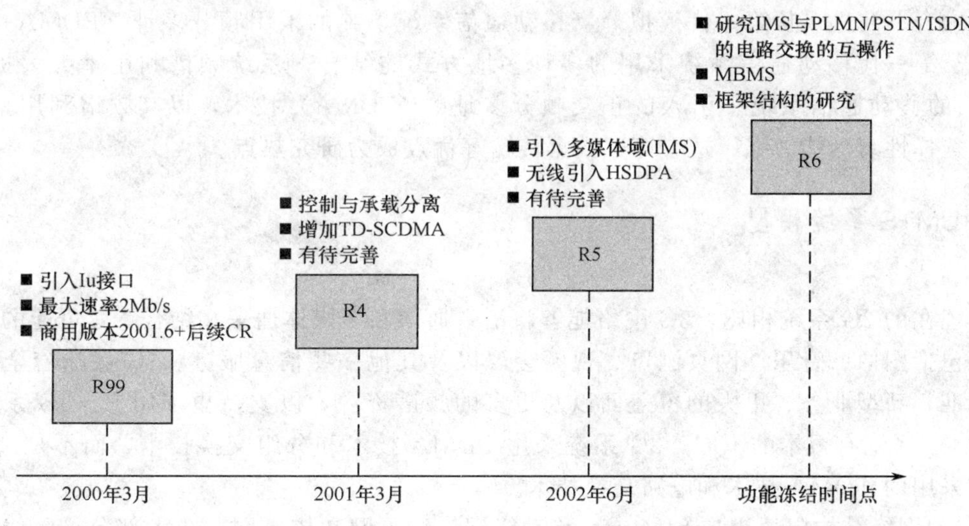

图 4-1-5　WCDMA 技术发展方向

3）TD-SCDMA 的演进。TD-SCDMA 是由我国大唐电信公司提出的 3G 标准。如图 4-1-6所示，向 TD-SCDMA 的演进路线，可以不经过 2.5G 的中间环节，直接向 3G 过渡，非常适用于GSM系统向3G升级。

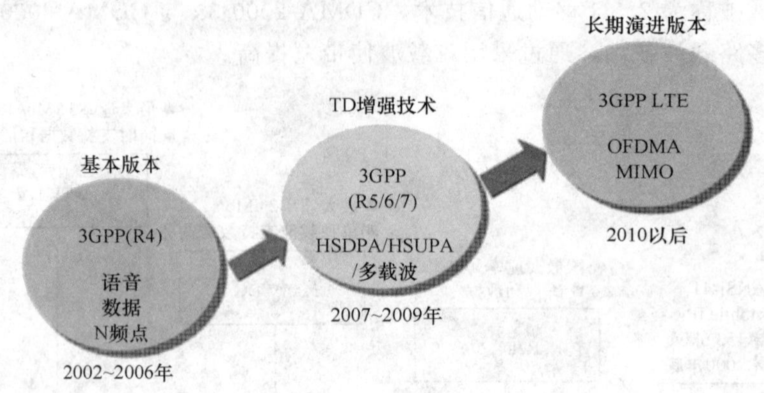

图 4-1-6　TD-SCDMA技术发展方向

目前，第三代移动通信系统已在国内投入商用，与此同时，第四代移动通信标准也在讨论、制定中。2009年，我国工业与信息化部宣布我国的TD-LTE advanced提案已被ITU采纳成为4G候选方案之一。为了使3G系统能够平滑过渡到4G，并保证其在未来拥有更强的竞争力，3GPP提出了LTE（Long Term Evolution）即长期演进计划。LTE（3.9G）的目标是，为3GPP无线接入技术向高数据速率、低延迟、最优化分组的无线接入技术的演进构建一个框架，具体包括降低延迟，提高用户数据速率，增大系统容量和覆盖，减少运营商成本等。相关的研究工作正在进行中。

另外，三种基本的多址方式（FDMA、TDMA和CDMA）也随着移动通信系统的发展逐渐融合、演进。从第一代模拟蜂窝移动通信系统单纯的采用频分多址（FDMA），到第二代、第三代移动通信系统采用的多种多址方式的结合，系统频谱利用率大大提高。3G之后的移动通信系统中引入的正交频分多址（OFDMA）技术，以其频谱利用率高、抗频率选择性衰落能力强、适合高速数据传输等优点成为研究热点。

4.1.2 UMTS系统模型

与现在的2G系统相比，3G网络能够将语音通信和多媒体通信相结合，其可能的增值服务将包括图像、音乐、网页浏览、视频会议以及其他一些信息服务。3G意味着全球适用的标准、新型业务、更大的覆盖面以及更多的频谱资源，以支持更多用户。3G系统与现有的2G系统有根本的不同，3G系统采用CDMA技术和分组交换技术，而不是2G系统通常采用的TDMA技术和电路交换技术。

3G的网络结构包括用户SIM卡、移动终端、接入网和核心网共4大部分。无线接入标准中存在5种技术：WCDMA技术、CDMA 2000技术、TD-SCDMA技术、UWC-136技术和DECT技术。宽带CDMA技术已经成为3G技术的主流。ITU的两大标准化组织——3GPP和3GPP2进行了3G核心网部分的标准化工作：3GPP2组织制定了CDMA 2000技术、UWC-136技术，以窄带CDMA的核心网IS-41开始演进；而3GPP组织制订了 WCDMA 技术、TD-SCDMA 技术和 DECT 技术，以 GSM MAP 的核心网开始演进，如图 4-1-7 所示。

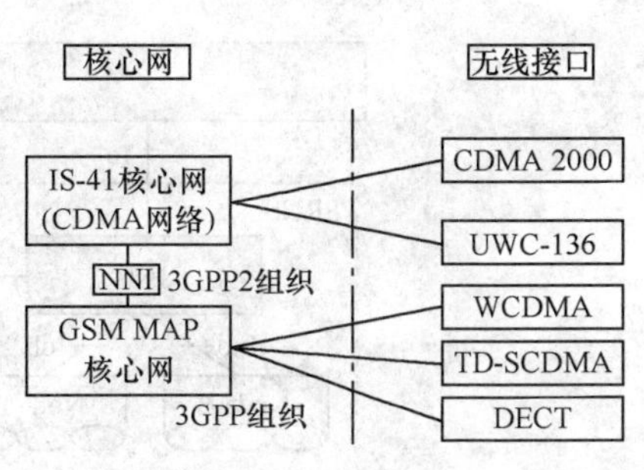

图 4-1-7　3G 核心网

1. UMTS 系统简介

按照 3GPP 组织提出的 UMTS 系统 3G 网络组建标准，可以确保原来的 GSM MAP 核心网平滑过渡到新的 3G 核心网。欧洲的电信业巨头们因此习惯将 3G 网络称为 UMTS。

UMTS 系统（见图 4-1-8）采用了与 2G 移动通信系统类似的结构。UMTS 由用户设备（User Equipment，UE）域、无线接入网（Radio Access Network，RAN）域和核心网（Core Network，CN）域三部分组成。UE 与 RAN 之间通过 Uu 接口相连，RAN 与 CN 之间通过 Iu 接口相连。UMTS 系统模型从宏观上对 3G 网络的系统组成结构进行了全局定义。

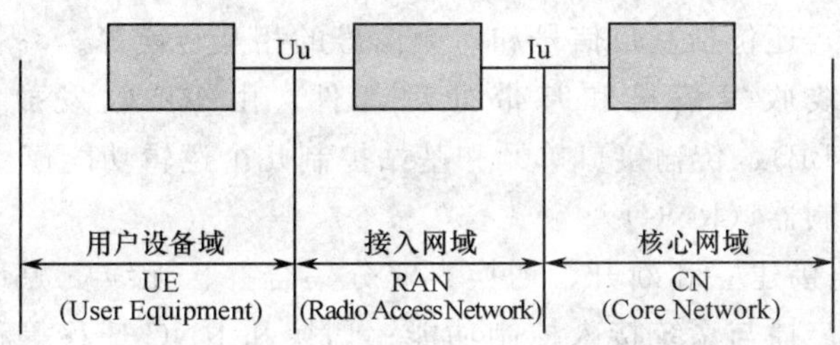

图 4-1-8　UMTS 系统

UE 是用户用来接入 UMTS 业务的设备，分为通用用户识别模块（Universal Subscriber Identity Module，USIM）和移动设备（Mobile Equipment，ME），两者之间的接口定义为 Cu 接口。其中，USIM 包含清楚而安全地确定用户身份的数据和过程。这些功能一般存入智能卡中，只与特定的用户有关，而与用户所使用的终端无关，这项功能体现了终端移动性和用户移动性的分离。ME 即移动用户的通信设备，其功能包括移动通信需要的无线传输和应用功能。

下面重点介绍 UMTS 系统的 RAN 和 CN。

2. 无线接入网（RAN）

RAN 在移动通信网中起着承上启下的作用，完成与无线通信有关的功能，为 UE 提供接入核心网的通道。UMTS 的 CN 可以支持的 RAN 类型有 UTRAN（采用 WCDMA 的接入技术）、ERAN（支持 EDGE 技术，从 GSM 的接入网演进而来）等多种接入网络。

UTRAN（Universal Terrestrial Radio Access Network，通用陆地无线接入网络）由一个或几个无线网络子系统（Radio Network Subsystem，RNS）构成。一个 RNS 是由一个无线网络控制器（Radio Network Controller，RNC）和一个或多个节点 B（Node B）组成，如图 4-1-9 所示。

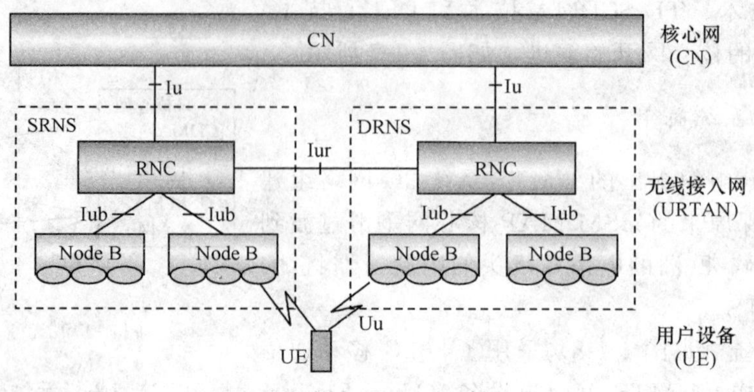

图 4-1-9　UTRAN

（1）节点 B（Node B）

Node B 是无线接入网系统的基站。Node B 的主要功能是扩频、调制、信道编码和解扩、解调、信道解码，还包括基带信号和射频信号的相互转换等。

Node B 包括无线收发信机和基带处理部件，由 RF 收发放大、射频收发系统（TRX）、基带部分（BB）、传输接口单元和基站控制几个逻辑功能模块构成。

（2）无线网络控制器（RNC）

RNC 主要完成连接建立和断开、切换、宏分集合并、无线资源管理控制等功能。具体是：执行系统信息广播与系统接入控制功能；切换和 RNC 迁移等移动性管理功能；宏分集合并、功率控制、无线承载分配等无线资源管理和控制功能。

由于 WCDMA 网络存在越区切换，可能发生一个 UE 和多个无线网络子系统 RNS 和其对应的 RNC 联系的情况，因此针对 RNC 引进如下概念：

1）服务无线网络子系统（Serving Radio Network Subsystem，SRNS）和服务无线网络控制器（Serving RNC，SRNC）。

负责管理 UE 和 CN 之间的无线连接的 RNS 称为服务无线网络子系统（SRNS），对应的无线网络控制器 RNC 称为服务无线网络控制器（SRNC），一个与 UTRAN 相连的 UE 有并且只能有一个 SRNC。

SRNC 负责启动/终止用户数据的传送、控制和 CN 的 Iu 连接以及通过无线接口协议和 UE 进行信令交互。SRNC 执行基本的无线资源管理操作，如将无线接入承载（Radio Access Bearer，RAB）参数转化成 Uu 接口的信道参数、切换判决和外环功率控制等。

2）漂移无线网络子系统（Drift RNS，DRNS）和漂移无线网络控制器（Drift RNC，DRNC）。

除了 SRNS 以外，UE 所用到的其他 RNS 称为漂移无线网络子系统（DRNS），其对应的 RNC 则是漂移无线网络控制器（DRNC），一个 UE 可以没有也可以有一个或多个 DRNS。

DRNC 控制 UE 使用的小区资源，可以进行宏分集合并、分裂。和 SRNC 不同的是，DRNC 不对用户平面的数据进行数据链路层的处理，而在 Iub 和 Iur 接口间进行透明的数据传输。

3）控制无线网络控制器（Control RNC，CRNC）。

控制 Node B 的 RNC 称为 Node B 的控制无线网络控制器（CRNC），CRNC 负责管理整个小区的资源，用户专用信道的数据调度由 SRNC 完成，而公共信道上的数据调度在 CRNC 中进行。

需要指出，以上三个概念是从逻辑上进行描述的。实际上一个 RNC 通常包含 SRNC、DRNC 和 CRNC 的功能，这三个概念是从不同层次上对 RNC 的描述。SRNC 和 DRNC 是针对一个具体的 UE 和 UTRAN 的连接中，从专用数据处理的角度进行区分的。而 CRNC 却是从管理整个小区公共资源的角度派生的概念。

3. 核心网（CN）

CN 负责与其他网络的连接和对 UE 的通信和管理，主要处理移动网络内部所有的语音呼叫、数据连接和交换，以及同外部其他网络的连接和路由等，提供的功能包括用户位置信息的管理、网络特性和业务的控制、信令以及用户信息的传输机制等。图 4-1-10 所示为 UMTS R99 核心网的基本结构。其中，CN 的主要功能实体如下。

（1）移动交换中心 MSC/访问位置寄存器（Visitor Location Register，VLR）

MSC/VLR 是 3G 核心网 CS 域的功能节点。MSC/VLR 的主要功能是提供 CS 域的呼叫控制、移动性管理、鉴权和加密等功能。

（2）网关移动交换中心（Gateway MSC，GMSC）

GMSC 是 CS 域与外部网络间的网关节点，是可选功能节点。GMSC 的主要功能是充当移动网和固定网之间的移动关口局（Gateway），完成 PSTN 用户呼叫移动用户的呼入

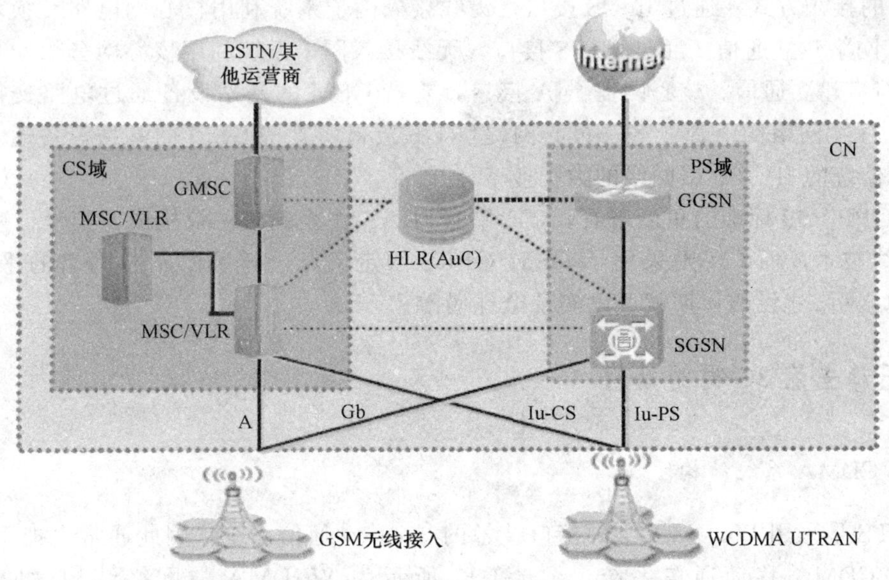

图 4-1-10 UMTS R99 核心网的基本结构

路由功能，承担路由分析、网间接续、网间结算等重要功能。

（3）服务 GPRS 支持节点（Serving GPRS Support Node，SGSN）

SGSN 是 PS 域功能节点。SGSN 的主要功能是提供 PS 域的路由转发、移动性管理、会话管理、鉴权和加密等功能。SGSN 的主要作用是记录移动台的当前位置信息，并且在移动台和 GGSN 之间完成移动分组数据的发送和接收。

（4）网关 GPRS 支持节点（Gateway GPRS Support Node，GGSN）

GGSN 是 PS 域功能节点。GGSN 主要功能是同外部 IP 分组网络的接口，GGSN 需要提供 UE 接入外部分组网络的关口功能，从外部网来看，GGSN 就好像是可寻址 WCDMA 移动网中所有用户的 IP 路由器，需要同外部网交换路由信息。GGSN 提供数据包在 WCDMA 移动网和外部数据网之间的路由和封装。

（5）归属位置寄存器（Home Location Register，HLR）

HLR 是 CS 域和 PS 域共有的功能节点。HLR 的主要功能是提供用户的签约信息存放、新业务支持、增强的鉴权等。

UMTS 核心网子系统的框架结构分成两个部分：电路交换（CS）域和分组交换（PS）域，分别对应于原来的 GSM 交换子系统和 GPRS 交换子系统。CS 域和 PS 域是依据系统对用户业务的支持方式区分的，根据运营商实际网络的规划方案，核心网可以同时包含这两个域，也可以只包括其中之一。

CN 介于传统的有线通信网络和无线通信网络之间，在两个系统间起到桥接作用。无线接入网（UTRAN）利用电路交换域接入 PSTN 传统的语音业务；利用分组交换域接入 IP 等传统数据通信网络的数据业务。核心网提供 Iu 接口，以支持 RNC 接入到核心网。

原则上讲，核心网和接入网是完全独立的，对核心网而言，它并不关心接入网是采用哪种具体的接入方式；通过 Iu-CS 接口，无线接入网子系统利用核心网电路交换域的资源和 PSTN 网络建立通信；通过 Iu-PS 接口，无线接入网子系统利用核心网分组交换域的资源和 IP 网络建立通信。核心网提供 A 接口，支持 GSM 的基站设备通过电路交换域接入传统的 PSTN 网络的语音业务；核心网提供 Gb 接口，支持 GSM 的基站设备通过分组交换域接入传统的 IP 等数据网络的数据业务。

从 3GPP R99 标准的角度来看，UE 和 UTRAN 由全新的协议构成，其设计基于 WCDMA 无线技术。而 CN 则采用了 GSM/GPRS 的定义，这样可以实现网络的平滑过渡，此外在 3G 网络建设的初期就可以实现全球漫游。

4.1.3 三种主流 3G 网络结构

1. WCDMA 系统结构

UMTS 是采用 WCDMA 空中接口技术的 3G 移动通信系统，因此通常也把 UMTS 系统称为 WCDMA 移动通信系统。图 4-1-11 所示为 WCDMA 的网络结构（R5 版本），图 4-1-12所示为 WCDMA 无线接入网（RAN）的体系结构，由此我们可以大体了解其网络组成结构，在此不作详细介绍。

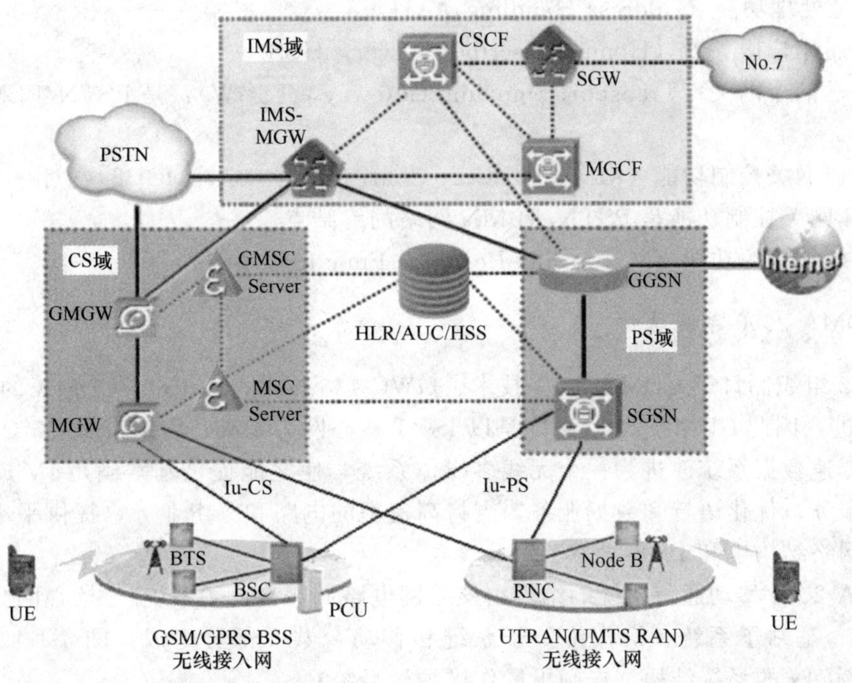

图 4-1-11　WCDMA 的网络结构（UMTS 网络结构，R5 版本）

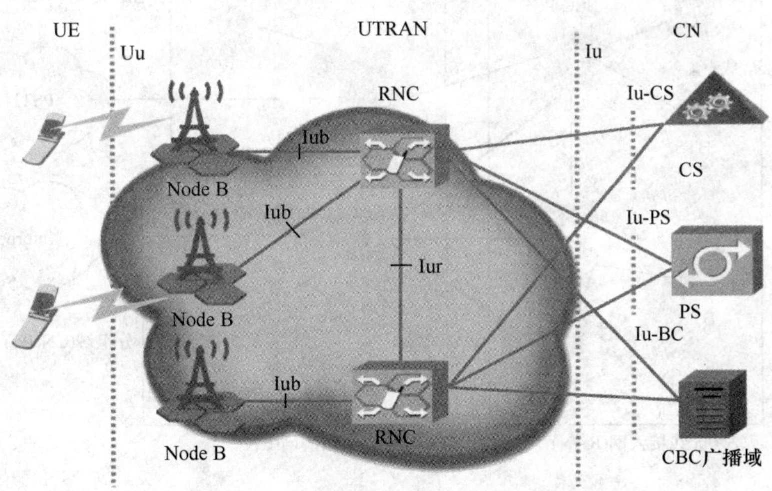

图 4-1-12　WCDMA 无线接入网（RAN）的体系结构

WCDMA R5 的核心网络主要功能实体如下。

1）呼叫状态控制功能（Call State Control Function，CSCF），包括以下实体：

① 入呼叫网关功能（Incoming call gateway，ICGW）。

② 呼叫控制功能（Call Control Function，CCF）。

③ 服务概要数据库功能（Serving Profile Database，SPD）。

④ 地址处理功能（Address Handling，AH）。

2）归属用户服务器（Home Subscriber Server，HSS）。

3）传送信令网关（Transport Signaling Gateway，TSGW）：是 PSTN/PLMN 网络的终结点。

4）媒体网关控制功能（Media Gateway Control Function，MGCF）：对一个特定网络而言，媒体网关控制功能是 PSTN/PLMN 网络的终结点。

5）多媒体资源功能（Multimedia Resource Function，MRF）。

2. CDMA 2000 系统结构

3GPP2 组织制订了 CDMA 2000 技术、UWC-136 技术，以 IS-95 CDMA 的核心网 IS-41 开始演进，因此 CDMA 2000 系统是以 IS-41 核心网为基础，将窄带 IS-95 CDMA 从一个话音、低速数据系统改进为一个无线多媒体系统，使之能提供基本满足 IMT-2000 要求的容量和服务，优化语音和数据业务，支持高速率的电路和分组业务，提供平滑地向后兼容性（其网络结构也和 IS-95 兼容）。

CDMA 2000 移动通信系统的结构由核心网电路域（交换子系统）、核心网分组域（分组子系统）、基站子系统、操作维护子系统和移动台共 5 部分组成。图 4-1-13 所示的是 CDMA 2000 1x 的系统结构（未画出操作维护子系统）。

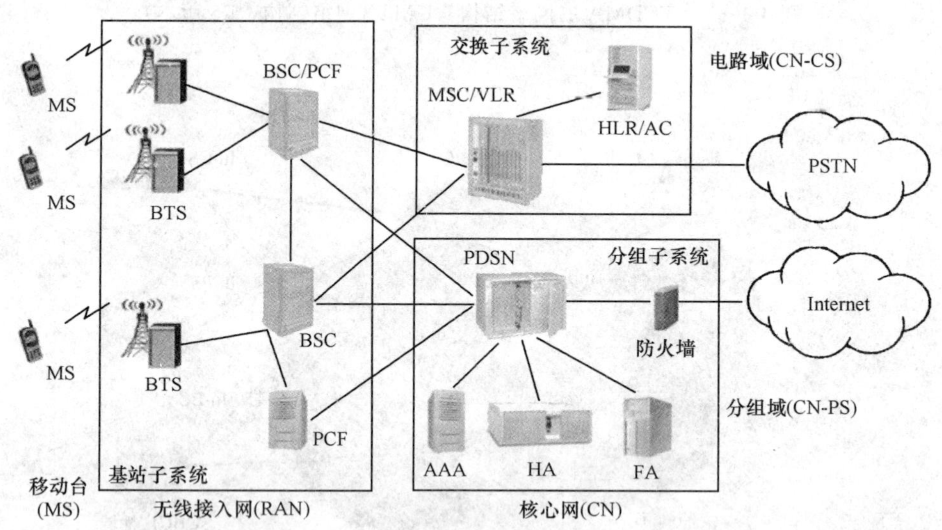

图 4-1-13　CDMA 2000 1x 数字移动通信系统结构

注：MSC/VLR 为移动交换中心/拜访位置寄存器；HLR/AC 为归属位置寄存器/鉴权中心；PDSN/FA 为分组数据服务节点/外地代理；HA 为归属代理；AAA 为鉴权、认证、计费服务器，也称为 RADIUS 服务器；BSC/PCF 为基站控制器/分组控制功能模块；BTS 为基站收发信机；MS 为移动台。

CDMA 2000 1x 数字移动通信系统是由若干个子系统或功能实体组成。其中，基站子系统（BSS）在移动台（MS）和网络子系统（NSS）之间提供和管理传输通路，特别是包括了 MS 与 CDMA 系统的功能实体之间的无线接口管理。NSS 管理通信业务，保证 MS

与相关的公用通信网或与其他MS之间建立通信，也就是说NSS不直接与MS互通，BSS也不直接与公用通信网互通。MS、BSS、NSS和分组子系统组成CDMA系统的实体部分。操作系统（OSS）则提供运营部门一种手段来控制和维护这些实际运行部分。

与IS-95相比，核心网中的PCF和PDSN是两个新增模块，通过支持移动IP协议的A10、A11接口互联，可以支持分组数据业务传输。而以MSC/VLR为核心的网络部分，支持话音和增强的电路交换型数据业务，与IS-95一样，MSC/VLR与HLR/AC之间的接口基于ANSI-41协议。

新增节点PCF（分组控制单元）是新增功能实体，用于转发无线子系统和PDSN分组控制单元之间的消息。PDSN节点为CDMA 2000 1x接入Internet的接口模块。

CDMA系统的主要接口是指A接口、Urn接口，它主要定义和标准化能保证不同供应商生产的移动台、基站子系统和网络子系统设备能纳入同一个CDMA数字移动通信网运行和使用。

Urn接口（空中接口）定义为移动台与基站收发信台（BTS）之间的通信接口，用于移动台与CDMA系统的固定部分之间的互通，其物理链接通过无线链路实现。此接口传递的信息包括无线资源管理、移动性管理和接续管理等。

A接口定义为网络子系统（NSS）与基站子系统（BSS）之间的通信接口，从系统的功能实体来说，就是移动交换中心（MSC）与基站控制器（BSC）之间的互连接口，其物理链接通过采用标准的2.048Mb/s的PCM数字传输链路来实现。此接口传递的信息包括移动台管理、基站管理、移动性管理、接续管理等。

除这两个接口外，还有其他接口如下。

1）Abis接口：用于BTS和BSC之间连接。

2）A1接口：用于传输MSC与BSC之间的信令信息。

3）A2接口：用于传输MSC与BSC之间的话音信息。

4）A3接口：用于传输BSC与SDU（交换数据单元模块）之间的用户话务（语音和数据）和信令。

5）A7接口：用于传输BSC之间的信令，支持BSC之间的软切换。

6）A8接口：传输BSC和PCF之间的用户业务。

7）A9接口：传输BSC和PCF之间的信令信息。

8）A10接口：传输PCF和PDSN之间的用户业务。

9）A11接口：传输PCF和PDSN之间的信令信息。

10）A10/A11接口：是无线接入网和分组核心网之间的开放接口。

以上接口中的A1、A2、A3、A7与IS-95 CDMA系统需求相同，其他为新增功能。

3. TD-SCDMA系统结构

TD-SCDMA系统作为ITU第三代移动通信标准之一，其网络结构遵循ITU统一要求。通过3GPP组织内融合后，TD-SCDMA与WCDMA的网络结构基本相同，即其网络结构与3GPP制定的UMTS网络结构是一样的，所以TD-SCDMA网络结构模型完全等同于 UMTS 网络结构模型，如图 4-1-11 所示。

4.1.4 3G 无线技术比较

随着移动宽带通信技术的飞速发展，用户对移动宽带业务的需求也在不断提高，移动宽带化与宽带移动化这两股力量正在移动通信领域迅速发展，这使得多种技术共存的移动通信市场中竞争更加激烈。WCDMA、CDMA 2000 和 TD-SCDMA 这三种主流技术标准在组网技术方面区别不大，网络基本结构均符合 UMTS 系统模型，而且还在不断的融合。它们的最大区别体现在无线技术方面，即无线空中接口技术的差异，这也正是每一种技术的特征所在。

目前，中国的 3G 已进入商用化应用阶段，三大运营商分别选择了这三大主流技术标准。表 4-1-2 所示为对这三种主流技术的主要参数比较。通过对这三种主流技术标准进行比较分析，有助于我们对 3G 网络的建设、运营及管理。

表 4-1-2　三种主流技术的主要参数比较

技术名称	WCDMA	CDMA 2000 1x	TD-SCDMA
载频带宽	频率对，5MHz	频率对，1.25/3.75MHz	单频段，1.6MHz
双工方式	FDD	FDD	TDD
多址方式	CDMA＋FDMA	CDMA＋FDMA	CDMA＋TDMA＋FDMA
频率重用率	1	1	1
码片速率	3.84Mc/s	1.2288/3.6864Mc/s	1.28Mc/s
信道编码	卷积码，Turbo 码	卷积码，Turbo 码	卷积码，Turbo 码
扩频码	OVSF	Walsh 码，伪随机码	OVSF
物理层扩频因子	4～256	4～256	1，2，4，8，16
调制方式	下行：QPSK；上行：HPSK	下行：QPSK；上行：BPSK	QPSK，8-PSK（可选）
帧长	10ms	20ms	10ms（分为两个子帧）
每帧时隙数	15 个	不分时隙	7 个（6 个业务时隙）
最大数据速率（理论值）	2Mb/s	2.4Mb/s（1x EV-DO）	2Mb/s
功率控制	开环功控，快速闭环功控（功控频率 1500Hz）	开环功控，快速闭环功控（功控频率 800Hz）	开环功控，快速闭环功控（功控频率 200Hz）
切换方式	软切换	软切换	接力切换
空间分集	采用分集接收和发射，可选智能天线但不如 TDD 方式容易实现	采用分集接收和发射，可选智能天线但不如 TDD 方式容易实现	采用智能天线及时空联合检测方式，支持发射分集及分集接收

续表

技术名称	WCDMA	CDMA 2000 1x	TD-SCDMA
接收机	Rake	Rake	联合检测（移动台：Rake）
基站间同步要求	同步/异步	GPS 同步	同步（GPS 或其他）
继承基础	GSM	窄带 CDMA	GSM
核心网	GSM MAP	ANSI-41	GSM MAP
商用实验时间	2001 年	2000 年	2000 年
最先采用地区	欧洲、日本	北美、韩国	中国

小贴士

三种主流的 3G 技术标准——WCDMA、CDMA 2000 和 TD-SCDMA，在技术上各有千秋，从目前的情况来看，不会出现哪种标准“一统江湖”的局面，而至于谁能在 3G 时代占据更大的市场份额，关键是看哪个技术标准更符合市场需求和竞争的需要。对于这个问题的分析，除了要从前文所述的各项技术特点以及厂家供货环境、全球范围内广泛采用的程度等方面入手外，还要结合各国国情、各运营商的具体情况以及市场竞争等因素进行考虑。

计划与实施建议

1. 到图书馆或上网查询 3G 相关技术资料。
2. 上网查询 3G 的主流技术有哪些？3G 的标准化组织有哪些？
3. 向运营商技术人员咨询 3G 网络规划流程及码资源和频率资源特点。
4. 制作三大主流技术系统结构图并分组讲解。

检查与评价点

1. 检查相关资料准备情况。
2. 检查学生所作 3G 主流技术系统结构图。
3. 总结评价学生对 3G 主流技术特点的阐述。
4. 对学生图示讨论 3G 三大主流技术系统结构的异同点的情况进行评价总结。

试一试

1. 从移动通信技术发展趋势和可实现业务功能分析，基于 CDMA 制式的三种标准被普遍看好，分别对应________、________和________三种技术。

2. 在建设 WCDMA、TD-SCDMA、CDMA 2000 1x 网络时，其采用的网规原则基本相同，都需综合考虑________、________、________、________等几方面因素。

3. 在移动通信3G网络研究方面，除ITU外，世界各国也自发成立了一些标准化组织，其中最有影响力的是________和________。

4. GPRS的英文全称为________，中文译为________，是一种基于________的无线分组交换技术。

5. 3G的网络结构包括________、________、________和________共4大部分。

6. UTRAN的英文全称为________，是由一个或几个________构成。

任务4.2　RNC设备原理与配置

任务描述

RNC是移动通信网络中重要的组成部件，对于RNC设备的原理与技术的掌握也是学习移动通信系统知识及技能的重点之一。本任务基于实验平台和仿真系统，分组让学生对RNC硬件进行配置，对RNC数据进行配置。通过让学生配置和维护RNC设备硬件、配置RNC系统数据等环节，使学生加强对主流RNC设备的原理、结构、RNC设备的硬件组成、主流RNC设备的操作维护原理及LMT的操作等知识和技能的理解与掌握。通过分组练习，熟悉并掌握主流RNC设备的数据配置内容及流程。

任务目标

本任务旨在通过练习，使学生学会使用RNC本地终端LMT，学会使用MML人机命令脚本文件；通过实地参观，基本掌握无线设备RNC设备的逻辑结构、RNC各子系统组成及特点、RNC典型硬件配置方案及性能特点；通过实验和练习，熟悉RNC数据配置的流程及各步骤所需配置的数据。

相关知识

内　容	获取方式
1. 当前流行的无线RNC设备类型和型号包括哪些？	• 上图书馆查阅资料 • 上网收集信息 • 到运营商机房参观并询问相关工作人员
2. RNC设备的逻辑结构如何？对应怎样的功能？	
3. 一个完整的RNC设备配置有几种接口？	
4. RNC的硬件组成有哪些部分？各部分的功能是什么？	
5. RNC设备的操作维护是如何进行的？	
6. RNC数据配置的内容和顺序是什么？	

4.2.1 RNC设备的原理结构

1. RNC逻辑结构

RNC逻辑上由交换子系统、业务处理子系统、传输子系统、时钟同步子系统、操作维护子系统、供电子系统和环境监控子系统组成。RNC逻辑结构如图4-2-1所示。

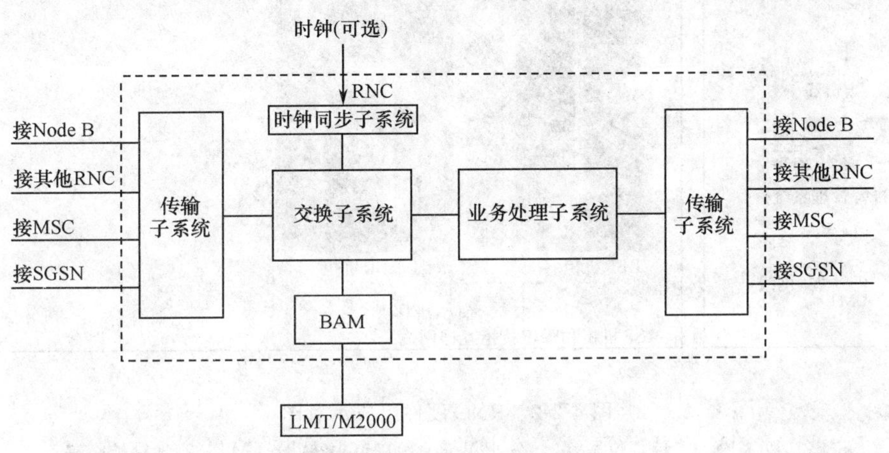

图4-2-1 RNC逻辑结构

2. RNC物理结构

RNC的硬件由机柜、线缆、GPS天馈系统、LMT、告警箱组成。RNC硬件组成示意如图4-2-2所示。

4.2.2 RNC设备的硬件组成

1. RNC交换子系统

(1) RNC交换子系统的功能

RNC交换子系统主要完成RNC内部数据的交换功能。交换功能如下：

1）为RNC提供内部的MAC（Media Access Control，媒体接入控制）层交换，实现ATM/IP二网合一。

2）为RNC提供Port Trunking技术。

3）为RNC提供框间连接。

4）为RNC各业务处理框提供业务数据的交换通道。

5）为RNC各业务处理框提供操作维护通道。

6）分发RNC各业务单板所需的时钟信号和RFN信号。

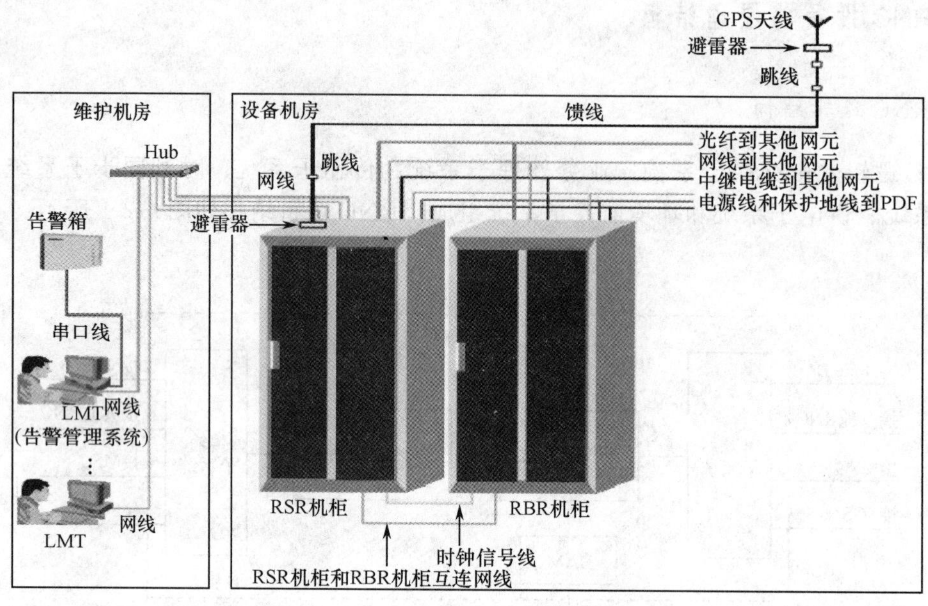

图 4-2-2　RNC 硬件组成示意图

注：(1) GPS：全球定位系统；(2) PDF：直流配电柜；(3) LMT：本地维护终端。

(2) RNC 交换子系统组成

RNC 交换子系统主要由各插框的交换和控制单元与插框的高速背板通道共同组成，如图 4-2-3 所示。

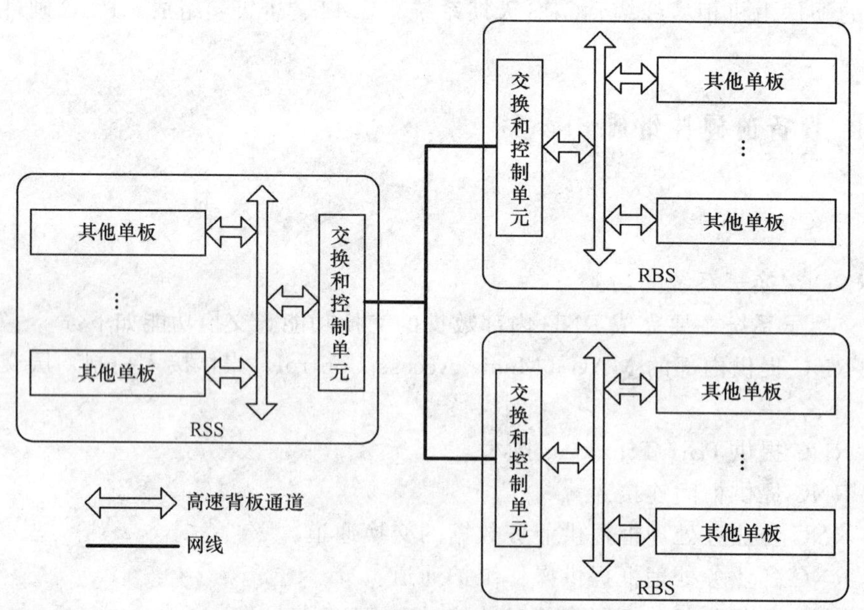

图 4-2-3　RNC 交换子系统组成

1）交换和控制单元。交换和控制单元由SCUa单板实现，为RNC提供GE交换和维护管理平台。RNC的每个插框可以配置两块SCUa单板，为RNC提供框间连接。

2）框内数据交换。RNC框内数据交换采用背板通信的方式，框内交换通道提供Port Trunking功能，SCUa单板与框内的其他单板通过高速背板通道实现框内的GE交换。

3）框间数据交换。RNC框间数据交换采用星型连接的通信方式，以RSS插框为中心框，RBS插框为从框，RBS插框的SCUa单板通过网线与RSS插框内的SCUa单板进行连接，通过RSS插框实现框间的GE交换，如图4-2-4所示。RSS插框与RBS插框之间采用全互联的拓扑结构，任何一块单板故障都不会影响RNC的数据交换。SCUa单板上的GE端口具有Port Trunking功能，4个GE通道组成一个trunk组，可以实现带宽扩展和业务均衡。

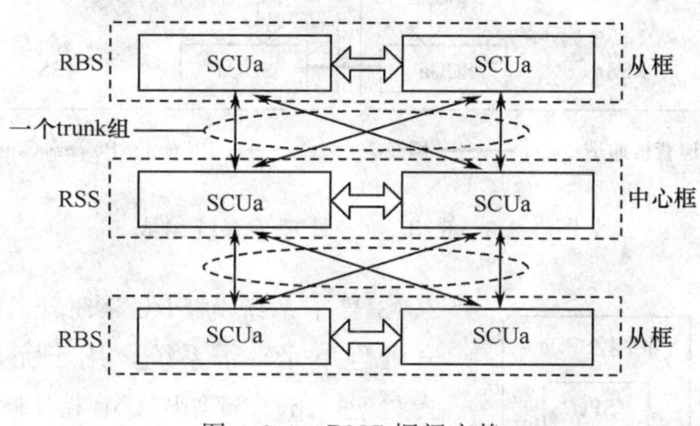

图4-2-4 RNC框间交换

2. RNC业务处理子系统

RNC业务处理子系统完成3GPP协议中定义的大部分RNC功能，负责处理RNC的各项业务。

（1）主要功能

RNC业务处理子系统主要功能有：用户数据转发；系统准入控制；无线信道加密和解密；完整性保护；移动性管理；无线资源管理和控制；媒体广播；消息跟踪；RAN（Radio Access Network，无线接入网）信息管理。

业务处理子系统可以根据业务的需要进行叠加，从而增加系统业务处理容量。业务处理子系统之间可以通过交换子系统进行通信，从而完成协同任务的处理，比如切换功能。

（2）组成

RNC业务处理子系统主要由信令处理单元和数据处理单元组成。RNC业务处理子系统组成如图4-2-5所示。

1）信令处理单元。信令处理单元由SPUa单板实现。通过加载不同的软件，SPUa单板可分为主控SPUa单板和非主控SPUa单板。一块主控SPUa单板包含4个子系统（见图4-2-6）：主控SPUa单板的0号子系统为MPU（Main Processor Unit，主处理器单元）子系统，用于管理本框用户面资源、信令面资源和DSP状态管理；主控SPUa单板的1、

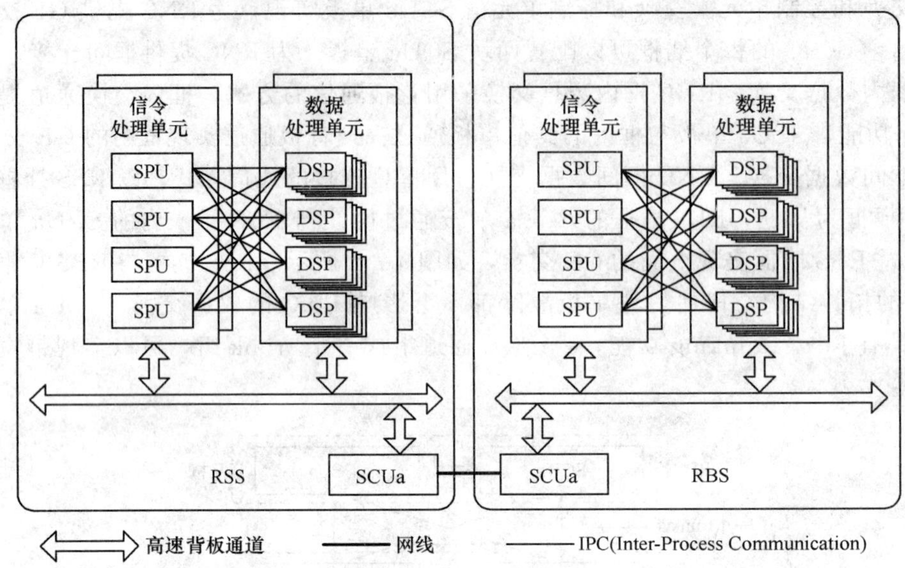

图 4-2-5 RNC 业务处理子系统组成

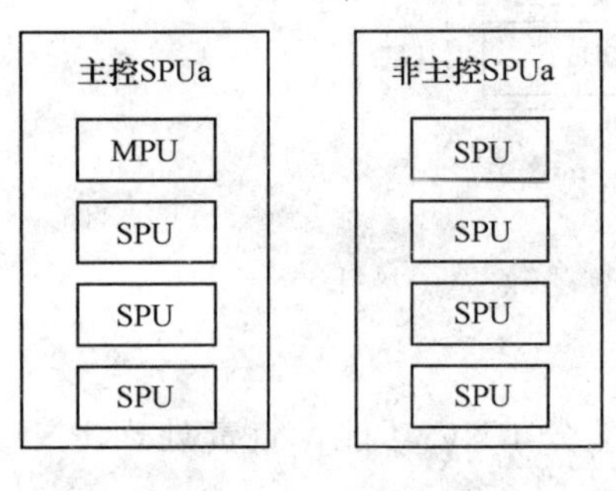

图 4-2-6 SPU 子系统

2、3 号子系统为 SPU（Signal Processing Unit，信号处理单元）子系统，用于完成信令处理功能，负责处理 Iu/Iur/Iub/Uu 接口信令消息。非主控 SPUa 单板的 4 个子系统均为 SPU 子系统，只完成信令处理功能。

信令处理单元的功能可以分为无线网络层和传输网络层两个层次：无线网络层实现 Uu 接口和 Iu/Iur/Iub 接口的信令处理；传输网络层则提供 Iu/Iur/Iub 接口信令所需要的承载资源。

2）数据处理单元。数据处理单元由 DPUb 单板实现，DPUb 单板内包含若干个 DSP（Digital Signal Processor，数字信号处理器），负责对接口板发送来的数据进行 L2 处理，分离出 CS 域数据、PS 域数据和 Uu 接口信令消息。

数据处理单元具有以下功能模块。

① FP（Frame Protocol，帧协议）：完成 Iub/Iur 接口帧处理、同步、时间调整等信令过程。

② MDC（Macro Diversity Combining，宏分集/合并）：软切换时，完成同一 UE 信息在各无线链路上的宏分集/合并，可以提高传输质量。

③ MAC（Media Access Control，媒体控制）：完成数据传输过程中逻辑信道在传输信道上的映射、传输信道调度、无线资源重配置和业务量测量等功能。

④ RLC（Radio Link Control，无线链路控制）：完成高层 SDU（Service Data Unit，服务数据单元）的传送。

⑤ PDCP（Packet Data Converge Protocol，分组数据汇聚协议）：完成对 Iu 接口分组数据的处理，执行分组数据传输、IP 数据流的头压缩和解压缩、无损 SRNS 迁移时提供数据转发等功能。

⑥ Iu UP（Iu User Plane，Iu 用户面）：完成 Iu 接口 CN 侧非接入层数据到 RNC 侧接入层用户面数据的转换和传输，以及 Iu UP 带内控制过程等功能。

⑦ BMC（Broadcast/Multicast Control protocol，广播/多播控制协议）：完成小区广播消息的存储、流量检测、CBS（Cell Broadcast Service）无线资源请求、BMC 消息调度，并向 UE BMC 发送调度消息和 CBS 消息。

⑧ GTP-U（GPRS Tunnelling Protocol for User Plane，用户面 GPRS 隧道协议）：完成用户数据包和用于通路管理、错误提示的信令消息的承载。

3. RNC 传输子系统

（1）功能

RNC 传输子系统为 RNC 提供 Iub/Iur/Iu 传输接口和传输资源，处理传输网络层协议消息，实现 RNC 内部数据与外部数据间的交互。

1）提供丰富的传输接口。RNC 传输子系统可以为 RNC 提供丰富的传输解决方案，可同时支持 ATM 传输和 IP 传输，满足不同传输网络情况下的组网需求。RNC 传输子系统可以提供以下传输接口：

① E1/T1。

② 通道化 STM-1/OC-3 光口。

③ 非通道化 STM-1/OC-3c 光口。

④ FE/GE 电口。

⑤ GE 光口。

2）处理传输网络层数据。RNC 传输子系统负责处理传输网络层协议消息。ATM 传输时，终结 AAL2/AAL5；IP 传输时，终结用户面的 UDP/IP 消息，转发控制面的 IP 消息。

通过传输子系统，RNC 可以对内屏蔽不同传输网络层协议消息的差异。传输子系统在传输接口板上终结不同的传输网络层协议消息，并根据配置转发表项将用户面报文、信令面报文和管理面报文分别交换到 RNC 内部的 DPUb 单板和 SPUa 单板处理。

（2）组成

RNC 传输子系统由传输接口板组成。RNC 具有以下传输接口板：

1）ATM 传输接口板（AEUa 单板、AOUa 单板、UOIa 单板（UOI _ ATM））。

2）IP 传输接口板（FG2a 单板、GOUa 单板、PEUa 单板、POUa 单板、UOIa 单板（UOI _ IP））。

RNC 传输子系统通过 ATM 传输接口板实现 ATM 数据处理，通过 IP 传输接口板实现 IP 数据的处理。

4. RNC 操作维护子系统

（1）功能

RNC 操作维护功能为用户提供了对 RNC 进行日常和应急维护的相关操作。通过 RNC 的操作维护软件可以对 RNC 进行全方位的管理和维护。RNC 提供了强大的操作维护功能，包括安全管理、日志管理、配置管理、性能管理、告警管理、消息跟踪、加载管理和升级管理等。

（2）组成

RNC 操作维护子系统由 LMT、OMUa 单板、SCUa 单板以及其他单板上的操作维护模块组成。如图 4-2-7 所示。

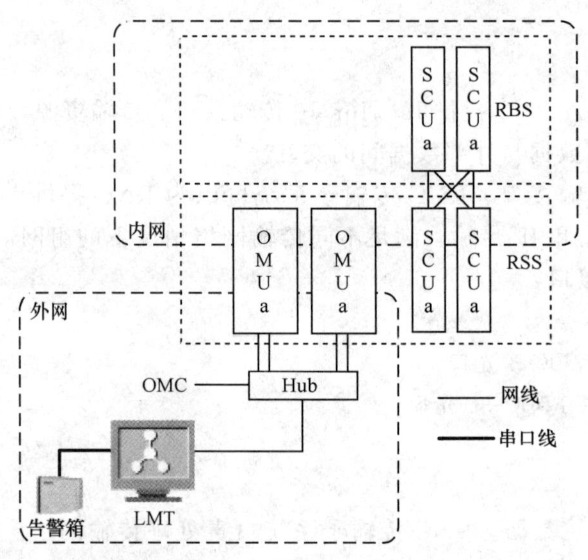

图 4-2-7　RNC 操作维护子系统组成结构

RNC 操作维护系统采用客户端/服务器模式：BAM（Back Administration Module，后台管理模块）作为服务器端，LMT（Local Maintenance Terminal，本地维护终端）作为客户端。LMT 是 RNC 本地维护的主要工具，主要用于调测、日常维护、故障排除等。

在 RNC 操作维护子系统中，BAM 是操作维护终端（LMT/OMC）和 RNC 主机单板之间的通信桥梁。图 4-2-7 所示的外网指 BAM 和操作维护终端（LMT/OMC）所构成的网络，内网指 BAM 和 RNC 主机之间所构成的网络。BAM 的物理实体是 RSS 插框中的 OMUa 单板，负责收集和处理操作维护信息，并上报操作维护终端（LMT/OMC）。

OMUa 单板在 RNC 中完成配置管理、性能管理、故障管理、安全管理、加载管理等功能。

RNC 可以配置一块或两块 OMUa 单板。当 RNC 配置一块 OMUa 单板时，它工作在单机模式；当 RNC 配置两块 OMUa 单板时，它们工作在主备用模式，即双机模式。一块

OMUa 单板工作于主用状态，称为主用 OMUa 单板，即主用 BAM；另外一块 OMUa 单板工作于备用状态，称为备用 OMUa 单板，即备用 BAM。

BAM 主备工作区即 OMUa 单板主备工作区，用于 BAM 和 RNC 的版本升级和回退，可以实现不同版本间的快速切换。

小贴士

BAM 主备工作区是指将 BAM 中存放版本文件的区域划分为主用和备用两个工作区，分别存放不同的版本文件。

主备工作区的关系是相对的，由当前运行版本来决定主备关系，BAM 当前运行的版本文件所在的工作区为主用工作区，另外一个工作区则为备用工作区。

5. RNC 时钟同步子系统

RNC 时钟同步子系统由 RSS 插框的 GCUa/GCGa 单板和各个插框的时钟处理单元组成，主要负责提供 RNC 工作所需的时钟、产生 RFN 和为 Node B 提供参考时钟。

（1）RNC 时钟源

RNC 系统的时钟源包括 BITS（Building Integrated Timing Supply System，大楼综合时钟供给系统）时钟、GPS（Global Positioning System，全球定位系统）卫星同步时钟、LINE 时钟和外部的 8kHz 时钟。

1）BITS 时钟。BITS 时钟包括 2MHz、2Mb/s 和 1.5Mb/s 三种类型。该时钟分为 BITS1 和 BITS2 两种输入方式，RNC 通过 GCUa/GCGa 时钟单板上的时钟输入接口获取该时钟。

2）GPS 卫星同步时钟。GPS 卫星同步时钟是 RNC 从 GPS 卫星系统提取的 PPS（Pulse Per Second，每秒脉冲数）信号。GCGa 单板内部配置了星卡，可以通过 GCGa 单板上的卫星天线接口接收 GPS 卫星系统的时钟信号。

3）LINE 时钟。LINE 时钟是 RSS 插框内 Iu 接口板输入到 GCUa/GCGa 单板的 8kHz 时钟，该时钟通过 RSS 插框的背板通道送到 RNC 的 GCUa/GCGa 时钟单板，分为 LINE1 和 LINE2 两路背板时钟。

4）外部 8kHz 时钟。RNC 可以使用 GCUa/GCGa 单板上的 COM1 接口，获取外置设备提供的 RS-422 电平形式的 8kHz 标准时钟。

5）本地晶振。如果 RNC 无法获取外部时钟源，则可以通过本地晶振产生 RNC 正常工作所需的时钟。

（2）RNC 时钟同步子系统结构

RNC 时钟同步子系统由时钟模块以及其他各单板组成，时钟模块由 GCUa/GCGa 单板实现。RNC 时钟同步子系统结构如图 4-2-8 所示。

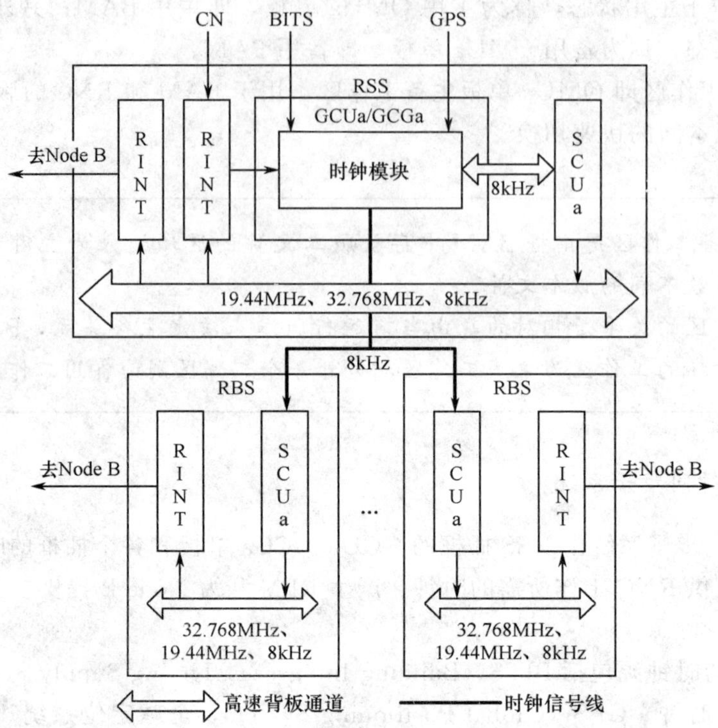

图 4-2-8　RNC 时钟同步子系统结构

4.2.3 RNC 设备硬件配置

1. RNC 最小配置与最大配置

RNC 支持单机柜的最小配置方案，即整个 RNC 只需要一个 RSR 机柜和一个 RSS 插框，如图 4-2-9 所示。

RNC 最小配置方案的性能如下：

1）支持 6000 爱尔兰话务量。

2）支持 384Mb/s 的 PS 域（UL＋DL）数据流量。

3）支持 200 个 Node B 和 600 个小区。

RNC 最大配置如图 4-2-10 所示，共两个机柜（一个 RSR＋一个 RBR）、6 个插框（一个 RSS＋5 个 RBS）。

RNC 最大配置方案的性能如下：

1）支持 51 000 爱尔兰话务量。

2）支持 3264Mb/s 的 PS 域（UL＋DL）数据流量。

3）支持 1700 个 Node B 和 5100 个小区。

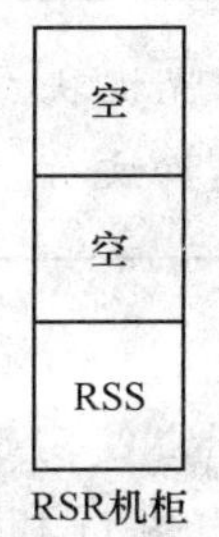

图 4-2-9　RNC 最小配置示意图

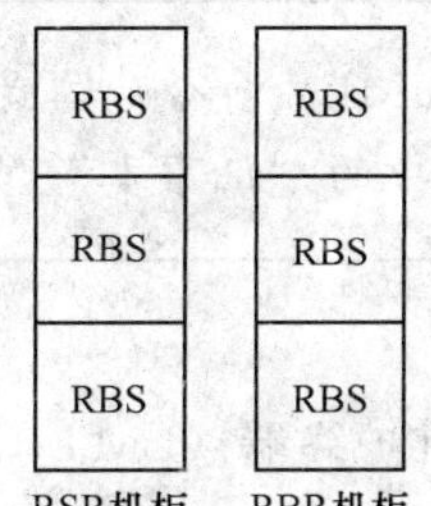

图 4-2-10　RNC 最大配置示意图

2. RNC 硬件其他配置情况

RNC 除最小配置和最大配置两种方案以外，还可进行其他的配置，如表 4-2-1 所示，用户可以根据实际需要灵活选择。

表 4-2-1　RNC 硬件配置方案

插框配置	机柜配置	话务量（爱尔兰）	PS 域（UL+DL）数据流量（Mb/s）	Node B	小区数目
一个 RSS+一个 RBS	一个 RSR	15 000	960	500	1500
一个 RSS+2 个 RBS	一个 RSR	24 000	1536	800	2400
一个 RSS+3 个 RBS	一个 RSR+一个 RBR	33 000	2112	1100	3300
一个 RSS+4 个 RBS	一个 RSR+一个 RBR	42 000	2688	1400	4200

4.2.4 RNC 数据配置

1. RNC 初始配置简介

(1) 初始配置

RNC 初始数据配置是指通过数据配置实现设备的正常运行，包括配置脚本的编写和执行。正确的初始配置数据是使系统开始正常运行的前提条件。

RNC 硬件安装和软件安装完成后，根据自身硬件设备、网络规划以及与其他设备协商等方面准备和配置数据，得到一份人机语言（MML）命令脚本（文本格式）。在随后的执行过程中可以生成数据文件并加载到 RNC 前台，从而使系统工作正常。

RNC 初始配置内容及流程如图 4-2-11 所示。

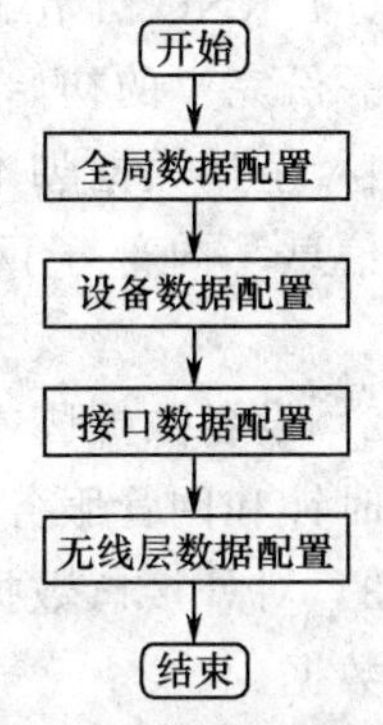

图 4-2-11　RNC 初始面配置内容及流程

小贴士

人机语言（MML）命令脚本为文本格式的文件，可在脱机状态下用文本编辑工具（如 Windows 中的“记事本”）编辑完成。文件的扩展名即文件类型应为“.txt”。

(2) 配置工具

通常使用本地维护终端（LMT）中的 MML 客户端作为 RNC 初始配置工具，它提供了用户友好的图形界面便于对人机语言命令及命令脚本的执行和修改，其界面图如图 4-2-12所示。

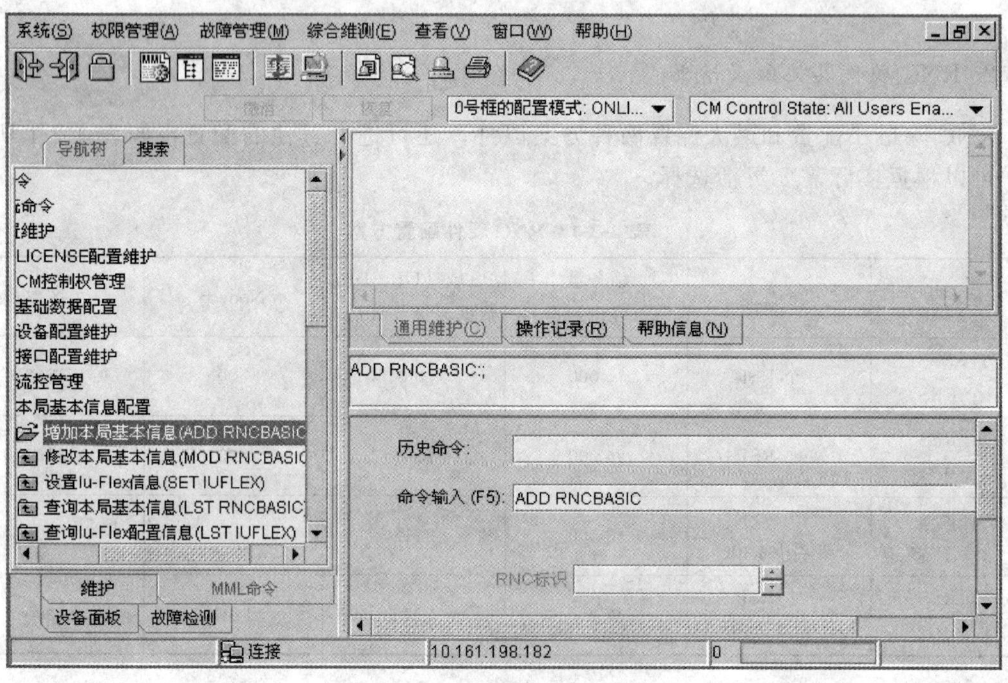

图 4-2-12　本地维护终端界面

(3) RNC 初始配置脚本组成

一份完整的初始配置脚本一般由以下 4 部分数据组成。

1）全局数据脚本。RNC 全局数据脚本包括 RNC 本局基本信息、Iu-Flex 信息、RNC 系统信息、内部子网号、RNC 源信令点数据、全局位置信息和增加 M3UA 本地实体信息。

2）设备数据脚本。RNC 设备数据脚本包括 RSS 插框信息、RBS 插框信息、RNC 时间和时钟和网管服务器 IP 地址。

3）对外接口数据脚本。RNC 对外接口数据脚本包含 Iub、Iu-CS、Iu-PS、Iur 接口的配置数据。

4）小区数据脚本。RNC 小区数据脚本包括本地小区基本信息、逻辑小区信息、载波信息（可选）、邻近小区信息、GSM 邻近小区信息。

（4）批处理 MML 命令

批处理 MML 命令即一次执行多条 MML 命令。它的特点是在本地维护终端上运行预先编辑好的批处理文件，避免了每次手工执行单条 MML 命令的繁琐。

批处理 MML 命令时将按照批处理文件中 MML 命令脚本出现的先后顺序自动执行。

批处理 MML 命令有两种方式：立即批处理和定时批处理。

1）立即批处理：立即运行指定的批处理文件。

2）定时批处理：操作员预先指定批处理文件运行的日期和时刻，当预设时间到来时系统自动运行该批处理文件。

小贴士

批处理文件，是一种使用 MML 命令制作的纯文本文件，它保存了用于某特定任务的一组 MML 命令脚本。

（5）MML 配置命令行为描述

人机命令 MML 主要由 4 个部分组成，其基本格式如下：

行为　对象：参数名＝参数值；

其中“行为”描述了该命令将要对某对象实施的配置行为及将要达到的结果，对于 RNC 的数据配置主要用到其中的几种“行为”类型。其名称和含义如表 4-2-2 所示。

表 4-2-2　MML 配置命令行为描述

行为	含义
ADD	增加一个目标
SET	设置一个目标
LST	查询 BAM 数据库配置信息
DSP	查询 FAM 中目标的运行状态或 BAM 中的运行状态
MOD	修改一个目标
RMV	删除一个目标
ACT	激活一个目标
DEA	去激活一个目标
RST	重启一个目标

2. RNC 全局数据配置

（1）全局数据配置流程

全局参数用于在一个网络中标识 RNC 设备。RNC 初始配置的第一个步骤是使用 SET OFFLINE 命令将 RNC 所有插框的数据配置状态切换到离线状态。在 RNC 初始配置中，

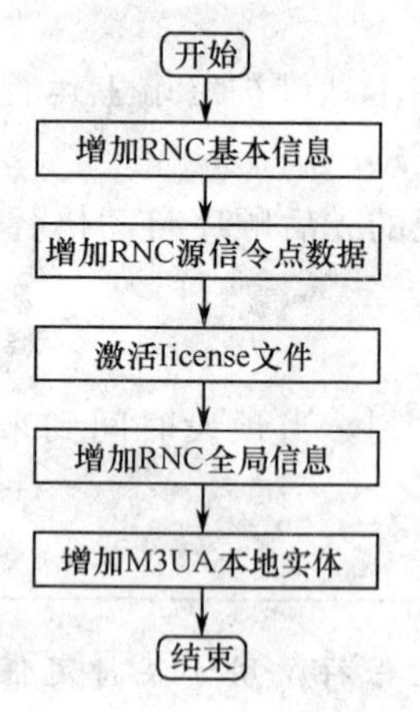

图 4-2-13　RNC 全局数据配置流程

全局数据包含一些必要的流程和步骤，如图 4-2-13 所示。

（2）RNC 全局数据配置示例

RNC 全局数据脚本内容包括 RNC 本局基本信息、运营商标识、Iu-Flex 信息、RNC 源信令点数据、内部子网号、全局位置信息、增加 M3UA 本地实体信息。

1）增加 RNC 基本信息。增加 RNC 基本信息包括增加 RNC 标识、设置是否支持网络共享和跨运营商切换、增加运营商信息、设置 Iu-Flex 信息、设置 RNC 内部子网号和设置 SCTP 服务侦听端口。

操作步骤如下：

① 执行 MML 命令 ADD RNCBASIC，设置 RNC 标识和是否支持网络共享。当 RNC 支持网络共享时，还必须设置“支持运营商个数”和“是否支持跨运营商切换”。

② 执行 MML 命令 ADD CNOPERATOR，设置“主运营商标识”为“YES（主运营商)”，增加主运营商信息。

③ 如果存在从运营商，多次执行 MML 命令 ADD CNOPERATOR，设置“主运营商标识”为“NO（从运营商)”，增加从运营商信息。

④ 执行 MML 命令 SET IUFLEX，设置 Iu-Flex 基本信息。（可选，仅规划使用 Iu-Flcx 功能时需要设置。）

⑤ 执行 MML 命令 SET SUBNET，根据规划设置子网号。（可选，仅当 RNC 内部子网号与 RNC 外部子网号冲突时需要修改。）

2）增加 RNC 源信令点数据。增加 RNC 源信令点数据包括 RNC 的网络标识、源信令点编码和 ATM 地址。RNC 作为移动网络的一个信令点，存在指定的信令点编码。

操作步骤：执行 MML 命令 ADD OPC，增加 RNC 源信令点数据。

3）增加 RNC 全局位置信息。增加 RNC 所属的位置信息，包括 LA 信息（包括 LAC 和 LA 的 PLMN 标签范围)、RA 信息（包括 RAC 和 RA 的 PLMN 标签范围)、CS SA 信息、PS SA 信息、URA 信息。

操作步骤如下：

① 执行 MML 命令 ADD LAC，增加位置区信息。如需增加多个位置区，多次执行此命令。

② 执行 MML 命令 ADD RAC，增加路由区信息。如需增加多个路由区，多次执行此命令。

③ 执行 MML 命令 ADD SAC，增加 CS/PS 服务区信息。如需增加多个服务区，多次执行此命令。

④ 执行 MML 命令 ADD URA，增加 URA 标识。如需增加多个 URA 标识，多次执行此命令。

⑤ 执行 MML 命令 ADD CZ，将一个服务区设置为一个分类区域。如需增加多个分类

区域，多次执行此命令。（可选）

脚本执行过程中按照配置流程完成各部分数据的配置。示例如下：

```
SET OFFLINE:SRN = ALL,BULKT = OFF; //切换到离线状态
ADD RNCBASIC:RncId = 1,SharingSupport = NO,InterPlmnHoAllowed = NO; //增加本局基本信息
ADD CNOPERATOR:CnOpIndex = 0,CnOperatorName = "Operator",PrimaryOperatorFlag = YES,MCC = "
460",MNC = "00";//增加运营商标识
SET IUFLEX:CnOpIndex = 0,CsIuFlexFlag = OFF,PsIuFlexFlag = OFF,NNSfTmr = 3,NullNRI = 0,
CsInfoUpdFlag = OFF,PsInfoUpdFlag = OFF; //增加 Iu-Flex 信息
SET SUBNET:SUBNET = 90,DEBUGSUBNET = 193; //设置 RNC 内部子网号
SET SCTPSRVPORT:NBAPSRVPN = 58080,M3UASRVPN = 2905; //规划配置基于 IP 传输的 Iu-PS 接口,
设置 SCTP 服务侦听端口
ADD OPC:NI = NAT,SPCBITS = BIT14,SPC = H'0008B8,RSTFUN = OFF,
NSAP = H'450000065985400 88F000000000000000000000,NAME = "RNC";//增加 RNC 源信令点数据
ADD LAC:CnOpIndex = 0,LAC = 100,PlmnValTagMin = 1,PlmnValTagMax = 64; //增加 RNC 全局位置
信息
ADD SAC:CnOpIndex = 0,LAC = 100,SAC = 100;
ADD RAC:CnOpIndex = 0,LAC = 100,RAC = 0,PlmnValTagMin = 65,PlmnValTagMax = 128;
ADD URA:URAId = 0,CnOpIndex = 0;
ADD URA:URAId = 1,CnOpIndex = 0;
ADD M3LE:LENO = 0,ENTITYT = M3UA _ IPSP,RTCONTEXT = 1,NAME = "RNC";//规划配置基于 IP 传输
的 Iu-PS 接口,增加 M3UA 本地实体信息
```

3. RNC 设备数据配置

（1）RNC 设备数据配置流程

设备数据配置是用于指示框号、单板和 RNC 的时钟信息，其配置流程如图 4-2-14 所示。

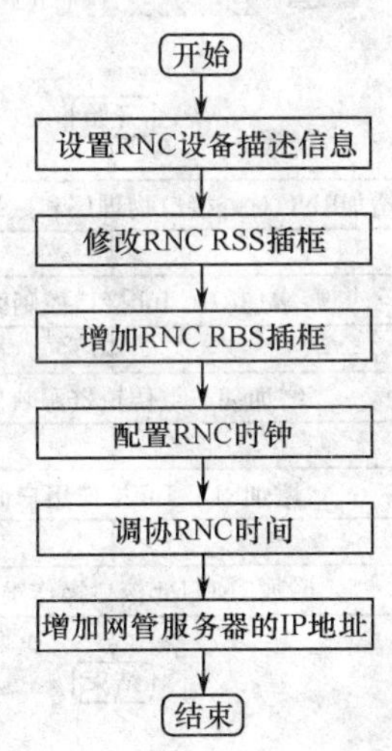

图 4-2-14　RNC 设备数据配置流程

（2）RNC 设备数据示例

RNC 设备数据脚本包括 RSS 插框信息、RBS 插框信息、RNC 时间和时钟、网管服务器 IP 地址。示例如下：

```
//修改基本处理框
MOD SUBRACK:SRN = 0,SRName = "RSS";
SET CLKTYPE:CLKTYPE = GCU;
RMV BRD:SRN = 0,SN = 8;
RMV BRD:SRN = 0,SN = 14;
RMV BRD:SRN = 0,SN = 16;
RMV BRD:SRN = 0,SN = 18;
ADD BRD:SRN = 0,BRDTYPE = DPU,SN = 8;
ADD BRD:SRN = 0,BRDTYPE = AEU,SN = 14,RED = NO;
ADD BRD:SRN = 0,BRDTYPE = UOI _ ATM,SN = 16,RED = YES;
ADD BRD:SRN = 0,BRDTYPE = GOU,SN = 18,RED = YES;
```

```
//增加业务处理框
ADD SUBRACK:SRN = 1,SRName = "RBS";
ADD BRD:SRN = 1,BRDTYPE = SPU,SN = 8;
ADD BRD:SRN = 1,BRDTYPE = DPU,SN = 14;
ADD BRD:SRN = 1,BRDTYPE = AOU,SN = 20,RED = YES;
ADD BRD:SRN = 1,BRDTYPE = FG2,SN = 22,RED = YES;
ADD BRD:SRN = 1,BRDTYPE = GOU,SN = 24,RED = YES;
ADD BRD:SRN = 1,BRDTYPE = AEU,SN = 26,RED = YES;//设置 RNC 时间
//设置时区和夏令时信息
SET TZ:ZONET = GMT + 0800,DST = NO;//配置 RNC 时钟
//增加时钟源
ADD CLKSRC:SRCGRD = 1,SRCT = BITS1-2MHZ;
ADD CLKSRC:SRCGRD = 2,SRCT = LINE1 _ 8KHZ;//设置时钟切换策略
SET CLKMODE:CLKWMODE = AUTO;//设置单板时钟源
SET CLK:SRT = RBS, SRN = 1, SN = 20, BT = AOU, REF2MCLKSRC = 0, REF2MCLKSW1 = ON, REF2MCLKSW2
 = OFF;
SET CLK:SRT = RSS, SN = 16, BT = UOI _ ATM, REF2MCLKSRC = 0, REF2MCLKSW1 = OFF, REF2MCLKSW2
 = OFF,
BACK8KCLKSW1 = ON,BACK8KCLKSW2 = OFF;
//增加网管服务器的 IP 地址
ADD EMSIP:EMSIP = "10.214.100.4",MASK = "255.255.255.0",BAMIP = "10.214.100.12",BAMMASK
 = "255.255.255.0";
```

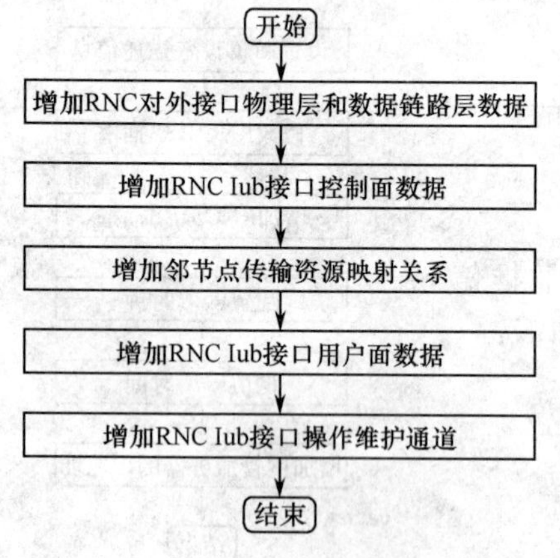

图 4-2-15　RNC Iub 接口数据配置流程

4. RNC 接口数据配置

RNC 对外接口数据脚本包含 Iub、Iu-CS、Iu-PS、Iur 接口的配置数据。

（1）RNC Iub 接口数据配置

1）RNC Iub 接口数据配置流程。RNC Iub 接口数据配置流程如图 4-2-15 所示。

2）Iub 接口数据配置信息（ATM 传输）。

① Iub 接口协议结构（ATM 传输）。当 Iub 接口使用 ATM 传输时，增加 Iub 接口数据需要遵循的顺序与协议结构一致，即从底层向上层，从控制面到用户面进行数据配置。Iub 接口基于 ATM 传输的协议栈如图 4-2-16 所示。

Iub 接口传输网络层包含以下几方面：传输网络层用户面（A 区）、传输网络层控制面（B 区）和传输网络层用户面（C 区）。

• A、B、C 区具有共同特征的物理层和 ATM 层，因此它们的链路可以承载在共同的物理传输链路上。

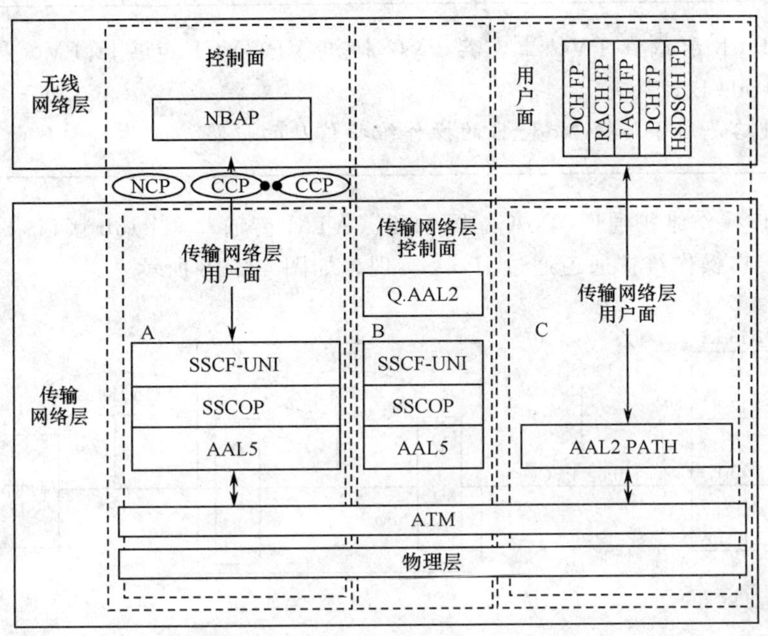

图 4-2-16 Iub 接口协议栈（ATM 传输）

• A、B 都承载在 SAAL 链路上。A 区根据承载信息的不同，其上层又区分为 NCP 和 CCP。B 区只承载 Q. AAL2 链路。

• C 区使用 AAL2 Path 承载用户面数据。底层使用 ATM PVC 承载。它在 Q. AAL2 的控制下可以动态建立、释放 AAL2 连接（也就是 AAL2 微通道），用于上层业务的传输。因此，每一条 AAL2 Path 都必须存在对应的控制它的 Q. AAL2。

② Iub 接口链路（ATM 传输）。当 Iub 接口使用 ATM 传输时，Iub 接口存在三种类型的链路：SAAL UNI 模式链路、AAL2 Path 和 IPoA 链路。Iub 接口链路示意图如图 4-2-17 所示。

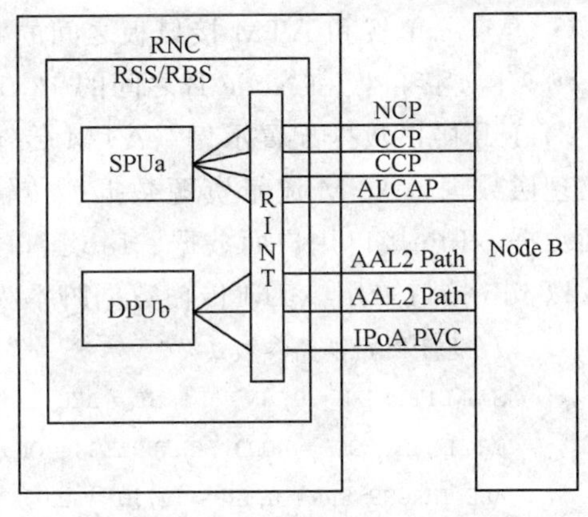

图 4-2-17 Iub 接口链路（ATM 传输）

小贴士

SAAL UNI 模式链路用于承载 NCP、CCP 和 ALCAP。

SAAL UNI 模式链路承载在 PVC 上，其 PVC 标识 VPI/VCI 和其他 PVC 属性必须在 RNC 侧和 Node B 侧协商。

AAL2 Path 承载在 PVC 上，其 PVC 标识 VPI/VCI 和其他 PVC 属性必须在 RNC 侧和 Node B 侧协商。

IPoA 链路是用于传输 Node B 的操作维护信息的链路，又称为管理面链路。

③ Iub 接口操作维护通道 IPoA 配置原理（ATM 传输）。当 Iub 接口采取 ATM 传输方式时，Iub 接口操作维护通道通过 IPoA 实现，如图 4-2-18 所示。

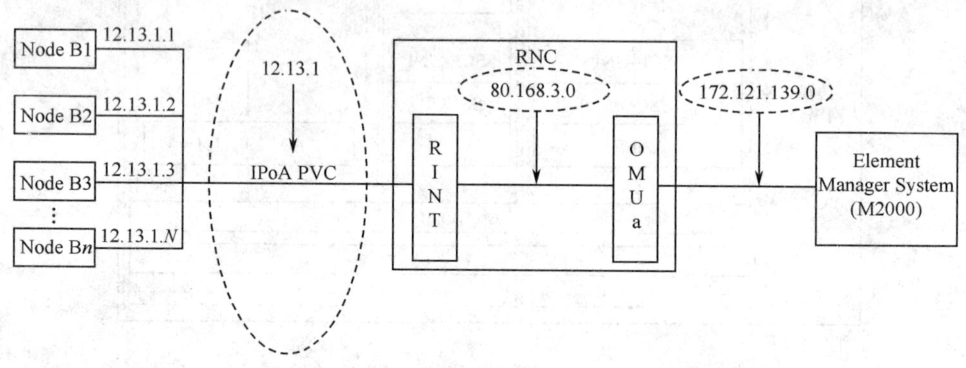

图 4-2-18　Iub 接口操作维护通道 IPoA 配置

IPoA 通道到 Node B 需要经过以下网段：

- OMUa 单板和 ATM 接口板之间的 80.164.2.0 网段（掩码 255.0.0.0）。
- ATM 接口板和 Node B 之间的 12.12.1.0 网段（掩码 255.255.255.0）。

3）Iub 接口数据配置示例（ATM 传输）。RNC Iub 接口数据脚本包括 RNC 对外接口的物理层数据、ATM 流量资源数据、传输资源映射关系、激活因子表数据、Iub 接口控制面数据、Iub 接口用户面数据、Iub 接口操作维护通道数据。

以 Iub 接口采用 ATM 传输数据脚本为例，示例如下：

```
//设置 E1T1链路参数.
SET E1T1:SRN = 0, SN = 14, BT = AEU, LS = ALL, WORKMODE = E1 _ UNBA, LNKT = E1 _ CRC4 _ MULTI _
FRAME, LNKCODE = HDB3, SCRAMBLESW = ON;//增加 IMA 链路组和 IMA 链路
ADD IMAGRP:SRN = 0, SN = 14, BT = AEU, IMAGRPN = 0, MINLNKNUM = 1, IMAID = 0, TXFRAMELEN = D128,
DCB = 25, IMAVER = V1.0, DLYGB = 8;
ADD IMALNK:SRN = 0, SN = 14, IMAGRPN = 0, IMALNKN = 1;
ADD IMALNK:SRN = 0, SN = 14, IMAGRPN = 0, IMALNKN = 2;//增加 ATM 流量记录
ADD ATMTRF:TRFX = 110, ST = RTVBR, UT = CELL/S, PCR = 217, SCR = 170, MBS = 1000, CDVT = 1024, RE-
MARK = "FOR IUB NCP";
ADD ATMTRF:TRFX = 120, ST = RTVBR, UT = CELL/S, PCR = 2000, SCR = 548, MBS = 1000, CDVT = 1024,
REMARK = "FOR IUB CCP";
ADD ATMTRF:TRFX = 130, ST = RTVBR, UT = CELL/S, PCR = 83, SCR = 76, MBS = 1000, CDVT = 1024, RE-
MARK = "FOR IUB ALCAP";
```

ADD ATMTRF:TRFX = 140,ST = RTVBR,UT = CELL/S,PCR = 5312,SCR = 4831,MBS = 1000,CDVT = 1024,REMARK = "FOR R99 RT";

ADD ATMTRF:TRFX = 150,ST = NRTVBR,UT = CELL/S,PCR = 13154,SCR = 10854,MBS = 1000,CDVT = 1024,REMARK = "FOR R99 RT";

ADD ATMTRF:TRFX = 160,ST = UBR,CDVT = 1024,REMARK = "IUB FOR IPOA";

ADD TRMMAP:TMI = 0,ITFT = IUB _ IUR _ IUCS,TRANST = ATM;

ADD TRMMAP:TMI = 1,ITFT = IUB _ IUR _ IUCS,TRANST = ATM;//增加激活因子表

ADD FACTORTABLE:FTI = 0,REMARK = "FOR IUB";

//增加 Iub 接口控制面数据

//用于承载 NCP 的 SAAL 链路

ADD SAALLNK:SRN = 0,SN = 2,SSN = 0,SAALLNKN = 0,CARRYT = IMA,CARRYSRN = 0,CARRYSN = 14,CARRYIMAGRPN = 0,CARRYVPI = 1,CARRYVCI = 40,TXTRFX = 110,RXTRFX = 110,SAALLNKT = UNI,CCTMR = 1000,POLLTMR = 750,IDLETMR = 15000,RSPTMR = 15000,KEEPTMR = 2000,MAXCC = 4,MAXPD = 25,STATLEN = 67,WINDOWSIZE = 100;

//用于承载 ALCAP 的 SAAL 链路

ADD SAALLNK:SRN = 0,SN = 2,SSN = 0,SAALLNKN = 2,CARRYT = IMA,CARRYSRN = 0,CARRYSN = 14,CARRYIMAGRPN = 0,CARRYVPI = 1,CARRYVCI = 42,TXTRFX = 130,RXTRFX = 130,SAALLNKT = UNI,CCTMR = 1000,POLLTMR = 750,IDLETMR = 15000,RSPTMR = 15000,KEEPTMR = 2000,MAXCC = 4,MAXPD = 25,STATLEN = 67,WINDOWSIZE = 100;

//增加 NodeB 及算法参数

ADD NODEB:NodeBName = "NODEB1",NodeBId = 1,SRN = 0,SN = 2,SSN = 0,TnlBearerType = ATM _ TRANS,TRANSDELAY = 10,SATELLITEIND = FALSE,NodeBType = NORMAL,

Nsap = "H'45000006582414723F0000000000000000000000",NodeBProtclVer = R6,

SharingSupport = NON _ SHARED,CnOpIndex = 0;

ADD NODEBALGOPARA:NODEBNAME = "NODEB1",NODEBLDCALGOSWITCH = IUB _ LDR-1&NODEB _ CREDIT _ LDR-1& LCG _ CODE _ LDR-1,NODEBHSDPAMAXUSERNUM = 3840,NODEBHSUPAMAXUSERNUM = 3840;

ADD NODEBLDR:NodeBName = "NODEB1";//增加 Iub 端口数据

ADD NCP:NODEBNAME = "NODEB1",CARRYLNKT = SAAL,SAALLNKN = 0;//增加 CCP 数据

ADD CCP:NODEBNAME = "NODEB1",PN = 0,CARRYLNKT = SAAL,SAALLNKN = 1;//增加 Iub 接口用户面数据

//增加端口控制器

ADD PORTCTRLER:SRN = 0,SN = 14,PT = IMA,CARRYIMAGRPN = 0,CTRLSN = 2,CTRLSSN = 0,FWDHORSVBW = 0,BWDHORSVBW = 0,FWDCONGBW = 0,BWDCONGBW = 0,FWDCONGCLRBW = 0,BWDCONGCLRBW = 0;//增加 Iub 接口传输邻节点

ADD ADJNODE:ANI = 0,NAME = "NODEB1",NODET = IUB,NODEBID = 1,TRANST = ATM,IsROOTNODE = YES,SRN = 0,SN = 2,SSN = 0,SAALLNKN = 2,QAAL2VER = CS2;//增加 Iub 接口邻节点与传输资源的映射关系

ADD ADJMAP:ANI = 0,CNMNGMODE = EXCLUSIVE,CNOPINDEX = 0,TMIGLD = 0,TMISLV = 1,TMIBRZ = 2,FTI = 0;//增加到达 NODEB1的 AAL2 Path

ADD AAL2PATH:ANI = 0,PATHID = 1,PT = RT,CARRYT = IMA,CARRYF = 0,CARRYSN = 14,CARRYIMAGRPN = 0,ADDTORSCGRP = NO,CARRYVPI = 1,CARRYVCI = 43,TXTRFX = 140,RXTRFX = 140,OWNERSHIP = LOCAL,

```
FWDHORSVBW = 0, BWDHORSVBW = 0, FWDCONGBW = 0, BWDCONGBW = 0, FWDCONGCLRBW = 0, BWDCONGCLRBW =
0, TIMERCU = 10;//增加到达 NODEB1的 AAL2路由
ADD AAL2RT:NSAP = "H45000006582414723F0000000000000000000000", ANI = 0, RTX = 0, OWNERSHIP
= YES;//增加设备单板的 IP 地址
ADD DEVIP: SRN = 0, SN = 14, IPADDR = "10.214.107.126", MASK = "255.255.255.0";//增加
IPoA PVC
ADD IPOAPVC:IPADDR = "10.214.107.126", PEERIPADDR = "10.214.107.11", CARRYT = IMA, CARRY-
IMAGRPN = 0, CARRYVPI = 1, CARRYVCI = 46, TXTRFX = 160, RXTRFX = 160, PEERT = IUB;//增加 NodeB
操作维护 IP 地址
ADD NODEBIP:NODEBID = 1, NBTRANTP = ATMTRANS_IP, NBATMOAMIP = "10.214.107.11", ATMSRN = 0,
ATMSN = 14, NBATMOAMMASK = "255.255.255.0", ATMGATEWAYIP = "10.214.107.11";
```

（2）RNC Iu-CS 接口数据配置

1）RNC Iu-CS 接口数据配置流程。RNC Iu-CS 接口数据配置流程如图 4-2-19 所示。

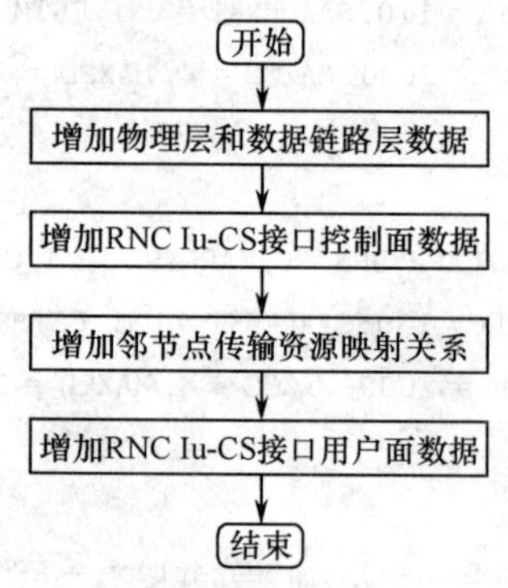

图 4-2-19　RNC Iu-CS 接口数据配置流程

RNC Iu-CS 接口数据配置流程与 Iub 接口数据配置流程基本相同，只是在增加接口控制面数据和用户面数据环节中的具体数据有所不同。

2）Iu-CS 接口数据配置信息（ATM 传输）。

① Iu-CS 接口协议结构（ATM 传输）。当 Iu-CS 接口使用 ATM 传输时，增加 Iu-CS 接口数据需要遵循的顺序与协议结构一致，即从底层向上层，从控制面到用户面进行数据配置。Iu-CS 接口协议栈如图 4-2-20 所示。

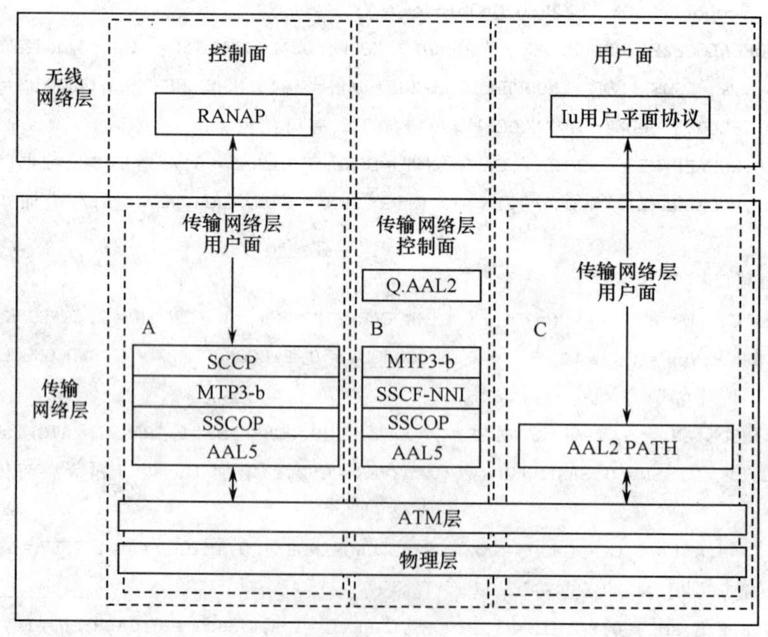

图 4-2-20　Iu-CS 接口协议栈

Iu-CS 接口传输网络层包含传输网络层用户面（A 区）、传输网络层控制面（B 区）和传输网络层用户面（C 区）。A、B、C 区具有共同特征的物理层和 ATM 层，因此它们的链路可以承载在共同的物理传输链路上。

② Iu-CS 接口链路（ATM 传输）。从 CN 侧来看，Iu-CS 接口（ATM 传输）存在两种类型的链路：MTP3-b 链路和 AAL2 Path 链路。Iu-CS 接口链路（ATM 传输）结构如图 4-2-21 所示。

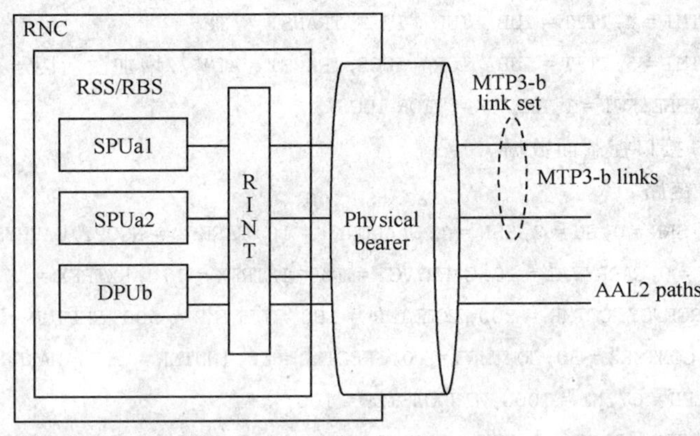

图 4-2-21 Iu-CS 接口链路（ATM 传输）结构

RNC 与 MGW 之间必须配置至少一条 MTP3-b 链路，建议配置两条或两条以上。

RNC 与 MSC Server 之间是否配置 MTP3-b 链路应视 MSC Server 与 RNC 组网方式而定。

MTP3-b 链路的承载在 SAAL NNI 模式链路上。为了减少 SPUa 子系统间的信令交互，建议将规划的 SAAL NNI 模式链路平均分布在 RSS/RBS 框的各个 SPUa 子系统上。

SAAL NNI 模式链路承载在 ATM PVC 上，其 PVC 标识 VPI/VCI 和其他 PVC 属性必须与对端协商。

AAL2 Path 是到对端邻节点的一组通路，编号范围（即 PATH ID）为 1～4 294 967 295。一个 Iu-CS 接口至少存在一条 AAL2 Path，建议配置两条或两条以上。AAL2 Path 承载在 ATM PVC 上，其 PVC 标识 VPI/VCI 和其他 PVC 属性必须与对端协商。

3）Iu-CS 接口数据配置示例（ATM 传输）。RNC Iu-CS 接口数据脚本包括 RNC 对外接口的物理层数据、ATM 流量资源数据、传输资源映射关系、激活因子表数据、Iu-CS 接口控制面数据和 Iu-CS 接口用户面数据。示例如下：

```
//增加 RNC 对外接口的物理层数据
//设置0号框16号槽 UOIa 单板(UOI _ ATM)上的光口属性
SET OPT:SRN = 0, SN = 16, BT = UOI _ ATM, PS = ALL, SCRAMBLESW = ON, OPTM = SDH, J0TXT = 16byte, J0TXVALUE = "SBS HuaWei 155",J0RXT = 16byte,J0RXVALUE = "SBS HuaWei 155",J1TXT = 16byte, J1TXVALUE = "SBS HuaWei 155",J1RXT = 16byte,J1RXVALUE = "SBS HuaWei 155";//增加 ATM 流量记录
//控制面 ATM 流量记录:索引为170,业务类型是 CBR,峰值速率是1500信元/秒
```

```
//用户面 ATM 流量记录:索引为180,业务类型是 CBR,峰值速率是10000信元/秒
ADD ATMTRF:TRFX = 170, ST = CBR, UT = CELL/S, PCR = 1500, CDVT = 1024, REMARK = " IUCS CONTROL PLANE";
ADD ATMTRF:TRFX = 180, ST = CBR, UT = CELL/S, PCR = 10000, CDVT = 1024, REMARK = " IUCS USER PLANE";
//分别为金牌用户、银牌用户和铜牌用户增加传输资源映射记录
ADD TRMMAP:TMI = 3,ITFT = IUB _ IUR _ IUCS,TRANST = ATM;
ADD TRMMAP:TMI = 4,ITFT = IUB _ IUR _ IUCS,TRANST = ATM;
ADD TRMMAP:TMI = 5,ITFT = IUB _ IUR _ IUCS,TRANST = ATM;//增加激活因子表.
ADD FACTORTABLE:FTI = 1,REMARK = "FOR IUCS";
//增加 Iu-CS 接口控制面数据
//增加 SAAL 链路
ADD SAALLNK:SRN = 0, SN = 2, SSN = 1, SAALLNKN = 10, CARRYT = NCOPT, CARRYSRN = 0, CARRYSN = 16, CARRYNCOPTN = 0, CARRYVPI = 10, CARRYVCI = 100, TXTRFX = 170, RXTRFX = 170, SAALLNKT = NNI, MPS = MPS _ EMERGENCY, CCTMR = 200, POLLTMR = 100, IDLETMR = 500, RSPTMR = 5000, KEEPTMR = 100, COMTMR1 = 2,COMTMR2 = 30,COMTMR3 = 10,SRECTMR = 60,INHTMR = 1500,MAXNRP = 0,MAXCC = 4,MAXPD = 500,STATLEN = 67,N1 = 1000,WINDOWSIZE = 100;
ADD SAALLNK:SRN = 0, SN = 4, SSN = 0, SAALLNKN = 11, CARRYT = NCOPT, CARRYSRN = 0, CARRYSN = 16, CARRYNCOPTN = 0, CARRYVPI = 10, CARRYVCI = 101, TXTRFX = 170, RXTRFX = 170, SAALLNKT = NNI, MPS = MPS _ EMERGENCY, CCTMR = 200, POLLTMR = 100, IDLETMR = 500, RSPTMR = 5000, KEEPTMR = 100, COMTMR1 = 2,COMTMR2 = 30,COMTMR3 = 10,SRECTMR = 60,INHTMR = 1500,MAXNRP = 0,MAXCC = 4,MAXPD = 500,STATLEN = 67,N1 = 1000,WINDOWSIZE = 100;
//增加 RNC 目的信令点
ADD N7DPC:DPX = 0,DPC = H0008DB,SLSMASK = B0000,NEIGHBOR = YES,NAME = "TO-MGW",DPCT = IUCS, STP = OFF,PROT = ITUT,BEARTYPE = MTP3B;//增加 MTP3-b 数据
ADD MTP3BLKS:SIGLKSX = 0,DPX = 0,LNKSLSMASK = B1111,EMERGENCY = OFF,NAME = "TO-MGW";
ADD MTP3BRT:DPX = 0,SIGLKSX = 0,NAME = "TO-MGW";
ADD MTP3BLNK:SIGLKSX = 0,SIGSLC = 0,SRN = 0,SN = 2,SSN = 1,SAALLNKN = 10,PRIORITY = 0,TCLEN = 10,TC = 170,NAME = "TO _ MGW _ 0";
ADD MTP3BLNK:SIGLKSX = 0,SIGSLC = 1,SRN = 0,SN = 4,SSN = 0,SAALLNKN = 11,PRIORITY = 0,TCLEN = 10,TC = 170,NAME = "TO _ MGW _ 1";
//增加 Iu-CS 的传输邻节点
ADD ADJNODE: ANI = 1, NAME = " MGW", NODET = IUCS, DPX = 0, TRANST = ATM, IsROOTNODE = YES, QAAL2VER = CS2;
//增加 Iu-CS 接口邻节点与传输资源的映射关系
ADD ADJMAP:ANI = 1,CNMNGMODE = EXCLUSIVE,CNOPINDEX = 0,TMIGLD = 3,TMISLV = 4,TMIBRZ = 5,FTI = 1;
//增加 CN 域和 CN 节点
ADD CNDOMAIN:CNDomainId = CS _ DOMAIN,T3212 = 24,ATT = ALLOWED,DRXCycleLenCoef = 6;
ADD CNNODE:CnOpIndex = 0,CNId = 0,CNDomainId = CS _ DOMAIN,Dpx = 0,CNProtclVer = R6, CNLoadStatus = NORMAL,AvailCap = 65535,TnlBearerType = ATM _ TRANS;
//增加 Iu-CS 接口用户面数据
```

```
//增加端口控制器
ADD PORTCTRLER:SRN = 0,SN = 16,PT = NCOPT,CARRYNCOPTN = 0,CTRLSN = 4,CTRLSSN = 1,FWDHORSVBW
 = 100,BWDHORSVBW = 100,FWDCONGBW = 500,BWDCONGBW = 500,FWDCONGCLRBW = 750,BWDCONGCLRBW
 = 750;
//增加 AAL2 Path
ADD AAL2PATH:ANI = 1,PATHID = 1,PT = RT,CARRYT = NCOPT,CARRYF = 0,CARRYSN = 16,
CARRYNCOPTN = 2,ADDTORSCGRP = NO,CARRYVPI = 33,CARRYVCI = 55,TXTRFX = 180,RXTRFX = 180,OWN-
ERSHIP = LOCAL,FWDHORSVBW = 0,BWDHORSVBW = 0,FWDCONGBW = 0,BWDCONGBW = 0,
FWDCONGCLRBW = 0,BWDCONGCLRBW = 0,TIMERCU = 10;
//增加 AAL2路由
ADD AAL2RT:NSAP = "H45000006598540056F000000000000000000000",ANI = 1,RTX = 1,
OWNERSHIP = YES;
```

（3）RNC Iu-PS 接口数据配置

1）RNC Iu-PS 接口数据配置流程。RNC Iu-PS 接口数据配置流程与 Iu-PS 接口数据配置流程基本相同，只是在增加接口控制面数据和用户面数据环节中的具体数据有所不同。

2）Iu-PS 接口数据配置信息（ATM 传输）。

① Iu-PS 接口协议结构（ATM 传输）。当 Iu-PS 接口采用 ATM 传输时，配置 Iu-PS 接口数据前需要了解 Iu-PS 接口基于 ATM 传输的协议结构、接口链路、用户面的 IPoA 配置原理。当 Iu-PS 接口使用 ATM 传输时，增加 Iu-PS 接口数据需要遵循的顺序与协议结构一致，即从底层向上层，从控制面到用户面进行数据配置。Iu-PS 接口协议栈如图 4-2-22所示。

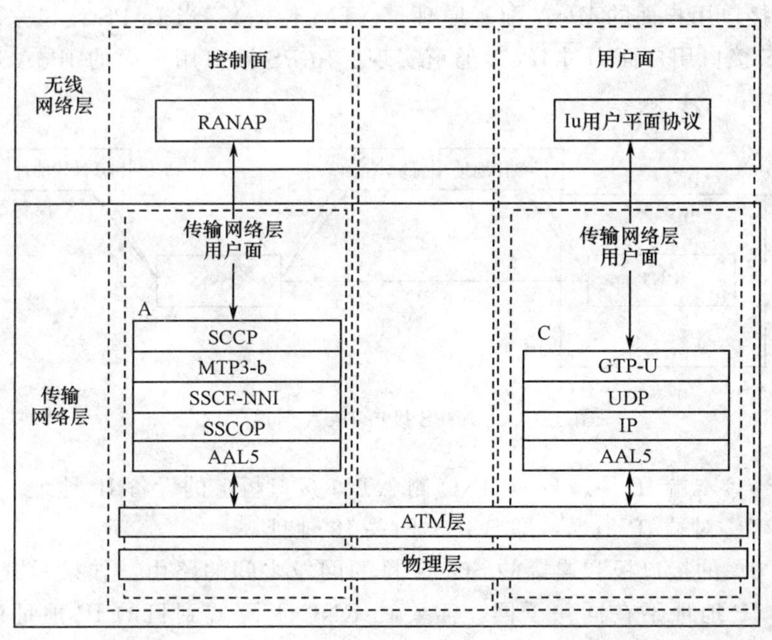

图 4-2-22 Iu-PS 接口协议栈（ATM 传输）

② Iu-PS 接口链路（ATM 传输）。从 CN 侧来看，Iu-PS 接口存在两种类型的链路：MTP3-b 链路和 IPoA PVC。Iu-PS 接口链路结构如图 4-2-23 所示。

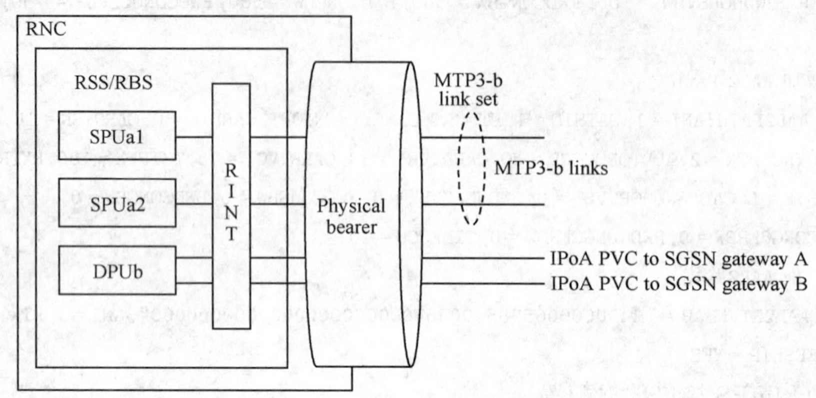

图 4-2-23 Iu-PS 接口链路

一个 Iu-PS 接口至少存在一条 MTP3-b 链路，建议规划两条或两条以上。MTP3-b 链路承载在 SAAL NNI 模式链路上。为了减少 SPUa 子系统间的信令交互，建议将规划的 SAAL NNI 模式链路平均分布在 RSS/RBS 插框的各个 SPUa 子系统上。

SAAL NNI 模式链路承载在 PVC 上，其 PVC 标识 VPI/VCI 和其他 PVC 属性必须与对端协商。

Iu-PS 接口的 IPoA PVC 是到 SGSN 网关的一条 PVC。一个 Iu-PS 接口至少存在一条 IPoA PVC，建议规划两条或两条以上。

③ Iu-PS 接口用户面的 IPoA 配置原理（ATM 传输）。当 Iu-PS 接口采取 ATM 传输方式时，Iu-PS 接口用户面通过 IPoA 通道实现。Iu-PS 接口用户面的 IPoA 通道示意图如图 4-2-24 所示。

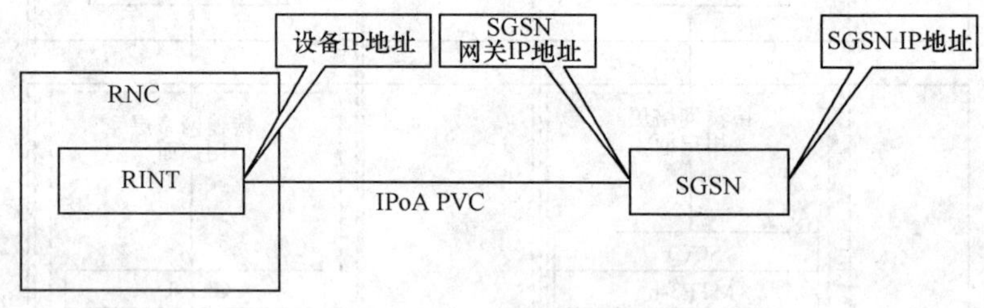

图 4-2-24 Iu-PS 接口 IPoA 通道示意图

• IPoA PVC 本端 IP 地址：即 RNC 侧 ATM 接口板上的设备 IP 地址。

• IPoA PVC 对端 IP 地址：即 SGSN 网关 IP 地址。

• 承载 IPoA 的接口板和连接的 SGSN 目的网段之间的路由：如果承载 IPoA 的接口板与 SGSN 的 IP 地址不在同一子网，需要在 RNC 上配置到目的 IP 地址的路由。其中“目的 IP 地址”是 SGSN 的 IP 地址，“下一跳”是 SGSN 网关 IP 地址。

3）Iu-PS接口数据配置示例（ATM传输）。RNC Iu-PS接口数据脚本包括RNC对外接口的物理层数据、传输资源映射关系、激活因子表数据、Iu-PS接口控制面数据、Iu-PS接口用户面数据。示例如下：

```
//增加RNC对外接口的物理层数据
//设置GOUa单板的以太网端口属性
SET ETHPORT:SRN = 0,SN = 18,BRDTYPE = GOU,PN = 0,MTU = 1500,AUTO = ENABLE;//增加以太网端口IP地址用于连接网关
ADD ETHIP:SRN = 0, SN = 18, PN = 0, IPTYPE = PRIMARY, IPADDR = "10.214.161.50", MASK = "255.255.255.192";//增加设备IP地址
ADD DEVIP:SRN = 0,SN = 18,IPADDR = "10.214.161.100",MASK = "255.255.255.192";
//分别为金牌用户、银牌用户和铜牌用户增加传输资源映射表
ADD TRMMAP:TMI = 6,ITFT = IUPS,EFDSCP = 46,AF4DSCP = 38,AF3DSCP = 30,AF2DSCP = 18,AF1DSCP = 10,BEDSCP = 0;
ADD FACTORTABLE:FTI = 2,REMARK = "FOR IUPS";//增加激活因子表
//增加Iu-PS接口控制面数据
//增加SCTP链路
ADD SCTPLNK:SRN = 0,SN = 2,SSN = 2,SCTPLNKN = 0,MODE = CLIENT,APP = M3UA,DSCP = 62,LOCPTNO = 8010,LOCIPADDR1 = "10.214.161.100",LOCIPADDR2 = "10.214.161.150",PEERIPADDR1 = "10.20.14.4",PEERIPADDR2 = "10.20.14.68",PEERPORTNO = 2905,LOGPORTFLAG = NO,RTOMIN = 1000,RTOMAX = 60000,RTOINIT = 3000,RTOALPHA = 12,RTOBETA = 25,HBINTER = 5000,MAXASSOCRETR = 10,MAXPATHRETR = 5,CHKSUMTX = NO,CHKSUMRX = NO,CHKSUMTYPE = CRC32,MTU = 1500,VLANFLAG = DISABLE,CROSSIPFLAG = UNAVAILABLE,SWITCHBACKFLAG = YES,SWITCHBACKHBNUM = 10;
//增加Iu-PS的目的信令点
ADD N7DPC:DPX = 2,DPC = H'0008E2,SLSMASK = B0000,NEIGHBOR = YES,NAME = "SGSN",DPCT = IUPS,STP = OFF,PROT = ITUT,BEARTYPE = M3UA;//增加M3UA数据
//增加M3UA目的实体
ADD M3DE:DENO = 10,LENO = 0,DPX = 2,ENTITYT = M3UA_IPSP,RTCONTEXT = 1,NAME = "SGSN";//增加M3UA信令链路集
ADD M3LKS:SIGLKSX = 1,DENO = 10,LNKSLSMASK = B1111,TRAMODE = M3UA_LOADSHARE_MOD,WKMODE = M3UA_IPSP,PDTMRVALUE = 5,NAME = "SGSN";
//增加M3UA路由
ADD M3RT:DENO = 10,SIGLKSX = 1,PRIORITY = 0,NAME = "SGSN";
//增加M3UA信令链路
ADD M3LNK:SIGLKSX = 1,SIGLNKID = 0,SRN = 0,SN = 2,SSN = 2,SCTPLNKN = 0,PRIORITY = 0,LNKREDFLAG = M3UA_MASTER_MOD,NAME = "LINKSGSN-01";
//增加传输邻节点
ADD ADJNODE:ANI = 2,NAME = "SGSN",NODET = IUPS,SGSNFLG = YES,DPX = 2,TRANST = IP;
//增加Iu-PS接口邻节点与传输资源的映射关系
ADD ADJMAP:ANI = 2,CNMNGMODE = EXCLUSIVE,CNOPINDEX = 0,TMIGLD = 6,TMISLV = 7,TMIBRZ = 8,FTI = 2;
//增加CN域信息和节点数据
```

```
ADD CNDOMAIN:CNDomainId = PS _ DOMAIN,NMO = MODE2,DRXCycleLenCoef = 6;ADD CNNODE:CnOpIndex
= 0,CNId = 1,CNDomainId = PS _ DOMAIN,Dpx = 2,CNProtclVer = R6,
CNLoadStatus = NORMAL,AvailCap = 65535,TnlBearerType = IP _ TRANS;//增加 Iu-PS 接口用户面
数据
//增加端口控制器
ADD PORTCTRLER:SRN = 0,SN = 18,PT = ETHER,CARRYEN = 0,CTRLSN = 2,CTRLSSN = 2,
FWDHORSVBW = 0,BWDHORSVBW = 0,FWDCONGBW = 0,BWDCONGBW = 0,FWDCONGCLRBW = 0,BWDCONGCLRBW
= 0;
//增加 IP Path
ADD IPPATH:ANI = 2,PATHID = 0,PATHT = HQ _ RT,IPADDR = "10.214.161.200",PEERIPADDR = "
10.20.14.132",PEERMASK = "255.255.255.192",TXBW = 1000000,RXBW = 1000000,CARRYFLAG =
NULL,FPMUX = YES,SUBFRLEN = 127,MAXFRAMELEN = 270,FPTIME = 2,DSCP = 46,FWDHORSVBW = 0,BWD-
HORSVBW = 0,FWDCONGBW = 0,BWDCONGBW = 0,FWDCONGCLRBW = 0,BWDCONGCLRBW = 0,VLANFlAG = DISA-
BLE,PATHCHK = ENABLED,ECHOIP = "10.20.14.132",PERIOD = 5,CHECKCOUNT = 5,ICMPPKGLEN = 64;
//增加 IP 路由
ADD IPRT:SRN = 0,SN = 18,DESTIP = "10.20.14.0",MASK = "255.255.255.0",NEXTHOP = "
10.214.161.1",PRIORITY = HIGH,REMARK = "TO SGSN";
```

5. 小区数据配置

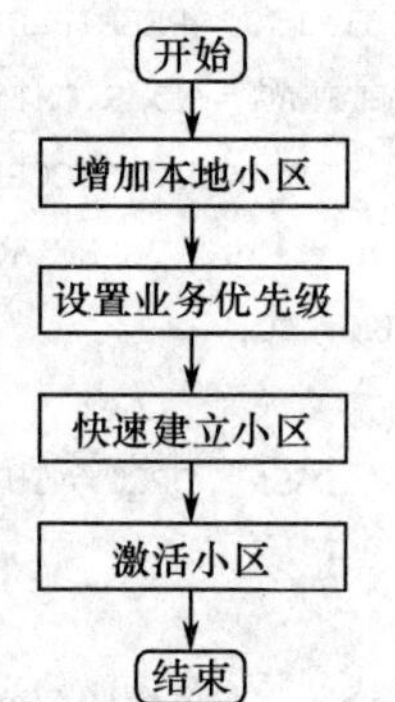

图 4-2-25　快速新建小区数据配置流程

（1）小区数据配置流程

以快速新建小区为例，其数据配置流程如图 4-2-25 所示。

在 RNC 上快速新建一个小区，该小区只有少数参数需要手工配置，其余参数采用缺省配置。操作步骤如下：

1）执行 MML 命令 ADD LOCELL，增加本地小区基本信息。

2）执行 MML 命令 ADD SPG，设置不同类型业务在小区中的优先级。

3）执行 MML 命令 ADD QUICKCELLSETUP，快速建立小区。

4）执行 MML 命令 ACT CELL，激活小区。

（2）小区数据配置示例

RNC 小区数据脚本包括本地小区基本信息、逻辑小区信息、同频邻近小区信息、异频邻近小区信息、GSM 邻近小区信息。以下仅以快速增加本地小区基本信息和逻辑小区信息示例。

```
//快速新建小区
//增加本地小区基本信息
ADD LOCELL:NODEBNAME = "NodeB1",LOCELL = 0;
ADD LOCELL:NODEBNAME = "NodeB1",LOCELL = 1;
ADD LOCELL:NODEBNAME = "NodeB1",LOCELL = 2;
//设置不同类型业务在小区中的优先级
ADD SPG:SpgId = 2,PriorityServiceForR99RT = 1,PriorityServiceForR99NRT = 2,
PriorityServiceForHSPA = 2,PriorityServiceForExtRab = 3;
```

```
//快速增加逻辑小区信息
ADD QUICKCELLSETUP:CellId = 0,CellName = "CELL 0",CnOpIndex = 0,BandInd = Band1,
UARFCNUplink = 9613,UARFCNDownlink = 10563,PScrambCode = 0,TCell = CHIP0,LAC = 100,SAC =
100,CfgRacInd = REQUIRE,RAC = 0,SpgId = 2,URANUM = D2,URA1 = 0,URA2 = 1,NodeBName = "
NODEB1",LoCell = 0,SupBmc = FALSE,MaxTxPower = 430,PCPICHPower = 330;
ADD QUICKCELLSETUP:CellId = 1,CellName = "CELL 1",CnOpIndex = 0,BandInd = Band1,
UARFCNUplink = 9613,UARFCNDownlink = 10563,PScrambCode = 1,TCell = CHIP256,LAC = 100,SAC
 = 100,CfgRacInd = REQUIRE,RAC = 0,SpgId = 2,URANUM = D2,URA1 = 0,URA2 = 1,NodeBName = "NO-
DEB1",LoCell = 1,SupBmc = FALSE,MaxTxPower = 430,PCPICHPower = 330;
ADD QUICKCELLSETUP:CellId = 2,CellName = "CELL 2",CnOpIndex = 0,BandInd = Band1,
UARFCNUplink = 9613,UARFCNDownlink = 10563,PScrambCode = 2,TCell = CHIP512,LAC = 100,SAC
 = 100,CfgRacInd = REQUIRE,RAC = 0,SpgId = 2,URANUM = D2,URA1 = 0,URA2 = 1,NodeBName = "NO-
DEB1",LoCell = 2,SupBmc = FALSE,MaxTxPower = 430,PCPICHPower = 330;
//激活逻辑小区
ACT CELL:CELLID = 0;
ACT CELL:CELLID = 1;
ACT CELL:CELLID = 2;
//切换到在线状态,初始配置结束
SET ONLINE:;
```

计划与实施建议

1. 到图书馆或上网查阅 RNC 相关资料，掌握 RNC 基本结构和工作原理。
2. 让学生熟悉实验平台中 RNC 设备部分的结构和操作。
3. 带领学生练习使用 RNC 本地终端 LMT，学会使用 MML 人机命令脚本文件。
4. 参观 RNC 机房，了解 RNC 硬件组成结构。
5. 分组练习 RNC 数据配置过程。

检查与评价点

1. 检查相关资料准备情况。
2. 检查学生所画 RNC 的逻辑结构图。
3. 检查学生是否会使用 LMT 对 RNC 进行基本操作。
4. 提问学生 RNC 数据配置的流程一般是什么？各步骤主要配置哪些数据？
5. 检查评价学生对 RNC 进行数据配置的实验情况。

试一试

1. RNC 逻辑结构由________、________、________、________、________、________、________几部分组成。

2. RNC 数据配置主要包括________、________、________、________、________、________等几部分。

3. RNC 的硬件由________、________、________、________、________组成。

4. RNC 支持单机柜的最小配置方案，即整个 RNC 只需要________机柜和________插框。

5. RNC 交换子系统主要由各插框的________与插框的________共同组成。

6. OMUa 单板在 RNC 中完成以下功能：________、________、________、________、________。

7. 一份完整的 RNC 初始配置脚本一般由 4 部分数据组成，包括________、________、________和________。

任务 4.3　Node B 设备的安装和调试

任务描述

在移动通信网络中，Node B 是重要的无线网络终端用户接入设备。对于 Node B 设备的原理与技术的掌握也是学习移动通信系统知识及技能的重点之一。本任务基于实验平台和仿真系统，分组让学生练习 Node B 的安装和 Node B 的数据配置。通过实验和练习使学生学习并了解主流 Node B 设备的原理、结构；学习并熟悉主流 Node B 设备的硬件组成；熟悉并掌握主流 Node B 数据配置流程及内容。

任务目标

在完成任务后，要求学生基本掌握无线设备 Node B 部分（BBU、RRU）的原理、结构；熟悉 Node B 的组网方式及应用场合；熟悉 Node B 硬件组成，掌握 Node B 设备硬件配置规则；熟悉 Node B 数据配置流程及内容；学习并熟悉 WRAN CME 工具的使用。

相关知识

内　　容	获取方式
1. 当前流行的无线 Node B 设备类型和型号包括哪些？它们的主要区别是什么？	•上图书馆查阅资料 •上网收集信息 •到运营商机房参观并询问相关工作人员
2. Node B 设备有几种产品形态？分别应用在什么场合？	
3. Node B 的基本模块包括哪些？分别对应的功能是什么？	
4. Node B 有哪几种组网方式和对应的场合？	
5. Node B 的数据配置主要包括哪几个步骤和内容？	

4.3.1 Node B 原理与架构

1. Node B 系统原理结构

Node B 是无线通信网络中的用户接入设备，属于无线接入网部分，通过空中接口与移动用户终端连接。Node B 在无线接入网中的位置如图 4-3-1 所示。

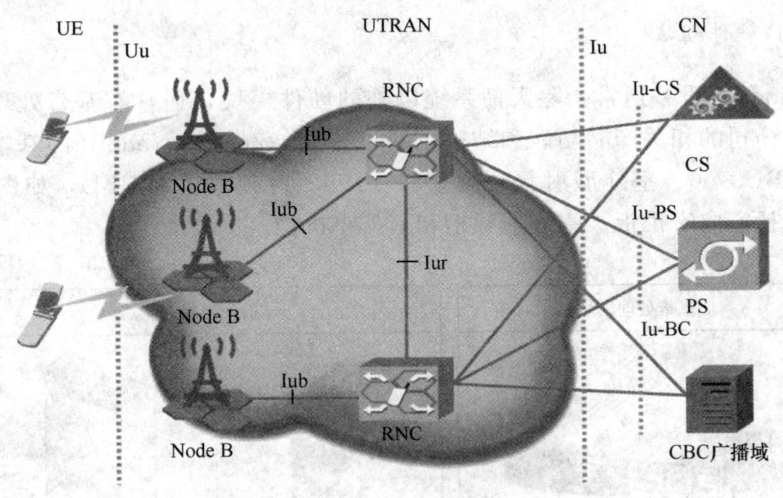

图 4-3-1 Node B 在 WCDMA 无线接入网中的位置

Node B 通过标准的 Iub 接口与 RNC 互连，通过 Uu 接口与 UE 进行通信，主要完成 Uu 接口物理层协议和 Iub 接口协议的处理。

一般地，Node B 主要由传输子系统、中频/基带子系统、射频子系统、天馈子系统、控制子系统等部分组成。

(1) 传输子系统

传输子系统的主要功能是提供与 RNC 的接口，实现传输网络层的相关功能，完成基站与 RNC 之间的信息交互。物理接口上一般以 E1/T1、STM-1 等形式出现，为了节约传输带宽和提高传输的可靠性，ATM 反向复用（Inverse Multiplexing on ATM，IMA）通常会被采用。

(2) 中频/基带子系统

中频/基带子系统的主要功能包括数模转换、下行发送、上行接收的物理层处理过程以及物理层的闭环处理过程。中频子系统完成数模转换、模数转换、上下变频；基带子系统完成信道解扩解调、编译码、扩频调制的功能。

(3) 射频子系统

射频子系统一般由收发信机、双工模块、功率放大模块等模块组成，主要功能包括上行完成接收滤波、低噪声放大、进一步的射频小信号放大滤波和下变频，然后完成模数转换、数字中频处理和 RRC 滤波等；下行完成 RRC 滤波、数字中频处理和数模转换，经过射频滤波、放大、上变频处理，经线性功率放大器放大后经过发送滤波至天馈。

（4）天馈子系统

天馈子系统由天线、馈线、天馈避雷器、塔顶放大器（可选）等组成。天馈子系统完成 Node B 空中接口信号的输入和输出。

（5）控制子系统

控制子系统一般完成如下功能：完成 NBAP 信令处理、资源管理和操作维护功能；产生并提供整个基站的同步时钟，并对整个基站的运行和周边环境状况进行检测和监控。

2. Node B 硬件组成

实际的 Node B 设备通常指除天馈系统以外的硬件模块，通常有基带处理模块和射频模块等。各个公司的相关产品功能和结构也基本相同，例如某 Node B 的基本模块包括基带处理模块 BBU3900、室外型射频拉远模块 RRU、射频模块 WRFU，如图 4-3-2 所示。其配套设备包括室内宏机柜、室外射频柜和室外小机柜。

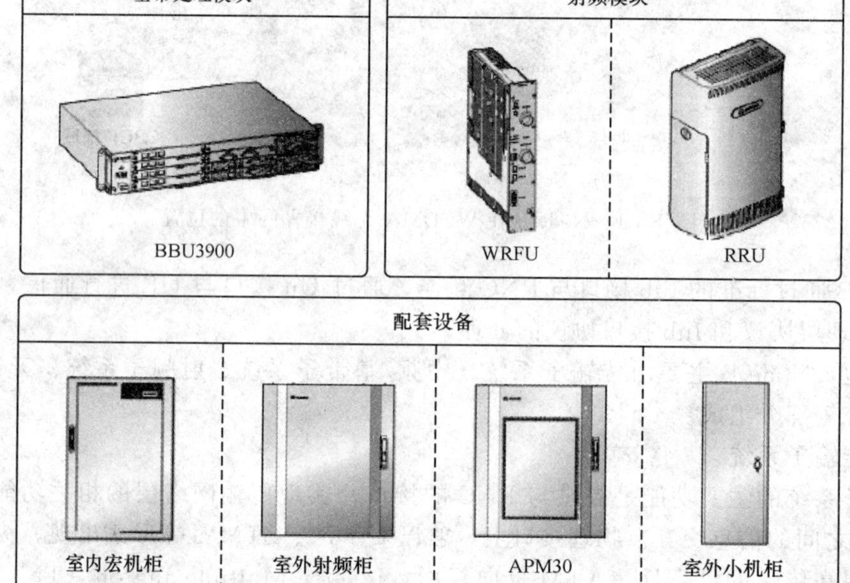

图 4-3-2　Node B 基本模块及配套设备

通过这三种基本模块与配套设备灵活组合，可以形成综合的站点解决方案，如分布式基站、紧凑型小基站和机柜式宏基站。

（1）分布式基站

分布式基站（DBS3900）由 BBU3900 和 RRU 组成。对于需要采用射频拉远、基带和射频分散安装的场景，可以选用分布式基站。BBU3900 可安装于 APM30 和 OMB（室外小机柜）内。RRU 可安装于楼顶、塔上等靠近天馈的位置，以减少馈线损耗，提高基站的性能。

(2) 紧凑型小基站

紧凑型小基站（BTS3900C）可应用到室内和室外环境中。紧凑型小基站支持抱杆、挂墙和落地安装，落地安装时可采用立架或其他类型的支架。

(3) 机柜式宏基站

对于需要整体集中安装的场景，可以选用机柜式宏基站。机柜式宏基站包括室内型BTS3900和室外型BTS3900A。机柜式宏基站中集中安装了BBU3900和WRFU模块。

小贴士

华为公司Node B设备的产品形态由三种基本模块组成：BBU3900（基带处理模块）、WRFU（射频模块）和RRU（室外型拉远射频模块），通过这三种基本模块与配套设备灵活组合，可以形成综合的站点解决方案，构建成的产品形态为机柜式宏基站（室内型BTS3900和室外型BTS3900A）、分布式基站（DBS3900）和紧凑型小基站（BTS3900C）。通过不同产品形态的配合，适应并满足运营商对站址的安装要求，满足快速、低成本建网的需要。

后续关于Node B的内容将基于该公司的上述产品进行讲解。

4.3.2 NodeB硬件与配置

1. BBU3900系统结构与原理

BBU3900采用模块化设计，根据各模块实现的功能不同划分为传输子系统、基带子系统、控制子系统和电源模块。BBU3900的系统原理如图4-3-3所示。

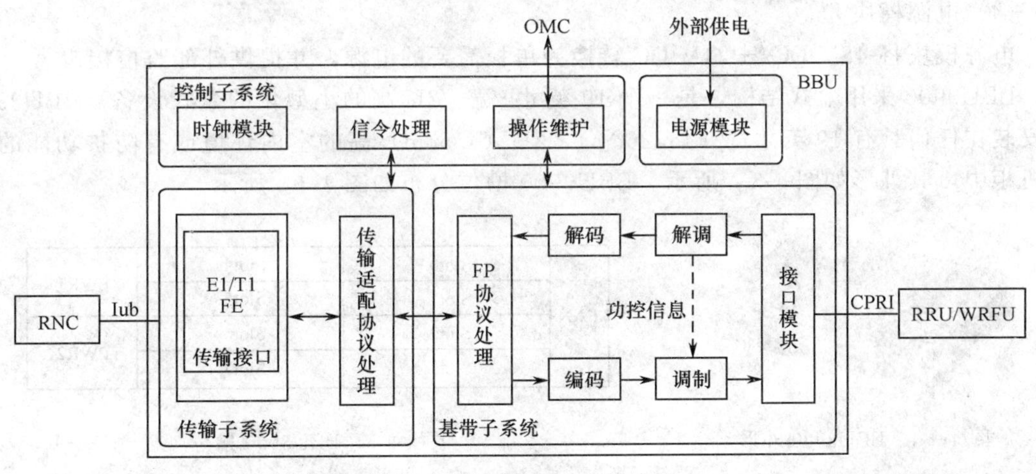

图4-3-3 BBU3900的系统原理图

(1) 传输子系统

传输子系统的主要功能如下：提供与RNC的物理接口，完成Node B与RNC之间的信息交互；为 BBU3900 的操作维护提供与 OMC（或 LMT）连接的维护通道。

（2）基带子系统

基带子系统完成上下行数据基带处理功能，主要由上行处理模块和下行处理模块组成。

1）上行处理模块：包括解调和解码模块。上行处理模块对上行基带数据进行接入信道搜索解调和专用信道解调，得到解扩解调的软判决符号，经过译码处理、FP（帧协议）处理后，通过传输子系统发往 RNC。

2）下行处理模块：包括调制和编码模块。下行处理模块接收来自传输子系统的业务数据，发送至 FP 处理模块，完成 FP 处理，然后编码，再完成传输信道映射、物理信道生成、组帧、扩频调制、功控合路等功能，最后将处理后的信号送至接口模块。

BBU3900 将 CPRI 接口模块集成到基带子系统中，用于连接 BBU3900 和 RRU。

（3）控制子系统

控制子系统集中管理整个分布式基站系统，包括操作维护和信令处理，并提供系统时钟。

1）操作维护功能包括设备管理、配置管理、告警管理、软件管理、调测管理等。

2）信令处理功能包括 NBAP（Node B Application Part，Node B 应用部分协议）信令处理、ALCAP（Access Link Control Application Part，接入层链路控制应用协议）处理、SCTP（Stream Control Transmission Protocol，流控制传输协议）处理、逻辑资源管理等。

3）时钟模块功能包括锁相 Iub 线路时钟（从 E1 线路、光口恢复时钟，或者从 FE 线路提取恢复时钟信息）、GPS 时钟、外部时钟等，BBU3900 通过 Iub 接口从外部提取时钟，进行分频、锁相和相位调整，并为整个 Node B 提供符合要求的时钟。

（4）电源模块

电源模块将-48V DC/＋24V DC 转换为单板需要的电源，并提供外部监控接口。

BBU3900 采用盒式结构，是一个 19 英寸①宽、2U 高的小型化的盒式设备。BBU3900 可安装在任何具有 19 英寸宽（48.26cm）、2U（4.5cm）高的室内环境或有防护功能的室外机柜中，其外形如图 4-3-4 所示。BBU3900 槽位分布如图 4-3-5 所示。

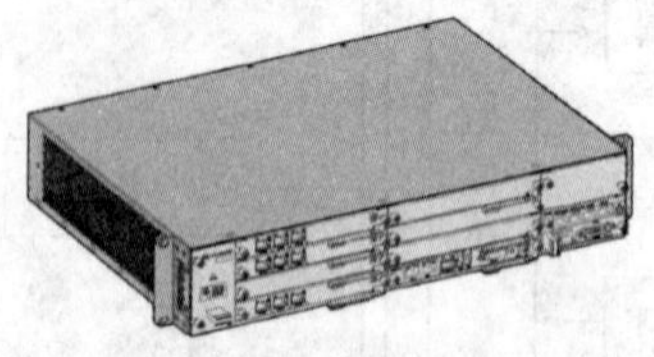

图 4-3-4 BBU3900 外形

<table>
<tr><td rowspan="4">FAN</td><td>Slot0</td><td>Slot4</td><td rowspan="2">PWR1</td></tr>
<tr><td>Slot1</td><td>Slot5</td></tr>
<tr><td>Slot2</td><td>Slot6</td><td rowspan="2">PWR2</td></tr>
<tr><td>Slot3</td><td>Slot7</td></tr>
</table>

图 4-3-5 BBU3900 槽位

BBU3900 是基带处理模块，提供 Node B 系统与 RNC 连接的接口单元。BBU3900 的主要功能如下：

① 1 英寸＝2.54 厘米。

1）提供与 RNC 通信的物理接口，完成 Node B 与 RNC 之间的信息交互。

2）提供与 RRU/WRFU 通信的 CPRI 接口。

3）提供 USB 接口，安装软件和配置数据时，插入 USB 存储盘，自动对 Node B 软件升级。

4）提供与 LMT 连接的维护通道。

5）完成上下行数据处理功能。

6）集中管理整个 Node B 系统，包括操作维护和信令处理。

7）提供系统时钟。

2. BBU3900 单板配置

（1）BBU3900 单板模块

BBU3900 的主要单板有 WMPT、WBBP、UPEU、UEIU、UTRP、UELP、UFLP 等，它们的功能分别介绍如下。

1）WMPT 模块。WMPT 为 BBU3900 必配单板，最多可安装两块 WMPT 板，实现备份功能。WMPT 单板的主要功能如下：

① 完成配置管理、设备管理、性能监视、信令处理、主备切换等 OM 功能，并提供与 OMC（或 LMT）连接的维护通道。

② 为整个系统提供所需要的基准时钟。

③ 为内其他单板提供信令处理和资源管理功能。

④ 提供 USB 接口。安装软件和配置数据时，插入 USB 存储盘，自动为 Node B 软件升级。

⑤ 提供一个 4 路 E1 接口，支持 ATM、IP 协议。

⑥ 提供一路 FE 电接口、一路 FE 光接口，支持 IP 协议。

⑦ 支持冷备份功能。

2）WBBP 模块。WBBP 为 BBU3900 必配单板，最多可安装 6 块 WBBP 板，按照处理能力的不同，WBBP 有 5 种规格。WBBP 单板的主要功能如下：

① 提供与 RRU/RFU 通信的 CPRI 接口，支持 CPRI 接口的 1+1 备份。

② 处理上/下行基带信号。

3）UPEU 模块。UPEU 单板的主要功能如下：

① 将−48V DC 或+24V DC 输入电源转换为单板支持的+12V 工作电源

② 提供 2 路 RS485 信号接口和 8 路干结点信号接口

③ 具有防反接功能

4）UEIU 模块。UEIU 单板的主要功能如下：

① 提供 2 路 RS485 信号接口

② 提供 8 路干结点信号接口

5）UTRP 模块。UTRP 单板支持冷备份功能。它有三种扣板，如表 4-3-1 所示。

表 4-3-1　UTRP 单板扣板说明

扣板名称	接口
UAEU（Universal ATM over E1/T1 Interface and Processing Unit）	8 路 ATM over E1/T1 接口
UIEU（Universal IP Packet over E1/T1 Interface and Processing Unit）	8 路 IP over E1/T1 接口
UUAS（Universal Unchannelized ATM over SDH/SONET Card）	1 路 STM-1 接口

6）UELP 模块。UELP 单板的主要功能为支持 4 路 E1/T1 信号防雷。

7）UFLP 模块。UFLP 单板的主要功能为支持 2 路 FE 防雷。

（2）BBU3900 单板配置规则

BBU3900 单板配置规则如表 4-3-2 所示。BBU3900 典型配置如图 4-3-6 所示。

表 4-3-2　BBU3900 单板配置规则

单板名称	选配/必配	最大配置数	安装槽位	配置限制
WMPT	必配	2	Slot6 或 Slot7	单个 WMPT 优先配置在 Slot7
UBBP	必配	6	Slot0～Slot5	传输 CPRI 信号的 WBBP 单板只能配置在 Slot2 和 Slot3 槽位
UBFU	必配	1	FAN	只能配置在 FAN 槽位
UPEU	必配	2	PWR1 或 PWR2	单个 UPEU 优先配置在 PWR2 槽位
UEIU	选配	1	PWR1 或 PWR2	优先配置在 PWR1
UTRP	选配	5	Slot0～Slot5	—
UELP	选配	2	Slot0 或 Slot4	E1 少于 4 路时，配置一块在 Slot4 槽位；大于 4 路小于 8 路时，配置两块，在 Slot0 和 Slot4 上；大于 8 路时，需要配置 SLPU，UELP 安装在 SLPU 中
UFLP	选配	2	Slot0 或 Slot4	优先安装在 Slot4 位置

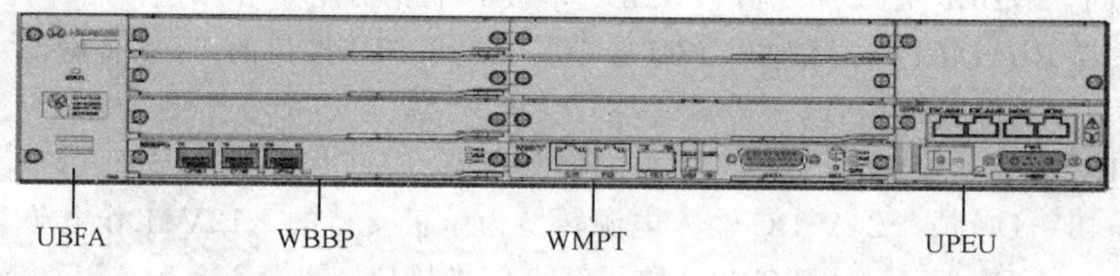

图 4-3-6　BBU3900 典型配置

3. RRU 系统结构与原理

RRU 是室外型射频拉远模块，RRU 采用模块化设计，根据各模块实现的功能不同划分为接口模块、TRX、PA（Power Amplifier）、双工器、LNA（Low Noise Amplifier）、电源模块和扩展接口。RRU 的系统原理如图 4-3-7 所示。

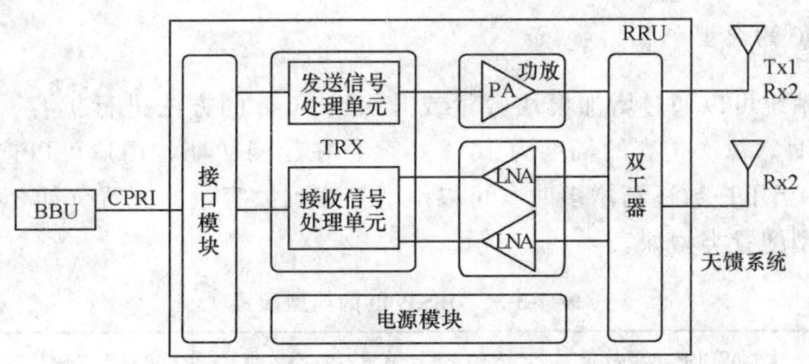

图 4-3-7　RRU 系统原理图

1）接口模块：接收 BBU 送来的下行基带数据；向 BBU 发送上行基带数据；转发级联 RRU 的数据。

2）TRX：包括两路射频接收通道和一路射频发射通道。

① 接收通道完成的功能为：将接收信号下变频至中频信号；将中频信号进行放大处理；模数转换；数字下变频；匹配滤波；数字自动增益控制 DAGC。

② 发射通道完成的功能为：下行扩频信号的成形滤波；数模转换；将中频信号上变频至发射频段。

3）PA：采用 DPD 和 A-Doherty 技术，对来自 TRX 的小功率射频信号进行放大。

4）双工器：提供射频通道接收信号和发射信号复用功能，使接收信号与发射信号共用一个天线通道；对接收信号和发射信号提供滤波功能。

5）LNA（低噪声放大器）：将来自天线的接收信号进行放大。

6）电源模块：电源模块为 RRU 各组成模块提供电源输入。

4. RRU 硬件结构

RRU 采用模块化设计结构，按照处理能力的不同，分为两种型号：RRU3801C 和 RRU3804。RRU3801C 外形如图 4-3-8 所示。RRU3804 外形如图 4-3-9 所示。

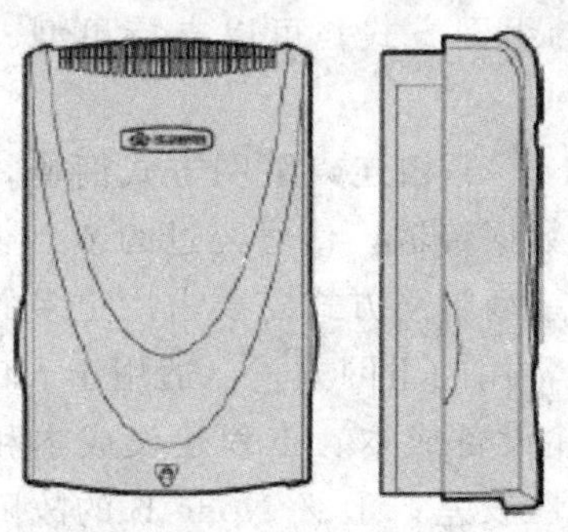

图 4-3-8　RRU3801C 外形

图 4-3-9　RRU3804 外形

5. DBS3900 的典型配置

DBS3900 系统可以通过增加模块数量或升级 license 的方法进行扩容。根据用户的需要扩容 license 时，每次扩容的幅度为 16 个小区。在建网初期，用户可以选用小容量的配置（如 3×1），当用户数逐渐增多时，可以平滑扩容到大容量的配置（如 3×2、3×4 等）。DBS3900 的典型配置类型如表 4-3-3 所示。

表 4-3-3　DBS3900 的典型配置

配置类型	WBBP 单板数量	RRU3804 数量（发不分集）	RRU3801C 数量（发不分集）
3×1	1	3	3
3×2	2	3	3
3×3	3	3	6
3×4	4	3	6

小贴士

N×M 是指 N 扇区、每扇区中配置 M 载波。例如 3×1 指 3 扇区，每扇区配置 1 载波。当配置发分集的 RRU 时，RRU 的数量是相同配置发射信号不分集时数量的两倍。

4.3.3 Node B 组网应用

1. Iub 接口组网

Node B 支持多种 Iub 接口方式，支持 ATM 传输及 IP 传输型组网。

（1）ATM 协议栈组网拓扑

Node B 采用 ATM 协议栈时具有灵活的组网方式，可以支持星型、树型、链型等组网方式。

1）星型组网方式优点是 Node B 直接和 RNC 相连，组网方式简单，工程施工、维护和扩容都很方便；Node B 和 RNC 直接进行数据传输，信号经过的节点少，线路可靠性较高。组网方式缺点是与其他组网方式相比，星型组网方式需要占用更多的传输资源。

图 4-3-10 所示为星型组网方式，它是最常用的组网方式，适用于人口稠密的地区。

2）链型组网方式的优点是可以降低传输设备成本、工程建设成本和传输链路租用成本。缺点是信号经过的环节较多，线路可靠性较差；上级 Node B 的故障可能会影响下级 Node B 的正常运行；链的级数不能超过 5 级。

图 4-3-11 所示为链型组网方式。链型组网适用于呈带状分布、用户密度较小的特殊地区，例如高速公路沿线、铁路沿线等。

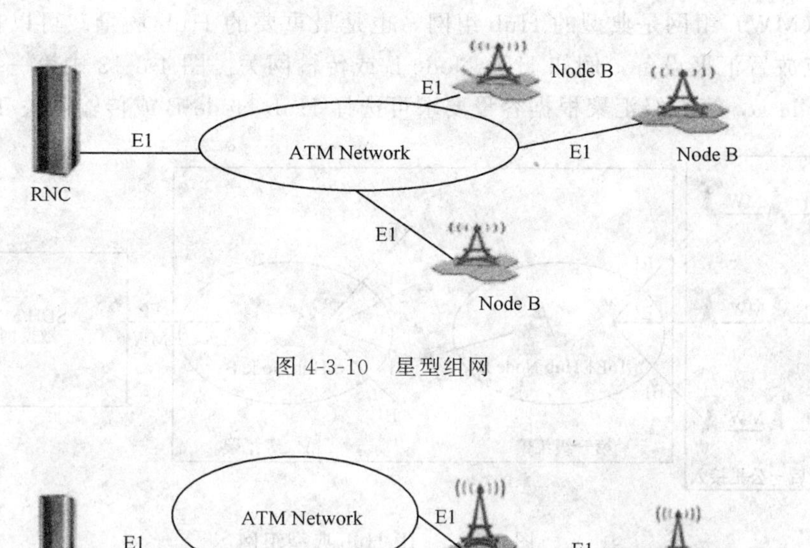

图 4-3-10　星型组网

图 4-3-11　链型组网

3）树型组网方式的优点是树型组网传输线缆的损耗小于星型组网传输线缆的损耗。缺点是由于信号传输过程经过的节点多，导致线路可靠性低，工程施工和维护困难；上级 Node B 的故障可能会影响下级 Node B 的正常运行；扩容不方便，可能会导致较大的网络改造；树的深度不能超过 5 层。

图 4-3-12 所示为树型组网方式。树型组网适合于网络结构、站点分布和用户分布较复杂的情况，例如用户分布面积广且热点集中的区域。

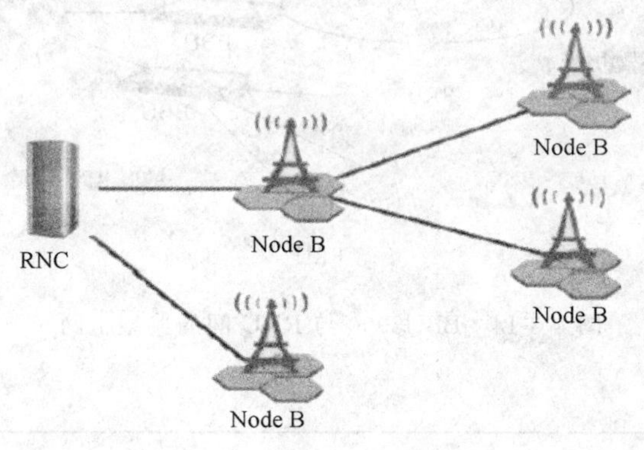

图 4-3-12　树型组网

（2）IP 协议栈组网拓扑

Node B 在 IP 组网能力上进行了提升，不仅支持老站型的星形组网方式，同时还增强支持 IP Hub 组网。

微波（MW）组网是典型的 Hub 组网，也是最重要的 Hub 场景。可以在每个树型组网的交叉点放置汇聚设备，例如 Hub Node B 或传输网关。图 4-3-13 中第一级汇集一般采用 Hub Node B，第二级汇聚根据容量要求可选择 Hub Node B 或传输网关 TWG1000。

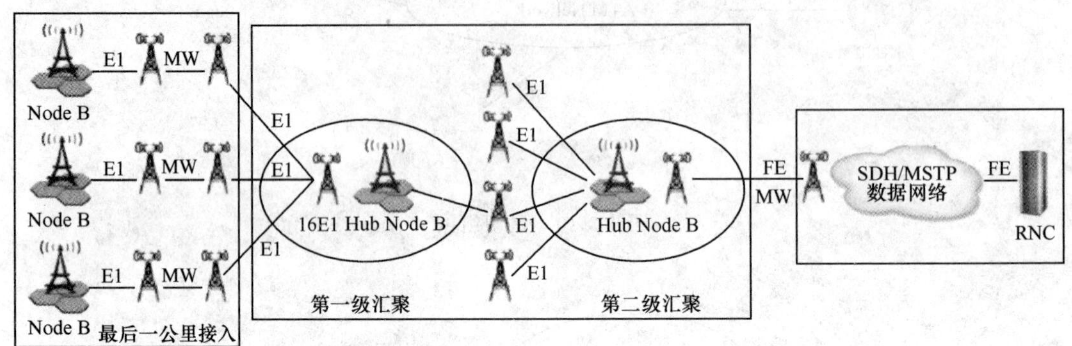

图 4-3-13　IP Hub 典型组网

2. CPRI 接口组网

采用 CPRI（Common Protocol Radio Interface，通用无线协议接口），BBU3900 与 RRU 之间以星型、链型、环型等方式组网。BBU3900 与 RRU 之间的典型组网方式如图 4-3-14所示。

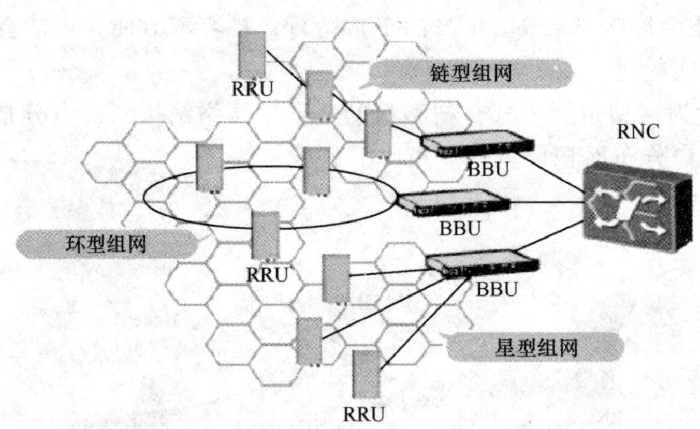

图 4-3-14　BBU3900 与 RRU 间的典型组网

小贴士

链型组网时最大分别支持 8 级级联（2.5Gb/s）和 4 级级联（1.25Gb/s），前提是一个 RRU 支持一个“双收单发”的小区。

4.3.4 Node B 的数据配置

在移动通信网络初始建设阶段，基站设备硬件安装完成后，还需要根据自身硬件设备、网络规划以及和其他设备进行数据协商等方面准备和配置数据，对新建基站设备进行初始数据配置。当然，在网络优化阶段，需要增加新的基站时，也同样需要对新建 Node B 设备进行初始数据配置。

下面以华为设备为例，介绍 Node B 初始数据配置一般规则和内容。Node B 初始数据配置采用的数据配置工具为 WRAN CME 软件。此工具应用于 Node B 和 RNC 的初始数据配置和数据再配置，基于 GUI 的 CME 为 RAN 的数据配置提供操作平台，为 RAN 数据配置提供了统一的解决方案。

对 Node B 数据配置的前提条件是已经完成对 RNC 设备的配置。在 CME 环境下，对 Node B 数据配置的方法有：手动增加 Node B；通过模板文件方式增加 Node B；通过配置文件方式增加 Node B。

Node B 数据配置文件名称为 NodeBCfg. xml。在此选取目前常用的 DBS3900 设备来说明 Node B 的数据配置步骤，如图 4-3-15 所示。

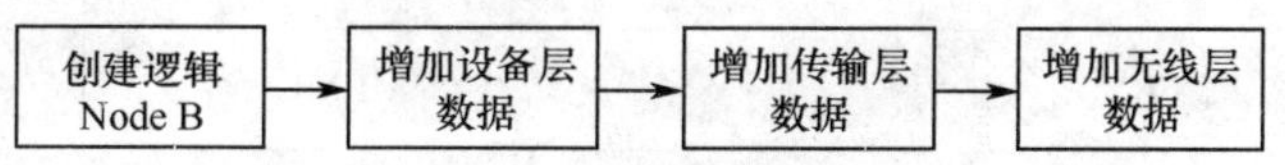

图 4-3-15 Node B 数据配置步骤

1. 创建逻辑 Node B

创建逻辑 Node B，用于向 RNC 标识一个 Node B 的存在。在创建前 RNC 已经配置完成。

创建过程中需要协商和规划 Node B 基本信息数据（其他非关键数据一般按照默认值设置即可）。需要协商和规划的主要数据说明如下。

1）Node B 名称 NodeBName：表示 Node B 的名称，建议根据 Node B 的地理位置取名。

2）承载类型 IubBearer Type：向 RNC 标识 Iub 接口使用的传输类型，必须与 RNC 侧接口单板类型匹配。

3）ATM 地址 NSAP：该 Node B 对应的 ATM 地址，以十六进制的格式输入。

4）协议版本 ProtocolVer：Node B 使用的协议版本。

2. 增加 DBS3900 设备层数据

对于华为 DBS3900 设备，其 Node B 设备层数据配置步骤如图 4-3-16 所示。

使用 WRAN CME 工具对 DBS3900 进行设备层数据配置时，应先配置 DBS3900 机框，再配置 DBS3900 设备面板，用右键单击槽位号，配置相关数据来增加 BBU 的各种单

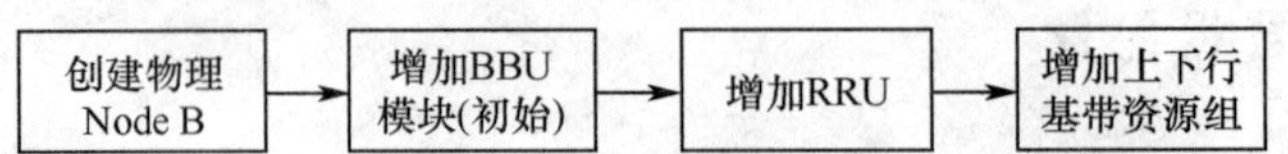

图 4-3-16　Node B 设备层数据配置步骤

板。DBS3900 单板配置及相关命令如表 4-3-4 所示。图 4-3-17 所示为 WRAN CME 中配置完成的 DBS3900 设备面板。

表 4-3-4　DBS3900 单板配置及相关命令

框号	框类型	槽位号	单板类型	MML 命令
0	BBU3900	0～3	WBBPx/UTRP	ADD BRD
		4～5	UTRP	ADD BRD
		6～7	WMPT	ADD BRD
		16	UBF	ADD BRD
		18～19	UPEA/UPEB/UEIU	ADD BRD
6	EXT	0	MEMU	ADD BRD
7	NPSU	0	NPMU	SET PWRSYSCFG
8	NCMU	0	NCMU	SET PWRSYSCFG
20～254	RRU	0	MRRU/PRRU/RHUB	ADD RRU

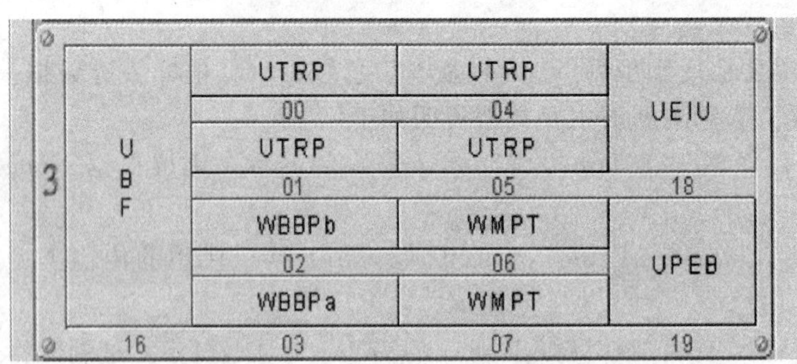

图 4-3-17　DBS3900 设备配置面板

(1) 创建物理 Node B

创建物理 Node B，增加物理 Node B 的基本信息。创建物理 NodeB 前逻辑 Node B 应该已经配置。创建过程中需要协商和规划物理 Node B 的数据。需要协商和规划的主要数据说明如下：

1）E1/T1 工作模式 E1T1WorkMode：由传输单板上的拨码开关状态和数据项配置文件确定。

2）时钟源 ClockSource：当且仅当“Clock Work Mode”为“MANUAL”时该参数有效。一般设置从 IUB 接口线路提取时钟即 LINE 方式。

3）解调模式 DemMode：DEM _ 2 _ CHAN（普通的两通道解调模式）。

4）Node B IP 地址 LocalIP：Node B 的近端维护 IP 地址。

5）Node B IP 子网掩码 LocalIPMask：Node B 近端维护 IP 地址的子网掩码。

6）SNTP 开关 SNTPSwitch：SNTP 开关 SNTP 客户端是否需要同步时间。

7）SNTP 服务器 IP 地址 SNTPServerIP：若干个 SNTP 客户端使用同一个 SNTP 服务器保持时间同步，这对于集中维护（特别是告警管理）很重要。例如当 E1 链路断开时，Node B 和 RNC 能够产生相同时间的告警，有助于问题的定位。RNC 作为 Node B 的 SNTP 服务器。

（2）增加 BBU 模块（初始）

BBU 模块主要包括主控传输板 WMPT、基带处理板 WBBP、扩展传输板 UTRP、电源与环境监控单元 PEU（UPEA/UPEB/EIU）等功能单板，支持即插即用功能，可根据需要进行配置。

1）主控板 WMPT：WMPT 为必配单板，最多可配置两块。

2）基带板 WBBP：根据基带容量和期望的基站配置，选择适合的基带板。

3）承载模式 BearMode：支持的 Iub 接口传输模式（配置传输单板时该参数有效），可在 WMPT 单板和 UAEC/UPEC 扣板上配置。

4）线路编码 LineCode：一般为 HDB_3（用于 E1 方式）。

5）线路匹配阻抗 Line Impedance：E1 的线路匹配阻抗。当线路工作模式为 E1 时，可以支持 75 欧姆和 120 欧姆两种模式。

6）帧结构 Frame Structure：双帧或 CRC-4 复帧。

（3）增加 RRU

RRU 为室外型射频拉远单元，主要完成基带信号和射频信号的调制解调、数据处理，转发级联 RRU 的数据，提供射频通道接收信号和发射信号复用功能。增加 RRU 时需要对 RRU 的协商和规划数据如下。

1）RRU 名称 RRU Name：MRRU 模块的名称。

2）RRU Chain 编号 RRU Chain No：RRU 所在的链编号。

3）RRU 编号 RRU No：RRU 拓扑位置为 TRUNK 时，表示该 RRU 的在主链环上的级联位置。RRU 拓扑位置为 BRANCH 时，表示该 RRU 所在父结点的级联位置，父结点统指 RHUB。

4）RRU 的安装拓扑位置 ToPoPosition：TRUNK（位于主链环上）。

5）RTWP 初始校正值 RTWPofCarrier：设置 RRU 的指定接收通道和载波的 RTWP 初始校正值。

小贴士

RRU Chain 的协商和规划数据相关说明如下。

• 链类型 Chain Type：RRU 拓扑结构。

• 链/环头机框号 Head Sub rack No：链/环头 BBU 模块机框编号。

• 链/环头单板号 Head Board No：链/环头接口板槽位编号。

• 链/环头端口号 Head Port No：链/环头 BBU 模块上连接 RRU 链/环的光端口号。

（4）增加上下行基带资源组

基带资源分为上行资源和下行资源，通过指定上行资源组 ID 给小区配置上行资源，通过指定下行资源组 ID 给小区配置下行资源。配置上下行基带资源组，可使基站上下行基带资源被合理分配。

配置下行资源组，属于该资源组内的本地小区只能建立在该资源组范围内的单板上。下行资源组包含的下行处理单元必须属于某一个上行资源组，否则会上报下行资源组不是上行资源组的子集告警。

由于单个上行最大能处理 6 个小区，在系统支持大于 6 小区时，需要对上行资源进行分组，分组原则如下：

1）每个上行资源组最大处理 6 个小区。

2）同一个上行资源组内的小区可以进行更软切换，同频的小区尽量分在一个上行资源组内。

3）在满足上述原则的前提下，资源组尽量少，如 3×2 配置没有必要分为两个资源组，分为一个资源组即可，资源组内包含 2 载波、6 小区。

3. 增加 Node B 传输层数据

在 Node B 组网应用中，Node B 的组网方式有采用 ATM 协议栈组网，也有采用 IP 协议栈组网，还有 IP 混合组网方式。因此，在进行 Node B 传输层数据配置时，相应的就有基于 ATM 的传输层数据配置和基于 IP 的传输层数据配置两种情况。下面将以基于 ATM 的 Node B 传输层数据配置为例。

小贴士

基于 ATM 传输时，Node B 和 RNC 之间的 Iub 接口协议结构如图 4-3-18 所示。从图中可以看出，Node B 传输层数据配置的主要任务是配置 Node B 和 RNC 之间的物理链路（IMA 链路、UNI 链路、ATM 链路）及其端口，并将物理链路的带宽分配给传输资源组以用于承载控制面、用户面和操作维护通道数据。

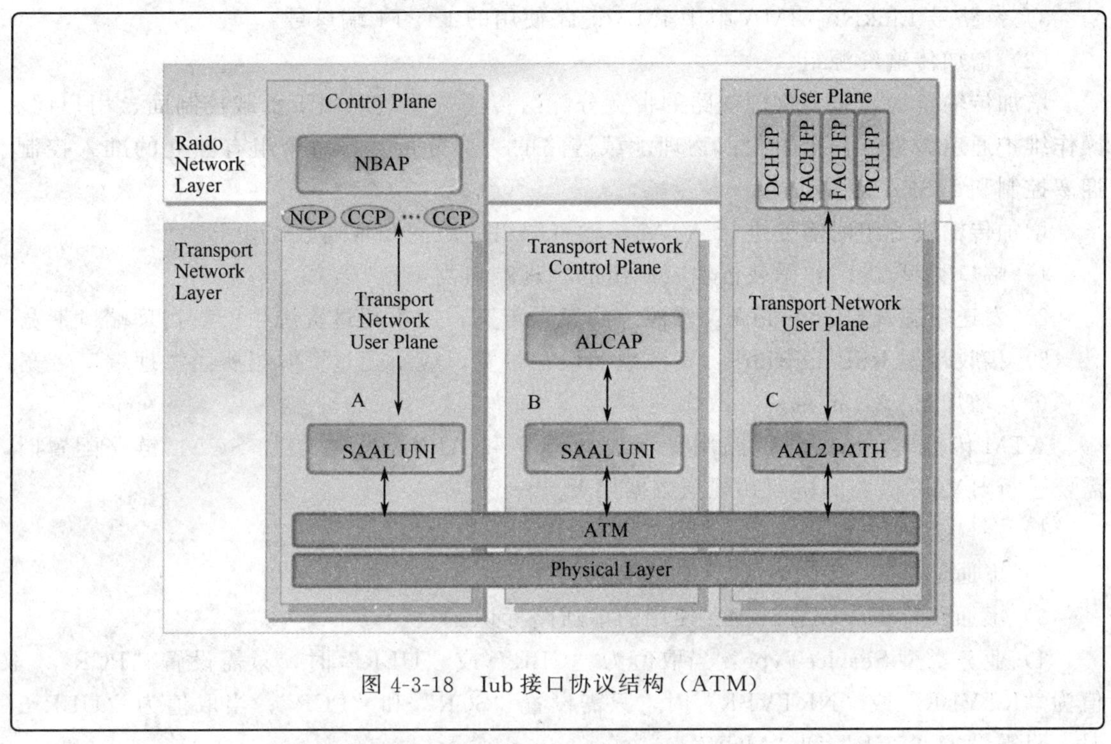

图 4-3-18　Iub 接口协议结构（ATM）

（1）增加 IMA 组和 IMA 链路

IMA 是 ATM 物理层 TC 子层的一种传输方式。IMA 技术可将多个低速链路复用起来，一起支持高速 ATM 信元流，可以实现宽带 ATM 传输。物理链路中的 IMA 组示意图如图 4-3-19 所示。

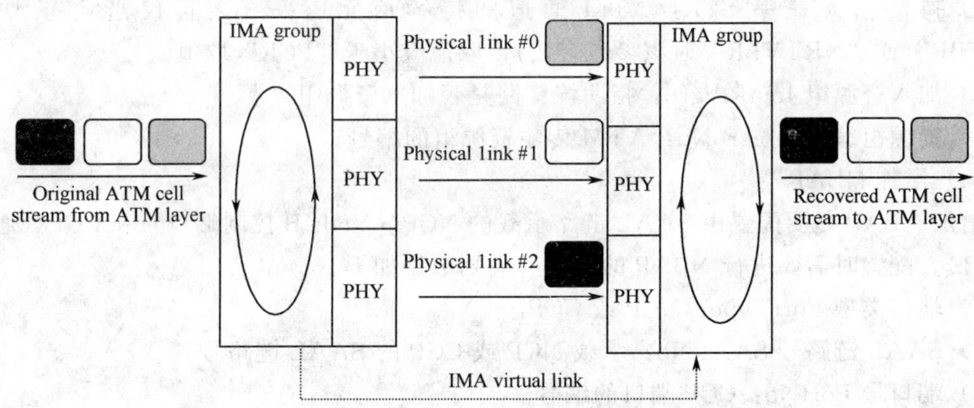

图 4-3-19　物理链路中的 IMA 组示意图

增加 IMA 组和 IMA 链路时需要进行 IMA 组和 IMA 链路的协商和规划数据如下。

1）子板类型 SubBdType：IMA 链路使用的 E1/T1 端口所在子板类型。

2）IMA 组号：IMAId。

3）链路号 LinkNo：IMA 组中 IMA 链路使用的 E1/T1 端口号。

（2）增加传输资源组

增加传输资源组是将物理链路的带宽分配给传输资源组以用于承载控制面、用户面和操作维护通道数据。每个组独占物理承载链路的一部分带宽，每个组有独立的准入控制、拥塞控制和 HSPA 流控功能。

增加传输资源组时需要进行 ATM 传输资源组的协商和规划数据如下。

1）端口类型 Type：承载传输资源组的物理端口类型。

2）发送带宽 TxBandwidth：资源组的发送带宽，应不超过资源组所属物理端口带宽。

3）接收带宽 RxBandwidth：资源组的接收带宽，应不超过资源组所属物理端口带宽。

（3）增加 SAAL 链路

ATM 传输时，SAAL 链路用于承载 NBAP 和 ALCAP。在增加 SAAL 链路配置时，需要进行 SAAL 链路的协商和规划数据如下。

1）端口类型 Type：承载 SAAL 链路的物理端口类型。

2）虚通道标识 VPI：SAAL 使用的虚通道标识。

3）虚通路标识 VCI：SAAL 使用的虚通路标识。

4）业务类型 ServiceType：当取值为“CBR”或“UBR”时，只需设置“PCR”；取值为“RTVBR”或“NRTVBR”时，只需设置“SCR”和“PCR”；当取值为“UBR＋”时，只需设置“PCR”和“MCR”。

5）峰值信元速率 PCR：ATM 通道的峰值信元速率。当业务类型为“RTVBR”、“NRTVBR”或“UBR＋”时，该参数取值应大于“SCR”或“MCR”取值。

6）最小信元速率 MCR：ATM 通道的最小信元速率（当且仅当业务类型为“UBR＋”时该参数有效），取值应小于“PCR”取值。

7）持续信元速率 SCR：ATM 通道的持续信元速率（当且仅当业务类型为“RTVBR”或“NRTVBR”时该参数有效），取值应小于“PCR”取值。

8）加入资源组 JoinRscgrp：指明该链路是否加入资源组。

9）资源组编号 RscgrpNo：ATM 传输资源组的编号。

（4）增加 NBAP

增加 NBAP 是要配置由 SAAL 链路承载的 NCP（Node B 控制端口）和 CCP（通信控制端口）。配置时需要进行 NBAP 的协商和规划数据如下。

1）端口类型 PortType：NCP 或 CCP。

2）SAAL 链路号 SAALNo：承载 NCP 或 CCP 的 SAAL 链路号。

3）端口号 PortNo：CCP 端口的编号。

4）主备标志 Flag：传输通道主备标志。

（5）增加 ALCAP

增加 ALCAP 是要配置 Node B 侧 AAL2 节点。ALCAP 用于控制 AAL2 PATH 中微通道的分配。配置时需要进行 ALCAP 的协商和规划数据如下。

1）结点类型 NodeType：配置邻结点前必须要先配置交换估点。

2）邻结点编号 ANI：标识一个邻结点。

3）网络业务接入点 NSAP：全称为 Net Service Access Point。ATM 传输方式时，该接入点表示 AAL2 PATH NodeB 端地址。

4）SAAL 链路号 SAALNo：承载 ALCAP 的 SAAL 链路号。

（6）增加 AAL2 PATH 数据

ATM 传输时，AAL2 PATH 是 RNC 和其他设备之间承载用户面数据的通道。增加 AAL2 PATH 数据配置时需要进行 AAL2 PATH 的协商和规划数据如下。

1）端口类型 Type：承载 AAL2 PATH 的物理端口类型。

2）PATH 类型 PathType：AAL2 PATH 的类型，表示用户期望该 PATH 承载的业务类型。

3）虚通道标识 VPI：AAL2 PATH 使用的虚通道标识。

4）虚通路标识 VCI：AAL2 PATH 使用的虚通路标识。

5）业务类型 ServiceType：CBR（固定比特率）、RTVBR（适用于 AAL2 PATH 承载的业务）、NRTVBR（适用于 AAL5 承载的业务）、UBR＋（未指定比特率，提供持续信元速率保证）、UBR（未指定比特率）。

6）峰值信元速率 PCR：ATM 通道的峰值信元速率。当业务类型为“RTVBR”、“NRTVBR”或“UBR＋”时，该参数取值应大于“SCR”取值。该参数为发送方向的带宽参数之一。

7）持续信元速率 SCR：ATM 通道的持续信元速率（当且仅当业务类型为“RTVBR”或“NRTVBR”时该参数有效），取值应小于“PCR”取值。该参数为发送方向的带宽参数之一。

8）接收信元速度 RCR：该参数必须和 RNC 配置的下行带宽一致。Node B 接收带宽使用该参数作为流控中的一个重要参数。配置是否正确，将影响流控效果。

9）加入资源组 JoinRscgrp：指明该 AAL2 Path 是否加入资源组。

10）资源组编号 RscgrpNo：ATM 传输资源组的编号。

（7）增加 Node B 远端维护通道

增加 Node B 远端维护通道即增加 OMCH 通道。配置时需要进行 OMCH 的协商和规划数据如下。

1）端口类型 Type：承载 OMCH 的物理端口类型。

2）虚通道标识 VPI：远端维护通道使用的虚通道标识。

3）虚通路标识 VCI：远端维护通道使用的虚通路标识。

4）OMCH 本端 IP 地址 Local IP：Node B 的远端维护 IP 地址。

5）OMCH 目的 IP 地址 Dest IP：Node B 远端维护对端 IP 地址，即 RNC 侧 ATM 接口板上配置的设备 IP 地址。

6）OMCH 目的子网掩码 Dest IP Mask：Node B 远端维护对端 IP 地址子网掩码。

小贴士

Node B 的直连和级联的含义是：在直连情况下，Node B 直接或者通过传输层设备连接到 RNC；在级联情况下，Node B 通过其他的 Node B 连接到 RNC。

Node B 提供两种操作维护模式：近端操作维护和远端操作维护。在直连情况下利用 IPOA 通道实现操作维护路由如图 4-3-20 所示。

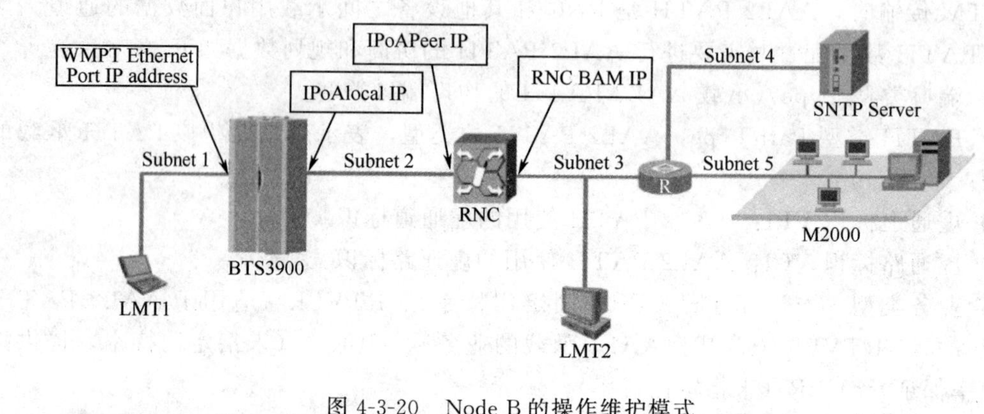

图 4-3-20　Node B 的操作维护模式

4. 增加 Node B 无线层数据

增加 Node B 无线层数据，即增加 Node B 站点、扇区和小区数据。

（1）增加站点

同一个主控模块控制的 Node B 模块统称为一个基站，它们可以分布在不同的地点，通过光纤和标准接口连接起来，每个地点的模块可以规划成一个站点。站点名称 Site Name，一般以站点所在地的地理名称命名。

（2）增加扇区和小区

需要确定扇区的接收天线数目，与基站设备层设置的解调模式，扇区的分集模式，小区的上下行频点、发射功率等参数。

配置时需要进行扇区的协商和规划数据如下：

1）接收天线数目 RxAntennaNum：扇区的接收天线数目，与基站设备层设置的解调模式参数“DemMode”关联。在为扇区配置天线通道前可自定义接收天线数目，“DemMode”设置为普通的两通道解调模式时，接收天线数目仅能配置为 1 或 2。

2）发分集模式 TxDiversityMode：扇区的分集模式，在为扇区配置天线通道前可配置，当接收天线数目配置为 1 时，扇区仅能工作在发射不分集模式。TX_DIVERSITY（发射分集）一个扇区下使用 2 路发射通道。NO_TX_DIVERSITY（发射不分集）一个扇区下使用 1 路发射通道。

配置时需要进行小区的协商和规划数据如下：

1）上行频点 UARFCNUpLink、下行频点 UARFCNDownLink：小区的上下行频点必须在同一个频段内。

2）上行资源组编号 ULResourceGroupId：一个上行资源组内的小区共享上行资源。一个上行资源组内最多 6 个小区，如果上行资源组中有小区为高速移动小区，则最多支持 3 个小区。

3）下行资源组编号 DLResourceGroupId：增加本地小区时要选择下行资源组，一个本地小区只会承载于该下行资源组的某一块单板上。

4）最大发射功率 MaxTxPower：本地或拉远小区最大发射功率是指在机顶口的最大输出功率，它必须在功率放大器支持范围内，否则小区不可用。

计划与实施建议

1. 上网或到图书馆查询有关 Node B 的技术资料。
2. 到运营商机房参观并向相关技术人员咨询 Node B 的结构、组网、安装、配置等信息。
3. 向设备提供商了解 DBS3900 基站的组成部分，并画出组成结构图。
4. 阅读对基站数据配置的流程和内容（参考相关技术文档）。
5. 练习 WRAN CME 工具的使用。
6. 若条件许可，对基站进行单站的安装与数据配置。

检查与评价点

1. 检查相关技术资料的准备情况。
2. 检查学生所画 DBS3900 基站组成结构图。
3. 检查学生是否学会使用 WRAN CME 工具。
4. 检查并评价学生对基站进行单站的安装与数据配置实验情况。

试一试

1. 一个完整的基站主要由________、________、________构成。
2. BBU 主要由________、________、________、________几部分组成。
3. RRU 主要由________、________、________、________几部分组成。
4. Node B 支持多种 Iub 接口方式，一般有________、________、________等几种组网方式。
5. Node B 通过标准的________接口与 RNC 互连，通过________接口与 UE 进行通信，主要完成________接口物理层协议和________接口协议的处理。
6. Node B 主要由________、________、________、________、________等部分组成。

任务 4.4　WCDMA 手机通话功能的实现

任务描述

WCDMA 是 3G 移动通信三大主流技术之一，其原理结构和技术特点具有典型的代表性。因三大主流技术都是基于统一的国际标准，因而其基本结构和工作原理相同或相似，而且 WCDMA 与 TD-SCDMA 的核心网部分是相同的，只是空中接口有所不同而已。故本任务从 WCDMA 的技术架构入手，让学生在学习并了解 WCDMA 的基本结构和原理的基础上，要求学生：能够图示讲解 WCDMA 网络中手机通话的呼叫基本流程；能够描述 WCDMA 的无线信道的帧格式及特点。

任务目标

本任务的基本目标是要求学生在完成任务后，能够进一步理解移动通信网络的组成结构，明确通信设备和手机之间的通信方式、通信各协议的配合；加深对信号流程的理解，引起对通信设备的信号流程和各种通信协议流程配合的思考。通过画流程图和讲解讨论的形式，增强学生对以 WCDMA 为代表的 3G 编码及特点、无线信道的帧格式、扰码和扩频码的类型、机理、手机通话的基本流程等知识的理解和掌握。

相关知识

内　　容	获取方式
1. WCDMA 的编码及特点。	• 上图书馆查阅资料 • 上网收集信息
2. WCDMA 无线信道的帧格式。	
3. WCDMA 的扰码和扩频码的类型、机理。	
4. 移动通信中呼叫通话的基本流程。	

4.4.1 WCDMA 基本原理

3G 移动通信的三大主流技术，即 WCDMA、CDMA 2000 和 TD-SCDMA 为广大移动用户提供丰富多彩且灵活方便的服务。它们虽各自有各自的特点，但在基本结构、工作原理和通话流程方面三种制式都差不多，懂得了一个制式的流程后，其他制式的流程便非常容易理解，故本任务只着重介绍 WCDMA 的手机通话流程。

1. WCDMA 通信模型

WCDMA 通信模型如图 4-4-1 所示。

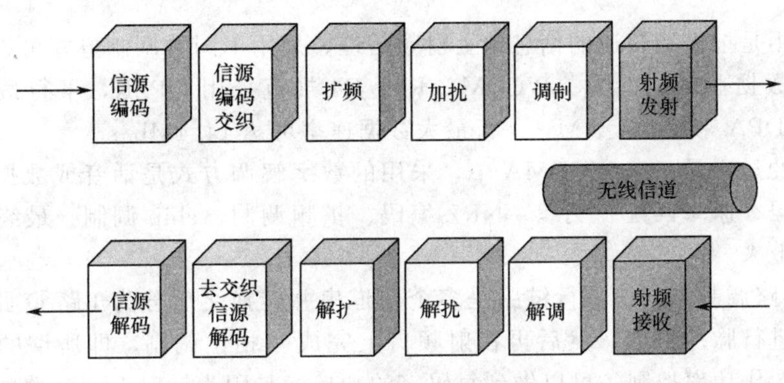

图 4-4-1　WCDMA 通信模型

由图 4-4-1 中模型可知，WCDMA 通信模型中的主要通信技术如下。

（1）信源编码

WCDMA 的信源编码采用 AMR（Adaptive Multi-Rate）语音编码，其特点如下。

1）多速率：8 种编码速率，从 4.75～12.2kb/s，与目前各种主流移动通信系统（如 GSM，IS-95，PDC 等）使用的编码兼容，利于设计多模终端。

2）根据用户离基站远近，自动调整语音速率，减少切换，减少掉话。

3）根据小区负荷，自动降低部分用户语音速率，可以节省部分功率，从而容纳更多用户。

AMR 话音编码是只针对话音的原编码过程，它是根据空中接口的无线质量动态改变编码方案。所遵循的原则是以较低的编码速率获得较好的话音质量，也就是通过添加更多的保护字段来提高话音质量。在较好的无线条件下，原编码速率提高，信道编码速率可以下降；同样在无线条件差的情况下，原编码速率提下降，信道编码速率增加，添加更多保护字段抵抗干扰。所以，AMR 的作用就是在不同的无线条件下获得较恒定的话音质量。但引入 AMR 会增加系统的复杂程度。

话音处理间隔仍然是 20ms，速率改变周期也可以是 20ms 一次。AMR 一共定义了 8 种编码方式，各厂家设备目前普遍支持的最大速率是 EFR 12.2kb/s，最小速率是 4.75kb/s。AMR 子流即是 8 种速率流。每种子流都是以 20ms 来截取话音块，所以对应 12.2kb/s 模式 20ms 内 244bit，10.2kb/s 对应 204bit，依此类推。每个子流对应比特分三个级别，为 Class A/B/C。规定了不同级别所对应的比特长度，其中 Class A 级别最高，要经过严格保护；Class B 次级；Class C 级别最低，几乎可以不作保护。

（2）信道编码

通过使用信道编码增加符号间的相关性，以便在受到干扰的情况下恢复信号。根据业务类型不同，WCDMA 系统分别使用不同的信道编码类型。

1）语音业务：卷积码（1/2、1/3），约束长度为 9，加 8 个尾比特。

2）数据业务：Turbo 码（1/3），两个 8 状态的并行级联卷积码（PCCC）构成，加 6 个尾比特。

（3）调制

调制的作用是把需要传递的信息送上射频信道。采用不同的调制方式可以极大地影响空中接口提供数据业务的能力。WCDMA R99/R4 规范采用 QPSK，下行最大数据速率 2.7Mb/s；HSDPA 采用 16QAM，下行最大数据速率可达 14.4Mb/s。

调制解调的过程是：在 WCDMA 中，采用的数字解调方式是话音或数据信号经过原编码、信道编码、速率匹配、交织、NRZ 编码、扩频调制、chip 调制、最终到空中接口上对应的相位上来。

1）下行链路调制方案。下行链路是多个信道串并转换之后分为 I 路 Q 路，I 路 Q 路分别求和，再进行脉冲整形，然后再在射频口上完成 4 相位调制，即所谓的 4 相调制方案。在下行方向作功率控制，可以做到每码字的功控，是因为针对 I 路 Q 路的每物理信道都有相应的功率增益 Gain。经过调整这样的增益，反映到下行方向是占用射频的功率大小不同。对于一个下行 384 数据业务，是数据加控制的处理过程，SF＝8，每 10ms 速率是 960kb/s。

2）上行链路调制方案。上行链路选择的是 I/Q 复用，其中 DPDCH 根据业务选择扩频因子，DPCCH 固定扩频因子，经过增益控制之后分别进行加扰，形成 I 路和 Q 路。从射频角度看，与下行处理是相同的。只不过 chip1 和 chip2 不再有关系，而在下行方向是同一路信息的奇偶位关系。在上行方向 chip1 和 chip2 分别来自二路信息，所以又称为并行的 BPSK。

脉冲整形的过程也就是尽量压缩旁瓣的能量，使 99％的能量集中在主瓣上。旁瓣能量的集中程度体现在滚降系数上，目前在 WCDMA 中统一选择的 $\alpha=0.22$。对应的带宽＝$(1+\alpha)\times$速率。故带宽＝$(1+0.22)\times3.84=4.75$MHz。

小贴士

经过信源编码的含有信息的数据称为“比特（bit）”。

经过信道编码和交织后的数据称为“符号（symbol）”。

经过最终扩频得到的数据称为“码片（chip）”。

WCDMA 码片速率为 3.84Mc/s。

2. WCDMA 克服衰落的主要措施

（1）分集技术

移动通信系统的衰落主要有空间选择性衰落、时间选择性衰落和频率选择性衰落。分集技术是克服快衰落的主要手段。

针对空间选择性衰落，可以采取空间分集（分集天线水平距离大于 10 倍波长）、极化分集（将两个接收天线极化方向正交）和发射分集（克服大尺度衰落，由于周围环境地段和地物的差别而导致的阴影区引起）。

WCDMA 的发射分集分为：开环发射分集和闭环发射分集。

1）开环发射分集：分为基于时空块编码的发射天线分集（STTD）、SCH 上的时间切换传输分集（TSTD）两种实现方法。

2）闭环发射分集：发射分集可以提高下行覆盖，使 WCDMA 基站覆盖与 GSM 900 相当，从而支持 WCDMA 与 GSM 共站址建设。

另外，针对时间选择性衰落，可以采取时间分集技术（如信道交织，通过打乱符号间的相关性，减小信道快衰落和干扰带来的影响）；针对频率选择性衰落，可以采取频率分集技术（跳频、扩频）等。

（2）Rake 接收机

Rake 接收机从空中接口上接收到的信号，通过宽带滤波器滤除旁瓣信号，截取 5MHz 带宽内的有用信号，然后解调，获得处理器增益，通过脉冲整形去除噪声。

解调过程包括中频转换、匹配滤波器寻找相关点加 Finger 合成、对每个 Finger 完成相应解扩过程、执行 Symbol 判决，再经过相应的逆过程如串并转换、基带信号处理等。Rake 接收机如图 4-4-2 所示。

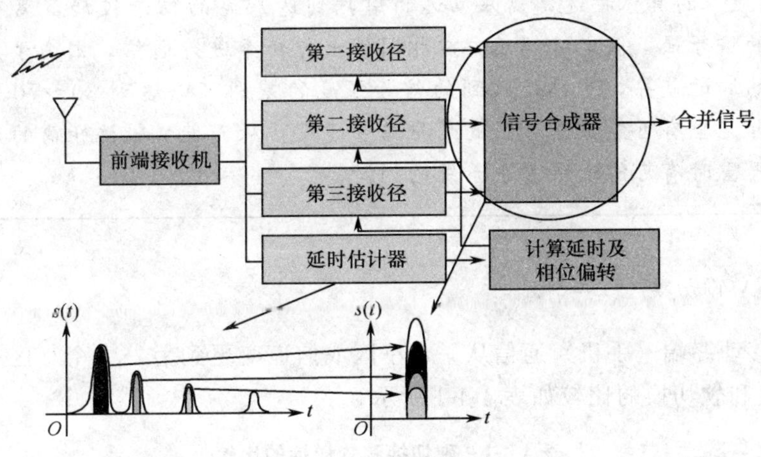

图 4-4-2 Rake 接收机

Rake 接收机从射频口接收到多路 4 相位信号，通过相位直接区分 I 路和 Q 路，如收到信号相位是 $\pi/4$，则对应的 I 路和 Q 路符号为 11。信号送往匹配滤波器完成相关点的寻找，找到多个相关点，多个相关点将作为多路 Finger 的时延均衡的参考，之后 I 路和 Q 路信号进行相位调整。信号侦听是结合 Pilot，通过已知的 Pilot 序列完成信道估计的过程。每个 Finger 时延的均衡值不同，经过均衡使每个 Finger 信号达到相同的参考点，再通过 I 路和 Q 路信号求和，采用合并算法，然后再送往基带信号处理。此时，I 路和 Q 路信号并未区分出物理信道，只有经过解扩解扰过程之后才能区分出有用信号，而之前是将所有信号包括干扰都接收下来。

（3）WCDMA 的快速功率控制

WCDMA 系统是干扰受限的系统，移动台的发射功率对小区内通话的其他用户而言就是干扰，所以要限制移动台的发射功率，使系统的总功率电平保持最小。

功率控制能保证每个用户所发射功率到达基站保持最小，既能符合最低的通信要求，同时又避免对其他用户信号产生不必要的干扰。

CDMA 技术构建的蜂窝移动通信系统，终端用户都采用相同的频谱进行上下行链路的数据传输，每一个频谱信道都不是完全正交而是近似正交的，因而用户与用户之间存在干扰。每一个用户都是本小区内及相邻小区内同时进行通信的用户的干扰源。WCDMA 基站覆盖的小区存在“远近效应”，这与通信用户进行通信时的信道功率有关。因此，有必要采取措施对用户终端的信号功率进行控制。另外，为了使基站发射的功率在到达每个用户终端时有个合理的值，也有必要优化基站的发射功率，换言之，基站也要加入到功率控制的框架中来。

WCDMA 的功率控制速度可以达到 1500 次/秒，功率控制速度大于衰落速度，从而可以有效地克服阴影衰落和快衰落、降低网络干扰，同时还可以提高系统质量和容量、省电，并有利于延长手机的通话时间等。

小贴士

“远近效应”的具体描述是离基站远的用户到达基站的信号较弱，离基站近的用户到达基站的信号强，假定终端用户以相同的上行功率进行通信，则由于信号在信道中传输距离的远近差异，基站处收到的信号强度的差别可以达到 30～70dB，信号弱的用户的信号完全有可能被信号强的用户信号湮没，从而造成较远距离的用户完不成通信过程，严重时有可能造成整个系统的崩溃。

3. WCDMA 的切换

切换是指移动终端（手机）通信从一个小区或信道变更到另外一个小区或信道。WCDMA 的硬切换和软切换的比较如表 4-4-1 所示。

表 4-4-1　硬切换和软切换的比较

硬切换的特点	软切换特点
1. 先中断源小区的链路，后建立目标小区的链路 2. 通话会产生“缝隙” 3. 非 CDMA 系统都只能进行硬切换	1. CDMA 系统所特有，只能发生在同频小区间 2. 先建立目标小区链路，后中断源小区链路，可以避免通话“缝隙” 3. 软切换会比硬切换占用更多的系统资源 4. 当进行软切换的两个小区属于同一个 Node B 时，上行的合并可以进行最大比合并，此时为“更软切换”

WCDMA 的软切换的过程如下：

1）UE 根据 RNC 的测量控制信息，对同频的邻近小区进行测量，并将测量结果上报给 RNC。

2）RNC 对上报的测量结果和设定的门限值进行比较，确定哪些小区应该增加，哪些小区应该删除。

3）如果有小区增加，先通知 Node B 准备好。

4）RNC 通过活动集更新来通知 UE 增加或删除小区。

5）在UE成功地进行了活动集更新后，如果删除了小区，则RNC还要通知Node B释放相应的无线资源。

4.4.2 WCDMA的无线信道

1. WCDMA的无线信道结构

WCDMA的UE和UTRAN之间的空中接口Uu协议层分为三层，最底层是物理层L1，位于物理层之上的是数据链路层L2和网络层L3。在WCDMA FDD中，数据链路层L2在控制平面上，又被划分两个子层——媒体接入控制（MAC）层和无线链路控制（RLC）层。

在WCDMA规范中定义了三种信道，分别是逻辑信道、传输信道和物理信道。WCDMA无线接入系统分配给用户的带宽及其控制功能是由无线信道提供承载及交换协议信令来实现的。

无线信道分为三层：

1）RLC和MAC之间的SAP提供逻辑信道。

2）MAC和PHY之间的SAP提供传输信道。

3）传输信道下面的物理层中的信道是物理信道。

传输信道和逻辑信道都是UE—Node B—RNC之间的信道；物理信道是UE—Node B之间的信道。UE和网络有不同的任务要执行，所以，逻辑、传输和物理信道在结构和方向上有一些不同。WCDMA FDD和TDD的主要区别在物理层上。下面主要介绍WCDMA FDD的无线信道。WCDMA信道类型和位置如图4-4-3所示。

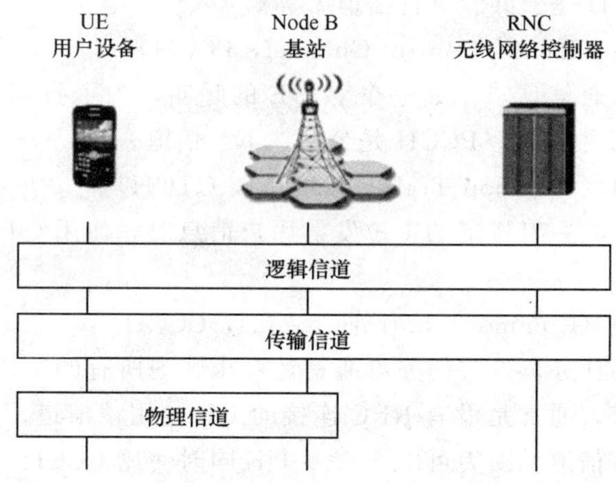

图4-4-3　WCDMA信道类型和位置

多个逻辑信道可能映射到同一个传输信道上，多个传输信道可能映射到同一个物理信道上。所以在功能协议层中会有每一层的复用和解复用的功能。这种映射关系在规范中是动态的，也是协议层的重点内容。为便于概念的理解，这里只给出固定的映射关系。

根据用途不同，WCDMA 在 Uu 接口分配了不同带宽的物理信道，在 UE 和 Node B 之间形成了确实存在的物理信道。在 GSM 中，物理信道和它的结构由 BSC 来识别，而在 WCDMA 中，物理信道在 Uu 接口处，RNC 根本不必知道它们的接口。WCDMA 的 RNC 只能看到传输信道，而看不到物理信道。传输信道在 Uu 接口装载不同的信息流，由 Node B 把这些信息流匹配给物理信道。逻辑信道不是真实的信道，它们可以理解为在不同时刻，网络和移动终端应该执行的不同的任务。逻辑信道将这些不完全适时结构匹配到传输信道，从而在 UE 和 UTRAN 之间进行实际的信息传输。

小贴士

传输是有方向的，信道分为单向和双向，上行和下行，上行信道是 UE 向 Node B 方向传输的信道，下行信道是 Node B 向 UE 方向传输的信道；信道还分公共和专用信道，公共信道是指多个 UE 可以同时使用的信道，专用信道是指 UTRAN 已在它本身和某些 UE 之间分配的信道。

2. WCDMA 的逻辑信道

逻辑信道在物理上是不存在的，它描述发送信息的类型，即发送信息的任务。逻辑信道共有 6 种类型，有两种是专用的，其他都是公共的；下行信道 6 种都有，上行信道只有三种。UE 和网络要完成不同的任务，对应的逻辑信道如下。

（1）广播控制信道（Broadcast Control Channel，BCCH）

BCCH 用来让网络通知 UE 有关无线环境的信息，包括小区和相邻小区中的编码值、允许功率电平等。BCCH 是公共、下行信道。

（2）寻呼控制信道（Paging Control Channel，PCCH）

当网络向 UE 提出通信请求，如一个对 UE 的呼叫，为了找到 UE 的确切地址需寻呼。网络请求在 PCCH 中传送。PCCH 是公共、下行信道。

（3）公共数据信道（Common Traffic Channel，CTCH）

当向小区所有 UE 或一组特定的 UE 发射用户信息时，使用 CTCH。CTCH 是公共、下行信道。

（4）公共控制信道（Common Control Channel，CCCH）

网络要执行一定的任务，这些任务可能是针对小区中所有的 UE，CCCH 为网络执行这些任务提供控制信道，通常是没有 RRC 连接的 UE 使用该信道；或当小区重选后接入一个新的小区时使用该信道。因为可以有很多 UE 同时使用 CCCH，所以，UE 必须使用 UTRAN 无线网络临时识别器（UTRAN Radio Network Temporary Identity，U-RNTI）进行身份识别。CCCH 是公共、双向信道。

（5）专用控制信道（Dedicated Control Channel，DCCH）

当需要进行专门的处于激活状态的无线连接的时候，网络通过 DCCH 发送控制信息，该信道通过 RRC 连接建立过程来建立。DCCH 是专用、双向信道。

(6) 专用业务信道 (Dedicated Traffic Channel, DTCH)

DTCH 是 UE 专用的传输用户业务（数据）的双向信道。

3. WCDMA 的传输信道

传输信道描述逻辑信道是如何传输的。传输信道是物理层提供给上层的 SAP，上层需要物理层服务，只能通过传输信道接入。同样，上层生成的数据通过传输信道映射到不同物理信道进行传输。传输信道共有 7 种类型，只有一种是专用的，其他都是公共的；下行信道有 5 种，上行信道只有三种。传输信道如下。

(1) 广播信道 (Broadcast Channel, BCH)

BCH 用来装载 BCCH 的内容，传送网络或某一给定小区的特定信息，每个网络所需的最典型数据有小区内可用的随机接入码和接入时隙、该小区中其他信道使用的发送分集方式、临近小区间信息等。

BCH 需要用相对较高的功率进行发送，以使覆盖范围内的所有用户都能接收到该信息。BCH 数据速率较低而且固定，并且使用一个单独的传输格式。BCH 是公共、下行信道。

(2) 寻呼信道 (Paging Channel, PCH)

PCH 传送与寻呼过程相关的数据，用于网络与 UE 初始化时。例如，向 UE 发起话音呼叫时，网络使用终端所在小区的 PCH 向 UE 发送寻呼消息，找到 UE 的位置。PCH 是公共、下行信道。PCH 装载逻辑信道 PCCH 的内容。

(3) 前向接入信道 (Forward Access Channel, FACH)

FACH 是 RNC 接收到随机接入消息后用来向 DE 传送控制信息的信道；此外，也可用于传送下行分组数据。一个小区可以有多个 FACH，而且可以有较高的速率，但其中必须有一个具有较低的速率，以使该小区范围内的所有终端都能接收到。

FACH 可以使用慢速功率控制。FACH 是公共下行信道。FACH 可装载下行逻辑信道的公共数据信道（CTCH）、公共控制信道（CCCH）、专用控制信道（DCCH）和专用数据信道（DTCH）的内容。

(4) 专用信道 (Dedicated Channel, DCH)

DCH 用于传送网络和特定 UE 之间的控制和数据信息，支持快速功率控制以及按帧配置的变速率信息传输；支持天线分集和软切换技术。DCH 是专用、双向信道。

DCH 装载专用逻辑信道 DCCH 和 DTCH 的控制和业务（数据）信息。一个 DCH 可以装载多个 DTCH，例如，一个用户可以同时有一个的语音呼叫和视频呼叫。语音呼叫占用一个逻辑信道 DTCH，视频呼叫则占用另一个逻辑信道 DTCH，但是这两者均使用 DCH。从系统容量的角度来考虑，应尽量使用公共信道，因为专用信道要占用无线资源。

(5) 下行共享信道 (Downlink Shared Channel, DSCH)

DSCH 是一个多用户共享的传输信道，用来分组传送专用用户数据和控制信息。DSCH 在很多方面与前向接入信道 FACH 相似，但 DSCH 支持使用快速功率控制和逐帧可变比特速率。

DSCH 不要求能在整个小区范围接收到，可以采用与之相关的下行 DCH 所使用的发送天线分集技术，并且总是与一个下行 DCH 相关联。DSCH 是公共下行信道。DSCH 装载逻辑信道专用控制信道（DCCH）和专用业务信道（DTCH）的内容。

（6）随机接入信道（Random Access Channel，RACH）

RACH 用来传送来自 UE 的控制信息，如请求建立连接等，它同样可以用来传送 UE 到网络的少量分组数据。正常系统操作要求随机接入信道能在整个小区覆盖范围内接收到。

RACH 是公共、上行信道。RACH 装载上行逻辑信道公共控制信道（CCCH）、专用业务信道（DTCH）和专用控制信道（DCCH）的内容。

（7）公共分组信道（Common Packet Channel，CPCH）

CPCH 是 RACH 的延伸，CPCH 用来在上行方向传送基于分组的用户数据。在下行方向上与之成对出现的信道是 FACH。

CPCH 与 RACH 物理层上的主要区别在于，CPCH 使用快速功率控制、基于物理层的冲突检测机制和 CPCH 状态检测过程，且上行 CPCH 传输可能会持续几个帧；而 RACH 只占用一个或者两个帧。

CPCH 是专用上行信道。CPCH 装载逻辑信道专用业务信道（DTCH）和专用控制信道（DCCH）的内容。

小贴士

用于基本网络运营必需的公共传输信道有 RACH、FACH 和 PCH，而 DSCH 和 CPCH 是可选的，使用情况由网络决定。逻辑信道和传输信道之间的映射关系如图 4-4-4所示。

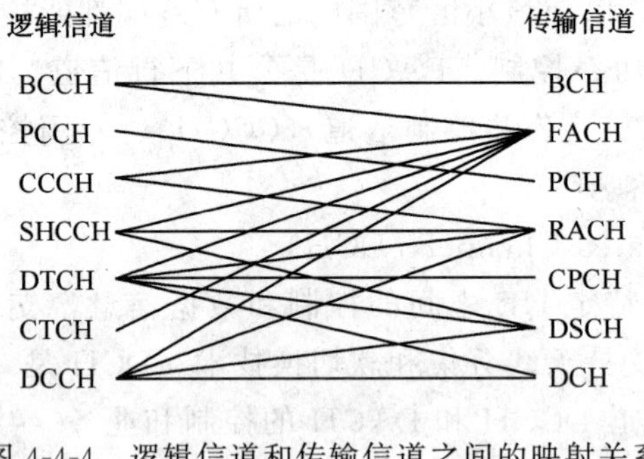

图 4-4-4　逻辑信道和传输信道之间的映射关系

4. WCDMA 的物理信道

物理信道可以按照上行和下行、公共和专用来分类。WCDMA 的物理信道有 16 种类型，专用信道两种，其余都是公共信道，WCDMA 的主要物理信道如图 4-4-5 所示。主要物理信道的功能及其每个小区的配置要求简要介绍如下。

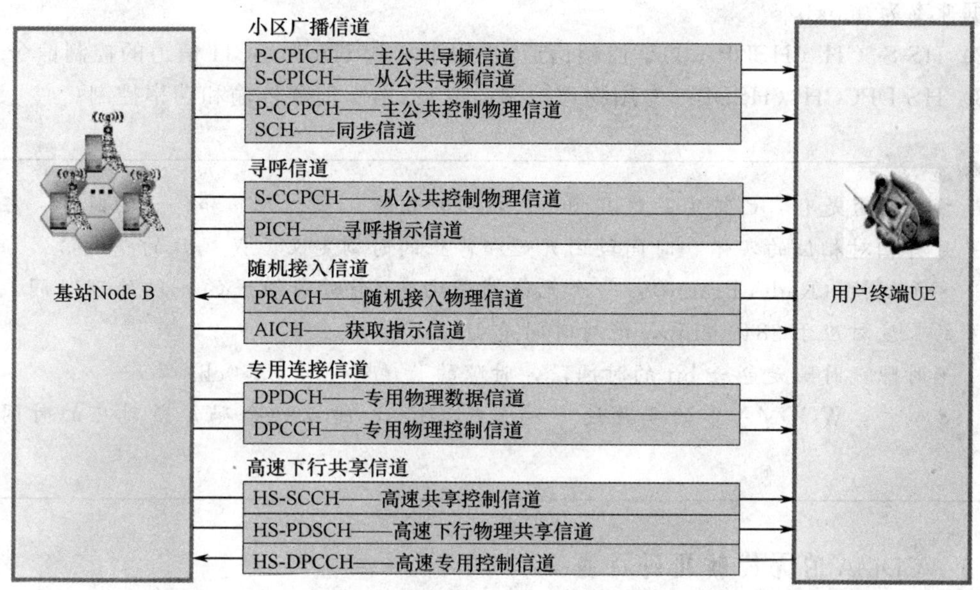

图 4-4-5 WCDMA 的物理信道类型

（1）公共物理信道及功能

1）SCH（同步信道）：用于小区搜索，分为主同步信道 P-SCH 和从同步信道 S-SCH。

2）CPICH（公共导频信道）：用于扰码识别，分为主公共导频信道（P CPICH）和从公共导频信道（S-CPICH）。P-CPICH 是其他下行物理信道的功率基准；从公共导频信道（S-CPICH）主要用于智能天线。

3）P-CCPCH（主公共控制物理信道）：用于承载系统消息。

注意：*以上信道每个小区必须配置且仅能配置一条。*

4）S-CCPCH（从公共控制物理信道）：用于承载下行信令。

5）PICH（寻呼指示信道）：用于承载寻呼指示，与 S-CCPCH 成对配置。

6）PRACH（物理随机接入信道）：用于承载上行信令。接入时隙的间隔为 5120chip。

7）AICH（捕获指示信道）：用于承载对 PRACH 前缀的捕获指示，与 PRACH 成对配置。

注意：*以上信道每个小区必须至少配置一条。*

（2）专用物理信道及功能

1）DPDCH（专用物理数据信道）：用于承载用户的业务数据，单码道最大数据速率为 384kb/s。

2）DPCCH（专用物理控制信道）：用于承载控制信息，为 DPDCH 提供解调、功控等控制数据。上行 DPDCH 和 DPCCH 在不同码道上传送；下行 DPDCH 和 DPCCH 在同一码道上以时间复用的方式传送。

（3）HSDPA 物理信道及功能

1）HS-PDSCH（HSDPA 物理下行共享信道）：用于承载用户的业务数据，单码道最大数据速率为 960kb/s。

2）HS-SCCH（HSDPA 共享控制信道）：用于承载 HS-PDSCH 信道的控制信令。

3）HS-DPCCH（HSDPA 专用物理控制信道）：用于信令传输和功率控制。

小贴士

物理信道是有自己特定的载波频率、扰码、信道化码、开始和停止的时间、在上行并且有相对相位的实体。时间段由开始和停止的时刻定义，是码片的整数倍。

• 无线帧（Radio Frame）：一个无线帧是由 15 个时隙组成的一段处理时间，无线帧的长度对应于 38400chip，绝对时间是 10ms。

• 时隙：时隙是包含 bit 的时间段，时隙的长度对应于 2560chip。

• 码片：WCDMA 中的码片速率是 3.84Mb/s，所以一个码片所对应的时间是 260ns。

4.4.3 WCDMA 的无线帧和码资源

1. WCDMA 物理信道的帧结构

在通信过程中，当高层的数据传输到物理层后，就映射到物理层的无线帧中。WCDMA 网络系统的物理信道按时间分为三层结构：超帧、无线帧和时隙。WCDMA 的物理信道帧结构如图 4-4-6 所示。WCDMA 多数物理信道由无线帧和时隙组成，无线帧（下面简称帧）是物理信道的基本单元，对应 38400chip（3.84Mc/s），一个无线帧包括 15 个等长的时隙，每个时隙对应 2560chip（2.56kc/s）。每个无线帧的时长为 10ms，72 个无线帧组成一个超帧，则一个超帧的时长为 720ms。

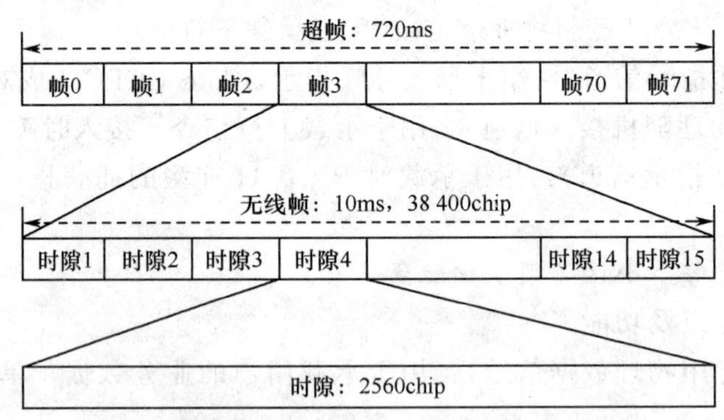

图 4-4-6 WCDMA 的物理信道帧结构

这里要说明的是 WCDMA 物理信道的无线帧长都是 10ms，但也有一些不承载传输信道的指示信道的无线帧长是 20ms，比如 AICH 和 CPCH 的指示信道 AP-AICH、CD/CA-ICH 和 CSICH。由于篇幅原因，本书只简单介绍几种物理信道的帧结构。

（1）上行专用物理信道

上行专用物理信道又包括上行专用数据信道（Dedicated Physical Data Channel，DPDCH）和上行专用控制信道（Dedicated Physical Control Channel，DPCCH）。

上行专用物理信道是上行基本业务承载信道，用于移动台在通信过程中传送语音、数据和控制信息。上行专用数据信道（UL-DPDCH）用于承载第二层及更高层产生的专用数据。上行专用物理控制信道（UL-DPCCH）用于承载物理层产生的控制信息，这些信息包括用于相干解调时支持信道估计用的、收发两端都已知的导频比特（Pilot）、功率控制命令（TPC）、反馈指示信息（FBI）和一个可以选择发送的TFCI。TFCI是否发送由UTRAN决定，但是WCDMA系统规定所有的移动台必须要能支持上行链路中TFCI的使用，其中传输格式组合指示告知接收端当前传输信道映射到上行专用数据上的组合格式。

图4-4-7所示为上行专用物理信道的帧结构，每帧长度10ms，分成15个时隙，每个时隙2560个码片，对应一个功率控制区间，72个连续的帧构成一个720ms的超帧。

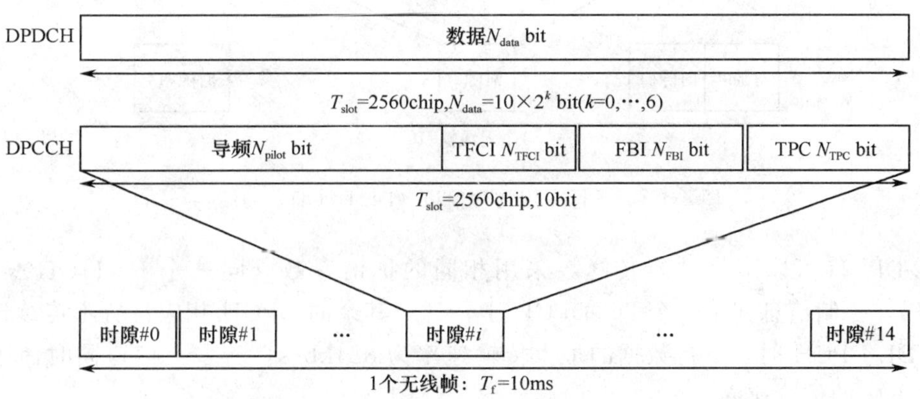

图4-4-7　上行专用物理信道的帧结构

图中的参数k决定了上行链路DPDCH的一个时隙的比特数，它与扩频因子（SF）的关系是SF=256/2k。在每个物理层连接中可有0、1或多个专用的物理数据信道存在，它的扩频因子的取值范围为4～256。上行专用物理信道允许进行多码操作。

1）FBI（Feedback Information，反馈信息）。用于提供在用户设备和无线接入网的接入点之间的反馈信息，通知UTRAN当前UE的工作模式，包括闭环模式的发射分集和基站选择分集（SSDT）。

2）TFCI（Transport Format Combination Indicator，传输格式指示）。用于指示当前帧中DPDCH信道的信息格式，包括业务复接方式、信道编码方式、传输时间间隔、在指定传输时间间隔中传输的比特数等多种参数。

3）Pilot bits（导频比特）。是一组规定好的比特码字（帧同步字）。用于帧同步的确定和保持，信号的相干解调。发送一个收发两端约定好的比特序列，用于接收端进行多径搜索和信道估计。

4）TPC（Transmit Power Control，传输功率控制）。为功率控制命令，用于传送对下行链路的功率控制信息，有1bit和2bit两种模式，每秒可达1500次功率控制。

（2）下行专用物理信道

下行专用物理信道（Dedicated Downlink Physical Channel，DL-DPCH）属于下行基本业务承载信道，用于基站在通信过程中传送语音、数据和控制信息。

DPCH信道由两部分组成：DPDCH和DPCCH，如图4-4-8所示。DPDCH用于传送语音和数据；DPCCH用于传送控制信息。DPDCH和DPCCH混合在同一个无线帧中，时分复用传送（即DPDCH和DPCCH具有相同的信道化编码）。

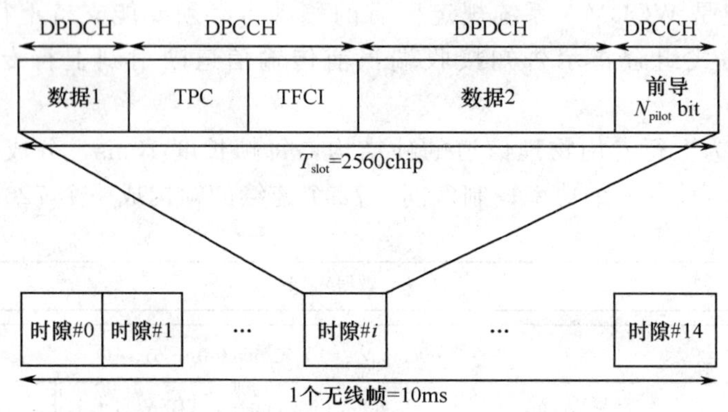

图4-4-8　下行专用物理信道（DL-DPCH）的结构

DL-DPCH可以多个并行传送，采用相同的扩谱系数（同一个CCTrCH），不同的OVSF码，控制信息在第一个DL-DPCH上传送，其余的DPCH相应位置不连续传送。使用单个DL-DPCH时，下行数据的最大传输速率为384kb/s，若多个信道同时使用，则可达到2Mb/s的传输速率。

（3）状态指示信道

状态指示信道（CPCH Status Indicator Channel，CSICH）属于下行公共指示信道，用于给UE指示CPCH信道的状态，包括数量、扩频系数SF等。在CPCH上传送CPCH信道的状态信息。

CPCH需与UL-PCPCH、DL-AP-AICH配合使用，采用相同的信道化码序列和扰码序列。图4-4-9所示给出了CSICH的帧结构。CSICH包含15个连续的接入时隙，每个时隙长40bit。

CSICH支持STTD编码，CPCH状态指示符模式（CSICH模式）定义CSICH承载信息的结构。在UTRAN侧，CPCH状态指示符模式的值由上层设定。依据信道分配算法（CA）的采用与否，存在两种CSICH模式。CSICH模式决定帧的状态指示符的数目和内容。物理层按照相应的CSICH模式传输CSICH信息。

2. WCDMA下行物理信道的扰码

扩频和加扰是CDMA系统所特有的技术，使用扰码的目的是区分不同信源的信息。

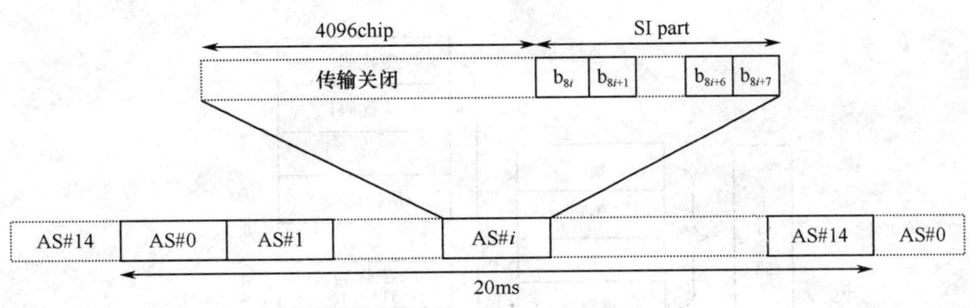

图 4-4-9 CSICH 的帧结构

在 WCDMA 中，扰码使用的是 Gold 码，扰码分为长扰码和短扰码（短扰码目前还未应用）。用扰码区分用户，每个用户在规划时就从 Gold 码序列中截取不同的码，就像给不同的小区起不同的名字。用扰码区分小区，在系统中不同的小区有不同的扰码。这样通过加扰就可以达到区分来自不同信源的信息的目的。

上行链路（上行物理信道）用于区分不同移动用户，所采用的扰码序列可分为短扰码和长扰码。由 25 阶生成多项式产生的长扰码截短为 10ms 的帧长度，包含 38 400 个码片，速率为 3.84Mc/s；短扰码的长度为 256 个码片。上行链路中的扰码个数有几百万个，所以在上行链路方向上不必规划码资源。移动台上行链路的扰码是在建立连接时，由 RNC 负责分配，所以对于 RNC 而言，每个 RNC 都有一定的扰码范围。

下行链路（下行物理信道），扰码的功能是用于区分不同的小区（扇区载频），扰码序列也是采用和上行链路一样的 Gold 序列作为长码，共有 $2^{18}-1=262\,143$ 个。扰码分主扰码和从扰码，目前系统主要采用主扰码，只使用 0、1、…、8191 号扰码中的主扰码。在下行链路，扰码每 10ms 重复一次，长度是 38 400chip，为了缩短移动台搜索小区的时间，下行链路的主扰码限制为 512 个，分成 64 组。每个小区仅分配一个主扰码，一般所讲的扰码规划就是指下行扰码的规划。通常下行链路的扰码规划是由网络规划软件来完成的。

WCDMA 下行物理信道共有 8192 个扰码，共 512 扰码组，分为 64 主扰码组，每主扰码组分为 8 个扰码组，每扰码组 16 个扰码码字，由一个主扰码码字和 15 个辅扰码码字组成。辅扰码码字共有 16 个，特定的 15 个组合代表一个辅扰码组，共有 64 个辅扰码组。主扰码码字有 8 个，总共有 512 组扰码。注意，每个小区或扇区只有一个主扰码。WCDMA 下行物理信道所用的扰码如图 4-4-10 所示。

小贴士

在 WCDMA 系统中，它主要采用码分多址的接入方式，并且由于是异步系统，所以 WCDMA 网络频率规划不同于 GSM 网络的频率规划和 IS-95 CDMA 网络的 PN 偏置规划。在 WCDMA 网络中，区分不同的用户和基站主要是靠不同的扰码，所以对扰码规划非常重要。

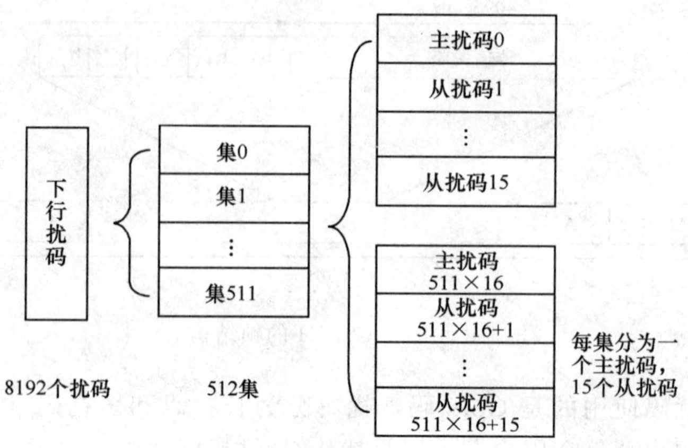

图 4-4-10　WCDMA 下行物理信道所用的扰码

3. WCDMA 的扩频码

正交可变扩频因子（Orthogonal Variable Spreading Factor，OVSF）是 WCDMA 系统的扩频码，也称为信道化码。

在下行信道，OVSF 扩频码用于区分用户；在上行信道，OVSF 扩频码用于区分同一个用户的不同业务。OVSF 扩频码（简称 SF）的具体配置情况如表 4-4-2 所示。

表 4-4-2　OVSF 扩频码的具体配置情况

典型业务	数据速率	下行 SF	上行 SF
AMR	12.2+3.4	128	64
Modem28.8k	28.8+3.4	64	32
12.2k AMR&64k packet data	12.2+64+3.4	32	16
12.2k AMR&144k packet data	12.2+144+3.4	16	8
12.2k AMR&384k packet data	12.2+384+3.4	8	4

OVSF 扩频码是由 Walsh 函数（矩阵）生成，WCDMA 系统要求 OVSF 码必须具有互相关性为零、相互完全正交的特性。

Walsh 函数是一种非正弦波的完备正交函数系统，可用哈达玛矩阵 H 通过递推关系构成。由于它仅有可能的取值是＋1 和－1（或 0 和 1），比较适合于用来表达和处理数字信号。Walsh 函数具有理想的互相关特性。在 Walsh 函数中，两两之间的互相关函数为“0”，亦即它们之间是正交的。由 Walsh 函数生成 OVSF 扩频码的过程如图 4-4-11 所示。

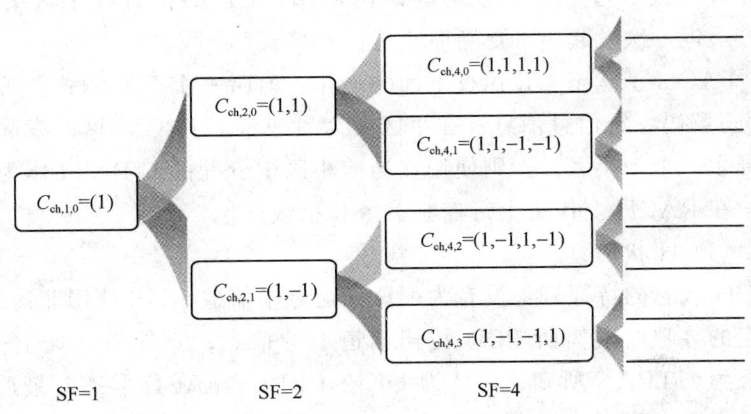

图 4-4-11　由 Walsh 函数生成 OVSF 扩频码

4.4.4 WCDMA 的基本信令流程

1. UE 的状态

移动终端 UE 有两种基本的运行模式：空闲模式和连接模式。

上电开始，UE 就停留在空闲模式下，通过非接入层标识如 IMSI、TMSI 或 P_TMSI 等标志来区分。UTRAN 不保存空闲模式 UE 的信息，仅能够寻呼一个小区中的所有 UE 或同一个寻呼时刻的所有 UE。

当 UE 完成 RRC 连接建立时，UE 才从空闲模式转移到连接模式：CELL_FACH 或 CELL_DCH 状态。UE 的连接模式，也叫 UE 的 RRC 状态，反映了 UE 连接的级别以及 UE 可以使用哪一种传输信道。当 RRC 连接释放时，UE 从连接模式转移到空闲模式。

UE 在连接模式下一共有 4 种状态：CELL_DCH 状态、CELL_FACH 状态、CELL_PCH 状态和 URA_PCH 状态。

(1) CELL_DCH 状态

CELL_DCH 状态的特征有：在上行和下行给 UE 分配了一个专用物理信道；根据 UE 当前的活动集可以知道 UE 所在的小区；UE 可以使用专用传输信道，下行/上行共享传输信道或这些传输信道的组合。

UE 进入 CELL_DCH 状态有两种方法：UE 在空闲模式下，RRC 连接建立在专用行道上，因此会从空闲模式进入 CELL_DCH 状态；UE 处于 CELL_FACH 状态下，使用公共传输信道，通过信道切换后使用专用传输信道，UE 从 CELL_FACH 状态进入到 CELL_DCH 状态。

(2) CELL_FACH 状态

CELL_FACH 状态的特征有：没有给 UE 分配专用传输信道；UE 连续监听一个下行 FACH 信道；为 UE 分配了一个默认的上行公共信道或上行共享传输信道，例如

RACH，使之能够在接入过程中的任何时间内使用；UE 的位置在小区级为 DTRAN 所知，具体为 UE 最近一次发起小区更新时报告的小区。

在 CELL _ FACH 子状态 UE 执行下面的动作：监听一个 FACH；监听当前服务小区的 BCH 传输信道解码系统信息消息；在小区变为另一个 UTRA 小区时发起一个小区更新过程；除非选择了一个新小区，否则使用在当前小区中分配的 C-RNTI 作为公共传输信道上的 UE 标识；在 RACH 上传送上行控制信令和小数据包。

（3）CELL _ PCH 状态

CELL _ PCH 状态的特征有：没有为 UE 分配专用信道；UE 使用非连续接收 DRX 技术，在某个特定的寻呼时刻监听 PCH 传输信道上的信息；不能有任何上行的活动；UE 的位置在小区级为 UTRAN 所知，具体为 UE 在 CELL _ FACH 状态时最近一次发起小区更新时所报告的小区。

在 CELL _ PCH 状态 UE 进行以下活动：根据 DRX 周期监听寻呼时刻，并接收 PCH 上的寻呼消息；监听当前服务小区的 BCR 传输信道以解码系统信息；当小区改变时发起小区更新过程。在该状态下不能使用 DCCH 逻辑信道。如果网络试图发起任何活动，它需要在 UE 所在小区的 PCCH 逻辑信道上发送一个寻呼请求。UE 转换到 CELL _ FACH 状态的方式有两个：一是通过 UTRAN 寻呼；二是通过任何上行接入。

（4）URA _ PCH 状态

URA _ PCH 状态的特征有：没有为 UE 分配专用信道；UE 使用 DRX 技术在某个特定的寻呼时刻监听 PCH 传输信道上的信息；不能有任何上行的活动；UE 的位置在 URA 级为 UTRAN 所知，具体为 UE 在 CELL _ FACH 状态时最近一次发起 URA 更新时所报告的 URA。

在 URA _ PCH 状态 UE 进行以下活动：根据 DRX 周期监听寻呼时刻并接收 PCH 上的寻呼消息；监听当前服务小区的 BCH 传输信道以解码系统信息；当 URA 改变时发起 URA 更新过程。在该状态下不能使用 DCCH 逻辑信道。如果网络试图发起任何活动，它需要在 UE 所在 URA 的 PCCH 逻辑信道上发送寻呼请求。在 URA _ PCH 状态，没有资源分配给数据传输用，因此，如果 UE 有数据要传送，需要首先转换到 CELL _ FACH 状态。

2. 寻呼流程

与固定通信不同，移动通信中的通信终端的位置不是固定的。为了建立一次呼叫，核心网（CN）通过 Iu 接口向 UTRAN 发送寻呼消息，UTRAN 则将 CN 寻呼消息通过 Uu 接口上的寻呼过程发送给 UE，使得被寻呼的 UE 发起与 CN 的信令连接建立过程。

因此，针对 UE 所处的模式和状态，寻呼可以分为以下两种类型：

1）寻呼空闲模式或 PCH 状态下的 UE，这一类型的寻呼过程使用 PCCH 寻呼控制信道。

2）寻呼 CELL _ DCH 或 CELL _ FACH 状态下的 UE，这一类型的寻呼过程，UT-RAN 通过在 DCCH 专用控制信道上发送一条 PAGING TYPE 2 消息来发起专用寻呼过程。这种寻呼也叫做专用寻呼过程。

小贴士

当UTRAN收到某个CN域、CS域或PS域的寻呼消息时，首先需要判断UE是否已经与另一个CN域建立了信令连接。如果没有建立信令连接，那么UTRAN只能知道UE当前所在的服务区，并通过寻呼控制信道将寻呼消息发送给UE，这就是PAGING TYPE 1消息。

如果已经建立信令连接，在CELL_DCH或CELL_FACH状态下，UTRAN就可以知道UE当前活动于哪种信道上，并通过专用控制信道将寻呼消息发送给UE。这就是PAGING TYPE 2消息。

3. 小区更新流程

一个UE如果没有和基站建立专用信道的连接，并且在不同的小区中移动，这时这个用户就会启动小区更新过程用于在CELL_FACH状态下或CELL_PCH、URA_PCH状态下进行小区重选，然后使用当前小区更新UTRAN。即使没有进行小区重选，也可以用它来监视RRC连接。由于小区更新过程中没有使用专用的传输信道，因此在UTRAN侧没有RL的建立、增加、释放等过程。

UE处于CELL_FACH或CELL_PCH状态时会发送更新消息CELL UPDATE，UE处于URA_PCH状态时发送URA UPDATE。

进行小区重选实现小区更新后，UE从当前小区进入一个新的小区，并读取新小区的广播信息，接下来UE RRC通过随机接入信道（RACH）传输信道发送一条CELL UPDATE消息给UTRAN RRC。这条发送消息包括当前的服务无线网络临时标识符（S-RNTI）和服务无线网络子系统标识符（SRNC Identity）。UTRAN RRC接收到CELL UPDATE后注册这个改变的小区。如果注册成功，在DCCH/FACH上发送CALL UPDATE CONFIRM消息给UE。这条消息包含当前的S-RNTI、SRNC Identity、S-RNTI+SRNC Identity等信息。

4. 呼叫总体流程

在这里介绍的呼叫流程是UE与CN之间的端到端的呼叫流程，其中包括UE主动发起呼叫（通常称之为UE起呼）和UE接受呼叫（UE被呼）。由于呼叫的另一端可能为PSTN、PLMN、ISDN等不同网络系统终端，将涉及有线或无线网络之间的消息交互，不在此介绍。

一个呼叫流程主要有以下几个基本过程。

第一步，建立RRC连接。起呼时，首先由主叫的RRC接收到非接入层的请求，发送RRC连接建立请求消息给UTRAN，在该消息中包含被叫UE号码、业务类型等。UTRAN接收到该消息后，根据网络情况分配无线资源，并在RRC CONNECTION SETUP消息中发送给UE，UE将根据消息配置各协议层参数，同时返回确认消息。

第二步，Iu 信令连接的建立。RRC 连接建立后，UE 将向 CN 发送业务请求。此时 UE 的 RRC 发送 INITIAL DIRECT TRANSFER 消息，在该消息中包含非接入层的信息（CM SERVICE REQUEST）。RNC 接收到该消息后，RNC 的 RANAP 发送 INITIAL UE MESSAGE，将 UE 的非接入层消息透明转发给 CN，在该消息发送的同时建立 Iu 信令连接。在 Iu 信令连接建立后，UE 和 CN 之间的非接入层消息传输使用 DOWNLINK DIRECT TRANSFER 和 UPLINK DIRECT TRANSFER 消息进行。

第三步，鉴权。Iu 信令连接建立后，CN 需要对 UE 进行鉴权。鉴权是非接入层功能，在 UTRAN 中透明传输。

第四步，RAB 的建立。UE 业务请求被网络接收后，CN 将根据业务情况分配无线接入承载（RAB）。同时，在空中接口将建立相应的无线承载（RB）。

第五步，等待应答。此时 UE 将等待被呼叫方应答，进入通话状态。

小贴士

RRC 连接：RRC 连接是 UE 与 UTRAN 的 RRC 协议层之间建立的一种双向点到点的连接。对一个 UE 来说，至多存在一条 RRC 连接。RRC 连接在 UE 与 UTRAN 之间传输无线网络信令，如进行无线资源的分配等。RRC 连接在呼叫建立之初建立，在通话结束之后释放，并在期间一直维持。

Iu 信令连接：如果说 RRC 连接建立了 UE 与 UTRAN 之间的信令通路，那么 Iu 信令连接则是建立了 UE 与 CN 之间的信令通路。Iu 信令连接主要传输 UE 与 CN 之间非接入层信令。在 UTRAN 中，非接入层信令是通过上下行直接进行信令透明传输的。

鉴权：出于网络安全性能考虑，在呼叫建立时，网络必须对 UE 进行鉴权。

无线接入承载（RAB）：RAB 可以看作是 UE 与 CN 之间接入层向非接入层提供的业务，主要用于用户数据的传输。RAB 直接与 UE 业务相关，它涉及接入层各个协议模块，在空中接口上，RAB 反映为无线承载（RB）。

无线承载（RB）：RB 是 UE 与 UTRAN 之间 L2 向上层提供的业务。

无线链路（RL）：无线链路是指一个 UE 和一个 UTRAN 接入点之间的逻辑连接，它在物理实现上通常是由一到多个无线承载传输组成。在 UE 与一个 UTRAN 接入点（通常指小区）之间最多存在一条无线链路。

计划与实施建议

1. 上网或到图书馆查询 WCDMA 相关技术资料。
2. 要求学生描述 WCDMA 的无线信道的帧格式及特点。
3. 要求学生解释 WCDMA 的扰码和扩频码的类型、机理。
4. 分组图示讲解 WCDMA 网络中的手机通话呼叫基本流程。

检查与评价点

1. 检查相关技术资料准备情况。

2. 评价学生对 WCDMA 的无线信道的帧格式及特点的描述是否准确。

3. 评价学生对 WCDMA 的扰码和扩频码的类型、机理的阐述是否准确。

4. 检查学生所画 WCDMA 网络中的手机通话呼叫基本流程。

5. 评价每组学生对 WCDMA 网络中的手机通话呼叫基本流程的图示讲解。

试一试

1. WCDMA 系统采用的信元编码为________。其信道编码对应语音业务和数据业务分别是________和________。

2. WCDMA 克服衰落的主要措施有________、________、________。

3. WCDMA 的无线信道分为三类________、________、________。

4. WCDMA 网络系统的物理信道按时间分为三层结构：________、________和________。

5. WCDMA 下行物理信道共有________个扰码，共________扰码组，分为________主扰码组，每主扰码组分为________个扰码组，每扰码组________个扰码码字。

6. 经过信源编码的含有信息的数据称为________，经过信道编码和交织后的数据称为________，经过最终扩频得到的数据称为________。

任务 4.5　TD-SCDMA 手机通话功能的实现

任务描述

TD-SCDMA 技术标准是我国首次拥有的具有自主知识产权并被国际电联标准化组织 ITU 采纳的 3G 移动通信国际标准。本任务主要要求学生能够通过分组讨论，描述 TD-SCDMA 的基本原理，掌握 TD-SCDMA 的信道及映射关系，掌握 TD-SCDMA 的无线帧结构和码资源的分配，理解 TD-SCDMA 的基本信令流程。任务要求学生能够画出 TD-SCDMA 的呼叫流程并分组展示。

任务目标

本任务通过 TD-SCDMA 基本原理的学习，要求学生能够掌握 TD-SCDMA 的概念，了解 TD-SCDMA 的发展过程，能够描述 TD-SCDMA 扩频和调制的基本原理；通过 TD-SCDMA 的学习，能够描述信道的功能并能画出信道之间的映射关系；通过 TD-SCDMA 的无线帧结构和码资源的学习，能够画出无线帧结构并能正确进行码资源的规划和分配；通过基本信令流程的学习，能够理解信令流程并画出呼叫流程图。

相关知识

内　容	获取方式
1. 什么是 TD-SCDMA 技术？	• 阅读资料 • 上网 • 查阅图书 • 询问相关工作人员
2. TD-SCDMA 的多址方式包括哪些？	
3. TD-SCDMA 无线侧都有哪些网元？网元的接口是什么？	
4. TD 系统扩频采用的是什么码？上下行信道的扩频因子是多少？	
5. TD-SCDMA 都有哪些信道？描述信道的映射关系。	
6. TD 系统扩频采用的是什么码？上下行信道的扩频因子是多少？	
7. 描述 TD 系统小区码组配置，每个码组的作用是什么？	

4.5.1 TD-SCDMA 基本原理

1. TD-SCDMA 简介

TD-SCDMA 的含义为时分同步码分多址接入（Time Division-Synchronous Code Division Multiple Access），是中国提出的第三代移动通信标准（简称 3G），也是 ITU 批准的 3G 标准中的一个，以我国知识产权为主的、被国际上广泛接受和认可的无线通信国际标准。该方案的主要技术集中在大唐电信科技产业集团手中，它的设计参照了 TDD（时分双工）在不成对的频带上的时域模式。

TDD 模式是基于在无线信道时域里的周期地重复 TDMA 帧结构实现的。这个帧结构被再分为几个时隙。在 TDD 模式下，可以方便地实现上/下行链路间地灵活切换，在上/下行链路间的时隙分配可以被一个灵活的转换点改变，以满足不同的业务要求，通过灵活地改变上/下行链路的转换点就可以实现所有 3G 对称和非对称业务。

2. TD-SCDMA 技术的发展状况

TD-SCDMA 由大唐电信科技产业集团代表中国提交，并于 2000 年 5 月被国际电信联盟接纳，自 2001 年 3 月 3GPP R4 发布后，TD-SCDMA 标准规范的实质性工作主要在 3GPP 体系下完成。在 R4 标准发布之后的两年多时间里，对 TD-SCDMA 标准规范的物理层处理、高层协议栈消息、网络和接口信令消息、射频指标和参数、一致性测试等部分的内容进行修订和完善，到目前为止的 TD-SCDMA R4 规范基本完善。

目前，以 3G 增强技术（HSPA）、长期演进技术（LTE）以及 4G/B3G 技术（IMT-Advanced）为代表的新的竞争态势已经形成。因此，TD-SCDMA 需要在 3G 增强技术、LTE 长期演进技术以及 4G 技术方面进一步完善。

到 2020 年前，TD-SCDMA 技术与标准的发展和未来演进可以大致分为三个阶段和两大类别技术。三个阶段分别是：TD-SCDMA 及 TD-SCDMA 增强型技术标准阶段，TD-

SCDMA 长期演进（TD-LTE）技术阶段，4G（IMT-Advanced）技术阶段；两大类别技术分别是：第一阶段 TD-SCDMA 及 TD-SCDMA 增强型技术是基于 CDMA 的技术，第二阶段的 LTE 和第三阶段的 4G 是基于 OFDM 的技术。

TD-SCDMA 技术与标准的第一阶段又可以分为 TD-SCDMA 基本版本阶段及 TD-SCDMA 增强型版本阶段。TD-SCDMA 基本版本即 3GPP R4 版本，主要是实现话音和中低速数据业务，TD-SCDMA 增强型版本是指 TD-SCDMA 的 3GPP R5/R6/R7 版本。TD-SCDMA 增强技术是在 TD-SCDMA 现有技术的基础上，通过引入局部的先进技术，如 HARQ、AMC、高阶调制、快速调度机制、MIMO 等，取得明显的性能提升，来满足 TD-SCDMA 现有网络的快速升级和部署。采用的基本技术以 CDMA 技术为基础，没有技术体制上的更新换代。TD-SCDMA 增强技术以 HSDPA、HSUPA、MBMS（包括优化的 MBMS）、HSPA＋为代表。

TD-SCDMA 标准第二阶段可以称为 TD-LTE 长期演进阶段，TD-LTE 在基本多址接入技术上引入 OFDM 以替代 CDMA，在智能天线（SA）基础上进一步引入 MIMO 技术，形成 SA＋MIMO 的先进多天线技术，同时保持了特殊时隙和同步以及联合检测等原有技术优势和技术特点，在性能上获得巨大提升（5～6 倍于 3GPP R6 版本）的同时，还尽量保证 TD-SCDMA 及 TD-SCDMA 增强网络向 TD-LTE 网络的平滑演进。目前，TD-LTE 在 3GPP 的标准化工作和 TD-LTE 的标准化工作同步进行。

TD-SCDMA 标准第三阶段称为 4G 或 ITM-Advanced 阶段。ITM-Advanced 是 ITU 为满足未来 10～15 年全球移动通信需求而启动的。在技术上，ITM-Advanced 将基于 OFDM，在 LTE（或相当）技术的基础上作进一步增强。目前在国家有关主管部门的统一领导和组织下，TD-SCDMA 4G 标准研究也在有条不紊地进行中。

3. TD-SCDMA 系统结构和接口

TD-SCDMA 的网络结构完全遵循 3GPP 指定的 UMTS 网络结构，可以分为通用地面无线接入网（Universal Terrestrial Radio Access Network，UTRAN）和核心网（Core Network，CN）。因此，TD-SCDMA 网络结构模型完全等同于 UMTS 网络结构模型。

总体来讲，UMTS 系统由用户设备（User Equipment，UE）域、无线接入网（RAN）域和核心网（CN）域组成。

在 3GPP R4 版本中，TD-SCDMA UTRAN 的结构可用图 4-5-1 表示。

TD-SCDMA 无线接入网由无线网络子系统集（RNS）组成，RNS 通过 Iu 接口与核心网相连。无线网络子系统 RNS 包括无线网络控制器（RNC）和一个或多个 Node B。Node B 支持 FDD 模式、TDD 模式或双模式，提供 UE 以无线方式接入到移动网络，可处理一个或多个小区，并通过 Iub 接口与无线网络控制器 RNC 相连。RNC 负责切换控制，提供支持不同 Node B 间宏分集的组合/分裂等无线部分的控制功能。无线网络控制器 RNC 通过 Iur 接口相互连接，Iur 可通过 RNC 间的物理连接直接相连或通过合适的传输网相连。

通过对 TD-SCDMA 系统的网络结构的分析，TD-SCDMA 系统的网络接口主要有空

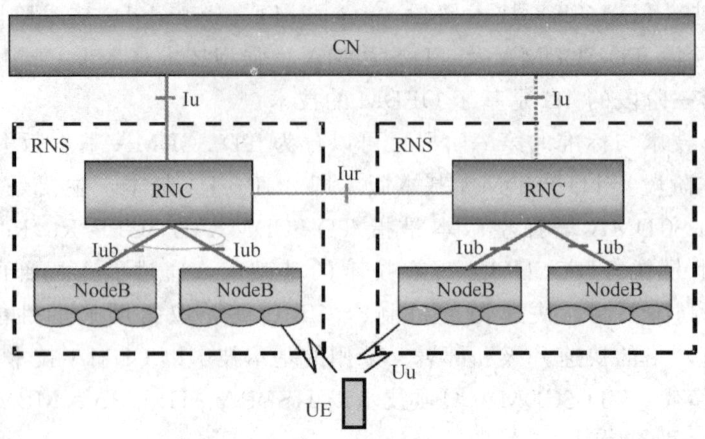

图 4-5-1　UTRAN 网络结构

中接口（Uu 接口）、Iub 接口、Iur 接口和 Iu 接口，下面分别进行介绍。

（1）空中接口

空中接口（Uu 接口）上协议栈的分层结构如图 4-5-2 所示。在 Uu 接口上，协议栈按其功能和任务，被分为物理层（L1）、数据链路层（L2）和网络层（L3）等 3 层。

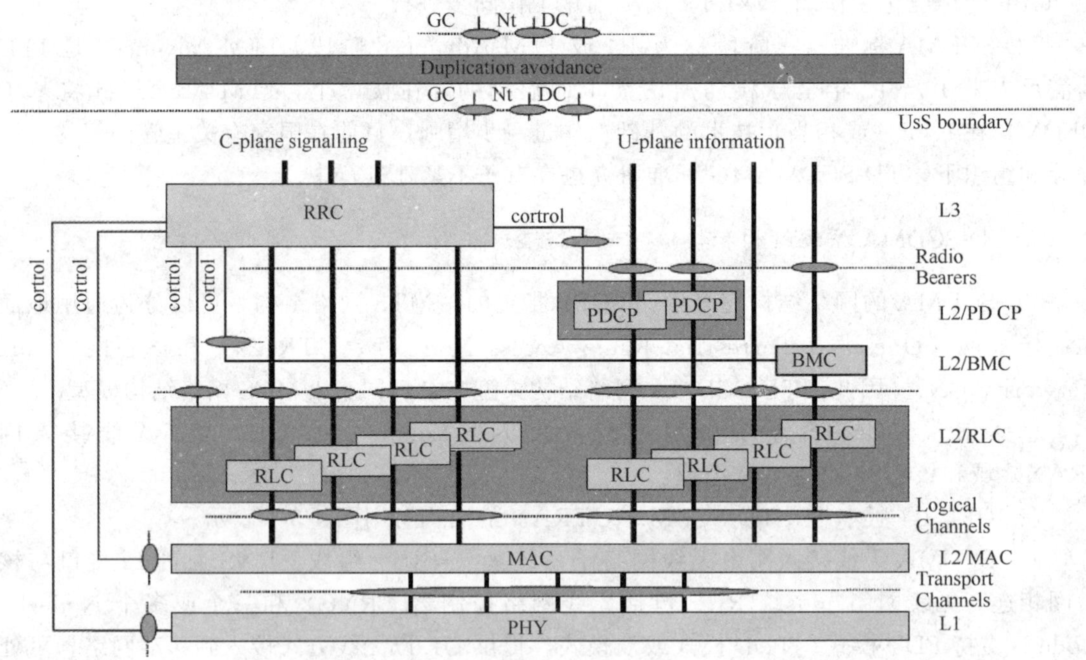

图 4-5-2　Uu 接口协议

L2 分为控制平面（C-平面）和用户平面（U-平面）。在控制平面中包括媒体接入控制 MAC 和无线链路控制 RLC 两个子层。用户平面除 MAC 和 RLC 外，还有分组数据会聚协议 PDCP 和广播/多播控制协议 BMC。

L3 也分为控制平面（C-平面）和用户平面（U-平面）。在 C-平面上，L3 的最低层为无线资源控制（RRC），它属于接入层（AS），终止于 RAN。移动性管理（MM）和连接管理（CM）等属于非接入层（NAS），其中 CM 层还可按其任务进一步划分为呼叫控制（CC）、补充业务（SS）、短消息业务（SMS）等功能实体。接入层通过业务接入点（SAP）承载上层的业务，非接入层信令属于核心网功能。

在 Uu 接口协议图中，用圆圈来标注的是层（或子层）之间的业务接入点（SAP）。在物理层和 MAC 子层之间的 SAP 提供传输信道，在 RLC 子层和 MAC 子层之间的 SAP 提供逻辑信道，RLC 子层提供 3 类 SAP，对应于 RLC 的 3 种操作模式：非确认模式 UM、确认模式 AM 和透明模式 TM。在 C-平面中，接入层和非接入层之间的 SAP 定义了通用控制（GC）、通知（Nt）和专用控制（DC）等 3 类业务接入点。

无线资源控制层（RRC）处理用户终端（UE）和无线接入网（RAN）之间在第三层控制面的信令以及和更高层（非接入层）之间的关系。RRC 在 Uu 接口中具有重要作用。一方面，在 UE 侧高层（非接入层）通过业务接入点和 RRC 交互信息，在 RAN 侧通过 RANAP 协议和业务接入点与核心网交互信息，所有高层指令都被封装成 RRC 消息。另一方面，RRC 层和低层（L1，L2）所有协议实体间存在控制接口，RRC 通过这些接口和相应原语对低层进行配置和传输一些控制命令，同时低层通过这些接口报告相应的测量报告和状态，供 RRC 决策采用。

（2）Iub 接口

Iub 接口是 RNC 和 Node B 之间的接口，完成 RNC 和 Node B 之间的用户数据传送、用户数据及信令的处理和 Node B 逻辑上的 O&M 等。Iub 接口协议模型如图 4-5-3 所示。

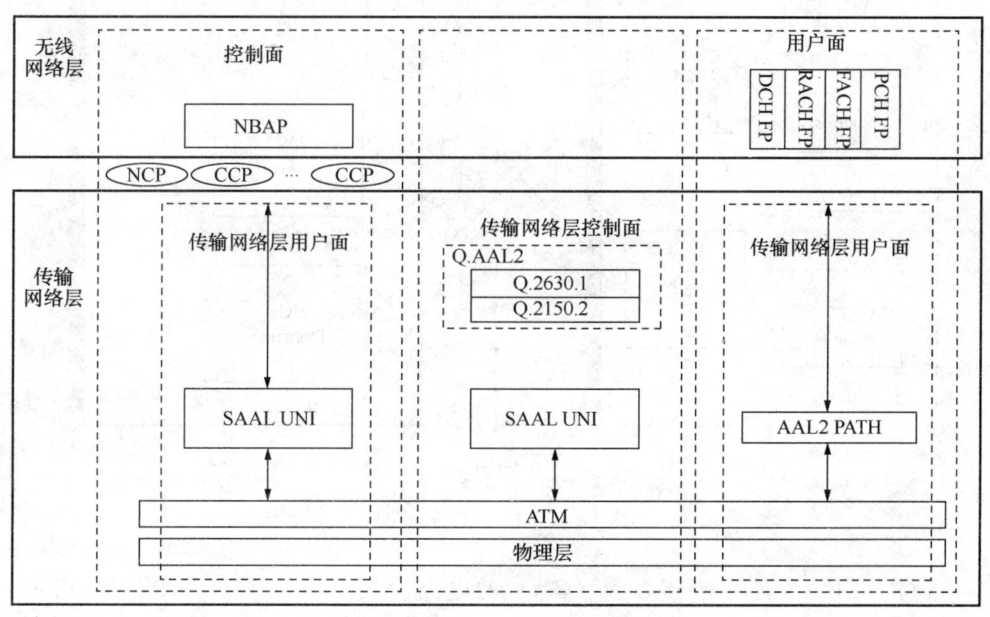

图 4-5-3 Iub 接口协议

协议栈是典型的三平面表示：无线网络层、传输网络层和物理层。无线网络层由控制面的 Node B 应用协议（NBAP）和用户面的帧协议（FP）组成。用户面的帧协议（FP）是用来传输通过 Iub 接口上的公共传输信道和专用传输信道数据流的协议；NBAP 协议实体主要完成小区管理、公共信道的配置管理、资源验证以及上报、Node B 资源闭塞、测量控制和无线链路管理功能。传输网络层目前采用 ATM 传输。物理层可以根据情况使用 E1、T1、STM-1 等多种标准接口。

每个 Node B 控制着若干个小区，保存着 Node B 下有关的各个公共传输信道的属性信息以及呼叫状态下的通信上下文信息（一般对应着一个 UE）。在与 RNC 的接口上，它由控制端口 NCP、通信端口 CCP 以及各种公共和专用传输信道传输端口组成。一个 Node B 上仅有一条 NCP 链路，RNC 对于 Node B 所有的公用的控制信令都是从 NCP 链路传送的。在对于 Node B 进行任何操作维护控制之前，一定先要建立这条链路。一个 Node B 可以有多条 CCP 链路，RNC 对于 Node B 所有的专用的控制信令都是从 CCP 链路传送的。一般情况下，Node B 内的一个 CELL 配置一个通信控制端口 CCP（这种配置方式只是一个惯例，并不确定）。

（3）IU 接口

按照不同的连接实体，Iu 接口可以分为三类：Iu-PS（Iu Packet Switched）、Iu-CS（Iu Circuit Switched）和 Iu-BC（Iu Broadcast），如图 4-5-4 所示。

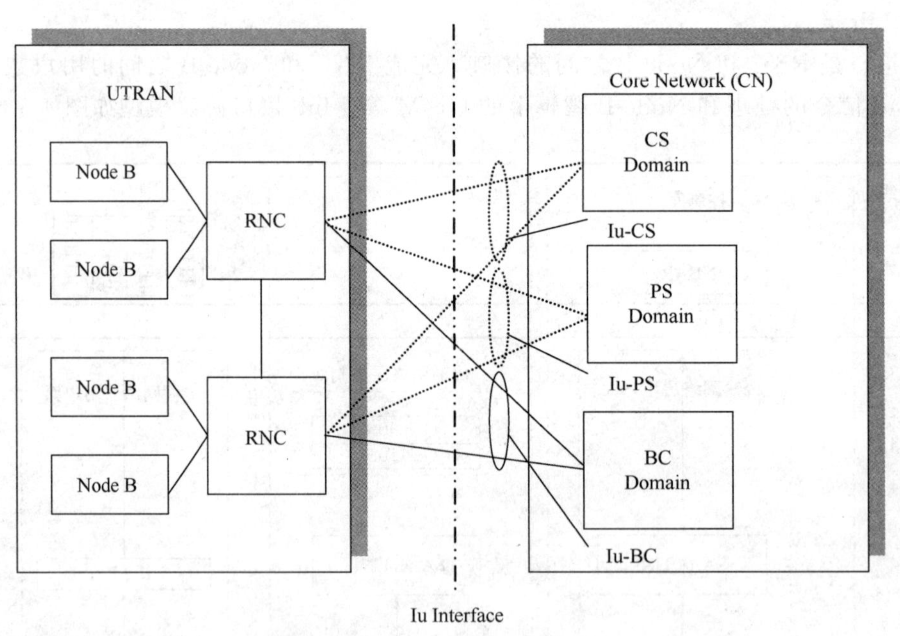

图 4-5-4　Iu 接口示意图

Iu-CS 将 UTRAN 连接至核心网（CN）的电路交换（CS）域，Iu-PS 将 UTRAN 连接至核心网（CN）的分组交换（PS）域。Iu-BC 是与广播域核心网之间的接口。Iu-BC 支持小区广播业务，用于连接 UTRAN 到 CN 的广播域。

1）Iu-CS 接口的协议栈。Iu-CS 接口的协议栈结构如图 4-5-5 所示，其中控制面、用户面、传输网络控制面共享 ATM 传输。

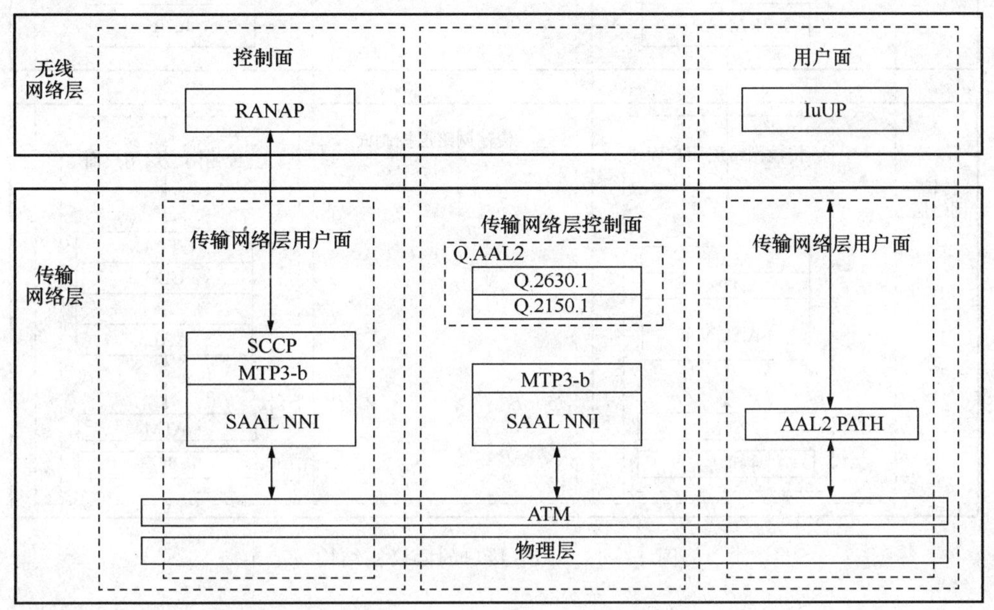

图 4-5-5 Iu-CS 接口的协议栈结构

Iu-CS 的控制面的应用协议是 RANAP（无线接入网络应用部分协议），主要功能包括 Iu 口的信令管理、RAB 管理、寻呼功能、UE-CN 信令直传功能等。RANAP 构筑在宽带七号信令之上，各个协议层次依次为信令连接控制部分 SCCP，消息传递部分 MTP3b，信令 ATM 适配层。信令 ATM 适配层又可进一步分为 SSCF、SSCOP 以及 AAL5 等几层。其中，SSCF 除将 SCCP 映射到 SSCOP 外，还提供 SAAL 连接管理、链路状态以及远端处理器状态监视等功能；SSCOP 负责建立和释放连接，保证信令消息的可靠传输；AAL5 则将上层协议适配到底层 ATM 信元。

Iu-CS 的传输网络控制面协议是 ALCAP（接入链路控制应用部分），包括 AAL2 连接建立的信令协议 Q. 2630. 1 和 Q. 2150. 1，它们也承载在宽带七号信令之上。ALCAP 主要对无线网络层的命令如建立，保持和释放数据承载作出反应，实现对用户面 AAL2 连接的动态建立、维护、释放和控制等功能。

Iu-CS 用户面协议栈包括 Iu 用户面协议和 AAL2。Iu UP 协议的主要用途是在 Iu 接口传递 RAB 相关的数据。Iu UP 协议包括两种模式：一种模式是透明模式；另外一种是支持模式。前者用于实时性不高的业务（如分组业务），后者用于实时业务（如 Iu CS 的 AMR 语音数据）。

2）Iu-PS 接口的协议栈。Iu-PS 接口的协议栈结构如图 4-5-6 所示，Iu-PS 的接口协议与 Iu-CS 类似，包括控制面和用户面，也都承载在 ATM 之上，物理层要求和 Iu-CS 相同。

Iu-PS 的控制面协议栈与 Iu-CS 不同，IP 信令成为一种可以替换宽带七号信令的选择，IP 信令包括 M3UA、SCTP 以及 IP。其中，SCTP（Stream Control Transmission

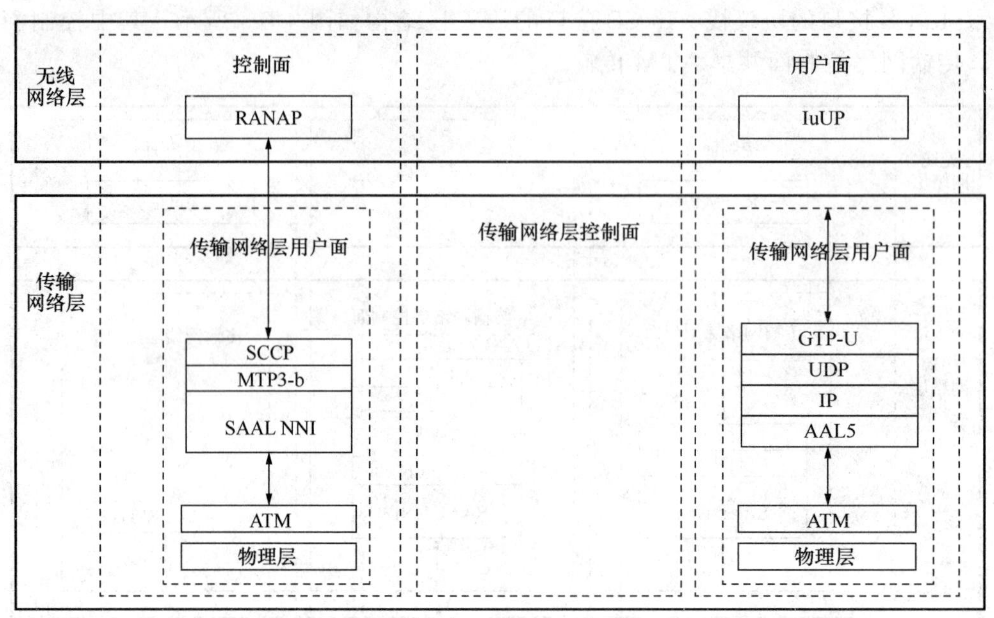

图 4-5-6　Iu-PS 接口的协议栈结构

Protocol）是在 IP 网上传递各种信令的协议栈，M3UA 则提供了 SCCP 到 SCTP 的适配功能。

Iu-PS 用户面协议栈包括一个透明的 Iu UP 协议栈以及 GTP-U 加上 IPOA。GTP-U 提供了在 IP 地址上复用多个用户的隧道功能。IPOA（IP Over ATM）是在 ATM-LAN 上传送 IP 数据包的一种技术。IPOA 完成 IP 地址到硬件地址（ATM 地址）的映射过程，封装并输出数据分组。

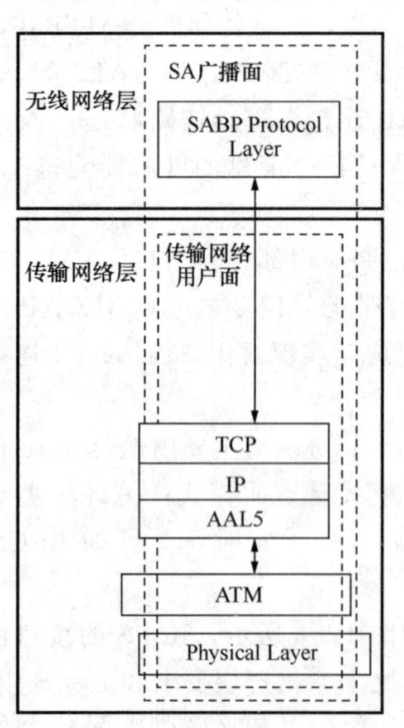

图 4-5-7　Iu-BC 接口的协议栈结构

对于 Iu-PS 来说，不包括传输网络控制面，建立 GTP 隧道所需的 IP 地址等信息包含在 RANAP 的 RAB 指派消息中。

3）Iu-BC 接口的协议栈。Iu-BC 接口只有一个面，如图 4-5-7 所示，包括 SABP 协议，承载在 TCP 之上。

SABP 协议与 GSM 中 BSC 与 CBC 之间的接口协议基本相当，功能包括小区广播短消息的添加、删除以及状态查询等。

（4）Iur 接口

Iur 接口属于 UTRAN 内部接口，连接不同的 RNC，其作用是支持 RNC 之间的软切换。Iur 接口的接口协议栈如图 4-5-8 所示，与 Iu 接口基本相同。Iur 接口控制面的应用协议是 RNSAP（无线网络子系统应用部分协议），RNSAP 完成以下四个基本功能。

1）RNC 之间的移动性管理。RNC 之间的移动性管理功能包括 SRNC 重定位、RNC 之间的小区和 UTRAN 注册区的更新、RNC 之间的寻呼、协议错误报告等功能。

2）专用信道数据传输。专用信道数据的传输用于在两个 RNC 之间传输专用信道数据。使用和 Iub 接口一样的数据帧协议进行数据传输，并通过 AAL2 控制信令建立数据传输所需要的地面承载。专用信道数据的传输具体功能包括在 DCH 状态下为软硬切换建立更改和释放专用信道、建立和释放 Iur 接口专用传输信道的建立和释放、SRNC 和 DRNC 之间的 DCH 传输信道块的传输、DRNS 的无线链路管理等。

3）公共信道数据传输。公共信道数据传输功能包括建立和释放 Iur 接口公共信道数据流传输所需的传输连接、MAC-d（SRNC）和 MAC-c（DRNC）功能的分离（由 DRNC 负责下行数据传输的调度）、MAC-d（SRNC）和 MAC-c（DRNC）之间的流量控制。

4）全局资源管理。全局资源管理功能则包括 RNC 间小区测量信息的传递、RNC 间的 Node B 定时信息的传递等。

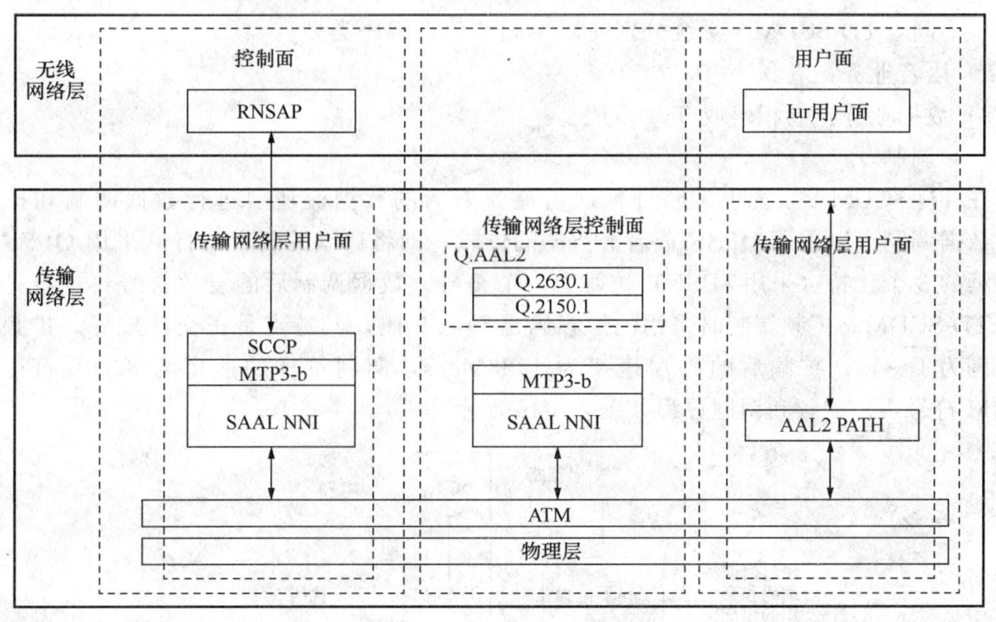

图 4-5-8 Iur 接口的协议栈

4. TD-SCDMA 的通信模型

TD-SCDMA 通信模型如图 4-5-9 所示。

由图 4-5-9 TD-SCDMA 通信模型可知，TD-SCDMA 主要通信技术如下。

（1）信源编码

TD-SCDMA 采用 AMR（Adaptive Multi-Rate）语音编码，编码共有 8 种，速率从 4.75～12.2kb/s，与目前各种主流移动通信系统使用的编码方式兼容，有利于设计多模终端。

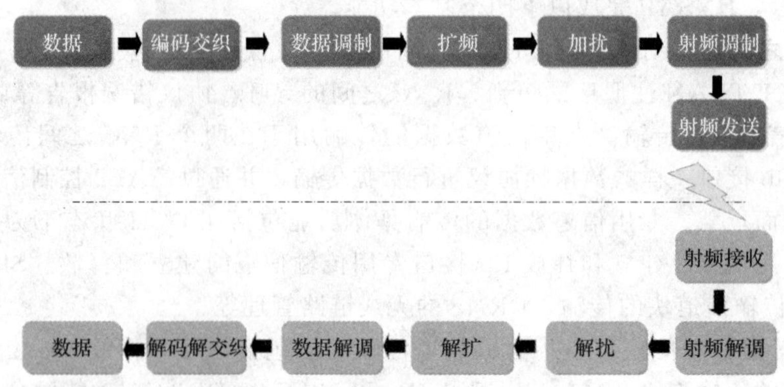

图 4-5-9 TD-SCDMA 通信模型

（2）信道编码

通过使用信道编码增加符号间的相关性，以便在受到干扰的情况下恢复信号。根据业务类型不同，TD-SCDMA 系统分别使用不同的信道编码类型。

1）语音业务：卷积码（1/2、1/3）。

2）数据业务：卷积码或 Turbo 码。

（3）调制

在 TD-SCDMA 系统中，经过物理信道映射后的数据流还要进行数据调制和扩频调制。数据调制可以采用 QPSK 或者 8PSK 的方式，即将连续的两个比特（采用 QPSK）或者连续的 3 个比特（采用 8PSK）映射为一个符号。数据调制后的复数符号再进行扩频调制。TD-SCDMA 扩频调制时采用的扩频码是 OVSF 码，其特点是正交性较好。扩频因子的范围为 1～16，扩频后的码片速率为 1.28Mc/s，调制符号的速率为 80.0k 符号/s～1.28M 符号/s。扩频和调制过程如图 4-5-10 所示。

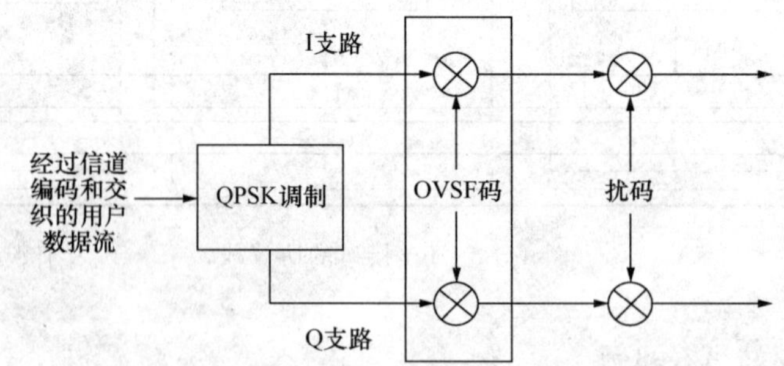

图 4-5-10 扩频与调制过程

1）数据调制。调制就是对信息源信息进行编码的过程，其目的就是使携带信息的信号与信道特征相匹配以及有效地利用信道。TD-SCDMA 系统的数据调制通常采用 QPSK，在提供 2Mb/s 业务时采用 8PSK 调制方式。

QPSK 数据调制实际上是将连续的两个比特映射为一个复数值的数据符号，如表 4-5-1所示。

表 4-5-1 两个连续二进制比特映射到复数符号

连续二进制比特	复数符号
00	+j
01	+1
10	−1
11	−j

在 TD-SCDMA 系统中，对于 2Mb/s 业务采用 8PSK 进行数据调制。8PSK 数据调制实际上是将连续的三个比特映射为一个复数值的数据符号。其数据映射关系如表 4-5-2 所示。此时帧结构中将不使用训练序列，全部是数据区，且只有一个时隙，数据区前加一个序列。

表 4-5-2 三个连续二进制比特映射到复数符号

连续二进制比特	复数符号
000	cos(11pi/8)+j sin(11pi/8)
001	cos(9pi/8)+j sin(9pi/8)
010	cos(5pi/8)+j sin(5pi/8)
011	cos(7pi/8)+j sin(7pi/8)
100	cos(13pi/8)+j sin(13pi/8)
101	cos(15pi/8)+j sin(15pi/8)
110	cos(3pi/8)+j sin(3pi/8)
111	cos(pi/8)+j sin(pi/8)

2）扩频调制。因为 TD-SCDMA 与其他第三代移动通信标准一样，均采用 CDMA 的多址接入技术，所以扩频是其物理层很重要的一个步骤。扩频操作位于数据调制之后和脉冲成形之前。扩频调制主要分为扩频和加扰两步。首先用扩频码对数据信号扩频，其扩频因子（Spreading Factor，SF）在 1～16 之间。第二步操作是加扰码，将扰码加到扩频后的信号中，具体见图 4-5-11 所示。

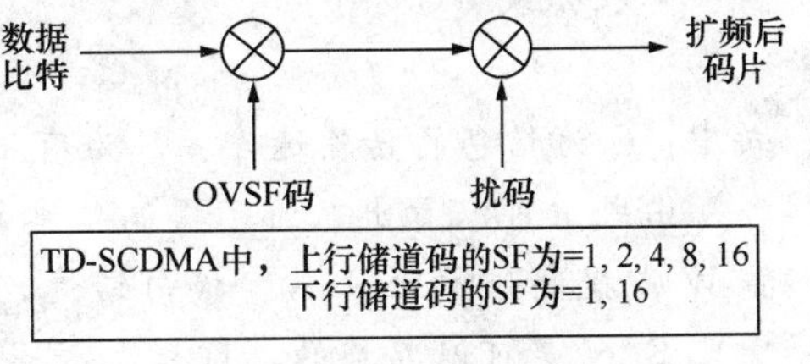

图 4-5-11 扩频调制

所谓扩频就是用高于数据比特速率的数字序列与信道数据相乘，相乘的结果扩展了信号的带宽，将比特速率的数据流转换成了具有码片速率的数据流。所使用的数字序列称为扩频码，这是一组长度可以不同但仍相互正交的码组。

在 TD-SCDMA 系统中，使用 OVSF（正交可变扩频因子）作为扩频码，上行方向的扩频因子为 1、2、4、8、16，下行方向的扩频因子为 1、16。使用 OVSF 扩频码可以使同一时隙下的扩频码有不同的扩频因子，但是扩频码之间仍然保持正交。OVSF 码可以用图 4-5-12所示的码树来定义。

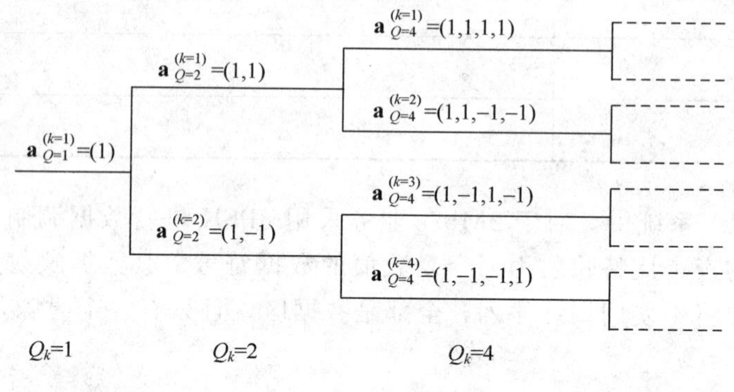

图 4-5-12　OVSF 码树

OVSF 码的码长 Q_k 是 2 的整数次幂，即 $Q_k=2^n$。在 TD-SCDMA 系统中，$n\leqslant 4$，因此最大的扩频因子是 16。码树的每一级都定义了一个扩频因子为 Q_k 的码。但是，并不是码树上所有的码都可以同时用在一个时隙中，当一个码已经在一个时隙中采用，则其母系上的码和下级码树路径上的码就不能在同一时隙中被使用。也就是说：任意两个长度相同的 OVSF 码相互正交；任意两个不同长度的 OVSF 码，只要其中一个不是另外一个的母码（因为母码与其子码之间具有相关性），则它们之间也正交。

这意味着一个时隙可使用的码的数目是不固定的，而是与每个物理信道的数据速率和扩频因子有关。

小贴士

扩频通信在发端，采用扩频码调制，使信号所占的频带宽度远大于所传信息必需的带宽；在收端，采用相同的扩频码进行相关解调来解扩以恢复所传信息数据。扩频通信的理论基础来源于信息论和抗干扰理论，基本思想和理论依据是秀农定理。

秀农公式为

$$C=W\times\log_2(1+S/N)$$

式中：C 为信息的传输速率；S 为有用信号功率；W 为频带宽度；N 为噪声功率。

由式中可以看出，为了提高信息的传输速率 C，可以从两种途径实现，即加大带宽 W 或提高信噪比 S/N。换句话说，当信号的传输速率 C 一定时，信号带宽 W 和信噪比 S/N 是可以互换的，即增加信号带宽可以降低对信噪比的要求，当带宽增加到一定程度，允许信噪比进一步降低，有用信号功率接近噪声功率甚至淹没在噪声之下也是可能的。扩频通信就是用宽带传输技术来换取信噪比上的好处。

3）加扰码。扰码与扩频类似，也是用一个数字序列与扩频处理后的数据相乘。与扩频不同的是，扰码用的数字序列与扩频后的信号序列具有相同的码片速率，所作的乘法运算是一种逐码片相乘的运算。

扰码的目的是为了标识数据的小区属性，将不同的小区区分开来。扰码是在扩频之后使用的，因此它不会改变信号的带宽，而只是将来自不同信源的信号区分开来。这样，即使多个发射机使用相同的码字扩频也不会出现问题。

在 TD-SCDMA 系统中，扰码序列的长度固定为 16，系统共定义了 128 个扰码，每个小区配置 4 个。

用户特定的扩频码和小区特定的扰码组合可以看成是一个用户和小区特有的扩频码。

4.5.2 TD-SCDMA 的信道

TD-SCDMA 系统中，存在三种信道模式：逻辑信道、传输信道和物理信道。其中逻辑信道是 MAC 子层向 RLC 子层提供的服务，它描述的是传送什么类型的信息；传输信道作为物理层向高层提供的服务，它描述的是信息如何在空中接口上传输；通过物理信道模式直接把需要传输的信息发送出去，也就是说在空中传输的都是物理信道承载的信息。

1. 传输信道

传输信道作为物理信道提供给高层的服务，通常分为两类：一类为公共信道，通常此类信道上的消息是发送给所有用户或一组用户的，但是在某一时刻，该信道上的信息也可以针对单一用户，这时需要 UE ID 来识别；另一类为专用信道，此类信道上的信息在某一时刻只发送给单一的用户。

（1）专用传输信道

专用传输信道仅存在一种，即专用信道（DCH），是一个上行或下行传输信道。

（2）公共传输信道

1）广播信道 BCH。BCH 是一个下行传输信道，用于广播系统和小区的特定消息。

2）寻呼信道 PCH。PCH 是一个下行传输信道，当系统不知道移动台所在的小区时，用于发送给移动台的控制信息。PCH 总是在整个小区内进行寻呼信息的发射，与物理层产生的寻呼指示的发射是相随的，以支持有效的睡眠模式，延长终端电池的使用时间。

3）前向接入信道 FACH。FACH 是一个下行传输信道；用于在随机接入过程，UTRAN收到了 UE 的接入请求，可以确定 UE 所在小区的前提下，向 UE 发送控制消息。有时，也可以使用 FACH 发送短的业务数据包。

4）随机接入信道 RACH。RACH 是一个上行传输信道，用于向 UTRAN 发送控制消息，有时，也可以使用 RACH 来发送短的业务数据包。

5）上行共享信道 USCH。上行信道，被一些 UE 共享，用于承载 UE 的控制和业务数据。

6）下行共享信道 DSCH。下行信道，被一些 UE 共享，用于承载 UE 的控制和业务数据。

（3）传输信道的一些基本概念

1）传输块（Transport Block，TB）：定义为物理层与 MAC 子层间的基本交换单元，物理层为每个传输块添加一个 CRC。

2）传输块集（Transport Block Set，TBS）：定义为多个传输块的集合，这些传输块是在物理层与 MAC 子层间的同一传输信道上同时交换。

3）传输时间间隔（Transmission Time Interval，TTI）：定义为一个传输块集合到达的时间间隔，等于在无线接口上物理层传送一个 TBS 所需要的时间。在每一个 TTI 内 MAC 子层送一个 TBS 到物理层。

4）传输格式组合（Transport Format Combination，TFC）：一个或多个传输信道复用到物理层，对于每一个传输信道，都有一系列传输格式（传输格式集）可使用。对于给定的时间点，不是所有的组合都可应用于物理层，而只是它的一个子集，这就是 TFC。它定义为当前有效传输格式的指定组合，这些传输格式能够同时提供给物理层，用于 UE 侧编码复用传输信道（CCTrCH）的传输，即每一个传输信道包含一个传输格式。

5）传输格式组合指示（Transport Format Combination Indicator，TFCI）：它是当前 TFC 的一种表示。TFCI 的值和 TFC 是一一对应的，TFCI 用于通知接收侧当前有效的 TFC，即如何解码、解复用以及在适当的传输信道上递交接收到的数据。

2. 物理信道

TD-SCDMA 的物理信道是由频率、时隙、信道码和无线帧分配来定义的。建立一个物理信道的同时，也就给出了它的起始帧号。物理信道的持续时间既可以无限长，又可以是定义资源分配的持续时间。

物理信道根据其承载的信息不同被分成了不同的类别，有的物理信道用于承载传输信道的数据，而有些物理信道仅用于承载物理层自身的信息。物理信道也分为专用物理信道和公共物理信道两大类。

（1）专用物理信道

专用物理信道 DPCH（Dedicated Physical Channel）用于承载来自专用传输信道 DCH 的数据。物理层将根据需要把来自一条或多条 DCH 的 L2 数据组合在一条或多条编码组合传输信道 CCTrCH（Coded Composite Transport Channel）内，然后再根据所配置物理信道的容量将 CCTrCH 数据映射到物理信道的数据域。DPCH 可以位于频带内的任意时隙和任意允许的信道码，信道的存在时间取决于承载业务类别和交织周期。一个 UE 可以在同一时刻被配置多条 DPCH，若 UE 允许多时隙能力，这些物理信道还可以位于不同的时隙。物理层信令主要用于 DPCH。DPCH 采用前面介绍的突发结构，由于支持上下行数据传输，下行通常采用智能天线进行波束赋形。

（2）公共物理信道

根据所承载传输信道的类型，公共物理信道可划分为一系列的控制信道和业务信道。

在3GPP的定义中，所有的公共物理信道都是单向的（上行或下行）。

1）主公共控制物理信道。主公共控制物理信道（Primary Common Control Physical Channel，P-CCPCH）仅用于承载来自传输信道BCH的数据，提供全小区覆盖模式下的系统信息广播。在TD-SCDMA中，PCCPCH的位置（时隙/码）是固定的（TS0）。PCCPCH总是采用固定扩频因子SF=16的1号、2号码。

2）辅公共控制物理信道。辅公共控制物理信道（Secondary Common Control Physical Channel，S-CCPCH）用于承载来自传输信道FACH和PCH的数据。可使用编码组合指示指令（TFCI）。S-CCPCH总是采用固定扩频因子SF=16。S-CCPCH所使用的码和时隙在小区中广播。

3）物理随机接入信道。物理随机接入信道（Physiacal Random Access Channel，PRACH）用于承载来自传输信道RACH的数据。PRACH可以采用扩频因子SF=16/8/4，其配置（使用的时隙和码道）通过小区系统信息广播。

4）快速物理接入信道。快速物理接入信道（Fast Physical Access Channel，FPACH）不承载传输信道信息，因而与传输信道不存在映射关系。Node B使用FPACH来响应在UpPTS时隙收到的UE接入请求，调整UE的发送功率和同步偏移。FPACH使用扩频因子SF=16，其配置通过小区系统信息广播。

5）物理上行共享信道。物理上行共享信道（Physical Uplink Shared Channel，PUSCH）用于承载来自传输信道USCH的数据。所谓共享，指的是同一物理信道可由多个用户分时使用，或者说信道具有较短的持续时间。由于一个UE可以并行存在多条USCH，这些并行的USCH数据可以在物理层进行编码组合，因而PUSCH信道上可以存在TFCI。

6）物理下行共享信道。物理下行共享信道（Physical Downlink Shared Channel，PDSCH）用于承载来自传输信道DSCH的数据。在下行方向，传输信道DSCH不能独立存在，只能与FACH或DCH相伴而存在，因此作为传输信道载体的PDSCH也不能独立存在。DSCH数据可以在物理层进行编码组合，因而PDSCH上可以存在TFCI。

7）寻呼指示信道。寻呼指示信道（Paging Indicator Channel，PICH）不承载传输信道的数据，但却与传输信道PCH配对使用，用以指示特定的UE是否需要解读其后跟随的PCH信道（映射在S-CCPCH上）。PICH的扩频因子SF=16。

3. 传输信道到物理信道的映射

表4-5-3给出了TD-SCDMA系统中传输信道和物理信道间的映射关系。表中部分物理信道与传输信道并没有映射关系。按3GPP规定，只有映射到同一物理信道的传输信道才能够进行编码组合。由于PCH和FACH都映射到S-CCPCH，因此来自PCH和FACH的数据可以在物理层进行编码组合生成CCTrCH。其他的传输信道数据都只能自身组合成，而不能相互组合。另外，BCH和RACH由于自身性质的特殊性，也不可能进行组合。

表 4-5-3　TD-SCDMA 传输信道和物理信道间的映射关系

传输信道	物理信道
DCH	专用物理信道（DPCH）
BCH	主公共控制物理信道（P-CCPCH）
PCH	辅助公共控制物理信道（S-CCPCH）
FACH	辅助公共控制物理信道（S-CCPCH）
RACH	物理随机接入信道（PRACH）
USCH	物理上行共享信道（PUSCH）
传输信道	物理信道
DSCH	物理下行共享信道（PDSCH）
	下行导频信道（DwPCH）
	上行导频信道（UpPCH）
	寻呼指示信道（PICH）
	快速物理接入信道（FPACH）

4．信道编码和复用

为了保证高层的信息数据在无线信道上可靠地传输，需要对来自 MAC 和高层的数据流（传输块/传输块集）进行编码/复用后在无线链路上发送，并且将无线链路上接收到的数据进行解码/解复用再送给 MAC 和高层。

用于上行和下行链路的传输信道编码/复用步骤如图 4-5-13 所示。

在一个传输时间间隔 TTI 内，来自不同传输信道的数据以传输块的形式到达编码/复用单元。这里的 TTI 允许的取值间隔是 10ms、20ms、40ms、80ms。在经过全部 12 步的处理后，被映射到物理信道。

对于每个传输块，需要进行的基带处理步骤如下。

（1）给每个传输块添加 CRC 校验比特

循环冗余校验（Cyclic Redundancy Check，CRC）用于实现差错检测功能。对一个 TTI 内到达的传输块集，CRC 处理单元将为其中的每一个传输块附加上独立的 CRC 码，CRC 码是信息数据通过 CRC 生成器生成。CRC 码的长度可以为 24、16、12、8 或 0 比特，具体的比特数目由高层根据传输信道所承载的业务类型来决定。

（2）传输块的级联和码块分割

在每一个传输块附加上 CRC 比特后，把一个 TTI 内的传输块按编号从小到大的顺序级联起来。如果级联后的比特序列长度 A 大于最大编码块长度 Z，则需要进行码块分割处

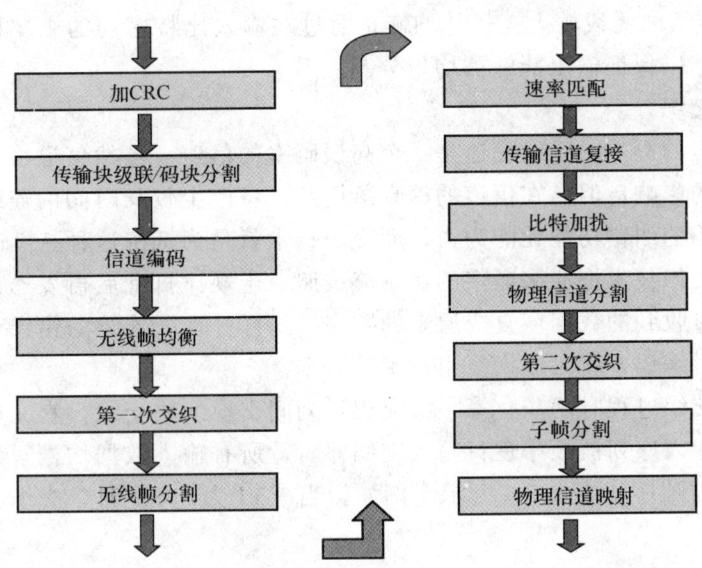

图 4-5-13　信道编码与复用过程

理，分割后得到的 C 个码块具有相同的大小，如果 A 不是 C 的整数倍，则在传输信道数据码块的最前端插入填充比特，填充比特为 0。

码块的最大尺寸将根据传输信道采用的编码方案。其具体尺寸为：卷积编码 Z＝504；Turbo 编码 Z＝5114；无编码 Z 没有限制。

（3）信道编码

为了提高信息在无线信道传输时的可靠性，提高数据在信道上的抗干扰能力，TD-SCDMA 系统采用了三种信道编码方案：卷积编码、Turbo 编码和无编码。不同类型的传输信道所使用的不同编码方案和码率如表 4-5-4 所示。

表 4-5-4　TD-SCDMA 所采用的信道编码方案和编码

传输信道类型	编码方式	编码率
BCH	卷积编码	1/3
PCH		1/3，1/2
RACH		1/2
DCH，DSCH，FACH，USCH		1/3，1/2
	Turbo 编码	1/3
	无编码	

（4）无线帧尺寸均衡

无线帧尺寸均衡是针对一个传输信道在一个 TTI 内传输下来的数据块进行的。一个 TTI 的长度为 10ms、20ms、40ms 或 80ms，对应的这些数据需要被平均分配到 1 个、2

个、4 个或 8 个连续的无线帧上。尺寸均衡是通过在输入比特序列的末尾根据需要加入填充比特（0 或 1），以保证输出能够被均匀分割。

（5）第一次交织

受到传播环境的影响，无线信道是一个高误码率的信道。虽然信道编码产生的冗余可以部分消除误码的影响，但是在信道的深衰落周期，将产生较长时间的连续误码。对于这类误码，信道编码的纠错功能无能为力。而交织技术就是为抵抗这种持续时间较长的突发性误码设计的。交织技术把原来顺序的比特流按照一定规律打乱后再发送出去，接收端再按相应的规律将接收到的数据恢复成原来的顺序。这样一来，连续的错误就变成了随机差错。再通过解信道编码，就可以恢复出正确的数据。

如前所述，交织过程有两步，第一次交织为列间交换的块交织，它完成无线帧之间的交织。交织时，输入序列被顺序逐行写入交织器，待所有输入数据均被写入交织器后，再逐列输出，输出的顺序如表 4-5-5 所示。例如，当 TTI 为 40ms 时，交织器共有 4 列，输出顺序依次为第 0、2、1、3 列。

表 4-5-5　第一次交织的列间交换方式

TTI/ms	列数 C	列交换规则
10	1	＜0＞
20	2	＜0，1＞
40	4	＜0，2，1，3＞
80	8	＜0，4，2，6，1，5，3，7＞

（6）无线帧分割

当传输信道的 TTI 大于 10ms 时，输入比特序列将被分段映射到连续的 F 个无线帧上。（经过第（4）步的无线帧均衡之后，可以保证输入比特序列的长度为 F 的整数倍。）

（7）速率匹配

速率匹配是指传输信道上的比特被重复或打孔。一个传输信道中的比特数在不同的 TTI 可以发生变化，而所配置的物理信道容量（或承载比特数）却是固定的。因而，当不同 TTI 的数据比特发生改变时，为了匹配物理信道的承载能力，输入序列中的一些比特将被重复或打孔，以确保在传输信道复用后总的比特率与所配置的物理信道的总比特率一致。

高层将为每一个传输信道配置一个速率匹配特性。这个特性是半静态的，而且只能通过高层信令来改变。速率匹配算法用于计算重复或打孔的比特数量。

（8）传输信道的复用

每隔 10ms，来自每个传输信道的无线帧被送到传输信道复用单元。复用单元根据承载业务的类别和高层的设置，分别将其进行复用或组合，构成一条或多条编码组合传输信道（CCTrCH）。不同传输信道编码和复用到一个 CCTrCH 应符合如下规则：

1）复用到一个 CCTrCH 上的传输信道组合如果因为传输信道的加入、重配置或删除等原因发生变化，那么这种变化只能在无线帧的起始部分进行。

2）不同的 CCTrCH 不能复用到同一条物理信道上。

3）一条 CCTrCH 可以被映射到一条或多条物理信道上传输。

4）专用传输信道和公共传输信道不能复用到同一个 CCTrCH 上。

5）公共传输信道中，只有 FACH 或 PCH 可以被复用到一个 CCTrCH 上。

6）每个承载一个 BCH 的 CCTrCH，只能承载一个 BCH，不能再承载别的传输信道。

7）每个承载一个 RACH 的 CCTrCH，只能承载一个 RACH，不能再承载别的传输信道。

因此，有两种类型的 CCTrCH，即：

1）专用 CCTrCH：对应于一个或多个 DCH 的编码和复用结果。

2）公共 CCTrCH：对应于一个公共信道的编码和复用结果。

对于包含下列传输信道的 CCTrCH，可能传送 TFCI 信息：专用类型、USCH 类型、DSCH 类型、FACH 和/或 PCH 类型。

例：如图 4-5-14 所示，在每 10ms 的周期内，专用传输信道 1 和 2 传下的数据块被复用为一条 CCTrCH。

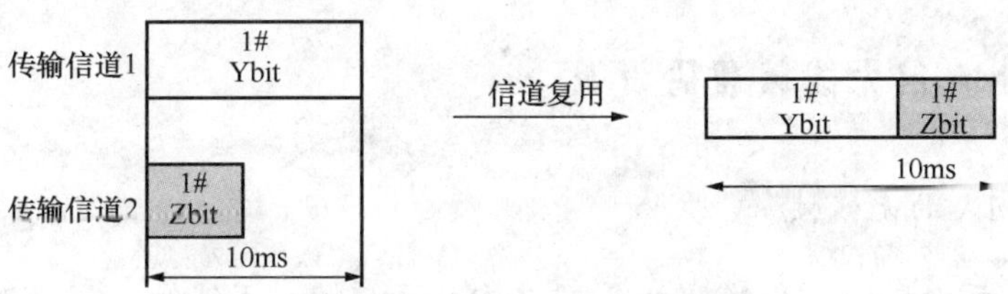

图 4-5-14　传输信道复用

（9）物理信道的分割

一条 CCTrCH 的数据速率可能要超过单条物理信道的承载能力，这就需要对 CCTrCH 数据进行分割处理，以便将比特流分配到不同的物理信道中。

例：如图 4-5-15 所示，传输信道复用后的数据块应该在 10ms 内被发送出去，但单条物理信道的承载能力不能胜任，决定使用两条物理信道。输入序列被分为两部分，分配在两条物理信道上传输。

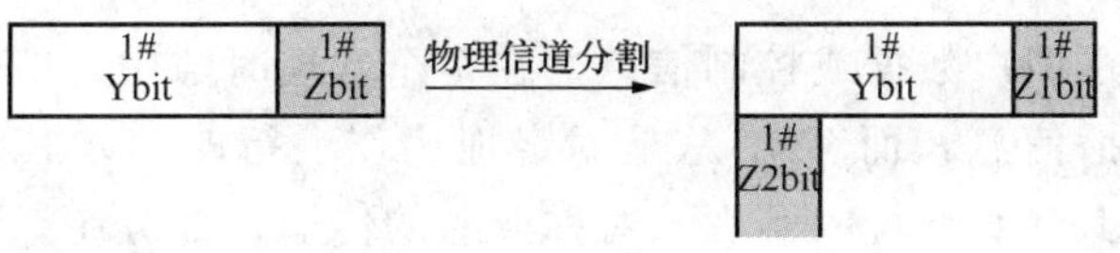

图 4-5-15　物理信道分割

（10）第二次交织

一般有两种方案：基于帧和基于时隙的。前者是对 CCTrCH 映射无线帧上的所有数据比特进行的，后者则对映射到每一时隙的数据比特进行。具体采用哪种方案由高层指示。

（11）子帧分割

在前面的步骤中，级联和分割等操作都是以最小时间间隔（10ms）或一个无线帧为基本单位进行的。但为了将数据流映射到物理信道上，还必须将一个无线帧的数据分割为两部分，即分别映射到两个子帧之中。

（12）物理信道的映射

将子帧分割输出的比特流映射到该子帧中对应时隙的码道上。

小贴士

Bit（比特）：经过信源编码的，含有信息的数据。

Symbol（符号）：经过信道编码、交织后的数据。

Chip（码片）：经过最终扩频得到的数据。

Chip Rate（c/s）：码片速率，CDMA 系统的基础参数。

TD-SCDMA 系统码片速率为 1.28Mc/s。

Spreading Factor（SF，扩频因子）：扩频码的长度。

符号速率×SF＝码片速率

4.5.3 TD-SCDMA 的无线帧和码资源

1. TD-SCDMA 的无线帧

TD-SCDMA 系统的物理信道采用 4 层结构：系统帧、无线帧、子帧和时隙/码。时隙用于在时域上区分不同用户信号，具有 TDMA 的特性。如图 4-5-16 所示为 TD-SCDMA 的物理信道帧结构。

3GPP 定义的一个 TDMA 帧的长度为 10ms。TD-SCDMA 系统为了实现快速功率控制和定时提前校准以及对一些新技术的支持（如智能天线、上行同步等），将一个 10ms 的帧分成两个结构完全相同的子帧，每个子帧的时长为 5ms。每一个子帧又分成长度为 675μs 的 7 个常规时隙（TS0～TS6）和 3 个特殊时隙：DwPTS（下行导频时隙）、GP（保护间隔）和 UpPTS（上行导频时隙）。

（1）常规时隙

常规时隙用作传送用户数据或控制信息。在 7 个常规时隙中，TS0 总是固定地用作下行时隙来发送系统广播信息，而 TS1 总是固定地用作上行时隙。其他的常规时隙可以根据需要灵活地配置成上行或下行以实现不对称业务的传输，如分组数据。用作上行链路的时隙和用作下行链路的时隙之间由一个转换点（Switch Point）分开。每个 5ms 的子帧有两个转换点（UL 到 DL 和 DL 到 UL），第一个转换点固定在 TS0 结束处，而第二个转换点则取决于小区上下行时隙的配置。

TDD 模式下的物理信道是一个突发信道，在分配到的无线帧中的特定时隙发射。无线帧的分配可以是连续的，即每一帧的相应时隙都分配给某物理信道；分配也可以是不连

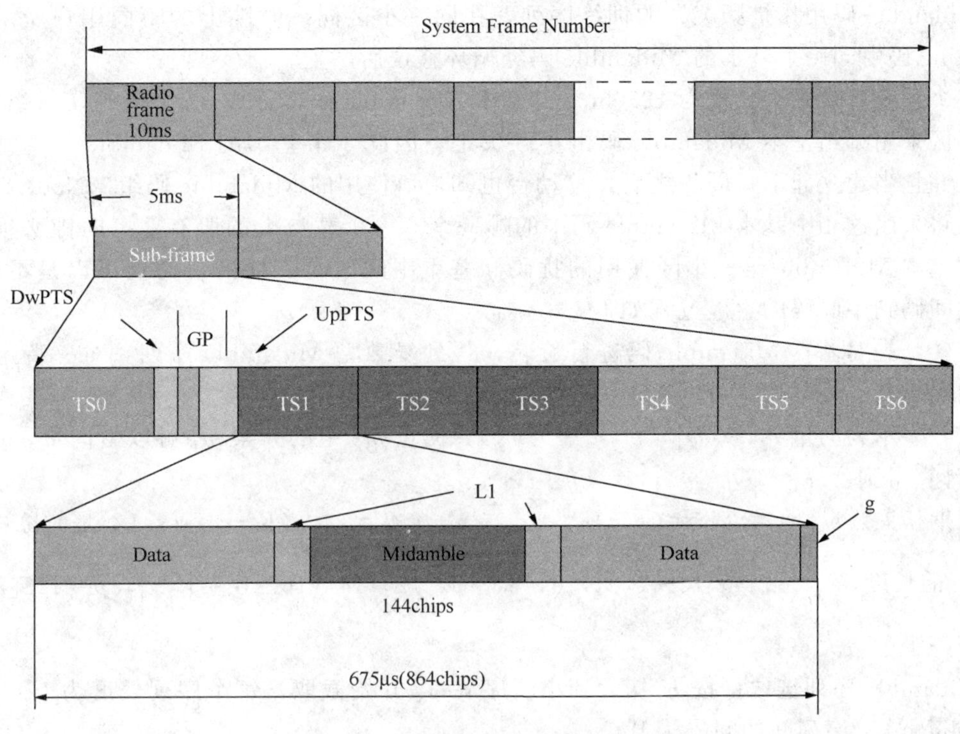

图 4-5-16 TD-SCDMA 物理信道帧结构

续的，即将部分无线帧中的相应时隙分配给该物理信道。TD-SCDMA 系统采用的突发结构如图 4-5-17 所示，图中 chip 表示码片长度。每个突发被分成了 4 个域：两个长度为 352chips 的数据域、一个长为 144chips 的训练序列域（Midamble）和一个长为 16chips 的保护间隔（GP）。一个突发的持续时间是一个时隙。发射机可以同时发射几个突发。

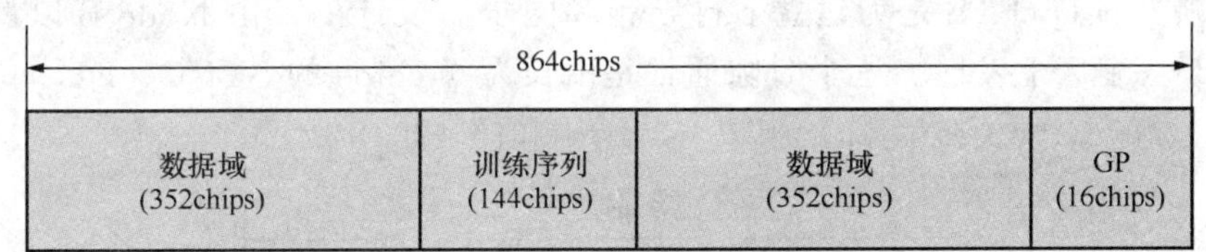

图 4-5-17 TD-SCDMA 系统突发结构

数据域用于承载来自传输信道的用户数据或高层控制信息，除此之外，在专用信道和部分公共信道上，数据域的部分数据符号还被用来承载物理层信令。

数据部分由信道码和扰码共同扩频，即将每一个数据符号转换成一个码片，因而增加了信号带宽。一个符号包含的码片数称为扩频因子。扩频因子可以取 1、2、4、8 或 16。信道码是一个 0VSF（Orthogonal Variable Spreading Factor，正交可变扩频因子）码，物理信道的数据速率取决于所用的 OVSF 码所采用的扩频因子。扰码的作用是用于区分相邻小区。在发射机同时发射几个突发的情况下，几个突发的数据部分必须使用不同的信道码，但应使用相同的扰码。

Midamble码用作扩频突发的训练序列，在同一小区同一时隙上的不同用户所采用的Midamble码由同一个基本的Midamble码经循环移位后产生。

整个系统有128个长度为128chips的基本Midamble码，分成32个码组，每组4个。一个小区采用哪组基本Midamble码由小区决定，因此4个基本的Midamble码基站是知道的，并且当建立起下行同步之后，移动台也知道所使用的Midamble码组。Node B决定本小区将采用这4个基本Midamble码中的哪一个。一个载波上的所有业务时隙必须采用相同的基本Midamble码。小区使用的扰码和基本中间码是广播的，而且可以是不变的。基本中间码到中间码的生成过程如下。

旋转：先对基本Midamble码进行旋转，得到复数型Midamble序列。对一特定的基本中间码，其二进制形式可以表示为一向量 $m_p=(m_1, m_2, \cdots, m_p)$，$p=128$。变换成复数形式，表示为向量 $m_p=(m_1, m_2, \cdots, m_p)$，向量 m_p 中的元素 m_i 可以由向量 m_p 的元素 m_i 计算得到：$m_i=(j)^i \cdot m_i$，$i=1, \cdots, p$。

周期拓展：$m_i=m_{i-p}$，$i=(p+1), \cdots, i_{\max}$，$i_{\max}=L_m+(K-1)W$，$L_m$ 是时隙中Midamble的长度，$L_m=144$。$K=2, 4, 6, 8, 10, 12, 14, 16$。$W=\left\lfloor\frac{P}{K}\right\rfloor$，$p=128[x]$ 表示小于等于的最大整数。

Midamble序列选取：按 K 从大到小顺序从 m_1 开始截取，每个序列长度为 L_m，相邻两个Midamble序列间的间隔为 W。

原则上，Midamble码的发射功率与同一个突发中的数据符号的发射功率相同。训练序列的作用体现在上下行信道估计、功率测量、上行同步保持。传输时Midamble码不进行基带处理和扩频，直接与经基带处理和扩频的数据一起发送，在信道解码时它被用作进行信道估计。

（2）下行导频时隙

每个子帧中的DwPTS是为建立下行导频和同步而设计的，由Node B以最大功率在全方向或在某一扇区上发射。这个时隙通常是由长为64chips的SYNC _ DL（下行同步序列）和32chips的GP（保护间隔）组成。其结构如图4-5-18所示。

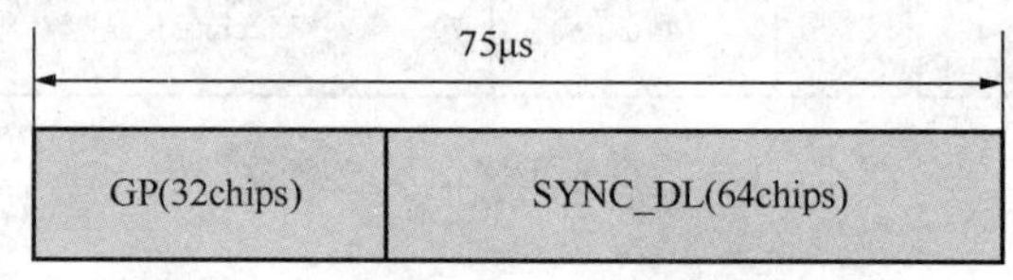

图4-5-18　下行导频时隙

SYNC _ DL是一组PN（Pseudo Noise，伪随机噪声）码，用于区分相邻小区，系统中定义了32个码组，每组对应一个SYNC _ DL序列，SYNC _ DL码集在蜂窝网络中可以复用。

（3）上行导频时隙

每个子帧中的UpPTS是为上行同步而设计的，当UE处于空中登记和随机接入状态时，它将首先发射UpPTS，当得到网络的应答后，发送随机接入请求。这个时隙通常由长为 128chips 的 SYNC _ UL（上行同步序列）和 32chips 的 GP（保护间隔）组成。其时隙结构如图 4-5-19 所示。

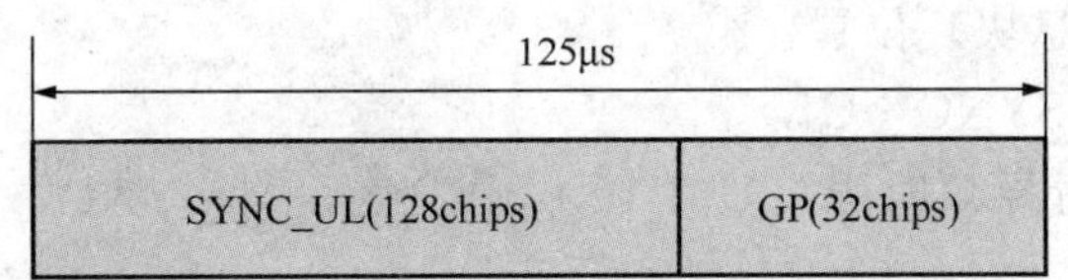

图 4-5-19　上行导频时隙

SYNC _ UL 是一组 PN 码，用于在接入过程中区分不同的 UE。整个系统有 256 个不同的 SYNC _ UL，分成 32 组，以对应 32 个 SYNC _ DL 码，每组有 8 个不同的 SYNC _ UL 码，即每一个基站对应于 8 个确定的 SYNC _ UL 码。当 UE 要建立上行同步时，将从 8 个已知的 SYNC _ UL 中随机选择 1 个，并根据估计的定时和功率值在 UpPTS 中发射。

（4）保护时隙

保护时隙（Guard Period，GP）即在 Node B 侧，由发射向接收转换的保护间隔。时长为 75μs（96chips），主要用于下行到上行转换的保护：在小区搜索时，确保 DwPTS 可靠接收，防止干扰 UL 工作；在随机接入时，确保 UpPTS 可以提前发射，防止干扰 DL 工作。另外，从理论上确定基本的基站覆盖半径。96chips 对应的距离变化是：$L=V\times\Delta t,\Delta t=96\text{chip}/(1.28\times10^6\text{chip/s})$，$1.28\times10^6$ chip/s 为 TD-SCDMA 的码出速率，V 表示光速，$V\approx3\times10^8$ m/s，得到某站覆盖半径即 $L/2=11.25$km。

2. TD-SCDMA 的码资源

在 TD-SCDMA 系统中，一共定义了 32 个下行同步码（SYNC _ DL）、256 个上行同步码（SYNC _ UL）、128 个训练序列（Midamble）和 128 个扰码（Scrambling code）。所有这些码被分成 32 个码组，每个码组由 1 个下行同步码、8 个上行同步码、4 个训练序列和 4 个扰码组成。不同的邻近小区将使用不同的码组。对 UE 来说，只要确定了小区使用的下行同步码，就能找到训练序列和扰码，而上行同步码是在该小区所用的 8 个上行同步码中随机选择一个来发送的。

（1）下行同步码（SYNC _ DL）

SYNC _ DL 用来区分相邻小区，在下行导频时隙（DwPTS）发射。与 SYNC _ DL 有关的过程是下行同步、码识别和 P-CCPCH 交织时间的确定。

整个系统有 32 个长度为 64 的基本 SYNC _ DL 码。一个 SYNC _ DL 唯一标识一个小区和一个码组。一个码组包含 8 个 SYNC _ UL 和 4 个特定的扰码，每个扰码对应一个特定的基本 Midamble 码。

基站将在小区的全方向或在固定波束方向以满功率发送 DwPTS，它同时起到了导频和下行同步的作用。DwPTS 由长为 64chips 的 SYNC _ DL 和长为 32chips 的 GP 组成，DwPTS 是一个 QPSK 调制信号。

为了产生长度为 64 的复值 SYNC _ DL 码，需要使用基本二进制 SYNC _ DL 码 S=（s1，s2，…，s64），其元素与集合之间的关系为

si＝(j)i. si　　si∈{1，－1}，i＝1，2，…，64

DwPTS 是一个 QPSK 调制信号，所有 DwPTS 的相位用来指示复帧中 P-CCPCH 上的 BCH 的 MIB（主信息块）位置。

（2）上行同步码（SYNC _ UL）

SYNC _ UL 在上行导频时隙（UpPTS）中发送，与 SYNC _ UL 有关的是上行同步和随机接入过程。

整个系统有 256 个长度为 128chips 的基本 SYNC _ UL，分成 32 组，每组 8 个。SYNC _ UL 码组是由小区的 SYNC _ DL 确定，因此，8 个 SYNC _ UL 对基站和已下行同步的 UE 来说都是已知的。当 UE 要建立上行同步时，将从 8 个已知的 SYNC _ UL 中随机选择一个，并根据估计的定时和功率值在 UpPTS 中发射。

为了产生长度为 128 的复值 SYNC _ UL 码，需要使用长度为 128 的基本二进制 SYNC _ UL 码 S＝(s1，s2，…，s128)，其元素与集合之间的关系由下式给出：

si＝(j)i. si　　si∈{1，－1}，i＝1，2，…，128

SYNC _ DL 和 SYNC _ UL 序列以及扰码和 Midamble 训练序列码间的关系如表 4-5-6 所示。

表 4-5-6　SYNC _ DL、SYNC _ UL、扰码和 Midamble 码间的关系

Code Group	Associated Codes			
	SYNC-DL ID	SYNC-ULID (coding criteria)	Scrambling Code ID (coding criteria)	Basic Midamble Code ID (coding criteria)
Group 1	0	0～7 (000～111)	0 (00)	0 (00)
			1 (01)	1 (01)
			2 (10)	2 (10)
			3 (11)	3 (11)
Group 2	1	8～15 (000～111)	4 (00)	4 (00)
			5 (01)	5 (01)
			6 (10)	6 (10)
			7 (11)	7 (11)
Group 32	31	248～255 (000～111)	124 (00)	124 (00)
			125 (01)	125 (01)
			126 (10)	126 (10)
			127 (11)	127 (11)

小贴士

区码组配置是指小区特有的码组，不同的邻近的小区将配置不同的码组。小区码组配置有：

1）下行同步码 SYNC _ DL（区分基站）。

2）上行同步码 SYNC _ UL（接入前，区分用户）。

3）基本 Midamble 码，共 128 个（区分同一时隙的不同用户）。

4）小区扰码（Scrambling Code），共 128 个（区分小区）。

TD-SCDMA 系统中，有 32 个 SYNC _ DL 码、256 个 SYNC _ UL 码、128 个 Midamble 码和 128 个扰码，所有这些码被分成 32 个码组，每个码组包含 1 个 SYNC _ DL 码、8 个 SYNC _ UL 码、4 个 Midamble 码和 4 个扰码。

4.5.4 TD-SCDMA 的基本信令流程

1. UE 的状态

UE 有两种基本运行模式：空闲模式和连接模式。UE 开机后停留在空闲模式下。通过非接入层表示，如 IMSI、P-TMSI、TMSI 等标识来区分。UTRAN 不保留空闲模式下的 UE 信息，仅能够寻呼 LAC 区中的所有 UE 或同一寻呼时刻的所有 UE。当 UE 完成 RRC 连接建立后，才会从空闲模式转移到连接模式，CELL-FACH 或 CELL-DCH。当 RRC 连接释放后，UE 从连接模式到空闲模式。UE 连接模式共有 4 种状态：CELL-PCH、URA-PCH、CELL-FACH 和 CELL-DCH。UE 的状态转化如图 4-5-20 所示。

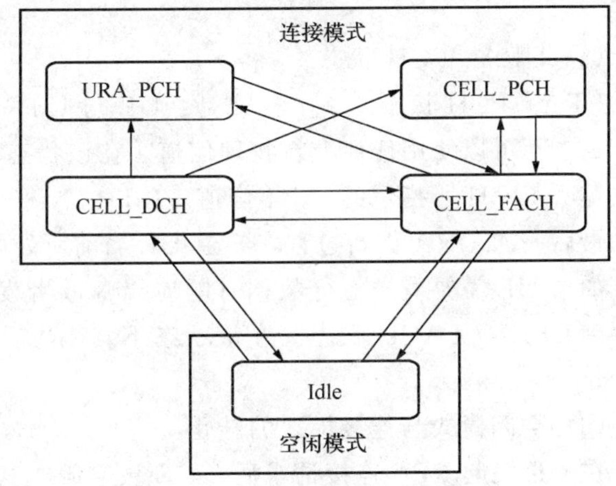

图 4-5-20　UE 状态转化示意图

(1) Idle 状态

UE 开机后，在一个小区中读取系统消息，监听寻呼信息，处于 Idle 状态。在 Idle 状态下，UE 的所有连接在接入层都是关闭的，UE 的识别通过非接入层标识（如 IMSI、TMSI 和 P-TMSI）来区别。UTRAN 中没有为处于空闲模式的 UE 建立上下文，如果要寻址一个特定的 UE，只能在一个小区内向所有的 UE 或向监听同一寻呼时段的多个 UE 发送寻呼消息。

(2) CELL _ DCH 状态

CELL _ DCH 状态的基本特征是，UE 被分配了专用的物理信道。在该状态下，除了上下行专用物理信道 DPCH 外，UE 还可能被分配物理上下行共享信道 PUSCH 和/或

PDSCH。根据 UTRAN 的分配情况，UE 可以使用专用传输信道 DCH、上行共享传输信道 USCH、下行共享传输信道 DSCH，以及这些传输信道的组合。UTRAN 根据当前的激活信道集知道该 UE 已经处在小区识别等级上。

（3）CELL _ FACH 状态

CELL _ FACH 状态的基本特征是，UE 与 UTRAN 之间不存在专用物理信道连接，UE 在下行方向将连续监视 FACH 传输信道，而在上行方向可以使用公共或共享传输信道（如 RACH），UE 在任何时候都可以在相关传输信道上发起接入过程。根据 UTRAN 的分配情况，UE 在此状态下可以使用 USCH 或 DSCH 传输信道，UTRAN 也可以根据 UE 最后一次执行的小区更新过程，知道 UE 当前所处的小区。

如果 UE 选择了一个新的小区，UE 将把当前的位置信息通过小区更新过程报告给 UTRAN。UTRAN 也可以在 FACH 上直接给 UE 发送数据，而不必先发起寻呼。UTRAN 将把系统信息的变化通过相应的调度信息在 FACH 上及时地广播给 UE，以便 UE 重新读取相应的系统信息。

（4）CELL _ PCH 状态

CELL _ PCH 状态的基本特征是：UE 与 UTRAN 之间不存在专用物理信道连接，而且 UE 也不可以使用任何上行物理信道。在该状态下，UE 为节省功耗，可以使用 DRX 方式去监听 PICH 所指示的 PCH 信道。UTRAN 根据 UE 上次在 CELL _ FACH 状态下执行的最后一次小区更新过程，知道 UE 当前所处的小区。

如果 UE 需要发送上行数据（响应寻呼或者发起呼叫），必须先从 CELL _ PCH 状态转移到 CELL _ FACH 状态。在该状态下，RRC 子层通过小区重选过程执行连接移动性管理。

（5）URA _ PCH 状态

URA _ PCH 状态的基本特征是：UE 与 UTRAN 之间不存在专用物理信道连接，而且 UE 也不可以使用任何上行物理信道。在该状态下，UE 为节省功耗，可以使用 DRX 方式去监听 PICH 所指示的 PCH 信道。UTRAN 根据 UE 上次在 CELL _ FACH 状态下执行的最后一次 URA 更新过程，知道 UE 当前所处的 URA。

如果 UE 需要发送上行数据（响应寻呼或者发起呼叫），必须先从 URA _ PCH 状态转移到 CELL _ FACH 状态。在该状态下，RRC 子层通过小区重选过程执行连接移动性管理。

（6）空闲模式与连接模式的转化

在 UE 发起 RRC 连接请求后，UE 从空闲模式转移到连接模式下的 CELL _ DCH 状态或者 CELL _ FACH 状态。如果连接建立失败，则返回空闲模式。在 UE 发起释放 RRC 连接请求后，UE 从 CELL _ DCH 状态或者 CELL _ FACH 状态下转移到空闲模式。

（7）CELL _ DCH 状态与 CELL _ FACH 状态的转化

UE 可以在 CELL _ FACH 状态下通过建立一个专用物理信道而进入 CELL _ DCH 状态。而处于 CELL _ DCH 状态的 UE 也可以通过释放所有的专用物理信道而进入 CELL _ FACH 状态。

(8) CELL _ DCH 状态与 CELL _ PCH (URA _ PCH) 状态的转化

CELL _ DCH 状态下的 UE 执行重配置过程，根据来自 UTRAN 的指示，可以进入 CELL _ PCH 状态或者 URA _ PCH 状态。但是，处于 CELL _ PCH 状态或者 URA _ PCH 状态的 UE 不能直接跃迁到 CELL _ DCH 状态，必须先跃迁到 CELL _ FACH 状态。

(9) CELL _ FACH 状态与 CELL _ PCH (URA _ PCH) 状态的转化

处于 CELL _ PCH (URA _ PCH) 状态下的 UE，如果小区 (URA) 重选时选择了一个新的 URA 小区，则 UE 将跃迁到 CELL _ FACH 状态，并在新的小区发起小区 (URA) 更新过程。在小区 (URA) 更新过程完成后，如果 UTRAN 和 UE 都没有数据要发送，则 UE 将回到 CELL _ PCH (URA _ PCH) 状态。

2. 呼叫流程

呼叫流程包括 RRC 连接建立、信令连接建立、鉴权、业务建立和释放 5 个阶段，如图 4-5-21 所示。

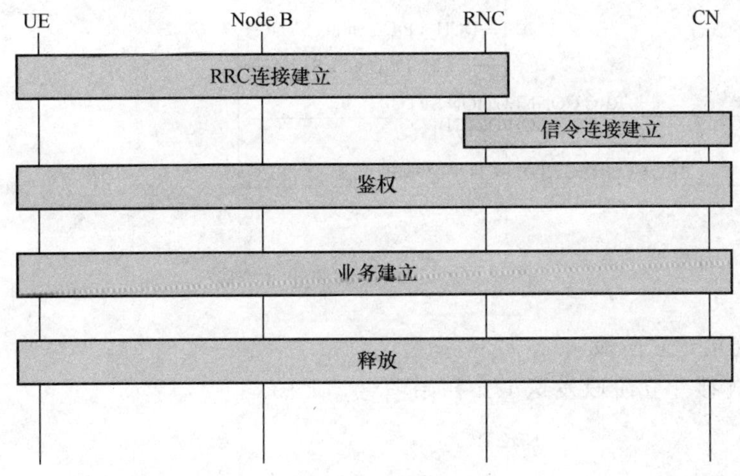

图 4-5-21 呼叫流程的 5 个阶段

RRC 连接是 UE 与 UTRAN 的 RRC 协议层之间建立的一种双向点到点的连接。对一个 UE 来说，至多存在一条 RRC 连接。RRC 连接在 UE 与 UTRAN 之间传输无线网络信令，如进行无线资源的分配等。RRC 连接在呼叫建立之初建立，在通话结束后释放，并在期间一直维持着。

Iu 信令连接主要传输 UE 与 CN 之间非接入层信令，在 UTRAN 中，非接入层信令是通过上下行直接传输信令透明传输的。

在业务建立阶段就涉及了无线接入承载 (RAB)、无线承载 (RB) 和无线链路 (RL) 的概念。无线接入承载 (RAB) 可以看成是 UE 与 CN 之间接入层向非接入层提供的业务，主要用于用户数据的传输。RAB 直接与 UE 业务相关，它涉及接入层各个协议模块，在空中接口上，RAB 反映为无线承载 (RB)。无线承载 (RB) 是 UE 与 UTRAN 之间 L2 向上层提供的业务。RRC 连接也可以看成是一种承载信令的 RB。无线链路 (RL) 是指一个 UE 和一个 UTRAN 接入点之间的逻辑连接。

（1）RRC 连接建立阶段

RRC 连接建立流程如图 4-5-22 所示，具体流程如下：

1）UE 向 RNC 发起 RRC 连接请求。

2）无线链路（RL）建立。

3）DCH _ FP 上下行同步。

4）RRC 连接建立完成。

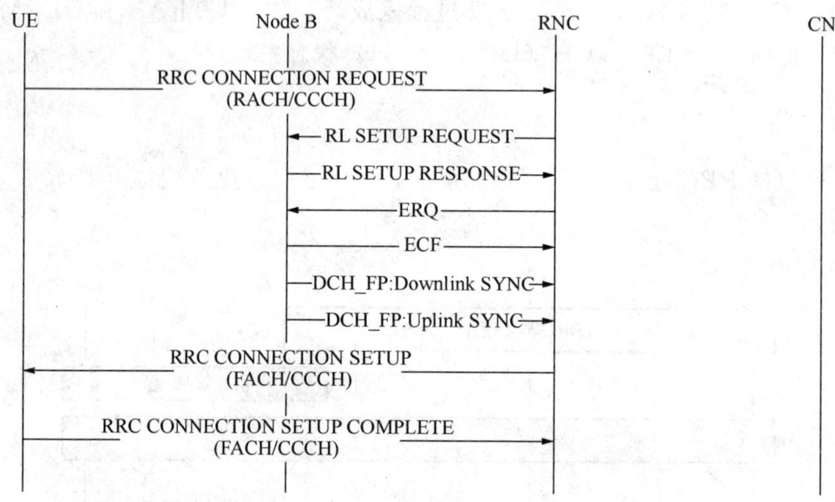

图 4-5-22　RRC 连接建立阶段

（2）信令连接建立阶段

RRC 信令连接建立阶段发送 UE 初始消息，如图 4-5-23 所示。

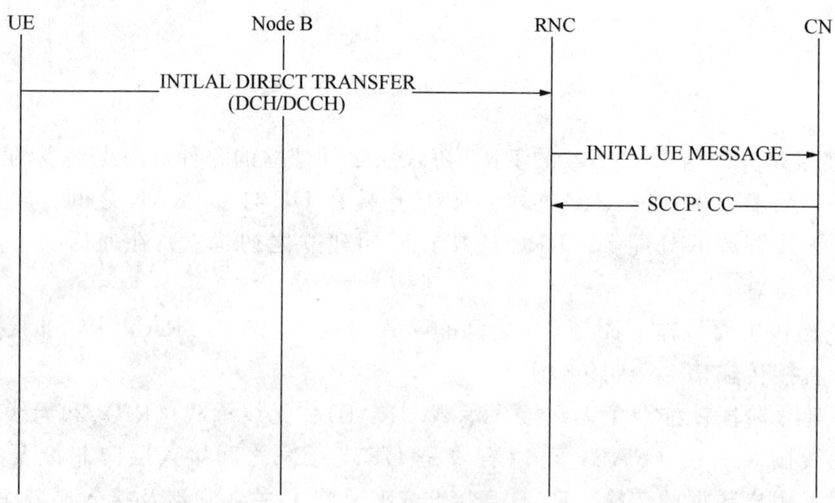

图 4-5-23　信令连接建立阶段

(3) 鉴权阶段（可选）

鉴权阶段如图 4-5-24 所示，具体流程如下：

1）CN 向 UE 发送鉴权请求并得到响应。

2）安全模式建立完成。

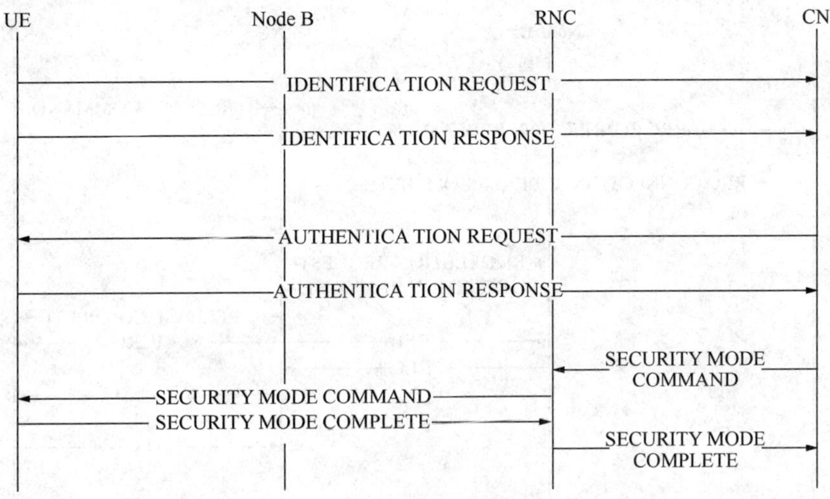

图 4-5-24 鉴权阶段（可选）

(4) 业务建立阶段

业务建立阶段如图 4-5-25 所示，具体流程如下：

1）CN 向 RNC 发无线接入承载（RAB）指派请求。

2）RNC 与 Node B 间无线链路（RL）同步重配置完成。

3）RNC 与 UE 间无线承载（RB）建立完成。

4）RNC 向 CN 发无线接入承载（RAB）指派响应。

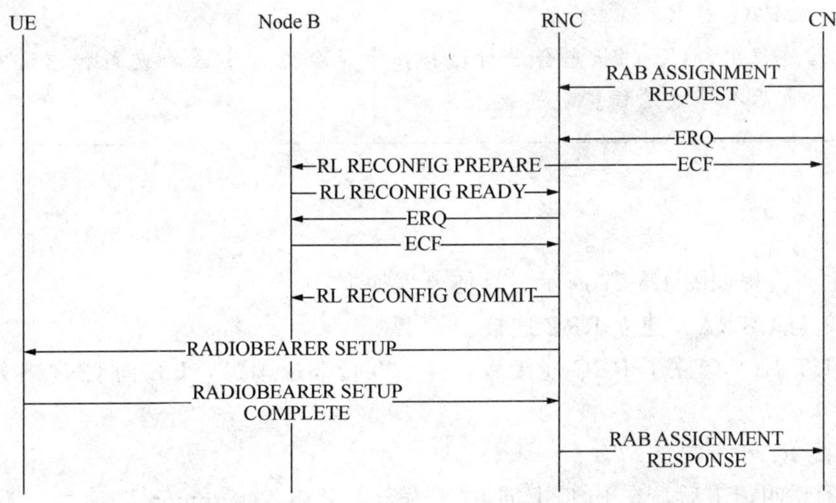

图 4-5-25 业务建立阶段

（5）释放阶段

释放阶段如图 4-5-26 所示，具体流程如下：

1）RRC 连接释放完成。

2）无线链路（RL）删除完成。

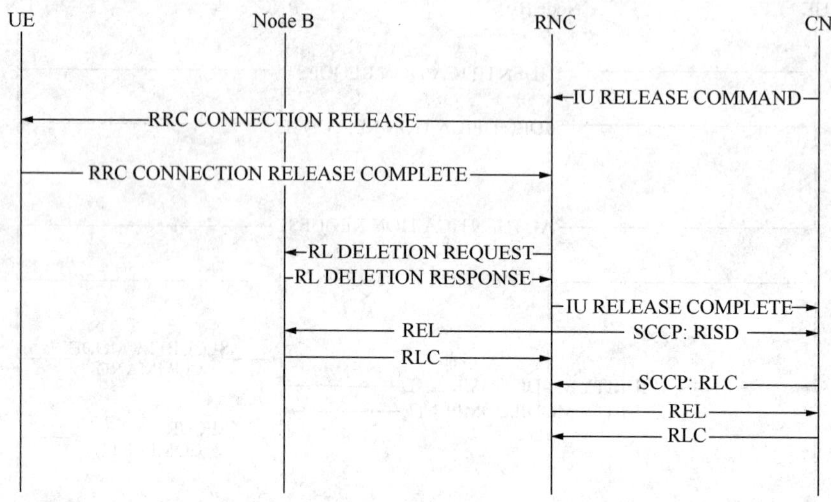

图 4-5-26　释放阶段

小贴士

可以由 UE 主动发起呼叫，也可以由网络发起呼叫。在呼叫建立过程中需要在 CN 与 UE 以及 UTRAN 与 UE 间进行信令交互。分以下三个步骤进行：

1）建立 RRC 连接。

2）建立 NAS 信令连接。

3）建立 RAB 连接。

在通信过程中，UE 的状态会进行迁移，于是会进行小区的更新和信道重配置过程。呼叫结束后有释放过程。

3. CS 域主叫

CS 域主叫流程如图 4-5-27 所示。具体流程如下：

（1）UE 与 UTRAN 建立 RRC 连接

UE 与 UTRAN 建立了 RRC 连接后，开始互传高层消息，UE 向 CN-CS 发起业务请求和呼叫请求。

（2）分配 RAB 资源

CN 收到呼叫请求后，在 Iu 口上向 RNC 发送“Rab Assignment”消息，要求 RNC 为这个 UE 的呼叫分配 RAB 资源。

（3）RNC 为 UE 重新分配无线链路和信道

1）为 UE 重新分配无线链路。因为在 UE 已经和 UTRAN 建立了 RRC 连接，已经有了专用链路，所以只需要对这条链路重新配置而不必再建立新的链路。故 RNC 发起无线链路重配过程。

2）UE 已经和 UTRAN 建立了 RRC 连接，已经在 Iub 口上拥有了 DCCH 资源，但没有 DTCH 资源，所以 RNC 通过 ALCAP 协议给该 UE 建立一条 DTCH 信道。

3）需要给 UE 的呼叫在 Iu 口上分配传输资源，所以 RNC 在 Iu 口上通过 ALCAP 建立一条 Iu UP 的信道。

（4）CN 和 UE 进行信息交互

CN 和 UE 进行信息交互，完成呼叫的建立。

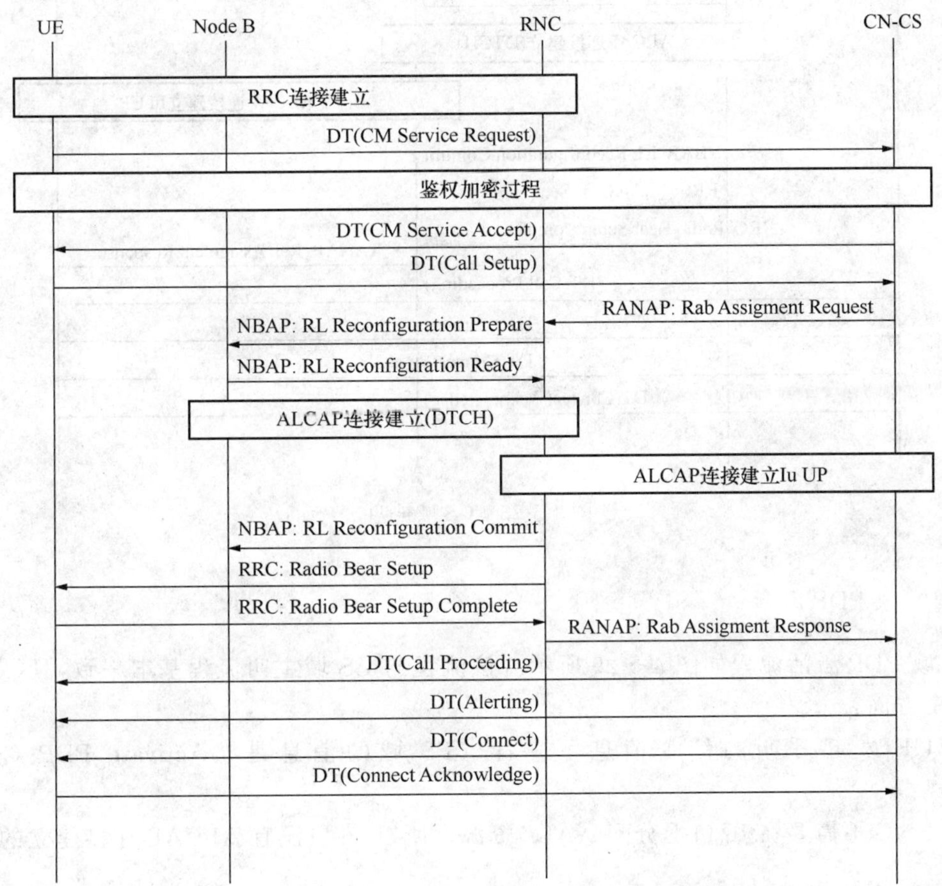

图 4-5-27　CS 域主叫

4. CS 域被叫

CS 域被叫流程如图 4-5-28 所示。该流程与 CS 域主叫流程基本一致，唯一区别在于呼叫是由 CN-CS 发起的（发起寻呼过程）。

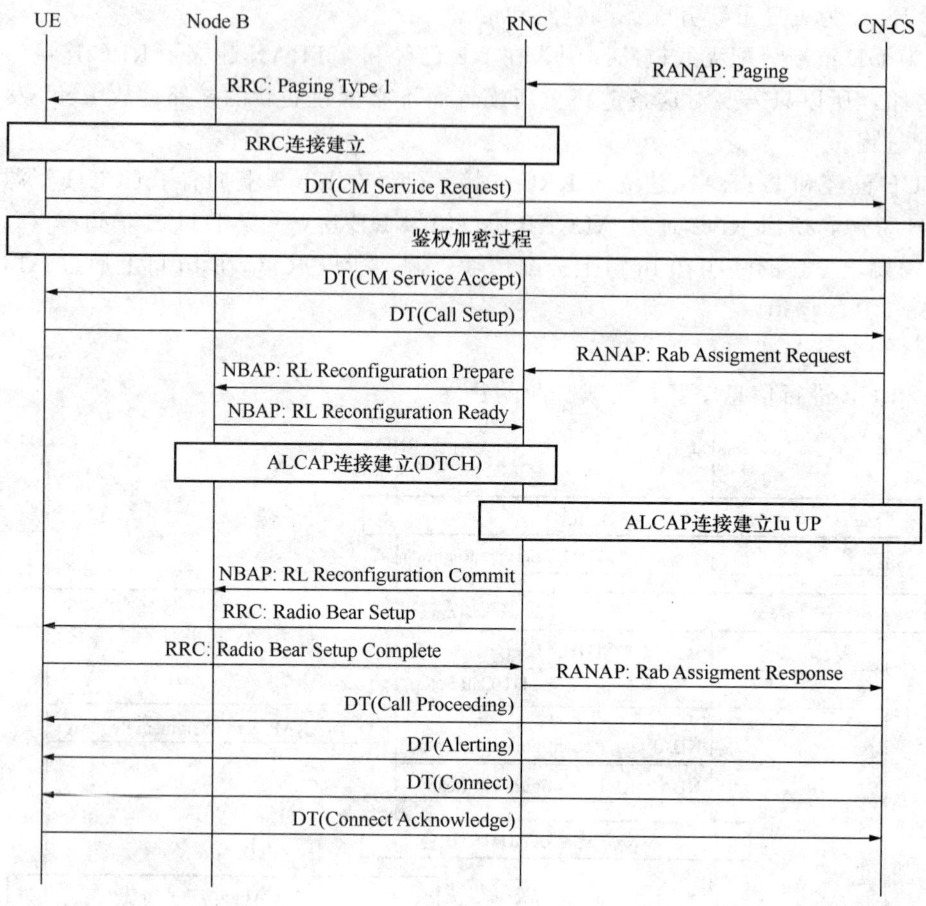

图 4-5-28　CS 域被叫

5. PS 域 PDP 激活

PS 域 PDP 激活流程如图 4-5-29 所示。该流程与 CS 域主叫流程基本一致，区别在于以下几个方面：

1）UE 发起呼叫的信令消息不一样（PS 域的消息是“Activate PDP Context Request”等）。

2）RNC 不需要在 Iu 口上分配 AAL2 资源，所以 Iu 口没有 ALCAP 连接建立的过程。

计划与实施建议

1. 上网或到图书馆查询 TD-SCDMA 相关技术资料。
2. 要求学生画图并描述 TD-SCDMA 的通信模型。
3. 要求学生描述 TD-SCDMA 信道之间的映射关系。
4. 要求学生解释 TD-SCDMA 的码组及每个编码的作用。
5. 分组图示讲解 TD-SCDMA 的帧结构。

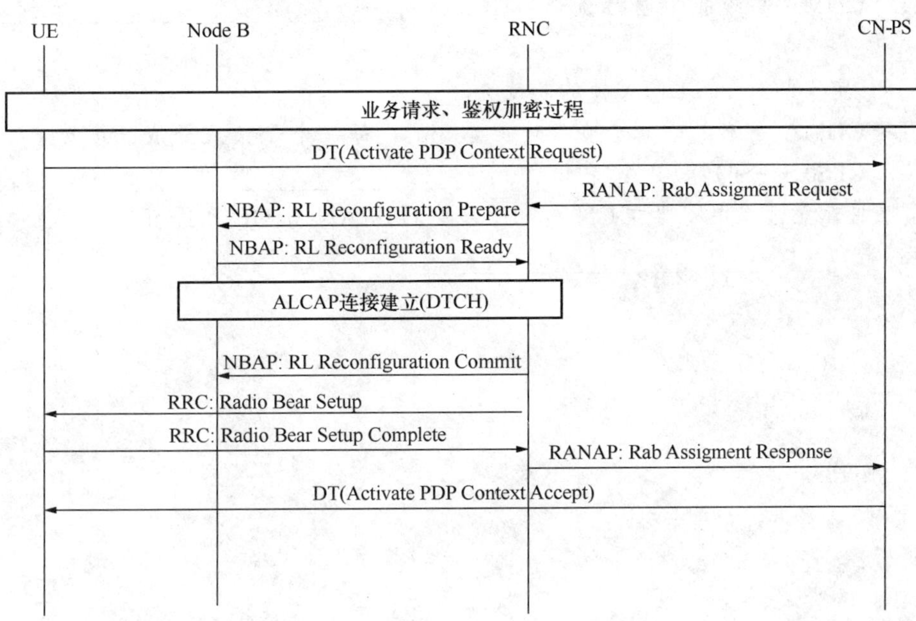

图 4-5-29 PS 域 PDP 激活

6. 分组图示讲解 TD-SCDMA 的基本信令流程。

检查与评价点

1. 检查相关技术资料准备情况。
2. 评价学生对 TD-SCDMA 通信模型的描述是否准确。
3. 检查学生描述的 TD-SCDMA 信道之间的映射关系。
4. 评价学生对 TD-SCDMA 的码组及每个编码的作用描述的是否准确。
5. 检查学生绘制和描述的 TD-SCDMA 帧结构手否准确。
6. 评价每组学生对 TD-SCDMA 的基本信令流程的图示讲解。

试一试

1. TD-SCDMA 的网络结构完全遵循 3GPP 指定的 UMTS 网络结构，可以分为________和________。

2. Iu 接口又被分别连接到电路交换域的________接口，分组交换域的________接口，广播控制域的________接口。

3. TD-SCDMA 系统分别使用不同的信道编码类型。语音业务采用________，数据业务采用________或________。

4. Node B 与 RNC 之间的接口称为________接口；Node B 与 UE 之间的接口称为________接口。

5. TD-SCDMA 系统中，存在三种信道模式：________、________和________。

6. TD-SCDMA 系统的物理信道采用 4 层结构：__________、__________、________和________。

7. 3GPP 定义的一个 TDMA 帧的长度为________。

8. TD-SCDMA 系统中每个子帧的时长为 5ms，每一个子帧又分成长度为 675μs 的 7 个常规时隙（TS0～TS6）和 3 个特殊时隙：________、________和________。

9. 在呼叫建立过程中需要在 CN 与 UE 以及 UTRAN 与 UE 间进行信令交互。分以下三个步骤进行：________、________和________。

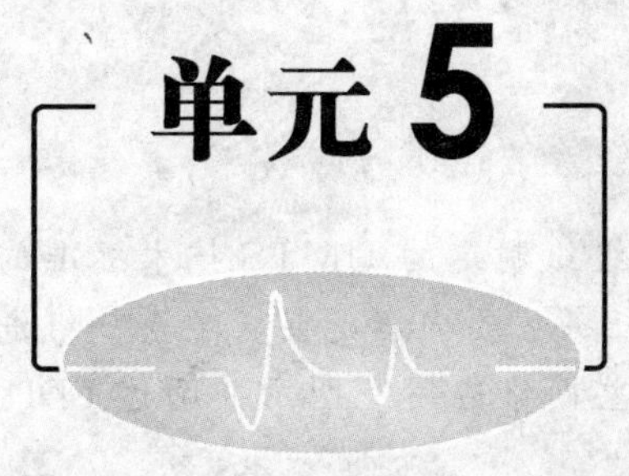

单元 5 第四代移动通信（4G）技术简介

单元说明

本单元从认识 LTE 网络和 4G 技术入手，通过对 LTE 技术标准、LTE 网络应用等的分析，使学生对 LTE 网络有了全面的了解和认识；通过画图、分组讨论等形式，使学生对 4G 网络的正常演进形态、FDD-LTE 和 TD-LTE 技术标准、LTE/SAE 系统结构等内容加深理解；更好地掌握 LTE 系统的主要网元设备、LTE 的网络接口、LTE 的空中接口 E-UTRA、LTE 网络的关键技术等知识点。

学习目标

相关知识

基础知识：

- LTE 的概念
- 4G 技术标准之争的情况
- FDD-LTE 和 TD-LTE 技术标准的原理和区别
- LTE/SAE 系统架构
- LTE 系统的主要网元设备
- LTE 的网络接口

拓展知识：

- LTE 的网络应用
- 4G 网络的正常演进形态
- OFDM 技术的基本原理
- 软件无线电（SDR）的原理
- 智能天线技术的基本原理
- 多输入多输出技术（MIMO）的原理

相关技能

基本操作技能：

- 通过网络查询、手机所需资料的技能
- 总结归纳、画图讲解技术文档的技能
- 沟通和语言表达的技能

拓展技能与技巧：

- 与技术人员沟通获得相关信息的技能
- 培养、锻炼团队协作的技能
- 结合通信行业当前动态，培养学生对专业的兴趣，激发自主学习的能力

任务 5.1　LTE 网络与 4G 技术

任务描述

LTE（Long Term Evolution，长期演进）是由 3GPP 组织制定的 UMTS 技术标准的长期演进，包括 FDD-LTE 和 TD-LTE 两种技术标准。本任务主要内容是要求学生分组进行讨论，讨论的主题是：什么是 LTE 和 4G？LTE 都有哪些网络应用？图示并阐述 FDD-LTE 和 TD-LTE 的区别。

任务目标

本任务通过 LTE 网络和 4G 技术的学习，要求学生能够掌握 LET 和 4G 的概念，理解 4G 无线通信的标准，了解 LTE 的网络应用。在此基础上，拓展学生掌握知识点：4G 网络的演进过程，FDD 和 TDD 的工作原理，进而能够区别 FDD-LTE 和 TD-LTE 技术标准。

相关知识

内　　容	获取方式
1. 什么是 LTE？	• 阅读资料 • 上网 • 查阅图书 • 询问相关工作人员
2. LTE 的应用都有哪些？	
3. FDD-LTE 和 TD-LTE 两种技术标准有什么区别？	

5.1.1 4G 无线通信标准

继 3G（第三代移动通信技术）后，以 LTE 为标志的 4G（第四代移动通信技术）已在世界范围内蓬勃发展，移动通信技术迈向 4G 时代，如图 5-1-1 所示。

4G 即是第四代移动电话行动通信标准（4th Generation of Mobile Phone Mobile Communications Standards，缩写为 4G），也是 3G 技术的演进。从技术标准的角度看，按照 ITU 的定义，只要一种技术满足：用户在静态时，传输速率能够达到 1Gb/s，在高速移动状态下可以达到 100Mb/s 的要求，该技术就可以作为 4G 无线通信标准之一。

1. 4G 技术标准之争

为了能够在 4G 标准的竞赛中取得领先地位和技术先机，以及将来巨大的市场前景，各国、各标准化组织、各公司和研究机构，都纷纷提出了自己的技术方案。为了争取能被

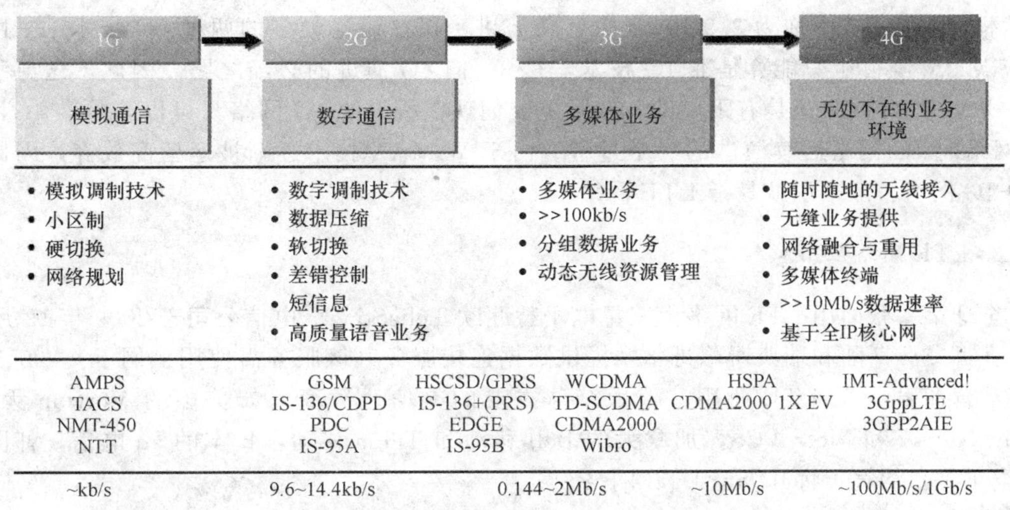

图 5-1-1 移动通信技术迈向 4G 时代

ITU 确定成为 4G 标准，全球有三种技术方案曾为此进行了激烈的角逐，它们分别是 UMB 技术、WiMAX-Advanced 技术和 LTE Advanced 技术。

1）UMB 技术。UMB 是由 3G（CDMA2000）标准组织 3GPP2（The Third-Generation Partnership Project 2）所制定的技术，高通（Qualcomm）为主要推动者，摩托罗拉（Motorola）、阿尔卡特朗讯（Alcatel-Lucent）、VerizonWireless 等厂家也加入发展 UMB 技术。但在 2008 年 11 月，美国高通宣布放弃了 UMB（EV-DO Rev. C）技术，退出了 4G 标准的竞争。

2）WiMAX-Advanced（全球互通微波存取升级版）技术，即 IEEE 802.16m。它是移动 WiMAX（Mobile WiMAX，IEEE 802.16e-2005）的增强技术，也称为 WiMAX II。由美国英特尔（Intel）所主导，知名厂家如摩托罗拉（Motorola）、诺基亚（Nokia）、阿尔卡特朗讯（Alcatel-Lucent）、三星（Samsung）及 SprintNextel 等积极参与。

WiMAX-Advanced 技术传输的下行与上行最高速率可达到 300Mb/s，在静止定点接收可高达 1Gb/s。尽管 WiMAX-Advanced 技术已经被 ITU 承认为全球 4G 标准之一，不过随着英特尔于 2010 年退出，WiMAX 技术也逐渐被运营商放弃，并开始将设备升级为 LTE。

3）LTE Advanced（长期演进技术升级版）技术。它是 LTE（长期演进技术）的增强版本，通常通过在 LTE 上通过软件升级即可实现。由以欧盟厂家为主的 3G 标准化组织 3GPP（TheThird-Generation Partnership Project）所主导，知名厂家如爱立信（Ericsson）主张推广 LTE，摩托罗拉（Motorola）、阿尔卡特朗讯（Alcatel-Lucent）、VerizonWireless、Vodafone、中国移动、日本 NTT DoCoMo 等积极参与。LTE Advanced 是以 GSM 为技术基础、3G 为发展延伸的技术。它的峰值传输速率可达到：下行 1Gb/s，上行 500Mb/s。LTE Advanced 技术是第一批被 ITU 承认的全球 4G 标准，目前也是事实上的唯一主流 4G 无线通信标准。

事实上，LTE 并非人们普遍认为的 4G 技术，它仅是 3G 与 4G 技术之间的一个过渡性技术，也曾经被俗称为3.9G。严格意义上讲，现在谈论最多的两种4G技术——LTE和WiMax，实际上只能算是准4G技术，是3G向4G演进的必经之路。因此，这与我们现在所说的4G网络还是有距离的，实际上我们现在所说的4G网络只可以算是准4G，是3G网络向4G网络后续演进的一个过程。由于WiMAX技术逐渐被运营商放弃，因此现在的4G网络一般来说就是指LTE网络。

2. LTE网络应用

全球第一张商用LTE网络由三星电子替北欧TeliaSonera电信公司于2009年12月14日，在挪威奥斯陆和瑞典斯德哥尔摩提供数据连接服务（该服务需使用上网卡）。2011年北美运营商开始了LTE商用，随后全球主要的电信运营商（如美国的Verizon无线、Sprint Nextel和MetroPCS，加拿大的Bell移动和Telus移动，日本的au电信，韩国的SK电讯等）均宣布将升级至LTE网络。

我国工信部也于2013年12月4日，正式向国内三大电信运营商发布了4G牌照，中国移动、中国电信和中国联通均获得了TD-LTE通信业务经营许可牌照（FDD-LTE牌照暂未发放）。

LTE主要实现的目的是提供用户更高的数据速率、更高的小区容量、更低的延迟时间、降低用户以及运营商的成本。与3G网络相比，LTE网络在高数据速率、分组传送、延迟降低、广域覆盖和高移动性等方面更具技术优势，LTE网络支持的业务更加广泛。LTE业务可以分为如下5类应用场景。

1）个人应用：高速上网、视频通话、电视/视频、音乐、在线游戏、手机阅读、手机导航/路况/定位等。

2）家庭应用：家庭视频监控、家庭多媒体电话、智能家居等。

3）车载应用：车辆导航、车载电视/视频/音乐、车辆监控/安防、车辆远程维护等。

4）医疗应用：远程医疗监控、移动医疗护理、远程医疗车等。

5）行业其他类：视频会议、智能交通、新闻业即拍即传、视频客服等。

需要注意的是，虽然LTE网络适用于相当多的频段，由于不同国家（或地区）选择的频段互不相同，所以在某国家（或地区）使用正常的终端，到另一国家的网络中很可能无法使用，因此用户需要使用支持多频段的终端才能够进行国际漫游业务。例如，北美LTE网络计划使用700/800和1700/1900MHz；欧洲LTE网络计划使用800，1800，2600MHz；亚洲LTE网络计划使用1800和2600MHz；澳洲LTE网络计划使用1800MHz。而中国移动LTE频段规划（130MHz频谱）为：1880～1900MHz、2320～2370MHz、2575～2635MHz；中国联通（40MHz频谱）为：2300～2320MHz、2555～2575MHz；中国电信（40MHz频谱）为：2370～2390MHz、2635～2655MHz。

5.1.2 FDD-LTE与TD-LTE

1. 4G网络的正常演进形态

TD-SCDMA、WCDMA、CDMA 2000是全球三个主流的3G技术标准，它们在向4G

网络演进时，均继承了原有的技术元素，正常的演进形态如图 5-1-2 所示。从图中可以看出，LTE 分为 FDD-LTE（频分双工）和 TDD-LTE（时分双工）两种双工模式；FDD-LTE 是 LTE 的 FDD 版本，而 TDD-LTE 是 LTE 的 TDD 版本。FDD-LTE 由欧美主导，TDD-LTE 则由我国主导，2007 年工信部把 TDD-LTE 命名为 TD-LTE。

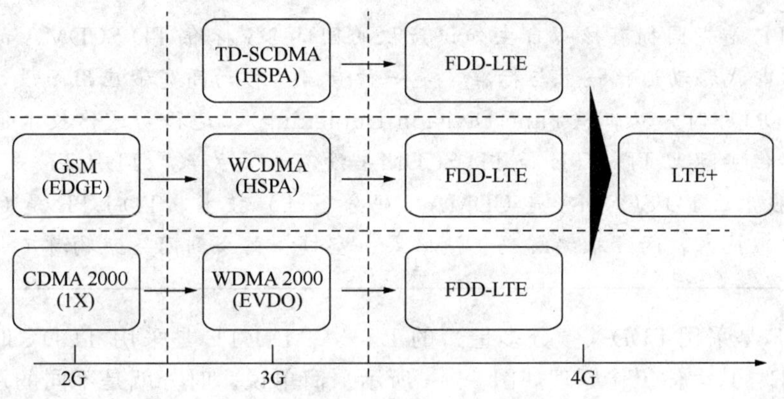

图 5-1-2　4G 网络的正常演进形态

总之，在准 4G 时代中占据主流的 LTE，其分支 FDD-LTE 与 TD-LTE 各有技术、成本、产业规模和政策方面的优势。从世界范围来看，FDD-LTE 的发展形势和成熟度要比 TD-LTE 要好，但是后者拥有了大量的国产自主知识产权，而且技术上也具有独特的优势：频谱利用率高和灵活性较佳，因此发展潜力也是很大的。

2. FDD 和 TDD 的工作原理

频分双工（FDD）和时分双工（TDD）是两种不同的双工方式。

从图 5-1-3 可以看到，FDD 方式下，上行数据与下行数据在同一对对称的频率上进行，将信号分离在这两个对称频率信道上进行接收和发送，并采用保护频段（保护带）来隔离接收和发送信道。因此，FDD 必须采用成对的频率，依靠频率来区分上下行链路，其单方向的资源在时间上是连续的。FDD 在支持对称业务时，能充分利用上下行的频谱，但在支持非对称业务时，频谱利用率将大大降低。

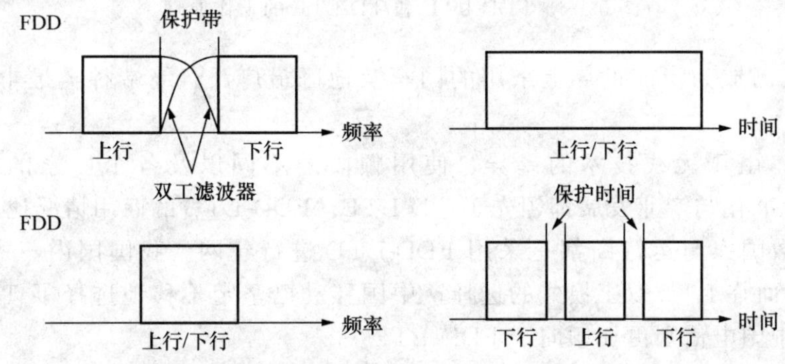

图 5-1-3　FDD 和 TDD 双工方式

而TDD方式下，接收和发送使用同一频率载波的不同时隙作为信道的承载，上、下行数据在同一时间里并不需要一起传输，在时间上来区分接收和发送两个信道。因此，其可以根据上、下行的数据大小动态进行信道分配，对于频率信道的利用率会更好些。

小贴士

TD-LTE是我国拥有核心自主知识产权的国际3G标准TD-SCDMA的后续演进技术，即第四代移动通信技术与标准，是一种专门为移动高宽带应用而设计的无线通信标准。TDD即时分双工（Time Division Duplexing），是移动通信技术使用的双工技术之一，但实际上TD-LTE和TD-SCDMA没有太多关系，TD-LTE是TDD版本的LTE的技术。TD-SCDMA是CDMA（码分多址）技术，TD-LTE是OFDM（正交频分复用）技术，两者从编解码、帧格式、空口、信令到网络架构都不一样。

FDD-LTE是采用FDD（频分多址）的LTE，TD-LTE是采用TDD（时分多址）双工模式的LTE。其大体工作原理如图5-1-4所示。简单说，时分就是不同的用户占用不同的时间，而频分是不同的用户占用不同的频率。

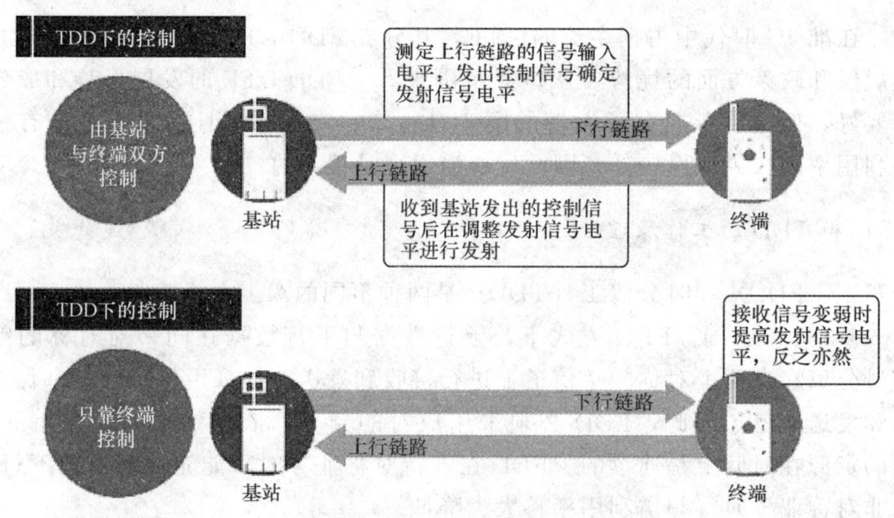

图5-1-4　FDD-LTE和TD-LTE的工作原理

FDD-LTE已成为当前世界上采用的国家及地区最广泛、终端种类最丰富的一种4G标准。

总体来说，由于无线技术的差异、使用频段的不同以及各个厂家的利益等因素，FDD-LTE的标准化与产业发展都领先于TD-LTE。FDD-LTE的商用情况比TDD-LTE要强许多，大多数国家与运营商都是采用FDD-LTE进行建网。我国国内三家运营商进入4G时代也同样面临LTE双工模式的选择，中国移动已坚定不移地选择了TD-LTE建网，而中国联通、中国电信则更加倾向于FDD-LTE。

计划与实施建议

1. 上网或到图书馆查询 LTE 相关技术资料。
2. 要求学生解释 LTE 的含义。
3. 分组图示讲解 LTE 的演进过程。
4. 要求学生讨论和列出 LTE 的网络应用。
5. 分组图示讲解 FDD-LTE（频分双工）和 TDD-LTE（时分双工）两种双工模式。

检查与评价点

1. 检查相关技术资料准备情况。
2. 评价学生是否掌握 LET 概念。
3. 检查每组学生是否能够列出 LTE 的网络应用。
4. 评价学生对是否能列出 4G 网络的演进过程。
5. 检查每组学生对 FDD-LTE 和 TD-LTE 技术阐述的是否准确。

试一试

1. 从技术标准的角度看，按照 ITU 的定义，只要一种技术满足：用户在静态时，传输速率能够达到________，在高速移动状态下可以达到________的要求，该技术就可以作为 4G 无线通信标准之一。

2. 为了争取能被 ITU 确定成为 4G 标准，全球有三种技术方案曾为此进行了激烈的角逐。它们分别是________技术、________技术和________技术。

3. LTE 分为________和________两种双工模式。

4. ________是我国拥有核心自主知识产权的国际 3G 标准 TD-SCDMA 的后续演进技术，即第四代移动通信技术与标准。

任务 5.2　LTE 体系结构、特点及其关键技术

任务描述

在前面对 4G 无线网络标准、LTE 网络应用、4G 网络的演进过程、FDD-LTE 和 TD-LTE 技术的工作原理和区别等知识学习的基础上，本任务通过图示讲解、分组讨论等方式介绍了 LTE 的体系结构，包括 LTE/SAE 系统结构、LTE 主要的网元设备和网络接口，并进一步介绍了 LTE 的空中接口 E-UTRA，LTE 网络的关键技术——OFDM、软件无线电、智能天线技术 SA 和多输入多输出 MIMO 技术等知识点。

任务目标

本任务通过对 LTE 体系结构的学习，掌握 LTE/SAE 系统架构，掌握 LTE 系统主要

网元设备，熟悉LTE的网络接口；通过空中接口E-UTRA的讨论和学习，学生能够熟悉E-UTRA的主要特性；通过LTE体系结构和关键技术的分组讨论和学习，掌握LTE网络中的关键技术。

相关知识

内　容	获取方式
1. LTE/SAE系统架构。	• 阅读资料 • 上网 • 查阅图书 • 询问相关工作人员
2. LTE系统主要网元设备。	
3. LTE的网络接口。	
4. 空中接口E-UTRA的主要特性。	
5. OFDM技术。	
6. 软件无线电技术。	
7. 智能天线技术。	
8. 多输入多输出MIMO技术。	

5.2.1 LTE体系结构

1. LTE/SAE系统架构

和现有的3G及3G+技术相比，LTE除了具有技术上的优越性之外，也提供了更加接近4G的一个台阶，使得向未来4G的演进相对平滑，是3G技术向4G演进的必经之路。接入网将演进为E-UTRAN（Evolved UMTS Terrestrial Radio Access Network）。连同核心网的系统架构演进为SAE（System Architecture Evolution，系统架构演进）。

因此，SAE是为了实现LTE提出的目标而从整个系统架构上考虑的演进，主要包括如下：

1）功能平扁化。LTE无线网络架构更加扁平化，去掉RNC的物理实体，减少了中间节点数量，把部分功能放在了eNodeB。这种系统结构和体系的改变使得LTE比现有UTRAN结构接口减少，在性能上减小了系统时延，同时降低了成本，并且更易于对设备进行维护管理。LTE扁平化网络架构如图5-2-1所示。

2）把部分功能放在了核心网，加强移动交换管理，采用全IP技术，实行用户面和控制面分离。同时，也考虑了对其他无线接入技术的兼容性。

2. LTE系统主要网元设备

典型的LTE/SAE网络结构如图5-2-2所示。在LTE系统架构中，主要的网元设备有E-UTRAN节点（eNode B）、移动性管理实体（MME）、服务网关（S-GW）和分组数据网络网关（P-GW）、归属用户服务器（HSS）、策略和计费规则功能（PCRF）及离线计费

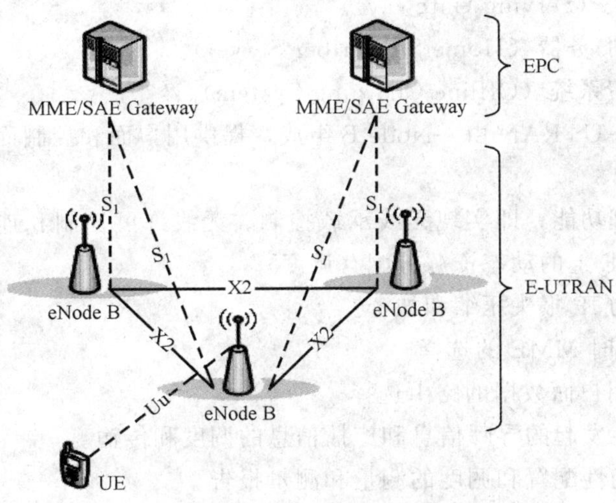

图 5-2-1　LTE 扁平化网络架构

系统（OFCS）等。

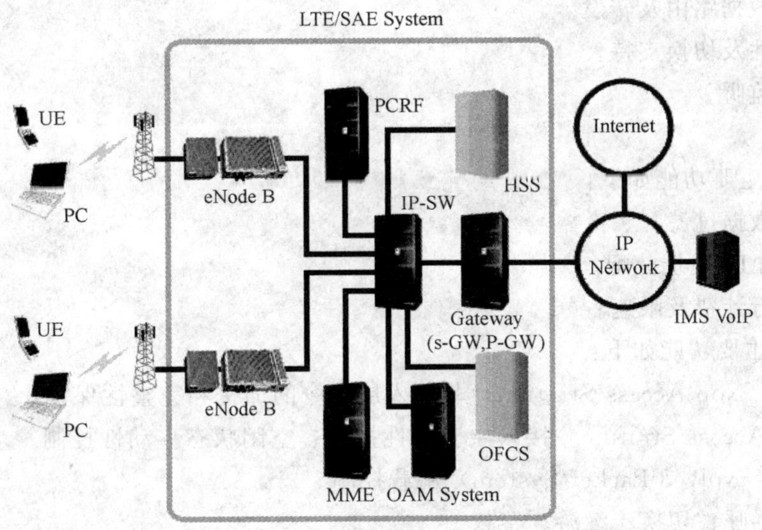

图 5-2-2　LTE/SAE 网络结构

eNode B：E-UTRAN 节点（E-UTRAN Node B，简写为 eNB）。

E-UTRAN：演进通用陆地无线接入网（Evolved Universal Terrestrial Radio Access Network）。

UE：用户设备（User Equipment）。

MME：移动性管理实体（Mobility Management Entity）。

P-GW：分组数据网络网关（Packet Data Network Gateway）。

PCRF：策略和计费规则功能（Policy and Charging Rules Function）。

S-GW：服务网关（Serving Gateway）。

HSS：归属用户服务器（Home Subscriber Server）。

OFCS：离线计费系统（Offline Charging System）。

LTE 的接入网 E-UTRAN 由 e-Node B 组成，提供用户面和控制面。e-Node B 的主要功能如下：

1）无线资源管理功能，即实现无线承载控制、无线许可控制和连接移动性控制，在上下行链路上完成 UE 上的动态资源分配（调度）。

2）用户数据流的 IP 报头压缩和加密。

3）UE 附着状态时 MME 的选择。

4）实现 S-GW 用户面数据的路由选择。

5）执行由 MME 发起的寻呼信息和广播信息的调度和传输。

6）完成有关移动性配置和调度的测量和测量报告。

LTE 的核心网 EPC（Evolved Packet Core Network，演进分组核心网）由 MME、S-GW 和 P-GW 组成。

S-GW 的主要功能如下：

1）分组数据路由及转发。

2）移动性及切换支持。

3）合法监听。

4）计费。

P-GW 的主要功能如下：

1）分组数据过滤。

2）UE 的 IP 地址分配。

3）上下行计费及限速。

MME 的主要功能如下：

1）NAS（Non-Access Stratum）非接入层信令的加密和完整性保护。

2）AS（Access Stratum）接入层安全性控制、空闲状态移动性控制。

3）EPS（Evolved Packet System）承载控制。

4）支持寻呼、切换、漫游、鉴权。

3. LTE 的网络接口

在 LTE 框架中（见图 5-2-1），3G 网络中原先的 Iu 被新的接口 S1 替换。Iub 和 Iur 被 X2 替换。eNode B 间通过 X2 接口相互连接，支持数据和信令的直接传输。

LTE 相关的节点接口如下：

1）S1 接口。定义为 E-UTRAN 和 EPC 之间的接口，用来连接 eNode B 与核心网 EPC。S1 接口包括两部分：控制面的 S1-C 接口和用户面的 S1-U 接口。S1-C 接口定义为 eNode B 和 MME 功能之间的接口；S1-U 定义为 eNode B 和 SAE 网关之间的接口。

EPC 和 eNBs 之间的关系是多到多，即 S1 接口实现多个 EPC 网元和多个 eNode B 网元之间接口功能。

2）X2 接口。定义为 eNode B 之间的接口，类似于 3GPP 的 Iur 接口。

3）LTE-Uu 接口。定义为无线接口，类似于 3GPP 的 Uu 接口。

5.2.2 E-UTRA 的主要特性

LTE 标准不再支持用于支撑 GSM、UMTS 和 CDMA 2000 网络下语音传输的电路交换技术，它将原有的 UMTS 下“电路交换＋分组交换”结合网络简化为全 IP 扁平化基础网络架构。因此，LTE 只能进行全 IP 网络下的分组交换。

小贴士

由于 LTE 只能进行全 IP 网络下的分组交换，因此，随着 LTE 网络的部署，电信运营商需要解决好 LTE 网络中的语音传输问题。解决 LTE 网络中的语音传输问题，主要有以下三种解决方案。

1）VoLTE（Voice Over LTE，LTE 网络直传）：该方案基于 IP 多媒体子系统（IMS）网络，配合 GSMA 在 PRD IR.92 中制定的在 LTE 控制和媒体层面的语音服务标准。使用该方案意味着语音将以数据流形式在 LTE 网络中传输，所以无需调用传统电路交换网络，旧网络将无需保留。

2）CSFB（Circuit Switched Fallback，电路交换网络支援）：该方案中的 LTE 网络将只用于数据传输，当有语音拨叫或呼入时，终端将使用原有电路交换网络。该方案只需运营商升级现有 MSC 核心网而无需建立 IMS 网，因此运营商可以较迅速地向市场推出网络服务。也由于语音通话需要切换网络才能使用的缘故，通话接通时间将被延长。

3）SVLTE（Simultaneous Voice and LTE，LTE 与语音网同步支持）：该方案使用可以同时支持 LTE 网络和电路交换网络的终端，使得运营商无需对当前网络作太多修改。但这同时意味着终端价格的昂贵和电力消耗的迅速。

E-UTRA 是 LTE 的空中接口，它的主要特性如下：

1）峰值下载速度可高达 299.6Mb/s，峰值上传速度可高达 75.4Mb/s（该速度需配合 E-UTRA 技术，4×4 天线和 20MHz 频段实现）。根据终端需求不同，从重点支持语音通信到支持达到网络峰值的高速数据连接，终端共被分为 5 类。全部终端将拥有处理 20MHz 带宽的能力。

2）低网络延迟（在最优状况下小 IP 数据包可拥有低于 5ms 的延迟），相比原无线连接技术拥有较短的交接和建立连接准备时间。

3）加强移动状态连接的支持，如可接受终端在不同的频段下以高至 350km/h 或 500km/h 的移动速度下使用网络服务。

4）下载使用 OFDMA，上载使用 SC-FDMA 以节省电力。下行资源包括频率资源、时间资源和空间资源，即既有频分复用，又有时分复用，又有空分复用。

5）支持频分双工（FDD）和时分双工（TDD）通信，并接受使用同样无线连接技术的时分半双工通信。

6）支持所有频段所列出频段。这些频段已被国际电信联盟无线电通信组用于 IMT-2000 规范中。

7）增加频宽灵活性，1.4MHz、3MHz、5MHz、10MHz、15MHz 和 20MHz 频点带宽均可应用于网络。而 WCDMA 对 5MHz 支持导致该技术在大面积铺开时会出现问题，因为旧有标准如 2G GSM 和 CDMAOne 同样使用该频点带宽。

8）支持从覆盖数十米的毫微微级基站至覆盖 100km 的宏蜂窝基站。较低的频段被用于提供郊区网络覆盖，基站信号在 5km 的覆盖范围内可提供完美服务，在 30km 内可提供高质的网络服务，并可提供 100km 内的可接受的网络服务。在城市地区，更高的频段（如欧洲的 2.6GHz）可被用于提供高速移动宽带服务。在该频段下基站覆盖半径将可能等于或低于 1km。

9）支持至少 200 个活跃连接同时连入单一 5MHz 频点带宽。

10）简化的网络结构：E-UTRA 网络仅由 eNode B 组成。

11）可以交互操作已有通信标准（如 GSM/EDGE、UMTS 和 CDMA 2000）并可与它们共存。用户可以在拥有 LTE 信号的地区进行通话和数据传输，在 LTE 未覆盖区域可直接切换至 GSM/EDGE 或基于 W-CDMA 的 UMTS 甚至是 3GPP2 下的 cdmaOne 和 CDMA 2000 网络。

12）支持分组交换无线接口。

13）支持群播/广播单频网络（Multicast/Broadcast Single-frequency Network，MBSFN）。这一特性可以使用 LTE 网络提供诸如移动电视等服务，是 DVB-H 广播的竞争者。

5.2.3 LTE 网络中的几个关键技术

1. OFDM

OFDM 即正交频分复用技术，实际上 OFDM 是 MCM Multi-CarrierModulation，多载波调制的一种。其主要原理是：将待传输的高速串行数据经串/并变换，变成在 N 个子信道上并行传输的低速数据流，再用 N 个相互正交的载波进行调制，然后叠加一起发送。接收端用相干载波进行相干接收，再经并/串变换恢复为原高速数据。

OFDM 技术有很多优点：可以消除或减小信号波形间的干扰，对多径衰落和多普勒频移不敏感，提高了频谱利用率；适合高速数据传输；抗衰落能力强；抗码间干扰（ISI）能力强。

2. 软件无线电

软件无线电（SDR）是将标准化、模块化的硬件功能单元经一通用硬件平台，利用软件加载方式来实现各类无线电通信系统的一种开放式结构的技术。其中心思想是使宽带模数转换器（A/D）及数模转换器（D/A）等先进的模块尽可能地靠近射频天线的要求。尽可能多地用软件来定义无线功能。其软件系统包括各类无线信令规则与处理软件、信号流变换软件、调制解调算法软件、信道纠错编码软件、信源编码软件等。软件无线电技术主要涉及数字信号处理硬件（DSPH）、现场可编程器件（FPGA）、数字信号处理（DSP）等。

3. 智能天线技术（SA）

智能天线定义为波束间没有切换的多波束或自适应阵列天线。智能天线具有抑制信号干扰、自动跟踪以及数字波束调节等智能功能，被认为是未来移动通信的关键技术。智能天线成形波束能在空间域内抑制交互干扰，增强特殊范围内想要的信号，这种技术既能改善信号质量又能增加传输容量。其基本原理是在无线基站端使用天线阵和相干无线收发信机来实现射频信号的接收和发射。同时，通过基带数字信号处理器，对各个天线链路上接收到的信号按一定算法进行合并，实现上行波束赋形。

目前智能天线的工作方式主要有两种：全自适应方式和基于预多波束的波束切换方式。

4. 多输入多输出（MIMO）技术

多输入多输出技术（MIMO）是指在基站和移动终端都有多个天线。MIMO技术为系统提供空间复用增益和空间分集增益。空间复用是在接收端和发射端使用多副天线，充分利用空间传播中的多径分量，在同一频带上使用多个子信道发射信号，使容量随天线数量的增加而线性增加。空间分集有发射分集和接收分集两类。基于分集技术与信道编码技术的空时码可获得高的编码增益和分集增益，已成为该领域的研究热点。MIMO技术可提供很高的频谱利用率，且其空间分集可显著改善无线信道的性能，提高无线系统的容量及覆盖范围。

计划与实施建议

1. 上网或到图书馆查询相关技术资料。
2. 让学生分组图示LTE/SAE的系统架构。
3. 要求学生解释LTE系统主要网元设备。
4. 要求学生讨论和列出LTE的网络接口。
5. 分组图示讲解LTE网络中的关键技术。

检查与评价点

1. 检查相关技术资料准备情况。
2. 评价学生是否掌握LTE/SAE的系统架构。
3. 检查每组学生是否能够正确解释LTE系统主要网元设备。
4. 评价学生对是否能列出LTE的网络接口。

5. 检查每组学生对 LTE 网络中的关键技术阐述的是否准确。

试一试

1. LTE 是 3G 技术向 4G 演进的必经之路。接入网将演进为________，连同核心网的系统架构演进为________。

2. LTE 无线网络架构更加扁平化，去掉 RNC 的物理实体，减少了中间节点数量，把部分功能放在了________。

3. 在 LTE 系统架构中，主要的网元设备有 E-UTRAN 节点（eNode B）、________、服务网关（S-GW）和分组数据网络网关（P-GW）、________、策略和计费规则功能（PCRF）及离线计费系统（OFCS）等。

4. LTE 网络中的关键技术有 OFDM 技术、________、智能天线技术、________等。

参考文献

陈良萍，等. 2004. WCDMA原理及工程实现. 北京：机械工业出版社.

啜钢，等. 2002. 移动通信原理与应用. 北京：北京邮电大学出版社.

崔雁松. 2005. 移动通信技术. 西安：西安电子科技大学出版社.

窦中兆，雷湘. 2003. CDMA无线通信原理. 北京：清华大学出版社.

杜庆波，罗文茂. 2008. 3G技术与基站工程. 北京：人民邮电出版社.

樊昌信，等. 2001. 通信原理（第5版）. 北京：国防工业出版社.

郭梯云，邬国扬，李建东. 2000. 移动通信. 西安：西安电子科技大学出版社.

何林娜. 2004. 数字移动通信技术. 北京：机械工业出版社.

何希才，卢孟夏. 1999. 现代蜂窝移动通信系统. 北京：科学出版社.

解相吾，解文博. 2005. 移动通信技术基础. 北京：人民邮电出版社.

李立华，等. 2007. TD-SCDMA无线网络技术. 北京：人民邮电出版社.

李世鹤. 2003. TD-SCDMA第三代移动通信系统标准. 北京：人民邮电出版社.

廖晓滨，赵熙. 2006. 第三代移动通信网络系统技术与应用基础教程. 北京：电子工业出版社.

刘宝玲，付长东，张铁凡. 2008. 3G移动通信系统概述. 北京：人民邮电出版社.

刘宝玲、王莹等. 2005. UMTS网络技术. 北京：电子工业出版社.

罗凌，等. 2007. 第三代移动通信技术与业务（第二版）. 北京：人民邮电出版社.

摩托罗拉工程学院. 常永宇，等. 2005. CDMA 2000-1X网络技术 北京，电子工业出版社.

彭木根，等. 2007. TD-SCDMA移动通信系统（第2版）. 北京：机械工业出版社.

彭木根，王文博. 2006. 3G无线资源管理与网络规划优化. 北京：人民邮电出版社.

石新. 2007. 移动通信类职位应聘指南——知识精要与试题解析. 北京：机械工业出版社.

孙龙杰，等. 2003. 移动通信与终端设备. 北京：电子工业出版社.

万屹. 2006. 3G演进型技术及超3G技术发展. 北京：http://www.ctt1.com.cn.

王月清，柴远波，吴桂生. 2001. 宽带CDMA移动通信原理. 北京：电子工业出版社.

谢显中. 2004. TD-SCDMA第三代移动通信系统技术与实现. 北京：电子工业出版社.

杨大成，等. 2003. CDMA 2000 1x移动通信系统. 北京：机械工业出版社.

袁超伟，等. 2003. CDMA蜂窝移动通信. 北京：北京邮电大学出版社.

张平，等. 2004. WCDMA移动通信系统（第二版）. 北京：人民邮电出版社.

张智江，等. 2006. 3G核心网技术. 北京：国防工业出版社.

HaITi Holma，Anti Toskala. 2002. WCDMA技术与系统设计. 周胜，等译. 北京：机械工业出版社.

Heikki Kaaranen，Ari Ahtiainen/Lauri Laitinen等. 2004. 3G技术和UMTS网络. 彭木根，余艳，刘键，等译. 北京：中国铁道出版社.

William C. Y. Lee（李建业）著. 1995. 移动蜂窝通信模拟和数字系统. 尹浩，李卫东，等译. 北京：电子工业出版社.

Xavier Lagrange，Philippe Godlęwski，Sami Tabbane著. 2002. GSM网络与GPRS. 顾肇基，译. 北京：电子工业出版社.

华为技术有限公司相关设备技术文档资料.
中兴通讯股份有限公司相关设备技术文档资料.
聂超. LTE TDD 与 LTE FDD 技术比较 [J]. 科技风，2011，(14).
安小龙. LTE TDD 与 LTE FDD 技术简介和比较 [J]. 中国高新技术企业，2013，(5).
刘婷婷，方华丽. 浅谈 4G 移动通信系统的关键技术与发展 [J]. 科技信息，2013，(9).
朱禹涛. 2005.09.19. 3G 演进工作的进展. 北京：http://www.ctt1.com.cn.
3GPP2. Specification. http://www.3gpp2.org.
3GPP. Specification. http://www.3gpp.org.